ABRÉGÉ

DE L'HISTOIRE
DU
THÉATRE FRANÇOIS,

Depuis son origine jusqu'au premier Juin de l'année 1780 ;

PRÉCÉDÉ

Du Dictionnaire de toutes les Pieces de Théatre jouées & imprimées ; du Dictionnaire des Auteurs Dramatiques, & du Dictionnaire des Acteurs & Actrices ;

DÉDIÉ AU ROI,

Par M. le Chevalier DE MOUHY, ancien Officier de Cavalerie, Pensionnaire du Roi, de l'Académie des Sciences & Belles-Lettres de Dijon.

NOUVELLE ÉDITION.

TOME PREMIER.

A PARIS,

Chez { L'AUTEUR, rue de l'Arbre-sec, au coin de celle de Saint-Honoré, maison du Bonnetier ;
L. JORRY, Imprimeur - Libraire , rue de la Huchette , près du Petit-Châtelet ;
J.-G. MÉRIGOT, jeune , Libraire, Quai des Augustins , au coin de la rue Pavée.

M. DCC. LXXX.

Avec Approbation & Privilege du Roi.

ABRÉGÉ

DE L'HISTOIRE

DU

THÉATRE FRANÇOIS.

NOUVELLE ÉDITION.

TOME PREMIER.

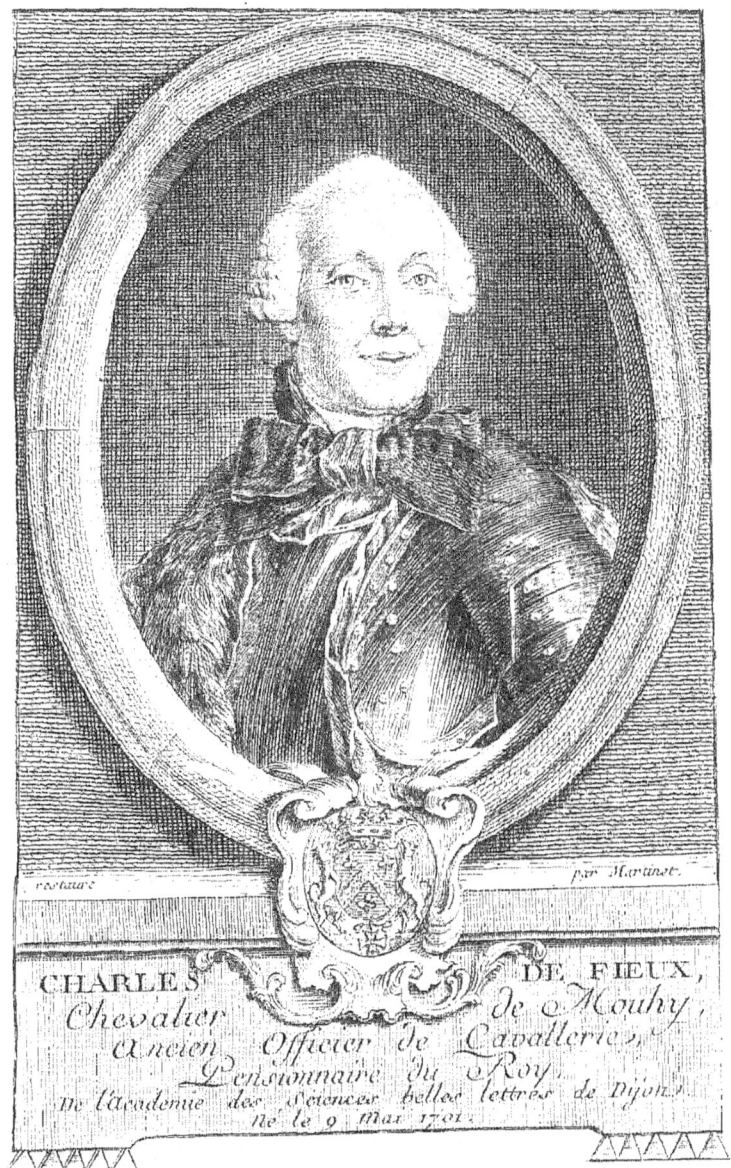

restauré   par Martinet.

CHARLES   DE FIEUX,
Chevalier   *de Mouhy,*
Ancien Officier de Cavallerie,
Pensionnaire du Roy,
de l'Académie des Sciences belles lettres de Dijon,
Né le 9 Mai 1701.

AU ROI,

SIRE,

L A gloire du nom françois seroit moins
étendue, si-le siecle qui vit naître des Tu-
renne, des Condé, des Luxembourg, &
des Colbert, n'avoit aussi produit un Moliere, un Corneille & un Racine ; c'est à
ces trois Poëtes que notre Théatre doit sa

naiſſance & ſes progrès : ce ſont eux qui fixerent notre Langue, devenue celle de l'Europe, parce que leurs Chef-d'Œuvres ſont repréſentés chez tous les Peuples polis.

Ce ſont eux qui enleverent à la Grece des richeſſes plus précieuſes que les mines de ce nouveau Monde autour duquel nous allons aujourd'hui chercher la gloire & la mort.

Lorſque VOTRE MAJESTÉ voudra ſe délaſſer du ſpectacle de ſes conquêtes & des ſoins pénibles du Trône, elle daignera parcourir l'Ouvrage qu'elle me permet de lui dédier ; elle y verra quelquefois le génie éclorre à la voix du Souverain ; plus ſouvent, elle y démêlera l'influence que l'Art dramatique peut avoir ſur les mœurs. Si l'Auteur du Siege de Calais a vu plus d'un Héros verſer des larmes d'admiration au récit des malheurs de Philippe de Valois, (qu'on nomme ſi mal-à-propos le Fortuné) ; ſi la vengeance ou la pitié ſont dans les mains

du Poëte, quel succès ne doit pas se pro-
mettre l'Auteur inspiré par sa Nation, qui
saura peindre, dans un Tableau allégorique, les grandes actions du regne naissant
de VOTRE MAJESTÉ : on y verroit
les courageux descendants de Guillaume
Pen, mieux secourus par un jeune Monarque, que ne le furent les Flamands par
Henri IV, consommer le grand ouvrage
de leur indépendance en trois campagnes,
abattre les Léopards, & mêler nos lys triom-
phants avec l'étendard de la liberté. Mais
ce n'est point à moi, SIRE, qu'il est ré-
servé de célébrer ces triomphes ; je touche
aux bornes de ma longue carriere : j'ai
vécu sous trois Regnes ; celui de VOTRE
MAJESTÉ promet à la France des palmes
cueillies dans la plus juste des guerres ;
il lui promet des exemples de toutes les
vertus, sans mélange d'aucune foiblesse.

De tous les bienfaits dont VOTRE
MAJESTÉ a comblé ma vieillesse, le
plus précieux à mon cœur est celui d'avoir

pu consigner ma juste reconnoissance dans un monument qui vivra plus que tous mes autres Ecrits.

Je suis avec le plus profond respect,

SIRE,

DE VOTRE MAJESTÉ,

Le très-humble, très-obéissant, très-fidele sujet & serviteur,

DE MOUHY.

AVERTISSEMENT.

J'AI dit, dans la Préface de la premiere édition de cet Ouvrage, publié en 1751, fous le titre de *Tablettes Dramatiques*, qu'en commençant ce long & pénible Ouvrage, mon deffein avoit été d'écrire dans le même ordre que celui du *Dictionnaire*, tout ce qui avoit rapport à tous les autres Théatres; j'avois raffemblé pour cet effet tous les matériaux néceffaires pour exécuter ce projet; mais à peine eus-je mis la main à la plume, que j'en compris toutes les difficultés. Traiter tant de genres à la fois, c'étoit rifquer de fe méprendre fouvent; cette jufte crainte me fit changer de réfolution, & me détermina à ne travailler pour cette fois que pour le Théatre François; je pris pour guides les Ecrivains qui fe font diftingués le plus dans cette partie importante de la Littérature; je confultai les gens du monde les plus éclairés; enfin, fûr que les fources dans lefquelles j'avois puifé étoient infaillibles, je mis au jour l'Ouvrage : il fut accueilli, & quoiqu'il eût été tiré à deux mille exemplaires , ils furent enlevés en peu de mois : reconnoiffant, on ne peut davantage, des bontés dont le Public m'avoit honoré dans cette occafion, je penfai qu'il m'étoit permis de le lui témoigner , en publiant, les années fuivantes, des Suppléments qui faifoient la fuite de cet Ouvrage ; ils furent par mon ordre diftribués *gratis* jufqu'en 1758. Je me propofois alors à mettre fous la Preffe une nouvelle édition de cet *Abrégé* , mais feu M. le Maréchal Duc *de Belle-Ifle*, auquel j'avois été utile autrefois pour des ouvrages militaires, ayant été nommé Miniftre de la Guerre, daigna s'en fouvenir, & me chargea des affaires fecretes du Département, en exigeant que je ne m'occuperois plus que de ce travail : j'obéis. Ayant eu le malheur de perdre ce refpeétable Miniftre , qui me traitoit plus en ami qu'en proteéteur , quelques années après, le vif chagrin dont je fus accablé pendant fix mois entiers, m'ayant fait oublier mes fervices, je me trouvai fans emploi & fans occupation ; je voulus donner une nouvelle édition des *Tablettes* qu'il me fembloit que l'on attendoit avec empreffement ; mais feu M. le Comte *de Pont - de - Veyle* , qui m'honoroit de son amitié depuis trente ans, à qui je devois le succès de cet Ouvrage, & qui connoissoit toutes les recherches que j'avois faites, les jugeoit suffisantes pour mettre au jour un corps complet de l'*Histoire du Théâtre François.* Il voulut bien m'encourager, en me promettant qu'il seroit mon guide, & de plus, qu'il me laisseroit le maître de sa Bibliotheque, l'une des mieux fournies dans ce genre alors de toutes celles de la Capitale : quelque défiance que j'eusse de mes talents pour une pareille entreprise, je cédai, & je travaillai avec tant d'émulation & de chaleur, que sept ans après je l'eus achevé.

M. *de Pont-de-Veyle*, qui avoit eu la plus grande part à ce pénible ouvrage, me voulant, comme je l'ai dit, beaucoup de bien, desira que j'en tirasse parti pour ma fortune, alors médiocre ; mais reconnoissant de toutes les attentions qu'avoit depuis long temps pour moi la Comédie, en me procurant mes entrées & la communication de ses archives & de ses registres ; complaisance à laquelle je devois une partie de la perfection de l'Ouvrage, je lui en fis présent sans aucune condition, en 1773. J'y joignis le jugement qu'en

avoient porté trois Commiffaires de l'Académie des Sciences de Dijon, dont j'ai
l'honneur d'être un des plus anciens Mem-
bres : ils examinerent cette Hiftoire pendant fix mois, en rendirent compte ; &
malgré leur favante critique, leur jugement parut fi favorable à l'Académie,
qu'elle me permit, en y mettant mon
nom, d'ajouter que j'étois de fon Corps ;
grace qu'elle n'accorde qu'à ceux qu'elle
en croit à-peu-près dignes.

Après les remerciements par écrit que
me firent les Comédiens du Roi, je me
flattois qu'ils feroient imprimer de fuite
leur Hiftoire ; mais quelle fut ma furprife
& mon chagrin, en apprenant que dans
une de leur affemblée tenue à ce fujet, il
avoit été décidé qu'on en folliciteroit
l'impreffion à l'Imprimerie Royale ; l'Ouvrage examiné paroiffant devoir produire
plus de dix volumes *in-4º*, & vingt ou
vingt-cinq *in-8º*, dont les frais pourroient
coûter quinze ou vingt mille francs ! Si
l'on eut fait en même temps le calcul
qu'auroit produit l'Ouvrage, la Comédie
auroit connu qu'en fuppofant vrai le coût
de ces frais, le produit eût été au moins
du double, & qu'en nommant quelqu'un
parmi eux de Lettres, comme il s'en

trouve toujours dans le Corps, pour la
continuation de leur Hiftoire, ils euffent
affuré à la Comédie une augmentation de
revenus ; mais quoique dans la lettre que
j'avois écrite aux Comédiens à cette occafion j'euffe mis fous leurs yeux le produit de ces avances fur cette dépenfe, &
ce qui en devoit infailliblement réfulter,
il n'en fut point fait mention dans l'Affemblée dont je viens de parler, ou l'on n'y
eut point d'égard.

Je n'avois point d'autre parti à prendre
alors que le filence : non feulement je le
gardai, mais voulant toujours être utile à
la Comédie, je fus un des premiers à fol-
liciter M. le Maréchal Duc *de Duras* pour
l'Imprimerie Royale ; & par fon obli-
geante réponfe, les Comédiens eurent
lieu de fe flatter. Après cette démarche,
je n'avois plus qu'à attendre ; mais la mort
du feu Roi, les dépenfes de la guerre dé-
clarée fi juftement depuis, ont empêché
fans doute jufqu'ici la Comédie de folli-
citer la grace promife ; pendant cet intervalle, une Société de Gens de Lettres a
mis au jour l'*Hiftoire des Théatres* ; mais
comme il m'a paru par fon début qu'elle
ne traiteroit pas de fi-tôt ce qui a rapport
à celui des François, je penfai qu'ayant

été un des premiers en date, je devois faifir l'intervalle pour donner une nouvelle édition de l'*Abrégé* que j'ai publié en 1751, & qu'il ne m'a pas été poffible de faire plutôt, par les raifons que j'ai alléguées ci-deffus.

On ne fera pas furpris qu'au lieu d'un feul volume, il en paroiffe trois ; vingt-fix ans s'étant écoulés, depuis la premiere édition, il n'a pas été poffible d'en ufer autrement. D'ailleurs le format de la premiere ne convenant qu'aux jeunes gens, j'ai penfé qu'il devoit être à la portée des Amateurs d'un âge plus avancé.

J'ai pris toutes les précautions qui ont dépendu de moi pour éviter les omif-fions & les fautes, en prévenant MM. les Auteurs Dramatiques deux mois avant l'impreffion de cet *Abrégé*, par une lettre inférée dans le *Journal de Paris*. Je finirai à cette occafion par répéter ici ce que j'ai dit dans la Préface de la premiere édi-tion : c'eft de prier inftamment « les Con-» noiffeurs de vouloir bien fuppléer aux » omiffions, concevant bien que malgré » tous les foins que je me fuis donnés, & » les recherches infinies que j'ai faites, » il a pu m'échapper bien des fautes : pour » les réparer, il convient qu'ils me les

» faſſent connoître ; loin que leur critique
» me déſoblige, je leur en ſaurai un gré
» infini. Malgré le beſoin que j'ai d'indul-
» gence, il convient qu'on ne me par-
» donne rien, afin que ſi l'on réimprime
» cet Ouvrage, je me trouve à portée,
» en cas que j'exiſte encore, de corriger
» les erreurs dans leſquelles je pourrois
» être tombé. »

J'ai cru devoir joindre ici la copie de la
renonciation de M. *Parfaiɛ̃* à ſon Privilege pour ſon *Hiſtoire du Théatre François*,
n'ayant pas voulu travailler dans le même
genre, ſans acheter ſon déſiſtement.

Renonciation de M. **PARFAICT** *à son Privilege pour l'*Hiftoire du Théatre François.

JE fouffigné, déclare avoir renoncé dès ce jour au Privilege de l'*Hiftoire du Théatre François*, depuis fon origine jufqu'à préfent, compofant jufqu'à la fin de l'année 1721, quinze volumes : entendant qu'en vertu des conventions arrêtées entre M. le Chevalier *de Mouhy* & moi, dont je fuis convenu, ledit fieur *de Mouhy* entre en jouiffance, dès ce jour, des droits attachés au Privilege dudit Ouvrage, dont nous avons joui feu mon frere *François Parfaict* & moi, comme les Auteurs de ladite *Hiftoire du Théatre François*, en quinze volumes ; le fubrogeant, en vertu de mon droit, en mon lieu & place, pour qu'il puiffe continuer & faire imprimer pour fon compte & à telles conditions qu'il avifera convenables, la fuite & continuation de ladite *Hiftoire du Théatre François*, fous le même titre, ordre de volumes, ou s'il lui plaît de changer ledit ordre, & faire tel arrangement ou changement qu'il jugera à propos ; promettant d'honneur & de bonne foi de ne point troubler ni inquiéter ledit fieur Chevalier *de Mouhy*, ni fur les Privileges ou Permiffions qu'il pourra prendre à cet effet : déclarant en outre que fi dans cette renonciation, il fe trouvoit que la forme péchât, ou qu'il pût y être fous-entendu quelques réferves, les manquements doivent être mis à néant ; entendant que fi tel cas s'y trouvoit, il doit être entendu au contraire que ladite renonciation en faveur de mondit fieur Chevalier *de Mouhy*, eft auffi ample qu'elle peut l'être, même par forme juridique, pour valoir ce que de raifon ; m'engageant au furplus, en eas que j'en fois requis par mondit fieur *de Mouhy*, de lui communiquer les articles ou dates pour ladite continuation de l'*Hiftoire du Théatre François*, de s'en aider, avec la bonne foi qui doit régner entre d'honnêtes gens. Fait à Paris, ce 14 Décembre 1767,

CLAUDE PARFAICT.

LES MYSTERES,

MORALITÉS, FARCES ET SOTTIES.

J'AI dit, dans l'*Abrégé de l'Histoire du Théatre François*, année 1380, que l'arrivée à Paris des Pélerins qui revenoient de Jérusalem, fut l'époque des premiers Spectacles en France, & qu'une Compagnie de Bourgeois aisés, édifiés de leurs saintes déclamations dans les carrefours, qui attiroient un Peuple immense, les engagea à se cottiser pour leur procurer un grand Théatre où ils représentoient des Spectacles analogues à leurs premieres déclamations. En se rappellant le merveilleux effet de la premiere représentation du *Mystere de la Passion de Notre-Seigneur Jesus-Christ*, on ne sera pas surpris du pieux nom de *Confreres de la Passion* dont furent honorés les Acteurs qui représenterent ce premier Mystere, & encore moins de ce qu'il en parut tant depuis.

J'ai cru convenable, avant que de donner l'état de toutes les Pieces qui ont été représentées depuis en France, de mettre ici sous les yeux tous les Mysteres qui furent composés & représentés depuis, ainsi que les autres Ouvrages dramatiques qui succéderent à ces Spectacles pieux, dont les titres en trop grand nombre auroient augmenté trop considérablement le *Dictionnaire des Pieces*, & eussent été difficiles à placer selon l'ordre alphabétique.

ETAT DES MYSTERES,

MORALITÉS, FARCES ET SOTTIES,

*Repréfentés par les Confreres de la Paffion,
& les Comédiens en fous - ordre, fur
leurs premiers Théatres & fur celui de
Bourgogne, jufqu'à la ceffation defdits
Myfteres.*

VIE & Miracles de Saint Andry, Myftere
à quatre - vingt - fix Perfonnages, imprimé
à Paris, *in-4°*, gothique, chez *Pierre Sergent*.
L'Affomption de la Glorieufe Vierge Marie,
Myftere à trente-huit Perfonnages. Paris, rue
Notre-Dame, à l'Ecu de France, *in-16*,
gothique.
La Vie de Madame Sainte Barbe, à trente-huit
Perfonnages. Lyon, chez *Pierre Rigaud, in-16*.
Bien & mal avifé, Myftere à cinquante-neuf Perfonnages. Paris, *in-folio*, gothique, chez *Verard*.
Le Mirouer & l'Exemple des Enfants ingrats ;
*pour lefquels les peres & meres fe détruifent pour
les augmenter, qui à la fin les décognoiffent,*
Moralité à dix - huit Perfonnages, *in-4°*,
gothique.
La même, Lyon, 1589, *in-16*. Le fujet en eft
bien fingulier.
Hiftoire de l'Enfant Prodigue, par *laquelle il eft
démontré la vie miférable où parviendront ceux*
qui

qui dépenfent leurs biens prodigalement, Myftere à onze Perfonnages. Lyon, *in-16*, *Pierre Rigaud*.

Farce nouvelle du Médecin *qui guérit toutes fortes de Maladies & de plufieurs autres*, *auffi fait le nez à l'Enfant d'une Femme groffe*, *& apprend à deviner*; à quatre Perfonnages.

Farce de Colin, fils de *Thenot le Maire qui revient de la Guerre de Naples*, *& amene un Pélerin prifonnier*, *penfant que ce fut un Turc*; à quatre Perfonnages.

Farce nouvelle, *qui aiment mieux fuivre & croire fol conduit*, *& vivre à leur plaifir*, *que d'apprendre aucune bonne Science*; à quatre Perfonnages.

Farce nouvelle de l'Ante-Chrift & de trois Femmes, *l'une Bourgeoife*, *& les deux autres Poiffonnieres*, *fe difant les injures les plus groffieres*; à quatre Perfonnages.

Farce joyeufe & récréative *d'une Femme qui demande les arrérages à fon Mari*; à cinq Perfonnages.

Farce nouvelle, *contenant le Débat d'un jeune Moine & d'un vieil Gendarme*, *pardevant le Dieu Cupidon*, *pour une Fille fort plaifante & récréative*; à quatre Perfonnages.

Les fieurs *Parfait*, *Beauchamps* & *Maupoint* ne connoiffoient pas ces fept Farces; elles font imprimées dans un Recueil de Farces, tant anciennes que modernes; lefquelles ont été mifes en meilleur ordre & langage qu'auparavant. Paris, *Nicolas Rouffet*, 1612, *in-12*.

Farce des Savetiers, imprimée à la fuite de la Moralité qui a pour titre: *Mundus*, *Caro*, *Dæmonio*.

Tome I.   *b*

Le Myſtere de Griſelidis, Marquiſe de Sallues ; à trente - cinq Perſonnages. Paris, *Bonſons*, *in-*4°, gothique.

L'Homme Pécheur, *c'eſt à ſavoir la Terre & le Limon qui engendrent l'Adoleſcence* ; Moralité repréſentée à Tours, à ſoixante-quatre Perſonnages. Paris, Veuve *Jehan Trepperel*, & *Jehan Jehanot*, *in-*4°, gothique.

Le même, à ſoixante Perſonnages ; le troiſieme différent, par des changements, que les deux précédents. Paris, *le Petit Laurent*, *in-folio*, gothique.

Le Myſtere de la Sainte Hoſtie, à vingt - ſix Perſonnages. Paris, *in-*12, gothique. Après le titre ſe trouvent ces vers :

> Liſez ce fait, grand & petit,
> Comment un faux & maudit Juif
> Lapida moult crueliement
> De l'Autel le Très-Saint-Sacrement.

S'en ſuit, le Myſtere de l'Inſtitution des Freres-Prêcheurs , & comment Saint Dominique , lui , étant à Rome, vêtu en habit de Chanoine régulier ; à trente - ſix Perſonnages. Paris, *Jehan·Trepperel*, *in-*4°, gothique.

Le Las d'Amour divin, Moralité avec un Prologue ; à huit Perſonnages. Rouen, *Thomas*, l'aîné, *in-*8°, gothique.

Le même. Paris, *Félix Balligault*, gothique.

La Vie de Monſeigneur Saint Laurent , à cinquante-ſix Perſonnages , avec le Martyre de Monſeigneur Saint Hyppolite. Paris, *Alexis Lorion* & *Denis Jehanot*, *in-*4°, gothique.

Moralité nouvelle du mauvais Riche & du Ladre ; à douze Perſonnages , *in-*8°, gothique.

La même , avec des changements , & ſous le

titre de l'*Histoire du mauvais Riche*; extraite de la Sainte-Ecritute; à dix-huit Perfonnages. Rouen, *Jean Ourfel*, *in*-12.

La Vie de Marie-Magdeleine, contenant plufieurs beaux Miracles, comment elle, fon frere, le Lazare & Marthe, fa fœur, vinrent à Marfeille, & comme elle convertit le Duc & la Duchefle; à vingt & un Perfonnages. Lyon, *Pierre de la Haye*, 1605, *in*-12.

La Mort de Narciffus, Moralité à trois Perfonnages, *in*-4°; gothique. On troûve cette Piece dans le corps d'un Ouvrage qui a pour titre: *la Fontaine des Amoureux*. *Jehan Jehanot*, *in*-4°, gothique.

Le nouveau Monde avec l'Eftrif &c. fix vers forment l'intitulé de cette Moralité. Paris, *Guillaumee Euflace*, *in* 8°, gothique; à quatorze Perfonnages. C'eft une Allégorie relative aux divifions occafionnées au fujet de la Pragmatique fous le regne de Louïs XII.

Sottie à huit Perfonnages, *in*-8°, gothique, fur vélin: quoi qu'en dife *Beauchamps*, cette Sottie eft de *Jehan Bouchet*, & non de *Pierre Gringoire*.

Le Myftere de Monfeigneur Saint Pierre & Saint Paul, contenant plufieurs autres Vies, Martyres & Converfions de Saints, à cent Perfonnages. Paris, Veuve de *Jehan Trepperel*, & *Jehan Jehanot*, *in*-4°, gothique.

La Réformation des Tavernes & Cabarets, Deftruction de Gourmandife; à douze Perfonnages. Paris, *Guillaume Nyver*, *in*-8°, très-rare.

L'Hiftoire de Sainte Suzanne, exemplaire de

toutes fages Femmes , & de tous bons Juges ;
à quatorze Perfonnages. Troyes , *Nicolas
Oudot*, *in*-12 , auſſi fort rare.

Moralité de la Vendition de Joſeph , fils du
Patriarche Jacob ; à quarante - neuf Perfonnages. Paris , *Pierre Sergent*, *in-folio* ,
gothique.

Nouvelle Moralité d'une Villageoiſe qui aima
mieux avoir la tête coupée que d'être violée
par fon Seigneur ; à quatre Perfonnages. Paris ,
Calverin, *in*-12 , gothique.

Vita, vel Tragedia Beatæ Barbaræ : quoique le
titre de ce Myſtere foit en latin, il eſt écrit
en françois. Il eſt à quatre - vingt - dix - huit
Perfonnages , & parut vers 1440.

Myſtere du Roi à venir , diviſé en trois Journées ; à plus de cent Perfonnages : *in-folio* ,
manuſcrit.

La Nativité de Notre-Seigneur Jeſus-Chriſt ;
à vingt-cinq Perfonnages : vers 1450.

Myſtere ou Jeu des trois Rois ; à dix-huit Perfonnages.

La Réſurrection de Notre-Seigneur Jeſus-Chriſt ;
à vingt-deux Perfonnages.

La Paſſion de Notre-Seigneur Jeſus-Chriſt ; à
cinquante-fix Perfonnages.

La Converfion de Saint Paul , fon Martyre &
celui de Saint Pierre ; à quarante - trois Perfonnages , & en trois Journées.

Le Myſtere ou Paſſion de Saint Etienne ; à
quinze Perfonnages.

La Vie ou Myſtere de Monfeigneur Saint Fiacre :
à vingt-trois Perfonnages. Ce qui eſt fingulier , c'eſt qu'au milieu de ce Myſtere , il

fe trouve une Farce à fix Perfonnages, dont le ftyle eft fort libre.

Le Myftere de Saint Denis & de fes Compagnons ; à vingt-fix Perfonnages.

Myftere de la Vie & des Miracles de Madame Sainte Genevieve; à quarante & un Perfonnages.

Les neuf Myfteres précédents qui font fans doute du même Auteur, écrits dans le milieu du quinzieme fiecle, font renfermés dans un feul volume *in-folio*. C'eft un manufcrit unique dans fon genre, auffi rare que peu connu & même des Amateurs.

L'Hiftoire de la Deftruction de Troyes, mife par onze Perfonnages, & divifé en quatre Journées, par *Jacques Millet.* Paris, *J.han Bonhomme*, 1484, *in-folio*, gothique.

La même. Lyon, *Matthieu Hufs*, 1485, *in-40*, gothique.

La même. Paris, *Jean Driard*, 1498, *in-folio*, gothique.

La même, fous ce titre.

La Deftruction de Troyes la grande, le Raviffement d'Hélene, &c. par M.ᶜ *Jehan Mehun*, &c. Lyon, *Denis de Chaffy*, 1544, *in-folio*.

L'Editeur de cette derniere édition fe méprend, en attribuant ce Myftere à *Jehan Mehun*; il eft certainement de *Jacques Millet.*

Outre tous ces Myfteres imprimés, on les trouve en manufcrit dans plufieurs Cabinets. Celui qui eft dans la Bibliotheque de Sorbonne eft fingulier par une note ridicule qui porte que le Siege devant Troyes fut de dix ans, neuf mois & huit jours ; que le nombre de ceux qui y périrent, monta à dix-fept cents dix-fept-mille & neuf cents; qu'il y avoit dans la ville de Troyes trente-deux Rois, fans *Priam*, commandant à tous; & devant la Ville, qu'il y en avoit foixante, dont *Agamemnon* étoit le Chef; de plus, que cette Ville de Troyes, affiégée, avoit quarante lieues de long & huit de large.

Le Myftere du Trépaffement de Notre-Dame, *in*-4°, manufcrit, en 1468.

La Patience de Job, felon l'Hiftoire de la Bible, en 1478; à quarante-neuf Perfonnages : manufcrit, *in*-4°.

La même, *in*-4°, gothique.

La même, imprimée à Lyon, *Jehan Didier*, *in*-16.

La même. Rouen., *Romain Beauvais*, *in*-4°.

La même. Troyes, *Nicolas Oudot*, 1621, *in*-4°.

L'Incarnation & Nativité de Notre-Seigneur Jefus-Chrift, laquelle fut montrée ci-après, écrite l'an 1479, les Fétes de Noël en la Ville & Cité de Rouen; à foixante-dix-huit Perfonnages, en deux Journées.

Maître Pierre Pathelin, à cinq Perfonnages.

Le nouveau Pathelin, à trois Perfonnages.

Le Teftament de Pathelin, à quatre Perfonnages.

Ces trois Pieces bien différentes les unes des autres, font renfermées dans un même volume imprimé à Paris, fans date, *in*-12; à l'enfeigne de Saint Nicolas : gothique.

Maître Pierre Pathelin & fon Jargon, à cinq Perfonnages. Paris, *Jehan Herouf*, *in*-4°, gothique.

Maître Pierre Pathelin, reftitué à fon naturel, Paris, pour *Galiot Dupré*, 1532, *in*-16.

Maître Pierre Pathelin, de nouveau revu, & mis en fon naturel. Paris, *Etienne Grouhau*, in-16.

La Vie de Maître Pierre Pathelin, enfemble fon Teftament; le tout par Perfonnages. Rouen, *in-*12.

La Comédie des Tromperies, Fineffes & Subtilités de Maître Pierre Pathelin, Avocat à Paris : Piece comique à cinq Perfonnages. Rouen, *Pierre Caillove*, 1556, in-12.

La Farce de Maître Pierre Pathelin, à cinq Perfonnages, avec fon Teftament, à quatre Perfonnages. Paris, *Couftelier*, 1723, in-12.

Le nouveau Pathelin, à trois Perfonnages, en 1748, fans nom de Ville ni d'Imprimeur.

Pathelin, Avocat, Comédie en trois Actes, en profe, précédée d'un Prologue, entremélée de trois Intermedes, en vers, par l'Abbé *Brueys*. Voyez le *Dictionnaire des Pieces*, page 54.

L'Auteur de la Farce de Maître Pierre Pathelin, dont il s'eft fait depuis tant d'éditions, eft *Pierre Blanchet*, né à Poitiers en 1459; il fut Avocat dans fa jeuneffe, reçut l'Ordre de Prêtrife à quarante ans, & mourut à Poitiers en 1519.

Le Myftere de la Conception, Nativité, Mariage & Annonciation de la Benoite Vierge Marie, &c. à quatre-vingt-dix-fept Perfonnages dont les noms font en la Table. Paris, *Alain Lotrian*, in-4°, gothique.

Le Myftere de la Paffion Jefus-Chrift (Jefus-Chrift), joué à Paris & à Angiers. Paris, *Driard*, 1486, in-folio, gothique, groffes lettres.

Le même. Paris, *Antoine Verard*, 1490, *in-folio*, gothique.

Le même, avec des additions, par le fcientifique Docteur M°. *Jehan Michel*, joué à 'Angiers moult triomphamment, & derniérement à Paris. Paris, Veuve *Jehan Trepperel & Jehan Janot*, *in-4°*, fans date.

Ce Myftere eft divifé en quatre Journées qui, chacune, ont leurs Acteurs particuliers.

On trouve dans les trois exemplaires *in-folio* un Prologue capital qui n'eft point dans l'*in-4°*, & dans ce dernier, une Table à la fin qui n'eft pas dans les *in-folio*.

La Réfurrection de Notre-Seigneur Jefus-Chrift, à quatre-vingt Perfonnages. Paris, *Alain Lotrian*, fans date, *in-4°*, gothique.

Ces trois Myfteres font imprimés dans le même volume, fans pouvoir en être féparés, fous ce titre : *le Myftere de la Conception & Nativité de la Glorieufe Vierge Marie, avec le Mariage d'icelle, la Nativité, Paffion, Réfurrection & Afcenfion de Notre Sauveur & Rédempteur Jefus-Chrift*; joué à Paris, l'an de grace 1567, imprimé audit lieu, par *Jehan Petit*, *Geoffroi de Marnef*, & *Michel le Noir*, 1507, *in-folio*, gothique.

Le Myftere de la Réfurrection de Notre Sauveur Jefus-Chrift. On lit à la fin : Cy finit le Myftere de la Réfurrection de Notre-Seigneur Jefus-Chrift, compofé par *Jehan Michel*, & joué à Angiers triomphamment, devant le Roi de Cecile. Paris, *Antoine Verard*, *in-folio*, gothique.

Ce Myftere eft différent du précédent, quoiqu'ils foient du même Auteur : celui-ci eft en trois Journées, l'autre en une feule. Voyez *la Croix-du-Maine*, page 248 de fa *Bibliotheque*; & *Beauchamps*, dans fes *Recherches*, 122ᵉ Article des Myfteres.

La Vengeance de Notre-Seigneur Jefus-Chrift, par Perfonnages, bien au long, divifée en quatre Journées. Paris, *Antoine Verard*, 1491, *in-folio*, gothique.

Le même Myftere, fous ce titre : *la Vengeance & Deftruction de Jérufalem*, par Perfonnages, &c. Paris, *Jean Trepperel*, 1510, *in-4°*; gothique. Dans cette édition, on trouve une Table qui n'eft pas dans l'*in-folio*; & dans celui-ci une Epître dédicatoire au Roi Charles VII, qui n'eft pas dans l'*in-4°*.

Le Vieil Teftament, par Perfonnages, auquel font contenus plufieurs Myfteres. Paris, *Jehan Petit*, *in-folio*, gothique, vers l'an 1500.

Le même, *Pierre le Dru*, pour *Geoffroy de Marnot*, *in-folio*, gothique, *figures*.

Le même, *Jehan Trepperel* & *Jehan Jehanot*, *in-4°*, 2 vol. *figures*.

Le même, *Jean Real*, 1542, *in-folio*, gothique, *figures*.

Cet Ouvrage renferme vingt-trois Myfteres différents.

Le Myftere du Chevalier qui donne fa Femme au Diable, à dix Perfonnages, repréfenté en 1605, *in-12*, gothique.

Moralité nouvelle de *Mundus*, *Caro*, *Dæmonio*, à cinq Perfonnages.

L'Homme jufte & l'Homme mondain, Moralité à quatre-vingt-deux Perfonnages, par *Simon*

Bourgoin , Valet-de-Chambre de Louis XII.
Paris, *Verard* , 1508 , *in-4°* , gothique , en
deux parties.

Le Jeu du Prince des Sots & Mere Sotte, jouée
aux Halles de Paris le Mardi-Gras 1511 ,
in-8° , gothique, par *Pierre Gringoire* dit *Vaudemont* , Hérault d'armes du Duc *le Lorraine.*

Ce Jeu renferme une Sottie , une Moralité
& une Farce.

L'Homme obftiné , Moralité à fept Perfon-
nagès.

Farce ayant pour titre : *Faire, vaut mieux que
dire* ; à fix Perfonnages.

Ces trois Pieces font de *Gringoire* ; les deux
premieres font allégoriques aux différends qui
étoient dans ce temps-là entre Louis XII & le
Pape Jules II , qui y joue le Rôle de *l'Homme
obftiné.*

Les menus Propos , Farce par *Gringoire* , à
trois Perfonnages , imprimée. Paris , *Jehan
Trepperel* , *in-4°* , gothique.

La Condamnation des Banquets , par *Nicole de
la Chenaye* , Moralité à trente-huit Perfonnages. Elle fe trouve à la fin d'un volume
intitulé *la Nef de Santé.* Paris , pour *Antoine
Verard* , *in-4°* , gothique.

Sottie à dix Perfonnages , jouée à Geneve,
en la place du Molard , le Dimanche des
Bordes , en 1523.

Sottie à neuf Perfonnages , jouée le Dimanche
après les Bordes , en 1524 , en la Juftice ,
pour ce que le Dimanche des Bordes , faifoit
gros temps.

Ces deux Sotties font imprimées enfemble & en vers dans un petit volume *in-12* , fans date , fans noms de Ville ni d'Imprimeur.

Moralité très-excellente à l'honneur de la glorieufe Affomption de Notre-Dame , à dix Perfonnages , par *Jean Parmentier*, Marchand de la ville de Dieppe , né en 1494 , mort en 1530 , dans l'Ifle de Sumatra ; repréfentée à Dieppe en 1527 , imprimée à Paris , rue de Sorbonne , en 1531 , *in-4°* , gothique.

La Vie de Saint Chriftophe , élégamment compofée en rimes françoifes & par Perfonnages, par M^e. *Chavalet*, jadis fouverain Maître en telle compofition. Grenoble , 1530, *in-folio.* L'Auteur étoit Gentilhomme du Dauphiné. Ce Myftere eft divifé en quatre Journées.

Le Plaidoyer d'entre la Simple & la Rufée , par *Guillaume Coquillard* , Officier de Rheims.

L'Enquête d'entre la Simple & la Rufée : cette Piece , écrite par le même Auteur de la précédente , en eft une fuite ; elles fe trouvent imprimées dans un volume intitulé , *les Droits nouveaux.* Paris , *Jehan Baptifte* , en 1530, *in-4°* , gothique.

Satyre pour les Habitants d'Auxerre , à l'entrée de la Reine en cette Ville. Paris , *Pierre Roffet* , 1536 , *in-8o.*

Ordre de la triomphante & magnifique Montre du Myftere des faints Actes des Apôtres , fait à Bourges, le Dimanche dernier jour d'Avril 1536, par *Arnoult* & *Simon Greban* , freres , nés à Compiegne ; le premier , Chanoine du Mans ; l'autre , Moine de Saint Richer , en Ponthieu, Docteur en Théologie , Secretaire de *Charles d'Anjou*, Comte du Maine. En 1535, *in-folio*, manufcrit.

Le triomphant Myftere des Actes des Apôtres, *&c.* par Perfonnages. Paris, *Nicolas Cou-
feau*, en 1537, deux volumes *in-folio*.

Le même, de la même date & de la même
forme, à la réferve que dans le premier volume, entre les pages 167 & 168, on trouve
un feuillet imprimé au *recto* & au *verfo* en
très-petits caracteres gothiques, fans chiffres
de pages, très-différents du corps de l'Ouvrage, *&c.*

Le même, fans aucune addition, *Arnoult* &
Charles les Angeliers, 1540, deux volumes
in-4°, gothique.

Le même, fous le titre de *Catholiques Œuvres
& Actes des Apôtres*, &c.; le tout vu & corrigé bien décemment, felon la vraie vérité,
& joué par Perfonnages, à Paris, à l'Hôtel
de Flandre, l'an 1541. Paris, *Arnoult* &
Charles les Angeliers, en 1541, deux volumes
in-folio.

Cette Edition eft bien différente des deux
précédentes, par des retranchements & des additions. On trouve à la fin, le Myftere de l'Apo-
calypfe de Saint Jean-Zébédée, en deux parties, par *Louis Choquet*.

Le Sacrifice d'Abraham à huit Perfonnages, nouvellement corrigé, augmenté & joué devant
le Roi, en l'Hôtel de Flandre, à Paris, &
depuis à Lyon, l'an 1539, *in-12*, gothique.

Le Myftere de la Nativité, par Perfonnages,
imprimé dans un volume intitulé *Chant natal*,
contenant fept Noëls, un Chant paftoral, un

Chant royal. Lyon , *Job Griphiers* , 1539 , *in-*4° , gothique.

Le même , dans un volume qui a pour titre : *Geneſtriliac muncal & hiſtorial de la Conception & Nativité de Jeſus-Chriſt , ſous myſtique alluſion* , &c. Lyon , *Godefroi Beringen* , 1539 , *in-*4°.

L'Auteur de ces Myſteres ſe nommoit *Barthelemi Arneau* , étoit né à Bourges , fut fait Principal d'un College établi dans cette Ville ; ſa réputation de Savant très-fondée , lui fit donner cette Place de confiance : il en abuſa. Proteſtant dans le cœur , il pervertit la Jeuneſſe. Il mit le comble à la méchanceté de ſon ame , en lançant une pierre de ſa fenêtre le jour de la Fête-Dieu , le 21 Juin , ſur le Prêtre qui portoit le Saint-Sacrement ; ſoit qu'il ne ſe retirât pas aſſez vite , ou que pluſieurs en euſſent été les témoins , la populace entra en foule dans le College , le joignit , le maſſacra , & le jeta par la fenêtre , où il fut traîné dans les rues & découpé en morceaux.

Lyon Marchand , Satyre Françoiſe à neuf Perſonnages , ſur la comparaiſon de Paris , Rouen , Lyon & Orléans , repréſentée en 1541 , à Lyon , ſur le Théatre de la Trinité ; imprimée dans cette Ville , *in-*4° , gothique. Lyon , chez *Pierre de Tours*.

Bran , Myſtere de Notre-Dame , *&c.* à dix-huit Perſonnages. Lyon , *Olivier Arnoullet* , en 1543 , *in-*12 , gothique.

Moralité & Figure ſur la Paſſion de Notre-Seigneur Jeſus-Chriſt , par Perſonnages bien dévots. Manuſcrit original ſur vélin , unique , rare , précieux.

Le même, fous le titre de *Myftere*, *Moralité &*
Figure de la Paffion de Notre-Seigneur Jefus-
Chrift, nommée *Quòd fecundùm legem debet*
mori ; à onze Perfonnages. Lyon, *Benoît*
Rigaud, *in*-8º : on ne peut pas plus rare.

Le joyeux Myftere des trois Rois, à fept Perfonnages, manufcrit, *in*-4°, copié fur un manufcrit du temps, qui eft prefque indéchif-
frable.

Farce nouvelle, très-bonne & très-joyeufe de
la Cornete, à cinq Perfonnages, copiée
d'après le même manufcrit.

Comédie de la Nativité de Jefus-Chrift, par
Marguerite de Valois, Reine de Navarre.

Comédie de l'Adoration des trois Rois, par
la même Reine de Navarre.

Comédie des Innocents, Comédie du Défert,
Comédie des deux Filles, & des deux Ma-
riées, Farce de trop prou, peu moins ;
ces fix derniers Drames font de *Marguerite de*
Valois, Reine de Navarre, Sœur de *Fran-*
çois Premier, née à Angoulême, le 11 Août
1492, morte au Château d'Andos en Bigorre,
le 21 Décembre 1549. La tradition nous
apprend qu'elle en a compofé plufieurs autres,
mais les titres n'en font pas venus jufqu'à
nous. Ceux dont je viens de faire mention
font imprimés dans un Ouvrage qui a pour
titre : *Marguerite de la Margerite des Prin-*
ceffes, *très-illuftre Reine de Navarre*. Lyon,
Jean de Tournes, en 1547, *in*-8°. Autre
édition fous le même titre. Paris, *Benoît*
Prevot, 1664, *in*-12. On fait qu'il y a une
fuite qui peut former un fecond volume.

Dialogue moral à quatre Perſonnages, par *Guillaume des Autels.*

Autre Dialogue moral à cinq Perſonnages, ſur la deviſe du Révérendiſſime Cardinal *de Tournon* : *Non quœ ſuper terram* ; joué à Valence, devant cette Eminence, le Dimanche mi-Carême, en 1549.

Ces deux Pieces ſont de *Guillaume des Autels*, Gentilhomme Charolois, né à Mont-Cenis en Bourgogne, en 1529. Elles ſont imprimées dans un Ouvrage qui a pour titre : *Repos du plus grand Travail*, dédié par l'Auteur à Sa Sainteté. Lyon, chez *Jean de Tournes* & *Guillaume Goʒeau*, 1550, *in-8°.*

Débat de Folie & d'Amour, Moralité en proſe, diviſée en cinq Diſcours & à ſix Perſonnages. Cette Piece eſt imprimée dans les Œuvres de *Louiſe Labé*, Lyonnoiſe. Lyon, *Jean de Tournes*, 1556, *in-8°.*

L'Anagramme de Mademoiſelle *Louiſe Labé* étoit, belle à ſoi. Elle étoit en réputation à Lyon, de bel eſprit, & plus connue ſous le nom de *la belle Cordiere* que ſous le ſien. La tradition prétend qu'elle étoit coquette, galante, & de facile compoſition ; mais il falloit que les prétendants fuſſent de qualité, ou gens d'eſprit. Elle avoit des complaiſances pour les premiers, mais il falloit qu'ils les achetaſſent ; à l'égard des ſeconds, elle n'en exigeoit point, pourvu qu'ils l'éclairaſſent de leur ſavoir & de leur eſprit ; à l'égard de tous autres gens, bourgeois, méchaniciens, artiſtes, *&c.* quelque argent qu'ils offriſſent, elle ne vouloit pas en entendre parler.

Tragédie Françoise du Sacrifice d'Abraham, *&c.* de *Théodore de Beʒe.* Lyon, *François Dupré,* *in-*12.

La même, fous le titre du *Sacrifice d'Abraham,* Tragédie Françoife en trois paufes, avec des Chœurs, un Prologue & un Epilogue. Paris, *Henri Etienne,* 1552, *in-*8°.

La même, Sédan, *Jehan Jehanot,* 1623, *in-*12.

La même, Troyes, *Nicolas Oudot,* 1669, *in-*12.

La même, Rouen, *David Berthelin,* 1679, *in-*12.

Il fe trouve quelques différences entre ces diverfes éditions, mais elles font fi peu confidérables, que le détail en feroit ennuyeux.

L'Auteur de cette Tragédie étoit né de parents nobles, à Vézelay en Bourgogne. *Théodore de Beʒe* y naquit le 24 Juin 1519, il mourut à Geneve le 13 Octobre 1605. Il étoit éclairé, favant, & eft Auteur d'Ouvrages eftimés.

Je n'ai point fait mention dans cet état, de tous les Myfteres énoncés dans les autres Catalogues, dont la plupart le font fans autorité: ceux-ci exiftent réellement; je les ai tirés du parfait Ouvrage fur le Théatre, de M. le Duc *de L. V.*, & du Cabinet de feu M. le Comte *de Pont-de-Veyle,* qui, après celui que je viens de citer, étoit un des plus confidérables du Royaume, dans ce genre.

PIECES

PIECES ANONYMES,

ANCIENNES, TRES-RARES,

ET DIFFICILES A TROUVER,

Placées ici, dans l'espérance que des Amateurs plus instruits que nous, voudront bien faire parvenir les noms des Auteurs, & ce qui les concerne, afin qu'à l'édition suivante, ces découvertes augmentent l'agrément de cet Ouvrage.

AGA

AGATOCLE, Tragédie par *N.* représentée au grand Collège de Lyon, au mois d'Août 1751. Je n'ai point vu cette Piece imprimée. On joua sur le Théatre de la même Ville, dans cette année, une Tragédie intitulée *Salustrie*, d'un Anonyme, qui eut quelque succès.

AGIMÈE, ou *l'Extravagant*, Tragi-Comédie par *S. B.* avec un Argument & un Avis au Lecteur; imprimée à Paris, en 1629, *in-8°*, chez *Jean Martin.*

AHENAIR, ou *la Pomme*, Tragédie en trois Actes, manuscrit, *in-4°*, vers l'année 1682.

ALEXANDRE (le Grand), ou *Porus*, Roi des Indes, Tragédie, par *N.* représentée sur le Théatre de l'Hôtel de Bourgogne, en 1656, *in*-12. Paris, chez la *Compagnie des Libraires*. Cette Piece eft la même que celle de *Boyer* intitulée *Porus*, ou *la Générofité d'Alexandre*, imprimée à Paris en 1648, *in*-4*.

AMALARIC, Tragédie tirée de l'Hiftoire de *Clovis*, par *B. V. Q.*, non repréfentée, imprimée en 1743, *in*--8°. Paris, chez *Prault*.

AMANT DOUILLET (l'), Comédie en trois Actes, en vers, par un Anonyme, dédiée à Mademoifelle de ***, par le plus fidele & le plus tendre Amant du monde, imprimée à Paris en 1665, *in*-12, chez *Pierre Bienfait*.

AMOUR APOTHICAIRE, ou *le Valet Servante*, Comédie en un Acte en vers, par M. *Denis*, manufcrit, *in*-4°, vers l'année 1690.

AMOUR BERGER (l'), Comédie-Paftorale en cinq Actes, en vers libres, par *J.*, avec un Prologue, imprimée à Rouen, en 1687, *in*-12, chez *Bonaventure le Brun*.

AMOUR COMBATTU (l'), ou *les Amants rufés*, Poëme dramatique en cinq Actes, en vers, par un Anonyme; imprimé à Lyon, en 1652, *in*-12, chez *Pierre Compagnon*.

AMOUR VAINQUEUR (l'), Comédie en un Acte, en profe, par M. d'*Orfeuil Honoré*, compofé en 1751, manufcrit, *in-folio*.

AMOUREUX BRANDONS DE FRANCIARQUE ET DE CALISTHENE (les), Hiftoire morale par l'Anonyme *A. B. &c.* dédiée à tous & à nul, en cinq Actes, en profe; imprimée à Paris, en 1606, *in*-12, avec *figures*, fans nom d'Imprimeur.

AMOURS DE ZERBINET ET D'ISABELLE, *Princeffe fugitive* (les), Tragédie en cinq Actes,

en vers, fans diftinction de Scenes; imprimée
à Troyes, en 1621, *in-8°*, fans nom d'Imprimeur.

AMOURS DU SEIGNEUR ALEXANDRE
ET D'ANETTE (les), Tragi-Comédie, en vers
de quatre pieds, fans diftinction de Scenes,
avec Argument, par un Anonyme; imprimée à
Troyes, en 1619, *in-8°*, fans nom d'Imprimeur.

AMSTERDAM HYDROPIQUE, Comé-
die burlefque en trois Actes, en vers de quatre
pieds, avec un Avis au Lecteur, & un Sonnet
férieux de l'Auteur, par *M. P. F. H.*, imprimée à Paris, en 1671, *in-12*, chez *Claude
Barbier.*

ANTIMOINE PURIFIÉ SUR LA SCELETTE,
Comédie en trois Actes, en vers, fans diftinction de Scenes, par un Anonyme, imprimée
à Paris en 1668, *in-12*, chez *Nicolas Pepingué.*

ANTIQUITÉ DU TRIOMPHE DE BÉZIERS
AU JOUR DE L'ASCENSION (l'), dédié
par l'Imprimeur à MM. les Habitants de la Ville,
repréfenté le jour de cette Fête, imprimé
en 1628, & à Béziers, chez *Jean Martel.* Titres
des quinze Pieces jouées dans cette Ville, le
même jour, dans les années fuivantes : *Hiftoire
de Peipeifac*, à fept Perfonnages ; *le Jugement
de Pâris*, à huit; *la Réjouiffance des Chambrieres
de Béziers*; *les Mariages r'habillés*; *la Colere de
Peipeifac*; *les Caractres de Béziers*, à huit;
Hiftoire mémorable fur le Duel d'Ifabelle & Cloris;
*Plainte des Payfans de Béziers fur les mauvais
Traitements qu'ils reçoivent dès Soldats*, à trois
Perfonnages, en vers gafcons; *les Aventures*

de *Gazetto*, à fix Perfonnages ; *les Amours de la Guimbarde*, à cinq Perfonnages ; *les Amours d'un Sergent*, à deux Perfonnages. Ces treize Pieces font imprimées dans la même année, & chez le même Libraire, que *les Antiquités du Triomphe de Béziers*, en 1628, *in-12*, chez *Jean Martel*.

ARMÉNIDE, ou *le Triomphe de la Conftance*, Poëme Drama-Tragi-Comédie en cinq Actes, en vers, par M. *Due*, imprimé en 1766.

ASDRÙBAL, ou *l'Amour de la Patrie*, Tragédie tirée des *Décades* de *Tite-Live*, par E. A. F. imprimée à la Haye en 1757, *in-8°*, chez *Jean Neauime*.

ASSIÉGEMENT DE LA VILLE DE GAYS (le cruel), Comédie par un Anonyme de la même Ville, avec la joyeufe Farce du *Troanonél d'un Treu*, en vers de quatre pieds ; imprimée à Lyon, en 1594, *in-4°*, fans nom d'Imprimeur.

ATHÉNAÏS, ou *la Pomme*, Tragédie en trois Actes, en profe, manufcrit, en 1705.

AVENTURES GALANTES DE LA PRISE DE LANDAU (les), Comédie en un Acte en profe, avec un Divertiffement en vers, par *H. D. E.*, repréfentée fur le Théatre des Comédiens établis à la Haye, le 22 Décembre 1704 ; imprimée en 1705, *in-12*, dans cette Ville, chez *Jean Van-Millinge*.

AVEUGLE NÉ (l'), Piece irréguliere en un Acte, en profe, manufcrit, *in-folio*.

AXIANE, ou *l'Amour clandeftin*, Tragédie en cinq Actes, en vers, par *N*. imprimée à

Rouen, en 1613, *in-12*, chez *Louis Coftes* : auffi ingénieufe que bien verfifiée.

B É L.

BAGOLINS (les), Comédie en un Acte, en vers, par le fieur *C. D. L. B.*, dédiée à M. *Soffiondo*, imprimée à Amfterdam en 1705, *in-12*, chez *Henri Schelte*.

BÉLISAIRE, Comédie en cinq Actes, en vers, par *N.* non repréfentée ; imprimée en 1769, *in-12*, Paris, chez *le Jay*.

BELPHEGOR DANS MARSEILLE, Comédie en un Acte, en profe, & un Prologue en vers, ornée de Chants & de Danfes, par un Anonyme, imprimée à Marfeille en 1756, *in-8°*, chez *Denis Sibié*.

BENJAMIN, ou *la Reconnoiffance de Jofeph*, Tragédie en trois Actes, en vers, par *N.* jouée en fociété, en 1749.

BOULEVARD DU JOUR (le), Scenes comiques en profe, par un Anonyme, fans date ni nom de Ville & d'Imprimeur, en 1754.

BOURGEOISE MADAME (la), Comédie en cinq Actes, en vers, dédiée à Mademoifelle *de Maniban*, par *N.* imprimée en 1685, *in-8°*, à Bordeaux, chez *Matthieu Chapuis*.

BOURGEOISE MADAME (la), Comédie en cinq Actes en profe, par un Anonyme, manufcrit, *in-4°*. Cette Piece eft dans le Cabinet de M. le Duc *de la V.* Elle eft imparfaite, il manque les deux premiers Actes, la fin du quatrieme, & le cinquieme ; elle eft vers l'année 1680.

Broteko-la-Cas, ou *la Fauſſe reſſuſ-citée*, Tragi-Comédie en trois Actes, en vers, en 1700, manuſcrite, *in-4°*.

Broucolakas. ou *la Fauſſe reſſuſcitée*, Tragi-Comédie en trois Actes, en vers, manuſ-crite, *in-4°*, vers l'année 1675. Elle étoit dans le Cabinet de feu M. le Comte *de Pont-de-Veyle*, avant ſa mort.

Brute (la Mort des Enfants de), Tragédie par un Anonyme, imprimée en 1648, *in-4°*. Paris, chez *Touſſaint Quinet*.

C A B

Cabades (les), Tragédie par *N.* repré-ſentée à Lyon, en 1640, imprimée dans la même année, *in-4o*, dédiée au Prévôt des Mar-chands & aux Echevins de la même Ville. Nul Ecrivain du Théatre n'a fait mention de cette Piece ni de l'Auteur.

Cabaretiere (la), ou *le Procureur à la mode*, Comédie en un Acte, en proſe, par un Anonyme, imprimée à Amſterdam en 1692, *in-12*, chez *Raphaël Smirne*.

Carnaval de Venise (le), Comé-die en un Acte, en proſe, par un Anonyme, imprimée en 1700, *in-4°*, ſans nom de Ville &c d'Imprimeur.

Cartagne (Dom), *Chaſſeur errant*, Co-médie en cinq Actes, en vers, par *Potier de Morais*, Capitaine des Chaſſes, manuſcrite, en 1700, *in-4°*.

Cartouche, Tragi-Comédie, par un Anonyme, ſans diviſion d'Actes, les Scenes font feulement indiquées; les Acteurs ne font point nommés, manufcrite, *in-*4°, vers 1722.

CAJAN, ou *l'Idolâtre converti*, Tragédie, imprimée en 1556, *in-*12. Lyon, chez *Claude la Riviere.*

CHANT PASTORAL *fur le Trépas de M. le Chevalier de Guife*, en vers, à quatre Perfonnages, par un Anonyme, avec un Chœur de Nymphes; dédie au Roi de la Grande-Bretagne; imprimé à Paris, en 1615, *in-*12, chez *Claude Porcheron* : on ne peut pas plus médiocre.

CHAPELAIN DÉCOEFFÉ, Comédie en un Acte, en vers, Parodie de la troifieme, quatrieme, cinquieme & fixieme Scene du premier Acte du *Cid*, & de la deuxieme du fecond Acte. Acteurs, *Chapelain*, *Dom Diegue*, *la Serre*, le Comte *de Gormas*; *Caffaigne*, le *Cid*. La Piece eft imprimée à la page 39 du volume intitulé la *Ménagerie* de *Cotin*. La même, mais parodiée différemment, page 50 du même volume, imprimée à la Haye, en 1666, *in-*16, chez *Pierre Dubois.*

CHASTE ET VERTUEUSE SUZANNE (la), Tragédie par *M.* imprimée à Rouen, en 1614, *in-*8°, chez *Abraham Couturier.*

CHILDÉRIC, *premier Roi de France*, Drame héroïque en trois Actes, en vers, imprimé fans date, ni nom de Ville ni d'Auteur, *in-*8₀. de 88 pages.

CHUTE DE PHAÉTON (la), Comédie burlefque fur les Airs de l'Opéra de *Phaëton*, en un Acte, en vers, par *N.*, précédée d'une Comédie anonyme, fans titre, en un Acte, en profe, imprimée à Lyon en 1694, *in-12*, chez *Thomas Amvaulry*.

CLÉONICE, ou *l'Amour téméraire*, Tragédie Paſtorale en cinq Actes, en vers, par *P. B.* dédiée au Roi; imprimée à Paris, en 1730, *in-8o*, chez *Nicolas Rouſſet*.

CODRUS, Tragédie par un Anonyme, repréſentée au grand College de Lyon, en 1735, non imprimée.

COLBERT ENRAGÉ, fragment d'une Comédie en vers, manuſcrite, *in-folio*. La Scene eſt dans la rue des Petits-Champs, à l'iſſue de la Chambre de Juſtice, vers l'an 1680.

COLLOQUE DE L'ORIGINE ET DU NATUREL DES FEMMES, *&c.* par un Anonyme. Cette Farce eſt imprimée dans un volume qui a pour titre : *Formulaire récréatif de tous Contrats*, &c., par *Bredin* le cocu, à Lyon, en 1627, *in-16*, chez *Claude Chaſtelard*.

. COMBAT VICTORIEUX DE BACCHUS CONTRE NEPTUNE, enſemble ſa Naiſſance, ſa Vie; Comédie en trois Actes, en vers, par un Anonyme; imprimée en 1634, *in-8o*. Paris, chez *Jean Martin* ; très-plate & ridiculement écrite.

COMÉDIE ADMIRABLE, intitulée *la Merveille*, en cinq Actes, en vers, imprimée à Roüen, ſans date, *in-12*, chez *Abraham Couturier*.

COMÉDIE DE SCEIGNE PEGRE ET SCEIGNE JEHAN, ſans diſtinction ni d'Actes ni de Scenes, en vers, & en langage du Dauphiné, par *N.*, jouée par deux Payſans de Mortemart, en 1576, imprimée en 1580, *in*-8°. Lyon , chez *Benoît Rigaut* : courte & peu intéreſſante.

.COMTESSE (l'aimable), Comédie en cinq Actes , en proſe , par un Anonyme , manuſcrite , *in*-12 , vers l'an 1680.

CONQUÊTE DU PAYS DE COCAGNE ÉCHOUÉE (la), Comédie en trois Actes, en proſe, par un Anonyme , imprimée à Valenciennes en 1711 , *in*-12 , chez *Gabriel-François Henri*.

CONTRASTE (le) , Comédie en cinq Actes , en vers , par le P. *de Sacy* , manuſcrite , *in-folio* , en 1720.

CONTRE-IMPROMPTU DE NAMUR.(le), Comédie en quatre Actes , en proſe , par un Anonyme , imprimée à Amſterdam , en 1698 , *in*-12, chez *Louis Delorme* & *Etienne Roger* , c'eſt une Réponſe des Ennemis à l'*Impromptu de Namur* , après la priſe de cette Ville.

CORIOLAN , Tragédie , par *M.* , donnée au College de Louis-le-Grand , à Paris , en 1748.

COUPS DU HASARD (les) , Comédie en un Acte , en vers , par *N.* , repréſentée par les Comédiens de *Monſeigneur* , à Rouen , imprimée en 1591 , *in*-12 , chez *J.-B. Beſogne*.

COURTISAN PARFAIT (le.) , Tragi-Comédie , par *D. G. L. D. F.* , imprimée à Grenoble , en 1668 , *in*-12 , chez *Jean Nicolas*. Il y a tout lieu de préſumer par les lettres initiales , qu'elle eſt de *Gabriel Gilbert*.

COUSINES (les deux) , Comédie en trois Actes , en proſe , par un Anonyme , non repréſentée , imprimée à Paris en 1746 , *in*-8° , chez *Hochereau*.

CRITIQUE DU TARTUFFE, Comédie en un Acte, en vers, par un Anonyme, avec une Lettre écrite en vers à l'Auteur, par un de fes amis. Cette Epître eft une Satyre contre *Moliere* & le *Tartuffe*; imprimée à Paris, en 1670, *in-12*, chez *Gabriel Quinet.*

CRITIQUE DE LA COMÉDIE DES EAUX D'EAUPLET, Comédie en un Acte, en vers, par un Anonyme, imprimée à Rouen, en 1717, *in-12*, chez *François Vaultier.*

CRITIQUES CRITIQUÉS (les), ou *Vérités fur les Caracteres à la mode*, Piece morale & nouvelle en un Acte, en vers, par un Anonyme, imprimée à Paris en 1725, *in-12*, chez *Alexis Mornier.*

CYRUS (la Mort du grand & véritable), Tragédie par un Anonyme, imprimée à Lyon, en 1655, *in-8°*, chez *Jean Montenat.*

D A N

DANGER DES ÉPREUVES (le), Comédie en un Acte, en vers, par *N.*, avec un Divertiffement, repréfentée fur le Théatre de Puteau, le 19 Janvier 1749, imprimée dans la même année, *in-4°*.

DÉBUT DES COMÉDIENS A CARPENTRAS (le), Comédie en un Acte, en profe, par le *Moucheur de chandelles* de la Troupe d'Avignon, imprimée à Lyon, en 1755, *in 8°*.

DESCRIPTION DU PAYSAGE D'YERRES, tirée d'un long Poëme Paftoral intitulé l'*Hyeroide*, Eglogue morale de la défaite de l'amour des Bergeres, divifée en cinq Eglogues, qui tiennent lieu de Scenes, par un Anonyme, imprimée à Paris en 1666, *in-8°*, chez *Jacques le Gentil*. La Piece finit par un Ballet danſé par des Bergeres pour célébrer leur victoire.

DEUTERIC, *Reine de France*, Tragédie en trois Actes, en vers, manuſcrite, *in-4°*, vers l'année 1670. Elle étoit dans le Cabinet de feu M. le Comte *de Pont-de-Veyle*.

DIALOGUE EN RISME FRANÇOISE ET SAVOYENNE, en quatre Actes, en vers de huit ſyllabes, ſans diſtinction de Scenes, avec un Avant-Prologue, un Prologue & un Epilogue, imprimé dans un volume qui a pour titre : *Les Fanfares & les Corvées Abbadiſques des Roule-bon-temps*, &c., par *J. & P. A*. Chambery, chez *Pierre Dufour*, en 1613, *in-8°* : très-médiocre, pour ne pas dire pis.

DIALOGUE DE SAINT-GERMAIN-EN LAYE (le), en forme de Tragédie, par lequel on remarquera la fidélité des Pariſiens au Roi, dédié à M. le Duc *de Beaufort*, par *D. P. C. D. S. M.*, premiere partie, imprimée en 1649, *in-4°*. Paris, chez *Louis Sequeſtre*. M. le Duc *de L*** n'a vu que cette partie, & ne ſait pas ſi elle a eu une ſuite.

DIFFICILE (le), Comédie en cinq Actes, en proſe, par *N.*, manuſcrite, en 1700, *in-4°*.

DISCOURS TRAGIQUES, en vers héroïques, *ſur la Mort de N. S. J. C.*, tirés de l'Evangile ſelon S. *Jean*, qui ſe joue par Perſonnages, & ils ſont au nombre de onze, imprimés ſans date, *in-8°* ; ſans nom d'Auteur, de Ville, ni d'Imprimeur, vers l'année 1680.

DISCOURS FACÉTIEUX DES HOMMES

QUI FONT SALER LEURS FEMMES, A CAUSE QU'ELLES SONT TROP DOUCES, par un Anonyme, à cinq Perfonnages, imprimé à Rouen, en 1558, *in-8°*, chez *Joffe-Abraham Couftelier.*

DOM BASILUGDE DE BERNAGASSO, Comédie en fix Actes, en profe, par un Anonyme, divifée en deux parties : la premiere contient les trois premiers Actes; la feconde, les trois derniers ; imprimée en 1708, *in-12*, à Lille, chez *Fievet* & *Danel.*

DOMESTIQUE GÉNÉREUSE (la), Comédie en trois Actes, en profe, par *N.*, imprimée en 1761, *in-12.* A Londres, dans un Recueil de Pieces.

DOM QUICHOTTE DE LA MANCHE, *Chevalier errant, Efpagnol révolté*, Tragi-Comédie en cinq Actes, en vers, par l'Anonyme *C. D.* dédiée à Madame la Marquife *de Vaffé*, imprimée à Strasbourg, en 1702, *in-12.*

DOUBLE DÉGUISEMENT (le), Comédie en un Acte, en profe, par *N.*, imprimée à Londres pour le compte de l'Auteur, en 1739, *in-12.* Voyez le volume intitulé, *Mélange de Pieces fugitives*, ou *Varfovie ridicule.*

DUÉLISTE MALHEUREUX (le), Tragédie, avec un Avis au Lecteur, par un Anonyme, imprimée à Rouen en 1636, *in-4°*, chez *Guillaume de la Haye* : on ne peut pas plus mauvaife, ni plus mal écrite, ni plus libre.

EAU

EAUX. D'EAUPLET, Comédie en un

Acte, en profe, par un Anonyme, imprimée à Rouen en 1627, *in-12*, chez *Pierre Caillové*.

EAUX DE WISAU (les), Comédie en trois Actes, en profe , par *G. K.* , imprimée à Prague en 1710, *in-12* , chez *Jean Waffer Sanher*.

EAUX DE PASSY (les), Comédie en un Acte, en vers, par *de Boze*, manufcrite, *in-4°*, en 1730.

ECOLE DES FAUX NOBLES (l'), Comédie en un Acte, en profe, par MM., reprélentée à Avignon, le 16 Août 1755.

ERIXENE, Tragédie, par *N.*, reprélentée au College de Clermont, le 21 Août 1680. Cette Piece n'eft pas connue.

FAR

FAMILLE RIDICULE (la), Comédie en cinq Actes , en vers , par un Anonyme, revue, corrigée , augmentée , achevée d'imprimer pour la premiere fois en 1720 , *in-8°*, à Berlin , chez *Jean Toller*.

FARCE DE LA QUERELLE DE GAUTHIER GARGUILLE ET DE PÉTRINE SA FEMME, par un Anonyme. A Vaugirard , *A. E. I. O. U.*, à l'Enleigne des *trois Raves*, fans date.

FARCE DE QUIOLARD(la), tirée de cet ancien Proverbe normand : *il reffemble à la quiole, y fait des geftes* , par *P. D. P. Y. L.* , fans date. Rouen , chez *Ourfel* ; il y en a plufieurs éditions.

FARCE DES TROIS SUPPÔTS DE L'IMPRIMERIE, en vers, à trois Perfonnages ; par *N.* , imprimée dans un *Recueil de la Chevauchée* faite en la ville de Lyon , le 17 Novembre 1578. A Lyon , par les trois Suppôts , *in-8°*.

FARCE JOYEUSE ET PROFITABLE A UN CHACUN , *&c.*, par *H. F. D. M. E. F.*, à quatre Perſonnages , & en vers de quatre pieds , imprimée en 1596 , *in-8°*, ſans nom de Ville ni d'Imprimeur.

FARCE PLAISANTE ET RÉCRÉATIVE, tirée d'un des plus gentils Eſprits de ce temps , *&c.*, imprimée à la ſuite de la Tragédie nouvelle de *la Perfidie d'Aman* , imprimée l'an 1517 , *in-8°* , ſans nom de Ville ni d'Imprimeur.

FARCE PLAISANTE ET RÉCRÉATIVE , *qu'a jouée un Porteur d'Eau le jour de ſes noces* , en vers de quatre pieds , en 1632 , *in-8°*. Cette Piece étoit entre les mains de feu M. *Barret* ; on ne fait ce qu'elle eſt devenue depuis ſa mort.

FAUSLE ET CRISPE, Tragédie en cinq Actes , manuſcrite, vers 1730.

FEMME TÊTUE (la) , ou *le Médecin Hollandois* , Comédie en un Acte , en vers , par un Anonyme , repréſentée par la Troupe du Roi , en 1686 , imprimée dans la même année , *in-*12. Paris , chez *Guillaume de Luynes*.

FILLE GÉNÉREUSE (la) , Tragédie en cinq Actes, en vers, manuſcrite, en 1650 , où le nom de l'Auteur ne ſe trouve pas.

FILLE INTÉRESSÉE (la) , Comédie en un Acte , en proſe , par *N.* , imprimée à Amſterdam , en 1725 , *in-*12 , chez *de la Haye*.

FONTANGE (la) , ou *les Façonneries* ,

Comédie nouvelle, en un Acte, en profe, par un Anonyme, imprimée à Amfterdam, en 1694, *in-*12, chez *Nicolas Parmentier.*

FRANÇOIS A AMSTERDAM (le), ou *les Apparences trompeufes*, Comédie en cinq Actes, en profe, par *A. C.*, repréfentée à Amfterdam.

FRANÇOIS SPERA, ou *le Défefpoir*, Tragédie en cinq Actes, en vers, avec des Chœurs, fans diftinction de Scenes, par *Y. D. C. G.*, imprimée en 1608, *in-*8°, fans nom de Ville ni d'Imprimeur. Le fujet eft la Converfion & la Mort d'un Proteftant enragé.

FRAYEURS DE CRISPIN (les), Comédie en un Acte, en vers, par *C.*, imprimée en 1682, *in-*12. Leyde, chez *Philippe Lopez.*

G E N

GARÇON SANS CONDUITE (le), Comédie en un Acte, en vers, avec un Prologue en profe, par un Anonyme, imprimée à Paris, en 1698, *in-*12, fans nom de Libraire.

GENEVIEVE DE BRABANT, ou *l'Innocence reconnue*, Tragédie en cinq Actes, par un Anonyme, fuivie d'un Ballet à la fin de chaque Acte, l'argument dudit Ballet, & les vers qui fe chantent ; le tout précédé d'une Préface & d'un Argument ; imprimée à Paris en 1669, *in-*12, chez *Etienne Loyfon.* Elle a été réimprimée depuis à Rouen, en 1711, fous le même titre, à la feule différence, qu'il y a été ajouté par M. l'Abbé *Miliers*, Aumônier du Roi : ce qui a fait qu'on la lui a attribuée, & peut-être auffi qu'il eft l'Auteur d'un Roman moral fous le même titre.

GONAXA, ou *les Gendres dupés*, Comédie en trois Actes, en vers, manuscrite, fans date, vers 1710.

GREC MODERNE (le), Comédie en trois Actes, en profe, par le Marquis *du Châtel*, repréfentée en société en 1742, manuscrite.

HEU

HENRY, Tragi-Comédie en cinq Actes, en vers, manuscrite, *in-4°*, fans date.

HEUREUX DÉSESPÉRÉ (l'), Tragi-Comédie-Paftorale en profe & en vers, avec des Chœurs en vers, par *C. A.* Seigneur de *C.* imprimée à Paris, en 1613, *in-12*, chez *Claude Collet*.

HERMÉNÉGILDE (Saint), Tragédie par le Jéfuite *N.* mife au Théâtre du College de Lyon, en 1742 : je ne la connois pas imprimée.

HISTOIRE MIRACULEUSE, *traitant de la Naiffance de notre véritable Meffie*, par le *G.* & à la fuite, une Tragi-Comédie, traitant le *Maffacre fanglant des Enfants de Bethléem*, & en trois Actes, en vers, avec une Préface où l'on apprend que cette Piece manuscrite fut commencée le 15 Décembre 1731, & achevée le 13 Mai 1733 : au-deffous du médiocre.

HISTOIRE, *ou* TRAGÉDIE DU MAUVAIS RICHE, extraite de la Sainte-Ecriture, par un Anonyme, imprimée à Rouen, fans date, *in-8°*. chez *Abraham Couturier*.

HUMANITÉ (l'), ou *le Tableau de l'In-digence*,

ligence, trifte Drame en un Acte, en profe, par un Aveugle Tartare, imprimé en 1761, *in-8°*.

HISTOIRE TRAGÉDIENNE, tirée de la fureur & tyrannie de Nabuchodonofor, par un Anonyme, imprimée fans date, *in-8°*, chez *Abraham Couturier.*

J E A

JALOUX (le Sage) , Tragédie par un Anonyme, en cinq Actes, en profe, imprimée en 1648, *in-4°*. Paris, chez *Pierre Lamy.*

JEANNE D'ARC, dite *la Pucelle d'Orléans*, Tragédie par un Anonyme, en vers, fans diftinction de Scenes ,avec un Prologue & des Chœurs; imprimée à Rouen, en 1603, *in*-12, chez *Raphael du petit volume* ; autre édition en 1611, fans nom de Ville ni d'Imprimeur; autre à Troyes, en 1606, *in-8°*, chez *Nicolas Oudot.*

JEAN SANS TERRE , ou *la Clémence de Philippe-Augufte* , Tragédie par *N.* imprimée à Londres & à Paris fans date, chez *Valade*, *in-8°*. de 88 pages : très-rare.

JESUS, MARIA, SUR LE MARTYRE DE S. SÉBASTIEN, Tragédie par un Anonyme, en cinq Actes, en vers, en 1660.

JESUS, MARIA, SUR LE MARTYRE DES SAINTS. INNOCENTS , Tragédie par un Anonyme, en quatre Actes, en vers, en 1660.

JESUS, MARIA, ou *Sainte Herménégilde*, Tragédie par un Anonyme, en cinq Actes, en vers, en 1660.

IMPROMPTU DE LA GARNISON DE NAMUR (l'),

Comédie, en trois Actes, en profe, par un Anonyme, imprimée en 1694, *in-*12, à Amsterdam,
chez *Paul Marret.*

INCOMMODITÉS DE LA GRANDEUR(les),
Comédie héroïque en cinq Actes, en vers, manufcrite, *in-*4°, différente de celle qui eft imprimée fous le nom du Jéfuite *du Cerceau.*

JOSAPHAT, ou *le Triomphe de la Loi fur
les Chaldéens,* Tragi-Comédie par D. L. T.
dédiée à M. le Duc *d'Epernon*; imprimée en
1646, *in-*12, Tolofe, chez *François Budé.*

JOUJOUX (les), ou *les Liliputiens,* Tragédie
en vers, en cinq Scenes, imprimée en 1751,
*in-*4°, à Drefde.

IPHIGÉNIE EN TAURIDE, Tragédie
par un Anonyme, imprimée en 1753, fans
nom de Ville ni d'Imprimeur.

JUGEMENT DE PARIS (le), Dialogue à
cinq Perfonnages, joué à Anguien-le-François,
ci-devant Nogent-le-Rotrou, à la naiffance
du Comte *de Soiffons,* fils du Prince *de Condé,*
en 1567, imprimé dans la même année, *in-*12,
fans nom de Ville ni d'Imprimeur. Cette Piece
en profe eft dédiée au Prince *de Condé;* elle
eft attribuée mal-à-propos par *du Verdier* à
Florent Chretien. Aucun autre Ecrivain du
Théatre n'a parlé de cet Ouvrage.

JULIE ET OVIDE, Tragi-Comédie en
cinq Actes, en vers, par un Anonyme, manufcrite, *in-folio,* en 1720.

JUSTE VENGEANCE (la), Tragédie par
un Anonyme, imprimée en 1641, *in-*4°. Paris,
chez *Aug. Courbé.*

LAVINIE, Tragédie par un Anonyme, compofée en 1737, *in-folio*, manufcrite, non repréfentée.

LOU-NOU-PARA, *Comediou Provençalou, en tres Actes, en vers, avec un Prologou*, par *J. B. C.* Cracouviou, 1743, *in-8°*, fans nom de Libraire.

LUSITAINS (les), ou *Lisbonne fauvée*, Tragédie par M.**, Confeiller au Parlement de Bretagne, non repréfentée, imprimée en 1753. Cette Piece n'eft pas meilleure que la Tragédie de *Telémaque*, dont les Monologues font de trois cents cinquante vers au moins.

M A L

MALADE IMAGINAIRE (le), autre que la Piece de *Moliere* de ce titre, Comédie en trois Actes, en profe, par un Anonyme, mêlée de Danfes & de Mufique, avec la maniere dont les Acteurs doivent être habillés; jouée & imprimée à Amfterdam, en 1674, *in-12*, chez *Daniel Elzevir*.

MANDRIN PRIS, Comédie en un Acte, en vers par *N*. jouée à Amfterdam, en 1754, imprimée en 1755, *in-8°*.

MARI SANS FEMME (le), ou *Dom Brufquin d'Alvarade*, Comédie en cinq Actes, en vers, ornée de Mufique, Danfes, Intermedes, Spectacles, par un Anonyme, repréfentée à Lyon, par la Troupe de S. A. R. Monfeigneur le

Duc *de Lorraine* , en 1704 , *in-* 12 , chez *Langlois.*

MARGUERITE D'ANJOU, *Reine d'Angleterre*, Eſſai tragique, en cinq Actes, en proſe, dans le goût du Théatre Anglois, imprimé à Paris, en 1757, *in-*12, chez *Prault.*

MARIAGE ROMPU (le), *& l'Amour malheureux*, Tragédie en cinq Actes, en proſe, par *N.* imprimée à Beſançon, en 1664 : on trouve à la fin du titre, *ſuivie d'une hiſtoire véritable arrivée en France.* Rien n'eſt plus mauvais que cette Piece.

MARIAGE FORCÉ DE MOLIERE (le), Comédie en un Acte , en proſe , miſe en vers, par un Anonyme, imprimée en 1676 , *in-* 12. Paris ; chez la veuve *Dupont* : fort rare.

MARIAGE DE FINE-EPICE (le), Comédie en cinq Actes, en vers, par un Anonyme, imprimée en 1664, *in* 8°, ſans nom de Ville ni d'Imprimeur. On jugera du ton de cette Piece par les cinq vers dits par *la Pointue*, avant la nuit de ſon mariage, à *Fine-Epice* ſon Amant:

> Lorſque je te tiendrai ce ſoir entre mes bras ,
> Comment veux-tu , mignon , que ta chere *Pointue*
> Avec toi ſe porte aux amoureux ébats ?
> Car j'en ſais quelques-uns qui veulent qu'on . . . .
> J'en ſais d'autres auſſi qui ne le veulent pas.

MARTYRE DE SAINTE REINE D'ALISE (le), Tragédie, par un Religieux de Flavigny, imprimée en 1687, *in-*8°, à Châtillon-ſur-Seine , chez *Claude Bourat.*

MARWEL, Tragédie en cinq Actes, en vers , avec des Intermedes en Mufique , manufcrite , *in*-4°, par un Anonyme , en 1660.

MATOIS MARI (le), ou *la Courtifanne attrapée* (le) , Comédie en trois Actes , en profe, imitée d'une Piece Efpagnole qui a pour titre *& fagos ftatio Marido- examinado*, appropriées aux pratiques de Paris, imprimée en 1634, *in*-8°; chez *Pierre Baillaine*, cette Piece forme un volume entier de 278 pages , tant elle eft longue , les Scenes n'en font pas diftinctes, le Dialogue en eft plat, double en intrigues qui embrouillent la principale.

MAURICE , *Empereur d'Orient*, Tragédie par *N.* repréfentée au College de Louis-le-Grand, à Paris, le premier Août 1736.

MÉCONTENTS (les), Comédie en trois Actes, en profe , par *N.* imitée de *Goldoni*, imprimée en 1761, *in*-12, dans un recueil, fans nom d'Editeur.

MÉDECIN DE VILLAGE (le), Comédie en un Acte , en profe , manufcrite , *in*-8° , 1704.

MÉDECIN DE VILLAGE (le), Comédie en un Acte, en profe, manufcrite, par le fieur *Romanet*, en 1749, *in*-8°.

MÉGABISE, Tragédie, dédiée par un ami de l'Auteur *P. J. L. J.* à M. le Maréchal *de Noailles*, imprimée à Touloufe en 1735, *in*-8°, chez *Delrieu*.

MELISE, Tragi-Comédie-Paftorale en cinq Actes, en vers avec Argument & Prologue par un Anonyme, fans date, *in*-12, & fans nom de Ville & d'Imprimeur, vers l'année 1639.

MERCIER INVENTIF (le), Paftorale en cinq Actes, en vers par un Anonyme, imprimée en 1532, *in*-12, à Troyes, chez *Nicolas Oudot*. Cette Piece eft bien indécente, il eft furprenant que la Police, toute peu réfléchie qu'elle étoit en ce fiecle-là, en ait fouffert la repréfentation.

MÉTAMORPHOSE INUTILE DES FEMMES EXTRAVAGANTES (la), Comédie, par un Anonyme, en fix Actes, en profe, en deux parties: la première, en trois Actes, repréfente le changement de la laideur en beauté; & la feconde, le changement de la beauté en laideur. Quelque chofe qui puiffe arriver, le changement du corps n'en excepte aucun dans l'efprit; imprimée à Valenciennes, en 1700, *in*-8°, chez *Gabriel-François Henry*.

MIRAMONDO (la), Poftouralo en cinq Actes, en vers, en langage d'Agen, &c., imprimée en 1685, *in*-12, chez *Thomas Gayan*.

MOLIERE LE CRITIQUE, ET MERCURE AUX PRISES AVEC LES PHILOSOPHES, Comédie en deux Actes, en profe, par un Anonyme, imprimée en Hollande, en 1709.

MORT DE L'ESCOMBAT (la), Tragédie en trois Actes, par *N*. repréfentée & imprimée à la Haye, en 1755, *in*-8°.

MORT DE PANCRACE (la feinte), Comédie en un Acte, en vers de quatre pieds par *A. P. P.* repréſentée par les Comédiens de M. *le Prince*, dédiée à M. le Comte *de Valder Maſtrache*, imprimée en 1663, *in*-12, ſans noms d'Auteur, de Ville ni d'Imprimeur. L'Auteur étoit de Château-Neuf, & pourroit bien avoir été Comédien de M. *le Prince.*

Moyse, Tragédie manuſcrite en cinq Actes & un Prologue, en vers, par *L. H.* On lit à la fin de cette Piece, achevée le 20 Juillet 1718 : l'Auteur eſt, ou étoit un Citoyen de Geneve ; très-mal écrite & bien ennuyeuſe.

Murmures des Femmes, Filles et Servantes (les), en trois Actes, en vers, par un Anonyme, imprimée ſans date, *in*-8°, & ſans noms de Ville & d'Imprimeur, vers l'année 1730.

Mustapha, Tragédie non repréſentée, manuſcrite, *in-folio*, vers l'année 1730.

NON

Nonchalant (le), Comédie en trois Actes, en vers, manuſcrite, *in*-4°, vers l'année 1685.

Nonchalant (le), Comédie en trois Actes, en vers, par *de Boʒe*, manuſcrite, *in-folio.*

Nouveauté préférée (la), Comédie en un Acte, en proſe, par le ſieur *Romanet*, manuſcrite, *in*-12, en 1649.

Nouvelle Comédie des Chansons de ce temps, ou *l'Inconſtant vaincu*, Paſtorale en cinq Actes, en vers & en Chanſons par un Anonyme, avec un argument &

un avis au lecteur, imprimée en 1662, *in-12*, Paris, chez *Etienne Loiſon*.

O C T

OCTAVIE, Tragédie manuſcrite, *in-folio*, vers l'année 1720.

OCTAVIE, Tragédie par le Jéſuite *Sacy*, manuſcrite, vers l'année 1690.

P A R

PARAGAY, *Converſation morale & familiere*, Piece Dramatique, en proſe, & en dix Scenes, ſans date ni noms de Ville & d'Imprimeur : vers l'année 1760.

PASTORALE SUR LA NAISSANCE DE NOTRE-SEIGNEUR JESUS-CHRIST, à vingt-quatre Perſonnages, contenant l'adoration des Paſteurs, & la deſcente de Saint Michel aux Lymbes, par un Anonyme; imprimée à Rennes, *in-8°*, ſans date ni noms d'Imprimeur, vers l'année 1680.

PAUVRE RICHE (la), Comédie en trois Actes, en proſe, avec une petite Farce à la fin, en un Acte, en proſe, par un Anonyme, imprimée en 1714, *in-12*, à Valençiennes, chez *Gabriel-François Henry*.

PEAU DE BŒUF, ou *Remede univerſel pour faire une bonne Femme d'une mauvaiſe*, Comédie en ſix Actes, en proſe, par un Anonyme, diviſée en deux parties : la premiere repréſente la Femme dans toute ſa méchanceté, dans les trois premiers Actes ; la ſeconde, le

Mari, par un juste retour, pleinement vengé, & maître absolu de sa Femme ; imprimée à Valenciennes, en 1710, *in*-12, chez *Gabriel-François Henry.*

PERFIDIE D'AMAN (la), Tragédie nouvelle, en huit Actes, en vers, par *N.* imprimée en 1617, *in*-8°, sans noms de Ville & d'Imprimeur : ceci a bien l'air d'une allégorie sur la mort du Maréchal *d'Ancre* ; la même réimprimée à Paris, en 1622, *in*-8°, chez la veuve *du Carroy.*

PERSÉLIDE, ou *la Constance d'Amour*, Tragi-Comédie par un Anonyme, imprimée en 1646, *in*-4°. Paris, chez *Antoine Courbé.*

PHALANTE, Tragédie par un Anonyme, imprimée en 1610, sans nom de Ville ni d'Imprimeur ; tous les personnages de cette Piece sont tués, ou se donnent la mort.

PHÉNIX (le), Comédie en trois Actes, en prose, par un Anonyme, non représentée, imprimée à Amsterdam, en 1737, *in*-12, chez *Jacques Desbordes.*

PHILOSOPHES (les), Comédie en trois Actes, en prose, par un Anonyme, imprimée à la Haye, en 1742, *in*-12, chez *Gerard Block.*

PLAISANTS DEVIS DES SUPPÔTS DU SEIGNEUR DE LA COQUILLE (les), récités publiquement le 21 Février 1580, par un Anonyme, imprimés dans la même année, *in*-8°. L'Auteur a fait sagement de ne pas se nommer.

PŒSOPHILE, ou *le Joueur*, Comédie en cinq Actes en prose, par un Anonyme, en 1700, *in*-4°. manuscrite.

POETE SATYRIQUE (le), Comédie-Paſtòrale en cinq Aĉtes, en vers par un Anonyme, repréſentée vers l'année 1650, non imprimée, manuſcrit *in-folio*, ſur *vélin*.

POETE SATYRIQUE (le), Comédie-Paſtorale en cinq Aĉtes, en vers par un Anonyme, manuſcrite, ſans date, *in-folio*, vers l'année 1660.

POMMADE, Epi-Drama-Tragi-Comédie antique, en cinq Aĉtes, en vers, par le Comte *de Croiſſy*, manuſcrit *in-4°*, vers 1730.

PORTEUR D'EAU (le), ou *les Amours de la Ravaudeuſe*, Comédie en un Aĉte, en proſe, par un Anonyme (le Comte *de Caylus*). Voyez le Volume intitulé *les Ecoſſeuſes*, ou *les Œufs de Paque*.

PRÉVENTION RIDICULE (la), Comédie : le premier Aĉte en proſe ; le ſecond & le troiſieme, juſqu'à la derniere Scene, en vers, ſous le titre de *Caverne de Monteſinos* ; la derniere Scene, en proſe, fait le dénouement de *la Prévention ridicule*, par *M. D. B. E. D. L.* vers l'année 1690.

Q U A

QUADRILLE AMOUREUX (le), & *le Divertiſſement de la Paix*, Comédie en trois Actes, en vers, avec un Prologue, par *V. D. M*, imprimée à Châtillon, en 1749, *in-8°*, chez Je ·ı *Theriot*.

R A M

RAMIR, Tragédie Bourgeoiſe, en trois Aĉtes, en vers diſſyllabiques, & en rimes croifées & redoublées , par *A.* , imprimée en 1761 , *in-8°* , fans nom de Ville ni d'Imprimeur.

RAMONET, ou *lou Payfan Agenet tournal de la guefro* , &c. , par un Anonyme , en cinq Actes , en vers , en 1684 , *in-8°.* Agen, chez *T. Gayau* , vers l'an 1684.

REBELLION, *ou* MÉCONTENTEMENT DES GRENOUILLES CONTRE JUPITER (la) , Tragi-Comédie , en cinq Actes en vers , imprimée fans date, *in-12* , à Rouen, chez *Abraham Coufturier* : très-plate.

REPENTIR (le) , Comédie en un Acte , en vers, par M. *C. D. S. F.* , avec d'autres Poéfies , imprimée à Paris , en 1751 , *in-8°* , chez la veuve *Piffot.*

RETRAITE DU MONDE DE LA BIEN-HEUREUSE DE CHANTAL (la) , Poëme Dramatique , en cinq Actes , en vers , par *N.* imprimé à Avignon , en 1755 , *in-12* , chez *Louis Chambeau.*

RIVAL SECRETAIRE (le) , Comédie en un Acte , avec un Prologue , par un Anonyme , repréfentée le 12 Novembre 1737 , imprimée en 1738 , *in-8°.* à Paris , chez *Grégoire-Antoine Dupuis.* Cette Piece a été attribuée à M. *Desforges.*

ROXANE (la Mort de) , Tragédie par un Anonyme , dédiée à M. le Préfident *Viole* , imprimée en 1648 , *in-4°.* à Paris , chez *Antoine Courbé.*

S A M

SAMSON LE FORT (de) , Tragédie nouvelle par *N.* imprimée à Rouen, chez *Abraham Couſturier*, ſans date, *in-8°*.

SAVETIER ET LE FINANCIER (le), Comédie en un Acte, en proſe, avec un Divertiſſement, par *M***, imprimée à la Haye, en 1761, *in-12* : une Piece de ce titre, par M. *Bouteillier*, a été repréſentée en 1665.

SAUVAGE HORS DE CONDITION (le), Tragédie en un Acte, en vers, par *N.* imprimée, ſans date, ſans nom de Ville ni d'Imprimeur : c'eſt une Critique auſſi maligne que mauvaiſe de l'*Héloïſe* de *J.-J. Rouſſeau*; *la France Littéraire* n'en a pas parlé.

SCAPIN CHEZ LE PROCUREUR, Comédie en cinq Actes, en proſe, & une Epître à M. *d'Argenſon*, manuſcrite, *in-4°*, vers l'année 1730.

SCATABRONDA, Comédio noubello & hiſtourico, en cinq Actes, en vers, & un Prologue, par un Anonyme, *M. V. B. D.*, imprimée à Roterdam, en 1687, *in-12*, chez *Pierre Marteau*.

SILLA, Tragédie, par le *P. D. L. R.*, manuſcrite, *in-4°*, vers l'année 1680. Ces quatre lettres initiales ſemblent indiquer *le Pere de la Rue*.

SILVIE, Tragédie Bourgeoiſe, en un Acte, en proſe, & un Prologue, par un Anonyme, jouée le 17 Août 1741, imprimée à Paris, en 1742, *in-4°*, ſans nom d'Imprimeur: Piece tirée du Roman des *Illuſtres Françoiſes*.

SINAVE ET TROVORE, Tragédie en cinq Actes, en proſe, par *M. L. D. S. F.*, imprimée en 1550, *in-8°*, à Péters bourg.

SOLDAT MALGRÉ LUI (le); ou l'E-
preuve amoureuſe, Comédie en un Acte, en vers,
par un Anonyme , imprimée en 1668, *in-*12.
Paris, chez *Bienfait*; elle fut mal-à-propos attribuée à *Roſimont*.

STRATONICE, Comédie héroïque, en trois
Actes, en vers , par un Anonyme, manuſcrite,
*in-*4°, vers l'année 1690.

SUPERCHERIE D'AMOUR (la), Comé-
die en cinq Actes, en proſe, avec un argument,
par le ſieur de *Ch.* imprimée à Paris, en 1627,
*in-*8°, chez *Guillaume Citerne.*

T E L

TÉLÉSIS, Tragédie Chinoiſe, par un Anonyme, en cinq Actes, en proſe, précédée d'un
Prologue, dans lequel l'Auteur entend démon-
trer que toutes les Tragédies doivent être écrites
en proſe ; imprimée en 1771, à Pékin.

TÉMICIDE, Comédie en ſept Scenes, en
vers, par le ſieur *Romanet*, imprimée à la Haye,
en 1649, *in-*8°.

THÉLAMIRE, Tragédie, par un Anonyme,
repréſentée le 6 Juillet 1739, imprimée à Paris, dans la même année, *in-*8° chez *Le Breton*; & à la Haye, en 1740, chez *Benjamin Gi-
bert*, telle qu'elle avoit été repréſentée aux Comédiens, ſous les corrections exigées.

TITE ET TITUS, ou *les Bérénice*, Comédie d'un Anonyme , en trois Actes , en
proſe, imprimée à Utrecht, en 1673, *in-*12,
chez *Jean Ribbius.* C'eſt une ſorte de critique
froide & mauvaiſe de la Tragédie de *Bérénice*

du célebre *Corneille* & de l'inimitable *Racine.*

TOUT CE QUI RELUIT N'EST PAS OR, Comédie en cinq Actes, en prose, par un Anonyme, imprimée à Valenciennes, en 1713, *in-12*, chez *Gabriel-François Henry.*

TRAGÉDIE DES MACCHABÉES, ou *Perfécution d'Antiochus*, Piece manufcrite en trois Actes, en vers, avec une Préface, par *L. G.* On trouve au commencement, que l'Auteur fe mit à ce travail le 14 Mai 1733, & qu'il fut achevé le 20 Mars 1736 : Piece auffi froide que mal écrite.

TRAGÉDIE DE L'ENFANT JESUS (la), en cinq Actes, en vers, manufcrite *in-4°*, vers l'année 1720.

TRAGÉDIE DES REBELLES, en cinq Actes, en vers, fans diftinction de Scenes, par un Anonyme, dédiée à la Reine, imprimée à Paris, en 1622, *in-8°*, chez la veuve *du Carroy.*

TRAGÉDIE FRANÇOISE D'UN MORE CRUEL ENVERS SON SEIGNEUR, par *N.* imprimée à Rouen, fans date, *in-12*, chez *Abraham Coufturier.*

TRAGÉDIE MAHOMÉTÉISTE, où l'on peut voir & remarquer l'infidélité commife par *Mahomet*, &c. par un Anonyme, en cinq Actes, en vers, imprimée à Rouen, en 1612, chez *Abraham Coufturier.* Cette Piece eft d'un noir horrible.

TRÉBUCHEMENT DE PHAÉTON; *la Mort de Roger*, imitée de la fuite de l'*Ariofte*; *la Mort de Bradamante* ; *Andromede délivrée*, Intermede en trois Actes ; *Atham foudroyé par*

Jupiter, Intermede en trois Actes; *la Folie de Silene*, Paſtorale en cinq. Ces ſix Pieces ano-nymes furent imprimées à Paris, dans un vo-lume intitulée *le Théatre François*, en 1625, *in-8°*, chez *Guillaume Loiſon.*

TROPHÉES DE LA FIDÉLITÉ, Tragi-Comédie-Paſtorale, par un Anonyme, dédiée aux bons Eſprits en 1632, Lyon, chez *Claude Caye.*

V I E

VIE ET ADORATION DES TROIS ROIS, qui ſe joue par Perſonnages, par un Anonyme : ils ſont au nombre de huit, imprimée *in-8o.* ſans date & ſans nom de Ville ni d'Impri-meur, vers l'année 1680.

VISIONNAIRE (le ſage), Tragi-Comédie avec Prologue, Epilogue, & à la fin la clef des Perſonnages, par *J. B. D. J.* imprimée à Paris, en 1648, *in-12*, chez *Jean Henault.*

Y V R

YVROGNES (les), Comédie - ſatyri - bur-leſque, en un Acte, en vers, par un Anony-me, en 1687, *in-12*, à Cologne, chez *Pierre Marteau.*

Fin des Pieces anonymes.

Nota. C'eſt aux recherches éclairées & ſa-vantes de M. le Duc *de la V.* auxquelles je dois la connoiſſance des Anonymes dont je viens de faire part aux Amateurs, ainſi que de beaucoup d'autres qui n'étoient connus d'aucun de ceux qui ont écrit juſqu'ici ſur le Théatre ; je dois trop à ce Littérateur reſpeƈable, pour ne pas convenir hautement que ſi cet Ouvrage eſt du goût des Connoiſſeurs ; je lui dèvrai cet heureux avantage, ainſi qu'à feu MM. *de Bombarde & de Pont-de-Veyle*, à MM. *Dargental, Favart, N. R.* qui ont eu la complaiſance de m'ouvrir leur cabinet, & à MM. les Comédiens du Roi, leurs regiſtres & leurs archives. Mais quelque raiſon que j'aie de me flatter d'avoir approfondi ce travail autant qu'il peut l'être, je ſuis perſuadé qu'il eſt encore bien des Pieces omiſes, & des Auteurs oubliés ; ce n'eſt qu'avec le temps & le ſecours des vrais Connoiſſeurs que l'on peut atteindre à cette perfeƈion deſirée ; qu'ils me permettent donc de les engager à y contribuer en m'aidant de leurs lumieres & de leurs connoiſſances dans cette partie : ils captiveroient, par cette complaiſance, le Public éclairé & leur Critique, loin de me déſobliger, leur aſſurera, de ma part, une éternelle reconnoiſſance.

DICTIONNAIRE

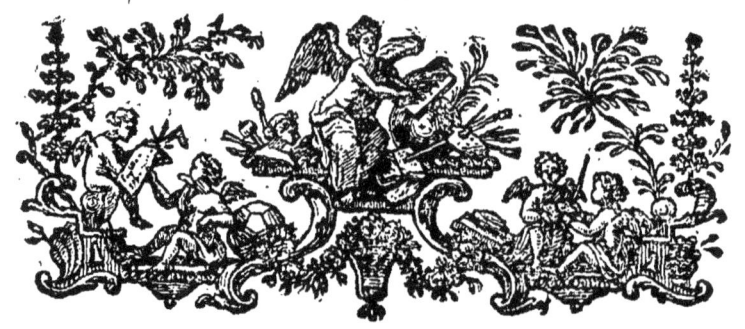

DICTIONNAIRE

DE TOUTES LES PIECES

DU THÉATRE FRANÇOIS,

Données ou imprimées depuis Jodelle*, en 1552, jusqu'en l'année 1780.*

A B D

ABAILARD & HÉLOÏSE, Tragédie de *Guy*, non repréfentée, imprimée en 1752, *in-*12.

ABEL, Tragédie de *Thomas le Cocq*, imprimée en 1581, *in-*4°. tirée du quatrieme chapitre de la Genefe, fans diftinction d'Actes ni de Scenes. Voyez *Odieux & fanglant meurtre.*

ABDERITES, Comédie en un Acte & en vers, précédée d'un Prologue, de *Moncrif*, donnée le 26 Juillet 1732, eut fept repréfentations; elle fut imprimée dans la même année & repréfentée à Fontainebleau le 4 Novembre fuivant.

Tome I. A

ABDOLONIME, Comédie en cinq Actes, en profe, de *Fontenelle*, imprimée en 1751; on la trouve dans le feptieme tome des Œuvres de l'Auteur; elle eft intéreffante à la lecture.

ABDOLONIME, ou *le Roi Berger*, Comédie héroïque, en trois Actes, en vers, de M. *Collet*, donnée le 6 Mars 1773; elle eut trois repréfentations, elle en méritoit davantage.

ABENSAÏD, Tragédie par M. l'Abbé *le Blanc*, donnée le 29 Juin 1735. Ce coup d'effai fut heureux : elle eut douze repréfentations, & en eut encore fept à fa reprife le 31 Décembre de la même année : elle fut jouée à la Cour.

ABRAHAM & AGAR, Comédie de *du Vivier*, jouée en 1577.

ABRAHAM *fe facrifiant*, Tragédie en trois Paufes, avec un Prologue, des Épilogues & des Chœurs, par *Théodore de Beze*, en 1552.

ABSALON, Tragédie de *Duché*, jouée le 7 Avril 1712, eut feize repréfentations, imprimée dans la même année, *in*-12. Cette Piece eft intéreffante; le rôle de Tharès eft neuf. Elle avoit été repréfentée en 1702 à Saint-Cyr, & valut à l'Auteur une penfion de 1000 livres. Elle a été reprife quelquefois & auroit dû l'être plus fouvent.

ABSALON, Tragédie de *Marion*, imprimée en 1740, *in*-12; elle fut jouée dans la même année avec un grand fuccès au College de Belfunce, à Marfeille.

ABSENT DE CHEZ SOI (l'), Comédie en cinq Actes, en vers, de *Douville*, repréfentée en 1643, imprimée dans la même année, *in*-4°.

elle ne manque pas d'intérêt, mais le ftyle en
eſt foible.

ABUSÉS (les), Comédie tirée mot-à-mot
des Hiſtoires tragiques, de *du Landel*; elle eſt
faite à l'ancienne mode des premières Comédies,
par *Ch. Etienne*; elle eſt très-rare, quoiqu'elle
ait été imprimée en 1516, *in-16*.

ACADÉMIE DES FEMMES (l'), ou *le
Cercle des Femmes ſavantes*, Comédie en trois
Actes, en vers, de *Chappuſeau*, repréſentée en
1661, imprimée dans la même année, *in-12*,
imitée d'*Eraſme*, avec l'Hiſtoire d'*Hyménée* ou
du *Lit nuptial*; la tradition apprend qu'elle
eut du ſuccès.

ACADÉMISTES (la Comédie des), ou *le
Cercle des Femmes Savantes*, Comédie en trois
Actes, par *Saint-Evremont*. Elle fut d'abord
imprimée en 1643, l'an de la réforme; mais
l'Edition fourmillant de fautes, l'Auteur la refondit entiérement, & elle reparut deux années
après fous le titre des *Académiciens*.

ACHAB, Tragédie, par *Roland Marcé*,
donnée en 1601, imprimée dans la même
année, *in-8°*. elle eſt tirée de l'Ecriture-Sainte.
Maupoint s'eſt mépris en l'attribuant à *Ma-
reuil.*

ACHILLE, Tragédie, par *Lefebvre*, jouée au
College d'Harcourt en 1563; je n'ai point de
preuves qu'elle ait été imprimée.

ACHILLE, Tragédie de *Nicolas Filleul*,
repréſentée au College d'Harcourt en 1563,
imprimée l'année ſuivante, *in-4°*. bien des
Auteurs l'ont attribuée à *Lefebvre*.

ACHILLE, Tragédie par *Alexandre Hardy*,

repréſentée en 1607, imprimée en 1625, *in-8°.* elle n'eſt pas ſans intérêt.

ACHILLE VICTORIEUX, Tragédie par *Borée*, donnée en 1626, imprimée l'année ſuivante, *in-8°.* elle eſt irréguliere , & fort ennuyeuſe.

ACHILLE (la mort d') & la diſpute de ſes armes, Tragédie par *Benſerade*, jouée en 1636, imprimée dans la même année, *in-4°.* Cette Piece renferme deux ſujets ; elle eſt irréguliere & foible en tout point.

ACHILLE (la mort d'), Tragédie de *Thomas Corneille*, jouée le 29 Décembre 1673; elle eut neuf repréſentations & fut imprimée dans la même année, *in-12.* Elle a été repriſe par conſidération pour le nom de l'Auteur.

ACHILLE DANS L'ISLE DE SCYROS, Comédie en trois Actes, en vers, de *Guyot de Merville*, donnée le 10 Octobre 1737; elle eut huit repréſentations. *Dubois*, vêtu en femme, jouoit le rôle d'Achille. Le ſujet de cette Piece eſt la reconnoiſſance & l'enlévement d'Achille déguiſé en fille à la Cour de Nicomede, Roi de Scyros.

ACCOMMODEMENT IMPRÉVU (l'), Comédie en un Acte, en vers, de *la Grange*, repréſentée le 12 Novembre 1737, n'eut que deux repréſentations, imprimée l'année ſuivante, *in-8°.* elle fut jouée avec le *Rival ſecretaire* & l'*Heure du Berger.*

ACONCE & ŒDIPPE, Tragédie de *Gombaut*, jouée en 1626. Cette Piece n'eſt pas connue n'ayant point été imprimée.

ACOUBAO, ou *la Loyauté trahie*, Tragédie par *Duhamel*, donnée en 1586, imprimée dans la même année, *in*-12. Cette Piece eſt tirée du Roman intitulé les *Amours de Piction*, eſt peu intéreſſante.

ACTEURS DÉPLACÉS (les), ou l'*Amant Comédien*, Comédie en un Acte, en proſe, de l'*Affichard*, répréſentée le 14 Octobre 1735, eut ſept repréſentations, imprimée en 1746, *in*-12; elle fut jouée, pendant le voyage de la Cour, à Fontainebleau. Elle fut précédée d'un Prologue & ſuivie d'un Divertiſſement dont la Muſique eſt de Grandval le pere.

ACTRICE (la nouvelle), Comédie en un Acte, en vers, de *Poiſſon*, imprimée en 1722, *in*-8°. Cette Piece avoit été reçue & devoit être jouée, mais une des premieres Actrices ayant cru s'y reconnoître à la lecture, empêcha qu'elle ne fût donnée; elle tenta auſſi l'impoſſible pour en prévenir l'impreſſion, mais la précaution ayant été priſe de ſupprimer la date & les noms de Ville & d'Imprimeur, elle fut vendue ſous le manteau quelques mois après.

ADAM & EVE, Comédie par *Tannevault*, non repréſentée, imprimée en 1742, *in*-8°. Cette Piece eſt tirée du *Paradis perdu de Milton*.

ADAMANTINE, ou *le Déſeſpoir*, Comédie de *Deſpanay*, jouée en 1600, imprimée en 1608, *in*-16. Cette Piece n'eſt pas ſans intérêt.

ADÉLAÏDE DU GUESCLIN, de *Voltaire*, jouée le 18 Janvier 1734, repriſe le 17 Août 1752, ſous le titre d'*Amélie* ou du *Duc de Foix*, avec des changements tels que *Voltaire* a fait imprimer les deux Tragédies, avec la précaution de faire mettre en caracteres italiques tous les vers qui ne se trouvent pas dans *Adélaïde* : celle-ci seule est restée au Théatre.

ADÉLAÏDE DE HONGRIE, Tragédie par M. *Dorat*, donnée le 26 Août 1774, eut seize représentations.

ADELE DE PONTHIEU, Tragédie de M. *de la Place*, représentée le Jeudi 28 Avril 1757 ; elle eut quatorze représentations : elle fut interrompue, après la cinquieme, par une indisposition de la demoiselle *Clairon*, & reprise le 21 Novembre de la même année ; elle n'a pas été représentée depuis. Elle fut imprimée l'année suivante, *in*-12.

ADELPHES (les), ou l'*Ecole des Peres*, Comédie en cinq Actes, en vers, par *Baron*, représentée le 3 Janvier 1705, eut sept représentations, non imprimée alors ; elle l'a été depuis en 1736, *in*-12, sous le second titre. Cette Piece fut d'abord attribuée au Pere *la Rue*, mais elle fut affichée sous le nom de *Baron*. Elle est imitée de *Térence*.

ADHERBAL, Roi de Numidie, Tragédie de la *Grange-Chancel*, jouée le 8 Janvier 1694 ; elle eut cinq représentations & fut imprimée dans la même année, *in*-12. L'Auteur n'avoit que seize ans lorsqu'il la composa. Elle a pour second titre : *Jugurtha*. Voyez *Jugurtha*.

ADMETE & ALCESTE, Tragédie de *Boissy*, parut le 25 Janvier 1727 ; elle n'eut que quatre représentations, ne fut imprimée qu'en 1735, *in*-8°. Elle fut défendue par ordre de la Cour après la quatrieme représentation, reprise le 26 Novembre de la même année, & jouée deux fois.

ADIATOR, Roi des Galates. Tout ce que l'on fait de cette Tragédie, c'eft qu'elle eft manufcrite ; que le fujet en eft grand & intéreffant ; qu'elle fut jouée fous le regne de Louis XIII, & que le nom de l'Auteur eft encore inconnu.

ADIEU DU TRÔNE (l'), Tragédie de *Mont-andré*. On n'a aucune certitude de l'année où elle fut repréfentée ; ce qu'il y a de certain, c'eft qu'elle fut imprimée à Bruxelles en 1654, *in*-4°. avec le fecond titre de *Dioclétien* & *Maximilien*.

ADIEUX DU GOUT (les), Comédie en un Acte, en vers, par MM. *Patu* & *Portelance*, entremêlée de chants & de danfes, jouée le Mercredi 13 Février 1754, imprimée dans la même année, *in*-12. Le fond de cette Piece épifodique n'eft pas neuf, il a déjà été traité fur deux Théatres, mais les détails en font agréables & renferment une critique légere & judicieufe. Elle eut douze repréfentations.

ADOLPHE, ou *le Bigame généreux*, Tragédie par *le Bigre*, repréfentée en 1650, imprimée dans la même année, *in*-4°. irréguliere en tout point. *Hardy* avoit traité ce fujet en 1615, fous le titre d'*Elmire*.

ADONIS, Tragédie de *le Breton*, donnée en 1569, imprimée en 1579, *in*-12, fort au-deffous du médiocre. Vénus y appelle Vulcain *fouffle charbon*. Elle fut jouée devant le Roi Charles IX.

ADONIS, Tragédie par un Anonyme, repré-

A iv

fentée le 25 Septembre 1685, non imprimée,
n'eut que cinq repréfentations : fans les regiftres
de la Comédie Françoife, elle feroit inconnue.

ADRASTE, Tragédie par *Ferrier*, donnée
en Février 1680, imprimée en 1686, *in-12*,
mauvaife & fans art. *Bauchamps* affure dans fes
Recherches fur les Théatres, qu'il connoît une
Piece intitulée *Créfis*, dont le fond eft le même
que celui de cette Tragédie.

ADRIEN, Tragédie par *Campiflron*, donnée
le 11 Janvier 1690, eut huit repréfentations,
imprimée en 1715, *in-12*. Cette Piece eft bien
médiocre, elle eft tirée de l'Hiftoire eccléfiaftique.

ÆGISTE, Tragédie de *Seguinan* & de *Pralare*,
jouée le 18 Novembre 1721, eut cinq repréfentations, non imprimée.

AETIUS, Tragédie de *Campiflron*, repréfentée le 28 Janvier 1693, eut quinze repréfentations ; c'eft cependant une des plus foibles
de l'Auteur.

AGAMEMNON, Tragédie, en vers de feize
fyllabes, par *Ch. Touffain*, donnée en 1556,
imprimée deux années après, *in-4°*. Elle eft
auffi froide qu'ennuyeufe.

AGAMEMNON, Tragédie de *le Duchat*,
jouée en 1661, imprimée dans la même année,
in-4°. elle eft froide, fans intérêt, mal écrite.
Celle de *Sufanne*, fans date, eft du même Auteur
& ne vaut pas mieux.

AGAMEMNON, Tragédie de l'Abbé *Boyer*,
fous le nom d'*Affezan*, repréfentée le 12 Mars
1680, imprimée dans la même année, *in-8°*.
elle eut dix-neuf repréfentations; elle n'eft pas

fans mérite, mais le ftyle en eft foible. *D'Af-feʒan* fe l'attribua, quoique *Boyer* s'en fût dé-claré l'Auteur à la premiere repréfentation. *Beauchamps*, qui l'affure, ajoute que la Piece fut fifflée à la feconde; ce qui eft faux, les re-giftres font foi du contraire.

AGAMEMNON, Tragédie par *Roland Briffet*, donnée en 1584, imprimée en 1589, *in*-4°. cette Piece qui eft on ne peut pas plus foible, eft tirée de *Séneque*.

AGAMEMNON, Tragédie du Jéfuite *Linage*, repréfentée au College en 1651, imprimée dans la même année *in*-12; c'eft une traduction en profe de celle de *Séneque*, du même titre, qui ne vaut pas mieux que la précédente.

AGARITHE, Tragédie-Paftorale, en cinq actes, en vers, par *Durval*, repréfentée en 1635, imprimée l'année fuivante *in*-8°. cette Piece fut fuivie, quoiqu'elle foit très-foible & fans aucune obfervation des regles.

AGATHE, ou *la Chafte Princeffe*, Tragédie burlefque du Comédien *Grandval*, repréfentée en 1749, à la Barriere-Blanche, à Paris, chez Mademoifelle *Duménil*, célebre Actrice, dans fa maifon, imprimée en 1750, *in*-8°.

AGATOCLE, Tragédie d'*Aubry*, donnée le 10 Mai 1690, n'eut que deux repréfentations; le fujet en eft intéreffant, mais on ne peut pas plus foiblement traité; non imprimée.

AGATOCLE, Tragédie de *Voltaire*, repré-fentée chez Madame *Denis* fa niece, dans le mois d'Avril 1779; donnée au Théatre Fran-çois le Lundi 31 Mai 1779; elle fut précédée d'un Difcours adreffé au Public, compofé par

M. *Dalembert*, interrompue, après la troifieme repréfentation, par l'indifpofition d'un Acteur; continuée le Samedi 12 Juin, avec *le Droit du Seigneur*, Piece du même Auteur, remife en trois Actes par lui-même. Elle eft imprimée en cinq Actes comme elle avoit été jouée en 1761, à Paris, fous le nom de *l'Ecueil du Sage*, qui n'étoit pas (difoit M. *de Voltaire* dans l'Edition de 1775) fon véritable titre.

AGÉSILAN DE COLCHOS, Tragi-Comédie de *Rotrou*, repréfentée en 1635, imprimée en 1637, *in*-4°. cette Piece eft foible, mais le comique en eft plaifant; elle eft tirée du Roman d'*Amadis de Gaule*.

AGÉSILAS, Tragédie de *Pierre Corneille*, repréfentée en Avril 1666, imprimée dans la même année, *in*-12; elle eft en vers libres; elle n'a pas eté reprife.

AGIMÉ, ou *l'Extravagant*, Tragédie par *S. B.* donnée en 1628, imprimée l'année fuivante *in*-8°. elle remplit complettement fon fecond titre.

AGIOTEURS (les), de *Dancourt*, Comédie en trois Actes, en profe, donnée le 28 Janvier 1710, eut quinze repréfentations, imprimée dans la même année *in*-12; fa réuffite procéda de la fingularité des circonftances du temps.

AGIS (la mort d'), par *G. Boufeal*, Tragédie, donnée en 1642, imprimée dans la même année, *in*-4°. cette Piece renferme des fituations touchantes.

AGRIPPA, Roi d'Albe, ou *le faux Tiberinus*, Tragédie de *Quinault*, repréfentée en 1661,

imprimée dans la même année, *in*-12; le quatrieme Acte la peut faire refter au Théatre.

AGRIPPA, ou *la Mort d'Augufte*, Tragédie
de *Riuperoux*, repréfentée en 1696, le 19
Mars, n'eut que deux repréfentations; après
l'avoir lue, on eft furpris qu'elle ne foit pas tombée à la premiere.

AGRIPPINE (la Mort d') par *Bergerac*,
donnée en 1653, imprimée l'année fuivante,
in-4°. cette Tragédie eut beaucoup de fuccès,
elle eft remplie de traits hardis.

AJAX, Tragédie.de *La Chapelle*, jouée le 27
Décembre 1684, eut dix-neuf repréfentations;
elle ne fut pas imprimée. La tradition nous apprend cependant qu'elle eft conduite avec art;
c'eft fur le Théatre de Guénégaud qu'elle fut
repréfentée.

AJAX, Tragédie, par.M. *Poinfinet de Sivry*,
donnée le 30 Août 1762, retirée après la premiere repréfentation.

AIMER SANS SAVOIR QUI, Comédie de
Douville, repréfentée en 1645, imprimée en
1646, *in*-4°. eut beaucoup de réuffite; elle eft
très-plaifante, quelques Auteurs modernes en
ont tiré parti fans en faire mention.

ALAIGRE, Comédie, par *la Gambe*, dit Chateauvieux, jouée fous le regne de Henri III;
on ignore l'année de la repréfentation.

ALBERT I, ou *Adeline*, Comédie-Héroïque en trois Actes, en vers de dix fyllabes,
par M. *Le Blanc*, jouée le 4 Février 1775, eut
douze repréfentations, reftée au Théatre; elle
n'a pas encore été reprife (1779).

ALBOUIN, ou *la Vengeance trahie*, Tragédie

avec des Chœurs, par *N. Chretien*, donnée en 1608, imprimée dans la même année, *in*-12 ; cette Piece eft tirée de l'Hiftoire des Lombards de *Saint-Dinere*, livre 11, chapitre 28 ; elle eft bien foible, cependant il s'y trouve de beaux endroits, dont les Modernes ont tiré depuis parti.

ALBOUIN, Tragédie de *Cl. Billard*, repréfentée en 1609, imprimée en 1610, *in*-8°. Cette Piece feroit déteftable, fans trois fcenes intéreffantes, dont les fituations font on ne peut pas plus pathétiques.

ALCANDRE (les deux) Tragi-Comédie de *Boisrobert*, jouée en 1640, imprimée dans la même année, *in*-4°. C'eft une très-foible imitatation des *Ménechmes* de *Plaute*, dont le comique eft fort bas.

ALCÉE, ou *l'Infidélité*, Paftorale avec des Chœurs d'*Alexandre Hardy*, donnée en 1610, imprimée en 1625, *in*-8°. elle n'eft pas fans génie, & renferme quelques Scenes intéreffantes, tome II,

ALCESTE, ou *la Fidélité*, Paftorale en cinq Actes, en vers, par *Alexandre Hardy*, repréfentée en 1606, imprimée même année, *in*-8°. elle eft bien finguliérement dialoguée, mais il s'y trouve des endroits intéreffants, tome I.

ALCESTE, Tragédie de *la Grange-Chancel*, jouée le 19 Décembre 1703, eut fix repréfentations ; l'Auteur a trop donné dans le merveilleux & a négligé la Poéfie. *Beauchamps* annonce fans date cette Piece dans fes Recherches fur les Théatres,

ALCIBIADE (le feint), *Quindut.* Voyez *Feint Alcibiade.*

ALCIBIADE, Tragédie de *Campiftron*, repréfentée le 28 Octobre 1685, imprimée l'année fuivante, *in-12*, eut vingt-neuf repréfentations; c'eft une imitation du *Thémiftocle* de *du Ryer.* Les Amateurs du Théatre s'étonnent qu'elle n'ait point été reprife.

ALCIBIADE, Comédie en trois Actes, en vers, de *Paul Poiffon*, jouée le 23 Février 1731, imprimée dans la même année, *in-8°.* cette Piece eft d'un bon comique: elle eft tirée d'un Roman de Madame *de Villedieu.* Elle fut donnée à la Cour, le premier Mars de la même année, avec beaucoup de fuccès.

ALCIDIANE, ou *les quatre Rivaux*, Tragi-Comédie de *Desfontaines*, donnée en 1642, imprimée en 1644, *in-4°.* elle eft tirée de *Monfini*, & eft affez ennuyeufe.

ALCIDONIS, ou *la Journée Lacédémonienne*, Drame en trois Actes, en vers, avec des Intermedes, par M. *Lonvay de la Sauffaye*, repréfentée le 13 Mars 1773; elle n'eut que cinq repréfentations: elle fut jugée trop févérement.

ALCIMEDON, Tragédie de *P. du Ryer*, donnée en 1634, imprimée l'année fuivante, *in-4°.* fans aucune invention.

ALCIMENE, Paftorale, par *Bonpart S. V.* jouée en 1667, imprimée dans la même année *in-12.* elle eft très-rare; elle étoit, il y a quelques années, dans la Bibliotheque de Madame la Comteffe *Daverne.*

ALCIONÉE, Tragédie de *P. du Ryer*, repréfentée en 1639, imprimée l'année fuivante, _in_-8°. elle n'eſt paſſable que par quelques Scénes aſſez pathétiques ; _Maupoint_ l'annonce mal-à-propos ſous le titre d'_Alcinoé_.

ALECTRIOMACHIE, Poëme dramatique, en manuſcrit, de _Gabriel Bonnyn_, que l'on croit avoir été encore joué en 1586. Aucun des Auteurs qui ont écrit ſur le Théatre François, n'a pu en dire davantage.

ALEXANDRE, Tragédie de _la Taille_, donnée en 1552, imprimée en 1573, _in_-8°.

ALEXANDRE, ou _les Amours du Seigneur_, Tragédie, par _Gilbert-Gibouin_, donnée au College, imprimée en 1619, _in_-8'. cette Piece eſt ſans diſtinction d'Actes ni de Scenes.

ALEXANDRE, Tragédie avec des Chœurs, d'_Alexandre Hardy_, donnée & imprimée en 1626, _in_-8°. elle renferme des ſituations vraiment théatrales & ſouvent hardies.

ALEXANDRE-LE-GRAND, Tragédie, par _Racine_, repréſentée ſur les Théatres du Palais-Royal & de l'Hôtel de Bourgogne, le 12 Décembre 1665, imprimée en 1666, _in_-12, elle tomba ſur le premier, & ſur le ſecond, eut beaucoup de ſuccès; le rôle de Porus fit le plus grand effet, mais il affoiblit le principal.

ALEXANDRE-LE-GRAND, ou _Porus_, Tragédie de _Boyer_, jouée & imprimée en 1666, _in_-12. Sous ces deux titres; elle fut trouvée auſſi froide qu'ennuyeuſe.

ALEXANDRE (la Mort d'), par _Louvet_, Tragédie, repréſentée le 26 Mai 1684, non imprimée; elle tomba, & n'eſt connue que par les regiſtres de la Comédie Françoiſe.

ALEXANDRE & DARIUS, Tragédie par

Gaiſeau, non repréſentée, imprimée en 1723, *in*-12. Cette Piece eſt précédée d'une Préface qui n'empêche pas qu'on ne la trouve auſſi foible qu'ennuyeuſe.

ALEXANDRE, Tragédie de M. *de Fenélon*, donnée à Tours en 1753, en ſociété, avec ſuccès. L'Auteur y ayant fait depuis des cor-rections, l'a remiſe au Théatre en 1763 & en 1773, & la fit imprimer dans la même année. C'eſt la ſeconde Edition.

ALGÉRIEN, ou *les Muſes Comédiennes*, Comédie en un Acte, en vers, ſuivie d'un divertiſſement ſur la convaleſcence du Roi, par *Cahuʒac*, repréſentée le 15 Septembre 1744, imprimée dans la même année, *in*-8°. Elle eut onze repréſentations & le plus grand ſuccès; elle n'a pas été repriſe.

ALINDE, Tragédie *de la Menardiere*, jouée en 1642, imprimée en 1643, *in*-4°. Le plan de cette Piece eſt on ne peut pas plus mal conſtruit; nulle liaiſon dans les Scenes, mais aſſez bien verſifiée pour le temps.

ALISON, Comédie par *Diſcret*, imprimée en 1637, *in*-12. Cette Piece fut jouée en ſociété bourgeoiſe en 1636; dédiée ci-devant aux jeunes Veuves ou aux vieilles Filles; elle fut réimprimée en 1641 avec le portrait de celui qui avoit joué *Aliſon*, & elle fut dédiée alors aux Beurrieres de Paris.

ALCMÉON ET DE FLORE (les Amours d'), Tragédie d'*Etienne Bellone*, donnée en 1610, imprimée dans la même année, *in*-12. Cette Piece eut quelques ſuccès, & l'édition renferme avec la Piece pluſieurs Poéſies de l'Auteur.

ALCMÉON, ou *la Vengeance feminine*, Tragédie d'*Alexandre Hardy*, jouée en 1618, imprimée en 1628, *in-8°*. Cette Piece eſt médiocre; elle eſt tirée de *Plutarque*, tome V.

ALPHÉE, ou *la Juſtice d'Amour*, Tragédie-Paſtorale d'*Alexandre Hardy*, donnée en 1606, imprimée en 1624, *in-8°*. Elle eſt intéreſſante & n'eſt point mal conduite, tome I.

ALPHONSE, dit L'IMPUISSANT, Tragédie en un Aɛe, par M. *Collé*, jouée en ſociété libre en 1739, imprimée en 1740, *in-12*, ſuppoſée imprimée à Ongenie. Elle n'étoit pas faite pour être repréſentée.

ALPHONSE & AQUITIME, ou *le Triomphe de la Foi*, Tragédie par *la Poujade*. Quelles qu'aient été mes recherches, je n'ai pu en rien ſavoir, ſinon que cette Piece a été imprimée à Bordeaux en 1721, *in-8°*. ſous le nom de *la Roche-Cuſſon*; qu'elle a été jouée dans pluſieurs Couvents à Paris, & à Bordeaux en 1687, & que le nom de ſon véritable Auteur eſt *la Poujade*.

ALPHREDE, Comédie de *Rotrou*, en cinq Aɛes, en vers, jouée en 1631, imprimée même année, *in-12*. Froide, ennuyeuſe.

ALZAÏDE, Tragédie par *Linant*, donnée le 13 Décembre 1745, imprimée l'année ſuivante, *in-8°*. n'eut que ſix repréſentations; elle eſt foiblement conſtruite, mollement verſifiée; mais il n'y a pas un aɛe où il ne ſe trouve des Scenes intéreſſantes.

ALSATE, ou *le Préjugé détruit*, Comédie en un Aɛe, en vers, par M. *Gaʒon-Dourxigné*, jouée en ſociété, imprimée à Berlin en 1752, *in-12*.

ALZIRE,

ALZIRE, Tragédie *de Voltaire*, repréſentée le 27 Janvier 1736, imprimée dans la même année, *in-8°*. eut vingt repréſentations & le ſuccès le plus brillant. Cette piece eſt toute d'invention; le caractere d'*Alzire* eſt un des plus parfaits du Théatre. La recette des vingt repréſentations monta à 53640 livres. Elle ne fut interrompue qu'à la clôture. Le calcul de ſes nombreuſes repriſes paroîtroit incroyable, ſi l'on en donnoit ici l'état depuis 1736 juſqu'à ce jour 1779.

AMALARIC, Tragédie de *B. V. J.* non repréſentée, imprimée en 1743, *in-8°*. tirée de l'Hiſtoire de Clovis, très-ennuyeuſe.

AMALAZONTE, Tragédie de *P. Quinault*, jouée en 1657, imprimée l'année ſuivante, eut ſept repréſentations. Elle eſt froide, mais elle annonçoit l'homme de génie, & l'on ne s'eſt pas mépris.

AMALAZONTE, Tragédie de M. le Marquis *de Ximenes*, repréſentée à Paris le Jeudi 30 Mai 1754, & à Fontainebleau le 21 Novembre de la même année. Elle n'a rien de commun avec celle de *Quinault*, que d'être oubliée comme elle : cependant elle ne fut pas mal accueillie; elle devoit, ce ſemble, reſter au Théatre du moins auſſi long temps que Mademoiſelle *Clairon*.

AMAN, Tragédie de *Rivaudeau*, donnée en 1567, imprimée dans la même année, *in-4°*. Cette Piece eſt tirée du ſeptieme chapitre d'*Eſter*. Elle fut d'abord jouée & imprimée à Poitiers.

B

AMAN, Tragédie par *P. Mathieu*, représentée à Lyon en 1583, imprimée à Paris en 1585; allégorique à l'histoire du temps; du reste mauvaise à quelques Scenes près.

AMAN, ou *la Vanité*, Tragédie par *Montchrétien*, jouée & imprimée en 1627, *in-8°*. Cette Piece est foible & mal construite; elle renferme toute l'histoire d'*Assuérus*.

AMANS DÉGUISÉS (les), Comédie en trois Actes, en profe, de l'*Abbé Aunillon*, fous le nom de *Dové*, repréfentée le 7 Février 1728, imprimée dans la même année, *in-8°*. elle n'eut que quatre repréfentations; toute foible qu'elle est, elle fut reprife le 5 Juillet 1738, mais fans aucun fuccès.

AMANS GÉNÉREUX (les), Comédie en cinq Actes, en profe, de M. *Rochon de Chabannes*, donnée le 13 Octobre 1774; elle eut douze repréfentations : restée au Théatre, où elle est toûjours revue avec le même plaisir.

AMANS INFORTUNÉS & CONTENS (les), par un Anonyme, jouée en fociété & imprimée en 1700, *in-12*. C'est une Comédie en quatre Actes, formée des quatre derniers du *Comédien Poëte* de *Thomas Corneille* & de *Montfleury*, on ne peut pas plus médiocre.

AMANS MAGNIFIQUES (les), Comédie héroïque, en cinq Actes, en profe, de *Moliere*, repréfentée le 15 Octobre 1688; elle eut neuf repréfentations. Cette Piece avoit été d'abord jouée devant le Roi le 7 Septembre 1670 à Saint-Germain-en-Laye, fous le titre de *Divertissement Royal*. C'étoit Sa Majesté elle-même qui en avoit donné le canevas ; à fa reprife en 1704, *Dancourt* y ajouta un Prologue de fa compofition. Elle n'a été imprimée qu'en 1682, *in*-12; elle a été reprife plufieurs fois, mais fans fuccès.

AMANS RIDICULES (les), Comédie en cinq Actes, en vers, par *le Grand*, mife au Théatre le premier Juin 1711, non imprimée; elle eut huit repréfentations. L'Auteur mécontent de la maniere dont elle avoit été reçue, la retira & en tira parti dans la fuite pour compofer le premier Acte de fa Comédie du *Triomphe du Temps*. Voyez *Triomphe du temps*.

AMANS SANS LE SAVOIR (les), Comédie en trois Actes, en profe, de Madame la Marquife *de S. C.* jouée le 6 Juillet 1771, eut quatre repréfentations ; malgré fon peu de fuccès, cette Piece eft intéreffante & on méritoit davantage.

AMANT BOURRU (l'), Comédie en trois Actes, en vers, de M. *Montvel*, Comédien du Roi, donnée le Mercredi 13 Août 1777, précédée *de la Surprife de l'Amour*, eut le fuccès le plus flatteur & feize repréfentations ; reftée au Théatre, où elle eft toujours revue avec le même plaifir.

AMANT DE LUI-MÊME (l'), Voyez *Narciffe*.

AMANT DE SA FEMME (l'), Comédie par *Dorimont*, donnée en 1661, imprimée dans la même année, *in*-12, n'eft pas fans mérite.; elle a fervi de canevas à plufieurs Pieces qui ont paru depuis. On en jugera par celle qui suit.

AMANT DE SA FEMME (l'), ou *la Rivale d'elle-même*, Comédie en un Acte, en profe, de *Boiſſy*, repréſentée le 19 Septembre 1721, eut huit repréſentations, imprimée en 1735, *in*-12. C'eſt la premiere Piece de l'Auteur qui annonça la réputation qu'il s'eſt acquiſe depuis.

AMANT DÉGUISÉ (l'), Comédie en deux Actes, en profe, de M. *de la Morliere*, miſe au Théatre le 26 Juin 1758; elle fut retirée après la premiere repréſentation, non imprimée.

AMANT DOUILLET (l'), Comédie en trois Actes, en vers, de *Viſé*, jouée en 1666, imprimée en 1670, *in*-12 : plaiſante, quoique médiocre. Ceux qui ont écrit ſur le Théatre avant l'Auteur de cet abrégé, doutoient que cette Piece eût été jouée, & même ignoroient le nom de l'Auteur.

AMANT INDISCRET (l'), ou *le Maître Étourdi*, Comédie en cinq Actes, en vers, de *P. Quinault*, jouée en 1664, imprimée dans la même année, *in*-12, très-divertiſſante; elle a quelque rapport à l'*Étourdi* de *Moliere*. Elle eut beaucoup de ſuccès; les Connoiſſeurs ſont étonnés que les Comédiens n'en aient pas tenté la repriſe.

AMANT LIBÉRAL (l'), Tragi-Comédie en cinq Actes, en vers, par *Guerin*, jouée en 1636, imprimée en 1637, *in*-4°. Cette Piece eſt on ne peut pas plus romaneſque & chargée de trop d'événements qui interrompent l'intérêt principal; elle fut attribuée pendant quelques jours à *Charles Beys*, parce que l'Auteur garda d'abord l'anonyme.

AMANT LIBÉRAL (l'), Tragédie de *Scudéry*, donnée en 1638, imprimée dans la même année, *in-*4°. elle est tirée de *Cervantes*; elle, est très-intéressante & eut beaucoup de succès. Elle est restée long-temps au Théatre.

AMANT MASQUÉ (l'), Comédie en un Acte, en prose, par *Dufresny*, représentée le 8 Août 1709, non imprimée. Elle fut suivie d'un Divertissement, Musique de *Gilliers*; elle n'eut que trois représentations. Il n'est point parlé de cette Piece par l'Editeur des Œuvres de *Dufresny*.

AMANT MYSTÉRIEUX (l'), Comédie en trois Actes, en vers, de *Piron*, représentée avec les *Courses de Tempé* le 30 Août 1734. La premiere Piece n'ayant pas réussi, l'Auteur la retira après la premiere représentation. La Musique du divertissement plut autant que la seconde Piece. Elle étoit du célebre *Rameau*. Voyez *Courses de Tempé*.

AMANT QUI NE FLATTE PAS (l'), Comédie en cinq Actes, en vers, par *Hauteroche*, jouée en 1668, imprimée dans l'année suivante, *in-*12. Coup d'essai qui, quoique médiocre, annonçoit des talents pour le Théatre, que l'Auteur a justifiés depuis.

AMANT RIDICULE (l'), Comédie en cinq Actes, en vers, *de Boisrobert*, jouée le 4 Février 1655, imprimée dans la même année, *in-*12; heureusement pour l'Auteur qu'elle fut représentée dans le Ballet des plaisirs où le Roi danſa, ſans quoi cette Piece n'eût pas été achevée tant elle parut mauvaiſe.

AMANTE AMANT (l'), Comédie en cinq Actes, en proſe, par *Campiſtron*, miſe au Théatre le 12 Août 1684; elle eut ſeize repréſentations, imprimée en 1721, *in*-12. Cette Piece eſt conſtruite dans toute la régularité de l'art, mais elle eſt foible. L'édition de 1750 eſt la plus correcte à cauſe des changements faits à ſes différentes repriſes.

AMANTE ENNEMIE (l'), Comédie en cinq Actes, en vers, par *Salebray*, repréſentée en 1642, imprimée dans la même année. L'intrigue en eſt romaneſque & le dénouement vicieux; elle eut cependant du ſuccès & fut repriſe pendant pluſieurs années.

AMANTE EN TUTELLE (l'), Comédie en trois Actes, en vers, par *Lavalette*, miſe au Théatre le 17 Août 1735; elle eut cinq repréſentations & n'a pas été imprimée. L'Auteur jugeant qu'elle ne plaiſoit pas, la retira; elle fut précédée d'un Prologue qui roule ſur le myſtere que l'Auteur fit d'abord de ſon nom.

AMANTE INGÉNIEUSE, Comédie de *Diſſon*, jouée, dit-on, en 1753; il n'en eſt pas fait mention dans les regiſtres de la Comédie Françoiſe.

AMANTE INVINCIBLE (l'), Comédie en cinq Actes, en vers, de *Nanteuil*, jouée à la Cour d'Hanovre en 1673, où l'Auteur étoit alors Comédien de l'Electeur; imprimée dans cette Ville en la même année, *in*-12.

AMANTE VINDICATIVE (l'), Poëme

Dramatique de *Barbaro*, repréfentée en fociété en 1652, imprimée dans la même année, *in*-4°. La tradition donne des éloges à cette Piece.

Amantes (les), ou *la Grande Paftorale*, Tragédie de *Nicolas Chretien*, jouée en 1613; imprimée dans la même année, *in*-12. Il fe trouve quelques beaux endroits dans cette Piece, mais du refte elle eft médiocre.

Amarante, Paftorale, en cinq Actes, en vers, de *Gombaut*, jouée en 1625, imprimée en 1631, *in*-8°. Elle eft intéreffante, mais foiblement écrite.

Amarille, ou *Bergerie funebre*, de *Jean Hays*, jouée en 1598, imprimée dans la même année, *in*-12. C'eft une allégorie affez bien faite, à l'occafion de la mort d'*André de Brancas*, Amiral de France.

Amarillis, Paftorale, en vers, en cinq Actes, de *P. du Ryer*, donnée & imprimée en 1630, *in*-12, bonne pour le temps.

Amarillis, Paftorale, par *Triftan*, donnée en 1652, imprimée l'année fuivante *in*-4°. elle parut d'abord fous le nom de *Célimene*. *Rotrou* en eft le premier Auteur. Après fa mort, elle fut corrigée par *Triftan*, & fut remife au Théatre où elle réuffit beaucoup.

Amasis, Tragédie par *la Grange-Chancel*, mife au Théatre le 13 Décembre 1701, imprimée en 1734, *in*-12; elle eut onze repréfentations; elle en auroit eu un plus grand nombre fans le froid exceffif qui furvint aux dernieres, qui força la Comédie à fermer fon Théatre. Elle fut reprife le 29 Janvier 1731 & le 11 Avril 1736, avec le plus grand fuccès;

B iv

Elle fut jouée seize fois de suite. On ne peut s'empêcher d'être surpris que cette Piece ne soit pas reprise.

AMATEUR (l'), Comédie en un Acte, en vers, de M. *Barthe*, donnée le 5 Mars 1764, fit grand plaifir; l'Auteur la retira pour y faire des corrections.

AMAZONNES (les), Tragédie de Madame *du Bocage*, mise au Théatre le 24 Juillet 1749. Après la réputation que s'est acquise l'Auteur par son Poëme imité de *Milton*, on ne doit pas être surpris des beautés ni du succès qu'eut cette Tragédie, qui mérite bien d'être reprise.

AMAZONES MODERNES (les), Comédie en trois Actes, en prose, par *Legrand*, mise au Théatre le 29 Octobre 1727, eut sept repré-fentations, imprimée en 1731, *in*-12. Cette Piece fut jouée pendant l'absence de la Cour : la musique du divertissement est de *Quinault*, le Comédien. L'opinion de bien des Amateurs du Théatre a toujours été que *Fuselier* avoit aussi travaillé à cette Comédie, à la quatrieme re-préfentation; elle fut affichée sous le titre *du Triomphe des Dames*.

AMAZONES RÉVOLTÉES (les), Roman moderne, en cinq Actes, en prose, par *le Maingre de Boucicault* non repréfentée, imprimée en 1730, *in*-12. Cette espece de Drame est une forte de Parodie sur la Fable & sur l'Hiftoire Universelle dont on parloit alors beaucoup.

AMBIGU COMIQUE, (l'), ou *les Amours de Didon & d'Enée*, Tragédie en trois Actes, entremêlée de trois Intermedes comiques, par *Montfleury*, donnée en 1637 sur le Théatre du

Marais ; eut vingt-neuf repréſentations, im, primée dans la même année, *in-12*. Les Inter-medes ſont, *le nouveau Marié*, Dom *Paſquin d'Avalos*, le *Semblable à ſoi-même* ; la ſeconde farce plut beaucoup & fut repriſe pendant pluſieurs années.

AMBITIEUX & L'INDISCRETTE (l'), Comédie en cinq Actes, en vers, de *Néricault Deſlouches*, miſe au Théatre le 14 Juin 1737, imprimée dans la même année, *in-12*; elle eut treize repréſentations. Cette Piece étoit faite ſix ans avant qu'elle fût jouée. Elle fut retardée tout ce temps, ſous le prétexte d'alluſions ſimulées ; elle fut donnée ſans être annoncée : elle eut un ſuccès brillant.

AMÉLIE, Tragédie de *Rotrou*, donnée en 1636, imprimée en 1638, *in-4°*. elle eſt froidé, irréguliere & peu intéreſſante.

AMELISE, Tragédie par M. *Ducis*, jouée le 3 Janvier 1768, retirée par l'Auteur après la premiere repréſentation, pour y faire des corrections.

AMENOPHIS, Tragédie de M. *Saurin*, miſe au Théatre le 12 Novembre 1750, non imprimée. L'Auteur la retira trop précipitamment, elle auroit eu ſûrement du ſuccès. Elle fut attribuée alors à différentes perſonnes, parce qu'on ignoroit, lorſqu'elle fut jouée, de qui elle étoit.

AMESTRIS, Tragédie de M. *Maugé*, donnée le 3 Juillet 1747, eut neuf repréſentations ; imprimée en 1748, *in-12*; coup d'eſſai de cet Officier, qui donna de l'eſpérance.

AMI DE TOUT LE MONDE (l'), Comédie

en un Acte, par un Anonyme, jouée le 24 Janvier 1673, fur le Théatre du Palais Royal. Elle n'eut qu'une repréfentation & ne fut pas imprimée ; elle fut précédée par les *Maris infideles*, d'*Hauteroche*. *Maupoint* cite une ancienne Piece intitulée *le Philantrope*, Comédie en profe, de *l'Eglefiere*. Ne feroit-ce pas la même & le nom de l'Anonyme ?

AMI DE TOUT LE MONDE (l'), Comédie en un Acte, en profe, par *le Grand*, jouée le 19 Février 1724, imprimée même année, *in-12*, eut dix-fept repréfentations ; elle fit le plus grand plaifir. Voyez *Philantrope*.

AMINTE, Fable Bocagere, par *Pierre de Brack*, donnée à Bordeaux en 1684, imprimée même année, *in-4°*. Cette Piece eft une imitation médiocre de *l'Ariofte* ; elle n'a jamais été jouée à Paris.

AMINTE, Tragédie, par *Henriette de Clevos*, Héritiere de France, Ducheffe de Nevers, & Princeffe de Mantoue, repréfentée en 1584, à fa Cour ; elle eft traduite de l'Italien ; je ne l'ai pas vue imprimée.

AMINTE, Tragédie *de la Broffe*, repréfentée, dit la tradition, en 1631, imprimée en 1591 & en 1597, *in-12*. En vain j'ai redoublé mes recherches pour en apprendre davantage.

AMINTE, Paftorale, ou Fable Bocagere, de *Claude Béliard*, repréfentée en 1596, imprimée même année, *in-12*. Cette Piece eft traduite de l'Italien, de *Torq Taffo* ; elle eft très-médiocre.

AMINTE DU TASSE, Tragédie-Paftorale, en cinq Actes, en vers, de *Rayffiguier*, donnée en 1631, imprimée en 1632., in-8°. Il se trouve quelques endroits passables pour la versification, du reste elle est on ne peut pas plus foible.

AMINTE, Pastorale, en vers, par *Pichon*, jouée en 1632, imprimée même année, in-8°. Cette Piece renferme de l'intérêt, mais est aussi médiocre qu'une partie de celles de ces temps-là.

AMINTE, Pastorale, Tragédie *du Tasse*, par *Dalibray*, représentée en 1632, imprimée même année, in-8°. Ce Dialogue est très-singulier; elle eut quelque succès : c'est une traduction de l'Italien.

AMINTE, Pastorale, d'un Anonyme, donnée en 1638, imprimée même année, in-4°. C'est encore ici une traduction accommodée au Théatre François.

AMINTE DU TASSE, Pastorale, par *du Torche*, représentée en 1666, imprimée dans la même année, in-12. C'est encore une traduction de l'Italien en vers françois.

AMIS (les deux), par *Hardy*. Voyez *Gésipe*.

AMIS (les deux), Tragi-Comédie, par *Urb. Chevreau*, donnée en 1638, imprimée dans la même année, in-4°. Cette Piece a encore pour titre *Gésipe* & *Tite*; elle est froide & bien foiblement écrite.

AMIS (les deux), Comédie Bouffonne, en trois Actes, en prose, de *Dancourt*, Comédien alors au Théatre François, représentée le 5 Août 1762, non imprimée; elle fut retirée après la première représentation.

AMIS (les deux), Drame en cinq Actes, en prose, de M. *de Beaumarchais*, donnée le 13 Janvier 1770, imprimée même année, in-8°.

elle eut douze repréſentations & beaucoup de ſuccès ; on eſt étonné qu'elle n'ait point été encore repriſe.

AMIS (les faux), par *Autreau.* Voyez *faux Amis démaſqués.*

AMITIÉ RIVALE DE L'AMOUR (l'), Comédie en un Acte, en vers, par *Fagand*, miſe au Théatre le 16 Novembre 1735, imprimée en 1736, *in-8°.* Le Parterre fut d'abord ſi tumultueux, qu'à peine la Piece fut-elle entendue. A la ſeconde repréſentation elle fut écoutée, applaudie, jouée dix fois, & repriſe avèc le même ſuccès.

AMNON & TAMAR, Tragédie avec des chœurs, par *Deſcroix*, donnée en 1508, imprimée en 1608, *in-12* ; toute foible qu'eſt cette Piece, elle eſt intéreſſante à la lecture. *Beauchamps* prétend que cette Tragédie eſt de *Nicolas Chretien.*

AMOUR A LA MODE (l'), Comédie en cinq Actes, en vers, de *Thomas Corneille*, jouée en 1651, imprimée en 1653, *in-12.* Cette Piece a bien des défauts, mais le comique en eſt aſſez amuſant. Elle eſt tirée de la Comédie Eſpagnole, qui a pour titre : *El Amor al uſo*, de *Don Antonio Solis.*

AMOUR A TEMPÉ (l'), Paſtorale Erotique, en deux Actes, en proſe, par M. *de Chaumont*, donnée le 3 Juillet 1773. Le Parterre fit ſi grand bruit, qu'à peine fut-elle entendue. La Piece fut retirée dès le même ſoir.

AMOUR AU VILLAGE (l'), Comédie en un Acte, en proſe, *de Raimond de Saint-Albine*, non repréſentée, imprimée dans le Mercure de

France, Janvier 1749, page 26; elle eſt ingénieuſe & bien écrite.

AMOUR BERGER (l'), Comédie en cinq Actes, en vers libres, par J***, donnée en Province en 1637; elle fut précédée par un Prologue de l'*Amour* & de *Momus*, imprimée dans la même année, *in*-12.

AMOUR CACHÉ PAR L'AMOUR (l'), Tragi-Comédie Paſtorale, de *Scudéry*, donnée en 1634, imprimée en 1635, *in*-8°. Cette Piece fait partie de la Comédie des *Comédiens*, du même Auteur; elle eſt très-finguliérement conſtruite & eut beaucoup de fuccès dans fon temps. Voyez Comédie des *Comédiens*, de *Scudéry*.

AMOUR CONSTANT (l'), ou *Clarice*, Comédie en cinq Actes, en vers, de *Rotrou*, jouée en 1641, imprimée en 1643. C'eſt une imitation de *Sforſa d'Oddi*. Elle eſt aſſez intéreſſante, mais bien foible.

AMOUR DÉPLUMÉ (l'), ou *la Victime de l'Amour divin*, Paſtorale, Comédie en cinq Actes, avec des chœurs, par *J. Mougué*, non repréſentée, imprimée en 1612, *in*-8°. C'eſt une fatyre très-mauvaiſe en tout point.

AMOUR DIABLE (l'), Comédie en un Acte, avec un divertiſſement, par *Legrand*, donnée le 30 Juin 1708, imprimée en 1731. *in*-12; elle eut douze repréſentations; elle eſt très-comique & fort divertiſſante. Un Amant qui fit l'eſprit cette année-là pour voir ſa Maîtreſſe à ſon aiſe, donna l'idée de ce Vaudeville; reſtée au Théâtre.

AMOUR DIVIN (l'), Tragi-Comédie, de *Gaulché*, non repréſentée, imprimée à Troyes en 1601, *in-*8°. Le Myftere de la Rédemption en eft le fujet.

AMOUR ÉCHAPPÉ (l'), Comédie par *Vifé*, jouée en 1670, non imprimée; on en trouve le fujet dans *du Lorens*, lettre VI, Février.

AMOUR & LA FOLIE (l'), Comédie en un Acte, en vers libres, par *M. Yon*, repréfentée le 2 Octobre 1754, retirée après la premiere repréfentation, non imprimée. Cette Piece eft tirée de la quatorzieme Fable du quinzieme livre de la Fontaine.

AMOUR & LES FÉES (l'), Comédie en un Acte, en vers libres, avec un Divertiffement, par un Anonyme, donnée le premier Octobre 1646. Quoique cette Piece foit joliment écrite, elle fut retirée après la troifieme repréfentation.

AMOUR FANTASQUE (l'), ou *le Juge de Soi-même*, Tragédie de *L. Fayot*, jouée en 1682, imprimée même année, *in-*12: affez plaifante. Une aventure arrivée à Rouen dans ce temps-là, donna l'idée de cette Piece. *Beauchamps* parle d'une autre fous le même titre, par *D. C.* de l'année 1637.

AMOUR FRANÇOIS (l'), Comédie en un Acte, en vers, par M. *Rochon de Chabannes*, précédée de *Warvick*, donnée le Samedi 17 Avril 1779; elle eut douze repréfentations, la treizieme & derniere le Dimanche 30 Mai, précédée du *Philofophe fans le favoir*, Piece très-jolie. Voyez le Journal de Paris, n°. 108, page 433.

AMOUR GUÉRI PAR LE TEMPS (l'), Tragédie de *Ségrais*, non repréfentée, imprimée en 1701, *in-*12; elle fe trouve à la fuite *du Ségraifiana*

AMOUR MARIAGE (l'), Paſtorale, en cinq Actes, en vers, d'*If. du Ryer*, donnée en 1624, imprimée dans la même année, *in-12*; la verſification en eſt ſoignée, mais elle eſt bien foible.

AMOUR MÉDECIN (l'), Comédie de *Sainte-Marthe*. Il eſt fort douteux qu'elle ait été repréſentée ; imprimée en 1618, *in-8°*. Je ne fais que *Beauchamps* qui en parle dans ſes Recherches.

AMOUR MÉDECIN (l'), Comédie-Ballet, en trois Actes, en proſe, de *Moliere*, miſe au Théatre le 22 Septembre 1665. Cette Piece fut faite & appriſe en cinq jours. C'eſt la premiere dans laquelle ce célebre Comique ait joué les *Médecins*. Le Prologue eſt en muſique, & une des premieres compoſitions de *Lully*. Un Anonyme mit en vers cette Comédie en 1674, *in-12*. Paris, *Claude Barbin*.

AMOUR MUSICIEN (l'), Comédie de *Poiſſon*, non repréſentée, imprimée en 1743, *in-12*. Un Magiſtrat s'étant mis dans l'eſprit que l'Auteur l'avoit eu en vue en compoſant cette Piece, s'en plaignit, & il fut défendu aux Comédiens de la jouer.

AMOUR PEINTRE (l'), *Moliere*. Voyez *Sicilien* (le).

AMOUR POUR AMOUR, Comédie en trois Actes, en vers, précédée d'un Prologue, & ſuivie d'un Divertiſſement, par *la Chauſſée*, jouée le 16 Février 1742, imprimée même année, *in-8°*. elle eut treize repréſentations, avec beaucoup de ſuccès. L'Auteur, par reconnoiſſance, la dédia à Mademoiſelle *Gauſſin*, ſous le nom de *Zémire*, qui étoit ſon principal perſonnage dans cette jolie Comédie.

AMOUR PRÉCEPTEUR (l'), Comédie en trois Actes, en profe, par *du Vaure*, jouée le 13 Aout 1749, imprimée dans la même année; *in-12*, déciée au *Lord Albemarle*, alors Ambaffadeur d'Angleterre en France. Cette Piece eut onze repréfentions. Voyez *Faux Savant*.

AMOUR SANGUINAIRE (l'), Tragi-Comédie, par un Anonyme: *Beauchamps* l'indique, comme je la place ici, dans fes Recherches fur le Théatre, fous l'année 1633.

AMOUR SECRET (l'), Comédie en un Acte, en vers, de *P. Poiffon*, jouée le cinq Actobre 1740, imprimée l'année fuivante, *in-12*; elle eut fept repréfentations. C'étoit trop pour la médiocrité de la Piece.

AMOUR SENTINELLE (l'), ou *le Cadenas forcé*, Comédie de *Nanteuil*, trop libre pour être repréfentée; imprimée en 1673, *in-12*.

AMOUR TYRANNIQUE (l'), Tragédie de *Scudéry*, repréfentée en 1638, imprimée l'année fuivante, *in-4°*. Le grand fuccès qu'eut cette Piece doit plutôt être attribué à la protection dont honoroit l'Auteur, *le Cardinal de Richelieu*, qu'à fon mérite : le peu de reprifes qu'elle a eues depuis la mort de ce premier Miniftre, en eft une preuve convainquante.

AMOUR TRIOMPHANT (l'), Comédie en cinq Actes, en profe, de *Troterel*; on ne croit pas que cette Piece ait été jouée ailleurs qu'en fociété; la raifon en eft que fous les noms du *Berger Pirandre* & de *la Belle Orcade*, l'Auteur, avoit décrit les aventures d'un Prince & d'une Princeffe; ce qui eft certain, c'eft qu'elle fut imprimée en 1616, *in-8°*.

AMOUR

AMOUR VENGÉ (l'), Comédie en un Acte, en vers, par *la Fond*, donnée le 14 Octobre 1712, imprimée dans la même année, *in*-12; elle eut dix-sept représentations & le plus grand succès; elle est on ne peut pas plus jolie; l'on a raison d'être surpris qu'elle ne soit plus au Théatre. A sa derniere reprise le 7 Février 1722, elle eut encore le succès le plus brillant : nos Modernes en ont tiré depuis le plus grand parti, & ne s'en font point vantés.

AMOUR VICTORIEUX (l'), Pastorale en cinq Actes, en vers de cinq pieds, d'*Alexandre Hardy*, jouée en 1618, imprimée en 1628, *in*-8°. tome V ; on ne peut pas plus médiocre.

AMOUR USÉ (l'), ou *le Vindicatif généreux*, Comédie en cinq Actes, en prose, *de Néricault Destouches*, représentée le 20 Septembre 1741 ; l'Auteur la retira après la premiere représentation.

AMOURS CONTRAIRES (les), Pastorale, en trois Actes, en vers, d'*Is. du Ryer*, donnée en 1610, imprimée dans la même année, *in*-8°. Elle se trouve dans un Recueil qui a pour titre : *Le Temps perdu & les Gayetés d'Is. du Ryer.*

AMOURS DE CALOTIN (les). Voyez *Calotin ;* c'est la même Piece.

AMOURS DE CAMPAGNE (les), Comédie, jouée le 22 Août 1689, n'eut que quatre représentations, non imprimée. Cette Piece anonyme n'est connue que par les registres de la Comédie Françoise.

AMOURS D'ALCMÉON & DE FLORE (les), Tragédie d'*Etienne Bellone*, donnée à Rouen

Tome I.   C

en 1621, imprimée dans la même année, *in-12*. Cette Piece eft affez intéreffante, mais mal conduite & mal verfifiée.

AMPHITRION, Comédie en trois Aĉtes, en vers, précédée d'un Prologue entre la Nuit & Mercure, mife au Théatre le 13 Janvier 1668. Cette Piece eft tirée de *Plaute*, mais plus habilement traitée ; elle eft écrite en vers libres. C'eft un modele dans ce genre de verfification.

AMPHITRITE, Poëme dramatique de *Montleon*, donné en 1630, imprimé en 1631, *in*-8°. Il eft bien médiocre & finguliérement conduit.

AMUSEMENTS DE L'AUTOMNE (les), Divertiffement, compofé de deux petites Pieces, intitulées *le Temple de Delphes*, & *le Temple de Gnide*, précédés de deux Prologues par *Fuzelier*, repréfentés le 17 Oĉtobre 1725 ; ils eurent douze repréfentations, n'ont point été repris ni imprimés.

ANAXANDRE, Tragédie, donnée en 1654, imprimée en 1655, *in*-8°. par *If. du Ryer*, vuide d'aĉtion & très-foible.

ANDRIENNE (l'), Comédie en cinq Aĉtes, en vers, de *Baron*, jouée le 16 Novembre 1703, imprimée en 1704, *in*-12, eut le plus grand fuccès, & le méritoit. La demoifelle *Daucourt* y parut avec une robe qui plut tant, que la mode en a fait paffer le nom jufqu'à nous. Cette Piece fut attribuée mal-à-propos au *P. la Rue ;* elle a été retouchée depuis par M. *Collé*, Leĉteur de M. le Duc d'Orléans.

ANDROMAQUE, Tragédie de *Racine*, mife au Théatre le 10 Novembre 1667, imprimée en 1668, *in-*12; elle eut le plus grand fuccès & le plus juftement mérité. C'eft la premiere Piece de ce grand Poëte qui balança la réputation de *Pierre Corneille.*

ANDROMEDE DÉLIVRÉE, Intermede en trois Actes, en vers, par un Anonyme, donnée en 1623, imprimée en 1625, *in-*8°. fans art, fans goût, on ne peut pas plus médiocre.

ANDROMEDE, Tragédie de *Pierre Corneille,* mife au Théatre en 1650, imprimée en 1651, *in-*4°. elle eut quarante-cinq repréfentations; un fuccès auffi inoui tenoit de l'enthoufiafme, puifque, malgré les beaux endroits qui fe trouvent dans cette Piece, elle n'eft pas reftée au Théatre.

ANDROMIRE, Tragédie de *Scudéry*, jouée en 1641, imprimée dans la même année, *in-*4°. Cette Piece eft chargée de trop d'événements & prefque tous mal amenés.

ANDRONIC, Tragédie de *Campiftron*, donnée le 8 Février 1685, imprimée en 1715, *in-*12; elle eut vingt-cinq repréfentations, & le fuccès le plus brillant; elle eft cependant foible de verfification, mais l'intérêt en eft fi touchant, qu'il prévaut & l'emporte. Cette Piece eft tirée de l'Hiftoire de Dom *Carlos*, fils de *Philippe II*, Roi d'Efpagne; faite par *Saint-Réal.*

ANGÉLIQUE, Comédie en profe, par *J. C.* tout ce qu'on en a pu favoir, c'eft qu'elle a été imprimée en 1599, *in-*12, & qu'elle eft traduite de l'Italien & de l'Efpagnol.

ANGÉLIQUE & DE MÉDOR (les Amours d'),
par *de Bouron*, jouée en 1619, imprimée en
1620, *in-8°*. à Troyes, *Noël Moreau*. Cette
Piece eſt tirée de l'*Arioſte ;* elle eſt bien médiocre.

ANGÉLIQUE & DE MÉDOR (les Amours d'),
de *Gilbert*, jouée en 1644, imprimée dans la
même année, *in-12*, encore plus mauvaiſe que
la précédente. *Angélique* eſt une précieuſe,
Médor un fat, & *Roland* un brutal.

ANGÉLIQUE & DE MÉDOR (les Amours d'),
Tragédie de *Deſroches*, jouée à Poitiers en 1648,
imprimée dans la même année, *in-8°*. elle a pu
réuſſir en Province.

ANGÉLIQUE & MÉDOR, Comédie en un
Acte, en vers, *de Dancourt*, repréſentée en
1685, le premier Août, imprimée en 1705,
in-12 : elle eut quatorze repréſentations ; c'eſt
une eſpece de Parodie aſſez médiocre, elle fit
cependant plaiſir.

ANGLOIS A BORDEAUX (l'), Comédie en
un Acte, en vers libres, par M. *Favart*, miſe au
Théatre le 14 Mars 1763, mprimée dans la même
année, eut le plus grand ſuccès ; reſtée au
Théatre, où elle a été repriſe avec des changements heureux. A l'une de ſes repriſes après
la paix, Mademoiſelle *Dangeville*, retirée du
Théatre, y reparut : ce qui augmenta les applaudiſſements, ainſi qu'un Ballet de la compoſition de M. *Veſtris*. Tant que les repréſentations
durerent, l'affluence des Spectateurs fut toujours la même.

ANGLOMANE (l'), Comédie en un Acte,
en vers libres, de M. *Saurin*, jouée le 23 No-

vembre 1772, imprimée en 1773, *in*-8°. eut onze repréfentations ; reftée au Théatre, où elle eft toujours revue avec le même plaifir. Voyez l'*Orpheline léguée*, c'eft la même Piece donnée en 1765, à la différence du titre & d'heureufes corrections.

ANNE DE BRETAGNE, Reine de France, Tragédie de *Ferrier*, repréfentée en 1678, imprimée l'année fuivante, *in*-12, eut un foible fuccès. A la lecture, elle ne paroît en mériter aucun.

ANNIBAL, Tragédie de *Montreux*, repréfentée en 1584 ; on ignore fi elle eft imprimée. *Beauchamps*, dans fes Recherches, n'en dit pas davantage.

ANNIBAL, Tragédie de *Scudéry*, donnée en 1631, imprimée dans la même année, *in*-8°. n'eut aucun fuccès.

ANNIBAL, Tragédie de *Prade*, donnée en 1649, imprimée dans la même année, *in*-4°. avec une Eftampe gravée par *Vignon*. Voilà ce qu'on en fait.

ANNIBAL (la mort d'), Tragédie de *Thomas Corneille*, mife au Théatre en Novembre 1669, imprimée en 1670, *in*-12, fi médiocre, qu'il ne s'y trouva perfonne à la troifieme repréfentation.

ANNIBAL, Tragédie de *Riuperoux*, jouée le 5 Novembre 1688, non imprimée, eut cinq repréfentations : elle n'en méritoit pas tant ; tous les caracteres font manqués, & d'ailleurs elle eft bien médiocre.

ANNIBAL, Tragédie de *Marivaux*, donnée le 16 Octobre 1720, imprimée en 1727, *in*-12 ;

elle n'eut que trois repréfentations ; mais à fa reprife le 27 Octobre 1747, elle eut beaucoup de fuccès.

ANTIGONE, Tragédie d'*Antoine Baif*, donnée en 1530, imprimée en 1572, *in*-12. Cette Piece eft tirée de *Sophocle* ; ce qui ne l'a pas rendue meilleure.

ANTIGONE, ou *la Piété*, Tragédie, par *Rob. Garnier*, jouée en 1580, imprimée dans la même année, *in*-12. Le plan mal conftruit, mais bien verfifiée pour le temps.

ANTIGONE, Tragédie de *Rotrou*, mife au Théatre devant le Roi en 1638, imprimée l'année fuivante, *in*-4°. Cette Piece a des beautés, mais elle en renferme deux dans une ; elle eut cependant du fuccès : on étoit moins connoiffeur alors dans ce genre-là qu'on ne l'eft aujourd'hui.

ANTIGONE, Tragédie par *d'Affezan*, jouée le 14 Mars 1686, imprimée en 1687, *in*-12 ; elle fut jouée fix fois de fuite. Cette Piece n'eft point médiocre, les caracteres en font affez bien foutenus.

ANTILÉSIME (les Noces d'), Comédie nouvelle, extraite des difcours de la Contreléfine, par *le Pafteur Monopolitain*. C'eft la fuite du titre de la Piece ; elle eft de *Philandre*, n'a point été repréfentée, mais elle a été imprimée en 1604, *in*-12 ; elle eft traduite de l'Italien.

ANTIMOINE PURIFIÉ SUR LA SELLETTE, Comédie allégorique & fatyrique, par *de Touche*, non repréfentée, imprimée en 1668, *in*-12.

ANTIOCHUS, Tragédie de *Thomas Corneille*, repréfentée & imprimée en 1666, *in-12*; fon fuccès fut auffi médiocre que l'eſt la Piece.

ANTIOCHUS & CLÉOPATRE, Tragédie par *Defchamps*, donnée en 1717 le 29 Octobre, eut cinq repréfentations, imprimée en 1718, *in-12*; elle tomba, faute de Spectateurs, la cinquieme fois qu'elle fut jouée.

ANTIOCHUS, ou *les Machabées*, Tragédie de l'Abbé *Nadal*, repréfentée le 16 Décembre 1722, imprimée en 1723, eut fept repréfentations; quoique la Piece ne peche point par la verfification, elle étoit trop foible pour mériter plus de fuccès.

ANTIPATER, Tragédie de M. *de Portelance*, repréfentée en 1751 le 25 Novembre, non imprimée. L'Auteur la retira après la premiere repréfentation. Cette Piece étoit tirée de l'Écriture-Sainte, & le coup d'effai d'un Littérateur de dix-fept ans. Deux mois auparavant, elle avoit été applaudie d'un grand nombre de prétendus connoiffeurs & même des plus diftingués.

ANTIQUAIRE (l'), Comédie en cinq Actes, en vers, de M. l'Abbé *de Laporte*, jouée dans un College de l'Univerfité de Paris, en 1750, imprimée en 1751, *in-12*; elle fut précédée d'un Prologue qui caractérife le fujet de la Piece; quoiqu'elle fût jouée fans femme, elle fut très-applaudie : l'Auteur a gardé longtemps l'anonyme.

APHOS, Comédie en un Acte, en vers, de *Baragué*, repréfentée le 13 Septembre 1747, imprimée en 1748, *in-*12. Cette Piece fut trouvée agréablement & légérement verſifiée, & on ne peut pas plus ſinguliere pour la Fable. C'eſt une allégorie bien ſpirituelle. Elle fut repriſe pluſieurs fois dans la même année, & en 1749 avec le même ſuccès.

APOCALYPSE DE SAINT-JEAN-ZÉBÉDÉE (l'), Tragédie de *Choquet*, repréſentée au College en 1540, imprimée en 1541, *in-folio*. Cette Piece eſt tirée de l'Ecriture-Sainte, avec un ſens myſtique.

APOLOGIE DU THÉATRE DU MONDE RENVERSÉ (l'), Comédie, ou *les Comédies abattues du temps préſent;* c'eſt la ſuite du titre, par *J. C. D. L.* non repréſentée, imprimée en 1649, *in-*4°. Les deux premiers Actes ſont en proſe. C'eſt une rapſodie qui ne mérite pas d'être lue.

APOLLON & DAPHNÉ (les Amours d'), Tragi-Comédie *d'Aſſoucy.* On ignore ſi elle a été miſe au Théatre; elle fut imprimée en 1650.

APOTHICAIRE DÉVALISÉ (l'), Comédie burleſque, en un Acte, en vers, de *Villiers*, donnée à l'Hôtel de Bourgogne en 1660, imprimée dans la même année, *in-*12. C'eſt une eſpece de Vaudeville aſſez plaiſant.

APPARENCES TROMPEUSES (les), Comédie en cinq Actes, en vers, de *Boisrobert,* jouée en 1655, imprimée l'année ſuivante, *in-*12, tirée des *Innocents coupables*, par *de Broſſe;* elle eſt très-médiocre. C'eſt la derniere Piece de cet Auteur. *Beauchamps* indique cependant encore, de *Boisrobert*, dans ſes Recherches, les Tragédies d'*Alphrede* & *de Périandre*, ſans date.

APPARENCES TROMPEUSES (les), ou *les Maris infideles*, Comédie en un Acte, en vers, par *Hauteroche*, mife au Théatre en 1672, imprimée en 1673, *in-*12. Cette Piece eft affez bonne. Il eft aifé de juger que l'Auteur a eu pour guide le *Cocu imaginaire*, de *Moliere*. Voyez *Maris infideles*.

APRÈS-DÎNER DES DAMES DE LA JUIVERIE (l'), Comédie en trois Actes, en profe, de *Nonantes*, jouée en fociété, & imprimée en 1722, *in-*12. Cette Piece fut compofée fur une aventure du temps.

APRÈS-SOUPER DES AUBERGES (l'), Comédie en un Acte, en vers, de *R. Poiffon*, donnée en 1665, imprimée dans la même année, *in-*12. Elle eft fans intrigue, mais plaifante : elle eft reftée long-temps au Théatre.

ARÉTAPHILE, Tragi-Comédie de *P. du Ryer*, mife au Théatre en 1618. C'eft la premiere Piece de cet ancien Auteur. Elle eft manufcrite; on la trouve dans quelques cabinets d'Amateurs.

ARGÉLIE, ou *le Prince déguifé*, Poëme Dramatique de *Scudéry*, repréfenté en 1722, imprimé en 1735, *in-*8°. avec un avis au Lecteur, & des vers pour mettre au bas du portrait de Mademoifelle *de Bourbon*, à laquelle cette Piece eft dédiée.

ARGÉLIE, Reine de Theffalie, Tragédie de l'Abbé *Abeille*, donnée en 1673, imprimée l'année fuivante, *in-*12. C'eft le coup d'effai de l'Auteur. Le fujet en eft obfcur, les détails louches & l'enfemble confus. Outre les Pieces que l'on attribue à l'Abbé *Abeille*, *Beauchamps* lui donne encore deux Tragédies fans date : *Silanus* & *la Mort de Caton.*

ARGÉNIS & POLIARQUE, ou *Théocrine*, Tragédie de *Pierre du Ryer*, donnée en 1630, imprimée dans la même année, *in-*8°. Cette Piece eft en deux journées. Celle-ci eft froide & mal verfifiée pour le temps même. La feconde eft beaucoup plus intéreſſante que la premiere, mais chargée de trop d'événements.

ARIANE RAVIE, Tragi-Comédie, par *Alexandre Hardy*, donnée en 1606, imprimée en 1624, *in-*8°. tirée de la Fable, froide & fans art, tome I.

ARIANE & DE BACCHUS (le Mariage d'), Comédie héroïque, de *Viſé*, repréfentée en 1672, imprimée dans la même année, *in-*12. La verfification paſſable, mais bien foible ; elle fut reprife le 4 Septembre 1705, & n'eut que cinq repréfentations.

ARIANE, Tragédie de *Thomas Corneille*, mife au Théatre le 4 Mars 1672, imprimée dans la même année, *in-*12 ; elle eut beaucoup de fuccès : le rôle d'*Ariane* eft admirable. Elle eft reftée au Théatre ; la tradition porte qu'elle fut faite en quarante jours. La demoifelle *Saint-Val*, cadette, dans le mois d'Octobre 1779, joua fupérieurement le rôle principal.

ARICIDIE, ou *le Mariage de Tite*, Tragédie par *le Vert*, jouée en 1646, imprimée dans la même année, *in-*4°. médiocre ; le dialogue foible.

ARIE & PÉTUS, ou *les Amours de Néron*, Tragédie par *Gilbert*, jouée en 1659, imprimée dans la même année, *in-*12. Il eft peu de Pieces au Théatre dont les regles foient auſſi fcrupuléufement obfervées que dans celle-ci; elles le font au point qu'elle en eft froide & ennuyeufe.

ARIE & PÉTUS, Tragédie de Mademoifelle *Barbier*, donnée le 3 Juin 1702, imprimée en 1703; elle eut feize repréfentations; fon fuccès éclaira les Amateurs du Théâtre; ils fe réunirent tous pour foutenir que la Piece étoit de l'Abbé *Pelegrin*; elle donna lieu à une innovation qui s'eft confervée jufqu'aujourd'hui. On repréfenta après la Tragédie une petite Piece, ce qui n'étoit pas alors en ufage.

ARIARATHE, Tragédie par *Saint-Gilles*, repréfentée le 30 Octobre 1699, n'eut que quatre repréfentations. Cette Piece qui ne fut pas imprimée à caufe de fa chûte, n'eft connue que par les regiftres de la Comédie Françoife.

ARIMENE, Paftorale, en cinq Actes, en vers, de *Montreux*, jouée le 25 Février 1596, imprimée en 1597, *in*-12; elle eft en vers de dix fyllabes, fans invention & fans aucun intérêt.

ARISTÈNE, Paftorale, en vers de dix fyllabes, de *Troterel*, jouée en fociété en 1624, imprimée en 1626, *in*-16; elle eft de l'invention de l'Auteur. *Beauchamps*, dans fes Recherches, l'indique fans date, ainfi que la *Driade amoureufe*. Voyez *Driade amoureufe*.

ARISTIDE (la Fille d'), Comédie en cinq Actes, en profe, de Madame *de Graffigny*, donnée le 29 Avril 1758, n'eut que trois repréfentations, non imprimée.

ARISTOBULE, Tragédie d'un Anonyme, repréfentée le 3 Novembre 1685, n'eut que trois repréfentations, non imprimée. Cette Piece n'eft connue que par les regiftres de la Comédie Françoife.

ARISTOCLÉE, ou *le Mariage infortuné*, Tragédie par *Alexandre Hardy*, jouée en 1621, imprimée en 1626, *in*-8°. Cette Piece est tirée de *Plutarque*; elle est médiocre & mal dialoguée, tome IV.

ARISTODEME, Tragédie par l'Abbé *Boyer*, donnée en 1647, imprimée dans la même année, *in*-4°. assez bonne, mais surchargée de scenes inutiles.

ARISTOMENE, Tragédie de M. de *Marmontel*, représentée le 30 Avril 1749, imprimée en 1750, *in*-12; elle eut dix-sept représentations; elle fut interrompue, après la sixieme, par l'indisposition de *Rosely*; elle fut reprise le premier Décembre avec succès, & eut encore onze représentations avec le même succès.

ARMINIUS, ou *les Freres ennemis*, Tragédie de *Scudéry*, jouée en 1642, imprimée en 1643, *in*-4°. elle est assez bonne & a plusieurs beaux endroits.

ARMINIUS, Tragédie par *Campistron*, jouée le 19 Février 1684, imprimée en 1721, *in*-12; elle eut quatorze représentations. C'est une des mieux construites de l'Auteur; elle peche cependant par l'intérêt & par les caracteres qui ne sont pas assez soutenus. Elle a fourni le sujet d'un Opéra Italien qui a été joué trois mois de suite dans le Palais du *Pratolin*, devant le Duc de Toscane.

ARSACE, Tragédie de *Prade*, représentée en 1650, imprimée en 1666, *in*-12. Cette Piece est médiocre & fort au-dessous des éloges qui lui furent prodigués dans ce temps-là.

ARSACE, Comédie de *Nicolas le Digne*,

donnée en société en 1583, imprimée en 1584. *Beauchamps* l'indique, dans ses Recherches, sous l'année 1584, avec la Tragédie d'*Hercule* qu'il attribue aussi à *le Digne*.

ARSACIDES (les), Tragédie en six Actes, de M. *de Beaussol*, représentée le 26 Juillet 1775; elle fut retirée après la deuxieme représentation, non imprimée.

ARSACOME, ou l'*Amitié des Scythes*, Tragédie d'*Alexandre Hardy*, non représentée, imprimée en 1605, *in*-8°. le sujet en est mal choisi. Cette Piece est tirée du Toxoris de *Lucien*, tome II.

ARSINOÉ, Tragédie de *Pasc. Robin*, jouée en 1572 au College d'Anjou, à Angers, non imprimée.

ARTAXARE, Tragédie par *Laserre*, donnée le 3 Mai 1718, imprimée en 1734, *in*-8°. Par le hasard le plus singulier, elle se trouva dans les regles à la premiere représentation; elle fut cependant jouée sept fois, mais sans succès.

ARTAXERCE, Tragédie de *Magnon*, jouée en 1645, imprimée dans la même année, *in*-4°. Cette Piece est assez bien faite & renferme des beautés de détail.

ARTAXERCE, Tragédie par l'Abbé *Boyer*, donnée le 2 Novembre 1682, imprimée en 1683, *in*-12, fut jouée cinq fois & reprise dans la même année. Cette Tragédie est tirée de la précédente de *Magnon*. Elle n'est pas sans mérite; elle vaut la peine d'être lue, ainsi que la Préface, à cause de plusieurs traits singuliers qu'on y trouve.

ARTAXERCE, Tragédie par *Deschamps*,

repréfentée le 18 Décembre 1735, non imprimée; elle ne fut jouée qu'une fois. *Maupoint*, dans fa Bibliotheque des Théatres, annonce la premiere repréfentation de cette Piece
en 1721; il n'avoit fûrement pas confulté les
regiftres du Théatre François.

ARTAXERCE, Tragédie en trois Actes,
en vers, par le fieur *Burfei*, reçue, non repréfentée, jouée depuis en Province, où elle
eut du fuccès. Voyez *le Dictionnaire des Acteurs*, à la lettre B, ou l'on apprend que l'Auteur
débuta en 1761 & en 1769, & qu'il fut reçu
à l'effai, pour les rôles d'Amoureux.

ARTAXERCE, Tragédie par M. *le Mierre*, jouée
le 20 Août 1766; elle eut dix repréfentations,
& fut imprimée dans la même année; reprife en
1767 & en 1778, eut douze repréfentations & fit
grand plaifir. On en attend une nouvelle reprife
avec impatience.

ART DE RÉGNER (l'), ou *le Sage Gouverneur*, Tragédie en quatre Actes, de *Gillet*,
donnée en 1645, imprimée en 1648, *in-12*.
Chaque Acte renferme un fujet différent. Cette
Piece eft froide & ennuyeufe. La tradition apprend que l'Auteur paffa deux ans entiers à en
dreffer le plan.

ARTÉMIRE, Tragédie par *Voltaire*, mife
au Théatre le 15 Février 1720, n'eut que huit
repréfentations, non imprimée, ne fut pas accueillie à la premiere, mieux à la feconde.
L'Auteur jugeant à la huitieme qu'elle avoit
befoin d'être retouchée, la retira. Voyez *Mariamne* (*Hérode* &).

ARTÉMISE, de *Maréchal*. Voyez *Maufolée*.

Asba, Tragédie de *Brueys*, non repréfentée, imprimée en 1735, *in-*12. Cette Piece fut préfentée aux Comédiens dans le mois de Juillet 1722; ils ne jugerent pas à propos de la recevoir. Elle eft tirée d'une hiftoire tragique arrivée à Poitiers, une année avant où un pere malheureux poignarda fon fils fans le connoître.

Asdrubal (la Mort d'), Tragédie de *Zacharie de Montfleury*, jouée en 1647, imprimée dans la même année, *in-*4°. eut un fuccès momentané. Dans cette premiere édition que l'on indique ici, on trouve gravé le portrait de l'Auteur. C'eft la feule Tragédie qu'il ait faite : il y manque le vers 6 & 62 de la premiere Scene du cinquieme Acte, page 5, tome I ; dans l'*Impromptu de Condé*, édition de 1739, manquent les vers 122 & 123 de la quatrieme Scene, page 289; & dans l'*Ecole des Filles* manque le vers 57 de la neuvieme Scene du cinquieme Acte, page 406.

Asnon (le Baron d'), Comédie de *Varennes*, jouée en 1680, non imprimée; il ne refte aucun veftige de cette Piece. *Beauchamps*, dans fes Recherches, n'en indique que le titre.

Aspar, Tragédie de *Fontenelle*, repréfentée en 1680; elle n'eft point imprimée dans les Œuvres de l'Auteur.

Aspasie, Comédie en un Acte, en vers, de *Defmarêts*, repréfentée en 1636, imprimée dans la même année, *in-*8°. coup d'effai de l'Auteur. Cette Piece eft finguliere & plaifante, mais trop libre en quelques endroits.

Assemblée des Comédiens (l'), Prologue

par un Anonyme, jouée le 27 Septembre 1724, eut douze repréſentations, non imprimée. Cette Piece rend compte de pluſieurs Comédies repriſes pendant l'abſence. Elle eſt tirée des regiſtres de la Comédie Françoiſe.

ASSEMBLÉE (l'), Comédie en un Aɛe , en vers, ſuivie d'un Ballet héroïque, de M. l'Abbé *le Beau de Schofne*, donnée le 17 Février 1773; elle eut cinq repréſentations ; c'eſt l'apothéoſe de l'inimitable *Moliere.*

ASSIÉGEMENT DE LA VILLE DE GAYS (le cruel), Comédie en vers, avec la joyeuſe force *d'un Toannon & d'un Treu* en vers françois de quatre pieds, c'eſt le titre ; jouée en 1584, imprimée dans la même année, à Lyon, *in-8°.* Cette Piece eſt très-rare.

ASTARBÉ, Tragédie de *Colardeau*, repréſentée le Lundi 17 Février 1758, eut cinq repréſentations avant Pâque, & cinq après ; c'eſt le coup d'eſſai de l'Auteur. Cette Piece eſt écrite avec autant de force que d'élégance. Le manque d'intérêt qu'on doit attribuer au choix du ſujet, en empêcha le ſuccès à la premiere repréſentation. Comme on a mieux ſenti à celles qui l'ont ſuivie, les beautés de détail, elle a été infiniment plus applaudie; elle n'a été interrompue que par la clôture du Théatre. Elle fut repriſe à ſa rentrée le 3 Avril, & elle eut encore la plus grande réuſſite.

ASTIANAX, Tragédie d'un Anonyme, jouée le 7 Janvier 1658, non imprimée, médiocre; elle ne dut ſon ſuccès qu'à l'honneur d'être repréſentée devant le Roi, dont l'Auteur étoit, dit-on, protégé.

ASTIANAX,

ASTIANAX, Tragédie par un Anonyme, repréfentée en 1696, imprimée dans la même année,
in-4°. indiquée dans les Recherches de *Beauchamps.* Ne feroit-ce pas une reprife de la précédente ?

ASTIANAX, Tragédie par *Chateaubrun ,*
donnée le Lundi 5 Janvier 1756, n'eut qu'une
repréfentation; les trois premiers Actes pro-
mettoient un grand fuccès, mais les deux derniers qui ne parurent pas de la même force,
firent ceffer les applaudiffements. Tout autre
Auteur eût fait des corrections, & eût tenté
une feconde repréfentation, mais la modeftie
de celui-ci lui fit retirer fa Piece le même
jour.

ASTRATE, Roi de Tyr, Tragédie de
Quinault, repréfentée en 1663, imprimée dans
la même année, *in-12.* La tradition affure
qu'elle fut jouée pendant trois mois de fuite
avec fuccès, mais à fa derniere reprife elle n'en
eut aucun.

ASTRÉE, (les Amours d'Aftrée & de Céla-
don.), Tragédie, donnée en 1630, imprimée dans
la même année, *in-8°.* intéreffante, mais très-
foible & fans art.

ASTROLOGUE (le Feint), par *Thomas Corneille.*
Voyez *Feint Aftrologue.*

ATHALIE, Tragédie par *Racine,* imprimée en 1691, *in-4°.* quoiqu'elle eût été compofée par ordre du Roi, pour Saint-Cyr, elle
n'y fut cependant point jouée, mais elle fut
donnée deux fois à Verfailles, dans l'appar-
tement de Madame *de Maintenon ,* par les
Penfionnaires de ce Couvent, dans leurs

habits ordinaires; en 1716, elle fut jouée à Paris le 3 Mars; & fa premiere reprife eft du 5 Décembre 1743. Les Comédiens firent à cette occafion la dépenfe d'une nouvelle décoration qui fut exécutée fous les ordres du Signor *Clerici*, célebre Architecte & Peintre d'Italie. Les Admirateurs de *Racine* conçoivent difficilement que ce bel ouvrage forti d'une plume françaife ait été fi long-temps méconnu ou dédaigné. La derniere reprife eft du Lundi 25 Octobre 1779; la Demoifelle *Raucour*, rentrée au Théatre, y joua le rôle principal; & la Demoifelle *Saint-Val*, cadette, celui de *Jofabet*, avec cette fenfibilité qui lui attire toujours les mêmes applaudiffements.

ATHAMAN, Tragédie de *J. de la Taille.* Voilà tout ce qu'on en fait.

ATHAMAS FOUDROYÉ PAR JUPITER, Tragédie d'un Anonyme, jouée en 1621. C'eft un Intermede en trois Actes, en vers, imprimé en 1625, *in-8°.* Cette Piece eft auffi ridiculement conftruite que lâchement verfifiée; elle fe trouve dans un ancien Recueil qui a pour titre : *le Théatre François.*

ATHÉNAÏS, Tragi-Comédie par *J. Mairet*, repréfentée en 1635, imprimée en 1642, *in-4°.* on ne peut pas plus foible, fans conduite, & le plan mal conçu.

ATHÉNAÏS, Tragi-Comédie par *Louis Mairet*, donnée en 1635, imprimée en 1642, fans conduite, le plan mal conçu, on ne peut pas plus foible.

ATHÉNAÏS, Tragédie de la *Grange-Chancel*, jouée le 20 Novembre 1699, eut quinze repréfentations, imprimée en 1700, *in*-12. Cette Piece eft tirée du Roman intitulé : *Pharamond de la Calprenede*; elle fut reprifé en Juillet 1736, avec le même fuccès : en auroit-elle autant aujourd'hui ?

ATHLETE, Paftourelle, en trois Actes, en vers, de *Montreux*, jouée en 1585, imprimée en 1587, *in*-8°. Fable Bocagere, finguliere & affez bien faite pour le temps.

ATIS, Paftorale en quatre Chants, par *Segrais*, non repréfentée, imprimée en 1753, *in*-4°. très-médiocre. Elle eft dédiée à Mademoifelle de *Montpenfier* qui honoroit l'Auteur de fa protection.

ATRÉE & THYESTE, Tragédie par *Crébillon*; repréfentée le 14 Mars 1707; elle eut dix-huit repréfentations, imprimée dans la même année, *in*-12. Cette Piece eft du plus grand tragique quoique durement écrite. Ses reprifes ont eu peu de fuccès. Il y a long temps qu'elle n'a reparu au Théatre. Pendant cet intervalle, on y a joué des fujets encore plus horribles que celui de cette Tragédie, ce qui fait préfumer qu'elle a un vice fecret qui n'eft pas celui d'être trop horrible.

ATTENDEZ-MOI SOUS L'ORME, Comédie en un Acte, en profe, de *Regnard*, repréfentée le 19 Mars 1694; elle eut onze repréfentations, imprimée en 1715, *in*-12; elle fut fuivie d'un Divertiffement fimple. L'intrigue en eft vraiment comique ; quoique reftée au Théatre, il y avoit long temps qu'elle n'avoit été reprife; elle vient de l'être en 1779.

ATTILIE, Tragédie de *M. le Gouvé*, non re-

D ij

préfentée, imprimée en 1750, *in*-8°. Quelques
jours après l'impreffion de cette Piece, elle fut
demandée plufieurs fois par le Parterre, à l'annonce : fans doute que quelques amis de l'Au·
teur tenterent de lui rendre ce fervice, mais ce
fut inutilement.

AVARE AMOUREUX (l'), par *d'Aiguebure.*
Voyez *Spectacles* (les trois).

AVARE CORNU (l'), Comédie en cinq
Actes, en vers de cinq pieds, par *Chappuis*,
non repréfentée, imprimée en 1580, *in*-8°.
elle fe trouve à la fuite du *Monde des Cornes*, traduite de l'Italien de *Doni*. C'eft la fuite du titre.

AVARE DUPÉ (l'), ou l'*Homme de Paille*,
Comédie en cinq Actes, en vers, de *Dorimont*,
repréfentée en 1663, imprimée dans la même
année, *in*-12 ; elle eft affez plaifante & a été
reprife plufieurs fois.

AVARE (l'), Comédie en cinq Actes, en.
profe, de *Moliere*, jouée le 9 Septembre 1668,
imprimée en 1675, *in*-12. Cette Piece eft tirée
de *Plaute* ; elle tomba à la premiere repréfentation; on attribua cette chûte finguliere à
la profe dont on n'avoit pas l'habitude dans les
Comédiens de ce temps-là. Elle fe releva au
bout de fept mois, avec le grand fuccès qu'elle
a toujours confervé depuis.

AVENTURES DE NUIT (les), Comédie
en cinq Actes, en vers, de *Chevalier*, donnée
en 1666, imprimée dans la même année, *in*-12,
très-foible, à une Scene près : c'eft la derniere
Piece de cet Auteur.

AVENTURES DU CAMP DE PORCHÉ-
FONTAINE (les), Comédie en un Acte, en

profe, par *Grandval*, pere du Comédien de ce nom, donnée le 9 Octobre 1722, eut onze repréfentations, non imprimée; Vaudeville du temps affez plaifant, qui eut un fuccès momentané. *Maupoint*, dans fa Bibliotheque des Théatres, attribue cette Piece à *le Grand*; ce qui eft certain, c'eft que *Quinault*, ainfi que d'autres Comédiens, y ont eu part.

AVENTURIER (l'), Comédie en cinq Actes, d'un Anonyme; elle fut jouée en 1691, & ne fut pas imprimée. Cette Piece étoit chargée, dit la tradition, de trop d'intrigues & d'incidents.

AVENTURIER (l'), Comédie de *Vifé*, en cinq Actes, en profe, repréfentée le 2 Janvier 1696; elle n'eut qu'une repréfentation, & ne fut pas imprimée. Elle fut en concurrence avec *le Grondeur* de *Brueys*, pour être repréfentée. Les Comédiens ne balancerent point; ils jouerent le *Grondeur* en 1691, & remirent l'*Aventurier* à un autre temps: ils preffentoient le fort de cette Piece médiocre.

AVEUGLE CLAIRVOYANT (l'), Comédie en cinq Actes, en vers, par *de Broffe*, donnée en 1649, imprimée en 1650, *in-*4°. plaifante; elle a donné lieu à celle qui fuit.

AVEUGLE CLAIRVOYANT (l'), Comédie en un Acte, en vers, de *le Grand*, jouée le 18 Septembre 1716, imprimée dans la même année, *in-*12., jolie. *Beaubourg* y rendit fupérieurement le rôle de l'*Aveugle*: reftée au Théatre.

AVEUGLE DE SMYRNE (l'), Tragédie par les cinq Auteurs, repréfentée en 1638, imprimée dans la même année, *in-*4°. Cette Piece est foiblement conçue & très-médiocre. On prétendoit dans ce temps-là que le Cardinal *de Richelieu* en avoit donné le plan & y avoit travaillé. L'Eminence n'eut pas lieu de s'en applaudir.

AVEUGLE PAR CRÉDULITÉ (l'), Comédie en un Acte, en prose, de feu *Fournelle*, donnée le Samedi 31 Janvier 1778, après la Tragédie d'*Electre*. L'Auteur la retira après la quatrieme représentation, pour y faire des corrections.

AVOCAT DUPÉ (l'), Comédie en cinq Actes, en vers, de *Chevreau*, donnée en 1637, imprimée en 1638, *in-*4°. pitoyable à tous égards.

AVOCAT PATELIN (l'), Comédie en trois Actes & en prose, par l'Abbé *Brueys*, représentée le 4 Juin 1706, imprimée en 1715, *in-*12, eut sept représentations; tirée de l'ancienne farce du temps de Louis XII : ne réussit pas d'abord, mais elle s'est relevée avec succès à ses reprises : restée au Théatre, où elle est revue trop souvent.

AVOCAT SANS PRATIQUE (l'), Comédie en un Acte, en vers, de *Rosimont*, Comédien du Roi, donnée sur le Théatre du Marais en 1674, imprimée en 1702. Il y a toute apparence que c'est la même que la suivante.

AVOCAT SANS ÉTUDE (l'), Comédie en un Acte, en vers, jouée en 1676, imprimée dans la même année, *in-*12. L'Auteur y fit des changements à la seconde édition.

AVOCAT SANS SAC (l'), Comédie en un Acte, en prose, d'un Anonyme, jouée en Hollande en 1696, imprimée dans la même année, *in*-12, à Leyden.

AVOCAT SAVETIER (l'), Comédie par *Dorimont*, jouée en Province, en 1670. Voilà tout ce qu'on en fait.

AXIANE, Tragédie en profe, par *Scudéry*, repréfentée en 1643, imprimée en 1644; elle eut quelques fuccès, quoique bien foible : elle eft tirée du premier tome du Roman de *l'Illuftre Baffa*. On attribue encore à cet Auteur la Tragédie de *Lucidan*, ou *le Héros d'Armes*, indiquée fans date, ainfi qu'*Annibal*, fous l'année 1631, dans les Recherches fur les Théatres.

AYEUX CHIMÉRIQUES (les), Comédie en cinq Actes, en vers, par *Jean-Baptifte Rouffeau*, non repréfentée, imprimée en 1737, *in*-4°. dans les Œuvres de l'Auteur.

B A D

BABILLARD, Comédie en un Acte, en vers, de *Boiffy*, jouée le 16 Juin 1725, imprimée dans la même année, *in*-12, eut feize repréfentations ; elle a toujours été reprife avec le même fuccès ; elle avoit été d'abord compofée en cinq Actes : reftée au Théatre.

BADAUD (le), Comédie en un Acte, par un Anonyme, repréfentée le 10 Mai 1687, non imprimée, eut fix repréfentations ; elle n'eft connue que par les regiftres de la Comédie Françoife.

BADINAGE (le), ou *le dernier Jour de l'Abfence*, Comédie en un Acte, en vers libres, donnée le 23 Novembre 1733, n'eut que cinq repréſentations, imprimée en 1734, *in-8°*. C’eſt une eſpece de Parodie de l’Opéra d’*Hypolite* & *d’Aricie*, plus févere que badine, dit le Mercure de France de Janvier 1734, page 246.

BAGUE DE L’OUBLI (la), Comédie en cinq Actes, en vers, de *J. Rotrou*, jouée en 1728, imprimée en 1735, *in-8°*. Elle eſt plaiſante, a ſervi de modele pour la Comédie intitulée, *le Roi de Cocagne*. C’eſt la ſeconde Piece de l’Auteur.

BAGUETTE (la), Comédie en un Acte, & Divertiſſement de *Dancourt*, repréſentée le 4 Avril 1693, non imprimée, elle n’eſt pas connue; tout ce qu’on ſait, c’eſt que *Raiſin* & *Grandval* le pere compoſerent la muſique du Divertiſſement.

BAJAZET, Tragédie de *Racine*, miſe au Théatre le 5 Janvier 1672, imprimée dans la même année, *in-12*, eut le plus brillant ſuccès. C’eſt une Piece excellente, ſublime & digne de ſon célebre Auteur. L’envie lui reprocha de n’avoir point ſuivi les mœurs orientales; il obligea les deux principales Actrices à changer de rôle, ce qui fut très-applaudi.

BAJAZET, Tragédie par le Chevalier *Pacaroni*, jouée le 6 Août 1739, imprimée dans la même année, *in-8°*. Après un chef-d’œuvre tel que celui de *Racine*, l’Auteur pouvoit-il ſe flatter d’un ſuccès? auſſi fut-il obligé de retirer ſa Piece, après ſa cinquieme repréſentation.

BAL (le), ou *le Bourgeois de Falaiſe*, Comédie en un Acte, en vers, de *Regnard*, donnée le 14 Juin 1694, imprimée dans la même annéc, *in*-12 ; elle eut douze repréſentations. Les Hiſtoriens du Théatre François l'ont jugée trop févérement. Cette Piece eſt d'un bon comique , & a toujours réuſſi à ſes repriſes.

BAL D'AUTEUIL (le) , Comédie en un Aſte, en profe, ſuivie d'un Divertiſſement, par *Boindin*, jouée le 22 Août 1702 , imprimée dans la même année , *in*-12, & en 1746, *in*-8°, eut dix repréſentations ; à la derniere, les Comédiens eurent ordre de ne la plus jouer. C'eſt depuis ce temps que toutes les Pieces de Théatre ont été ſoumiſes à des Cenſeurs.

BAL DE PASSY (le) , ou *les Maſques* , Comédie en un Aſte, en vers, avec un Divertiſſement de *Parmentier* , repréſentée le 17 Août 1741 , avec celles de *la Belle Orgueilleuſe* , & *de Silvie* , ou *les Tragédies bourgeoiſes.* La ſeconde Piece eut ſix repréſentations , la derniere deux , & la premiere une ſeule.

BALTAZAR , Roi de Babylone (la Mort de), Tragédie, par *Charenton,* jouée en 1662 , imprimée dans la même année , *in*-12. Cette Piece eſt tirée de l'Ecriture-Sainte. Les dévotes la ſuivirent.

BALTAZAR , Tragédie de l'Abbé *Petit,* non repréſentée , imprimée en 1755 , *in* - 12. L'Auteur étoit alors Curé de *Mont - Chauvet.* Voyez *l'Année littéraire,* Année 1755 , tome VIII , page 348 , & l'année 1756, tome IX.

BAPTISTE , Tragédie de *Roland Briſſet* , jouée en 1584, imprimée en 1589, *in*-4° ; quoiqu'elle ſoit traduite du latin de *Buchanain*, elle n'en eſt pas moins mauvaiſe.

BAPTISTE , ou *la Calomnie* , Tragédie de

P. Brinon, repréſentée en 1613, imprimée dans la même année, *in-*12; elle eſt traduite comme la précédente de *Buchanan*, & n'eſt pas meilleure.

BARBIER DE SÉVILLE, ou *la Précaution inutile* (le), Comédie en cinq Actes, en proſe, réduite en quatre, de M. *de Beaumarchais*, donnée le 23 Février 1775, imprimée dans la même année, *in-*8°. Elle eut treize repréſentations, & le plus grand ſuccès : reſtée au Théatre, où elle eſt toujours applaudie.

BARMÉCIDES (les), Tragédie de M. *de la Harpe*, repréſentée le 11 Juillet 1778 ; elle eut du ſuccès, & fut jouée onze fois, la derniere le 8 Août ; il plut à l'Auteur de garder l'anonyme pendant quelques jours. On y trouve pluſieurs vers dignes de Voltaire.

BARBONS AMOUREUX (les), Comédie en trois Actes, en vers, de *Chevalier*, repréſentée en 1662, imprimée dans la même année, *in-*12 : bien plate & mal conſtruite. *Maupoint* place cette Piece en 1663.

BARON D'ALBICRAC (le), Comédie en cinq Actes, en vers, par *Thomas Corneille*, jouée en Décembre 1668, imprimée dans la même année, *in-*12. Cette Piece eut un grand ſuccès ; le plan en eſt ingénieux & adroitement conduit : le cinquieme Acte eſt un peu plus foible que les précédents : reſtée au Théatre.

BARON D'ASNON, 1680. Voyez *Aſnon*.

BARON DE LA CRASSE (le), Comédie en un Acte, en vers, de *R. Poiſſon*, donnée en 1662, imprimée dans la même année, *in-12.* Cette Piece eft plaifante; elle réuffit beaucoup, & a refté long temps au Théatre. C'eft un Vaudeville fur une aventure du temps, arrivée quelque mois auparavant; elle renferme le *Zigzag* en vers, de quatre pieds, qui eft auffi amufante.

BARON DES FRONDIERES (le), Comédie en un Acte en profe, de *Thomas Corneille*, jouée le 4 Janvier 1686, non imprimée; reprife, elle tomba à la premiere repréfentation. L'Auteur n'a point voulu qu'elle parût dans fes Œuvres.

BARONS (les), ou *les Copieux Fléchois* de *Cherier*, Comédie non repréfentée, imprimée en 1664, *in-12.* Cette Piece eft fort peu connue & très-rare.

BASSETTE (la), Comédie de *Hauteroche*, en cinq Actes, en profe, donnée le 31 Mai 1680; eut huit repréfentations, non imprimée; elle n'eft connue que par les regiftres de la Comédie Françoife. La tradition apprend qu'elle eft de deux Auteurs anonymes, dont l'un étoit un Gentilhomme de *Bourges*, & l'autre de la *Chapelle*.

BATEAU DE BOUILLE (le), Comédie en un Acte, en vers, de *Jobé*, non repréfentée, imprimée fans date, *in-12*, à Rouen. *Beauchamps* ne connoiffoit ni cette Piece, ni l'Auteur; elle eft très-médiocre.

BAZILE & QUITTERIE, Tragédie en trois Actes en vers. Le Prologue en profe, par *Gauthier de Mondorge*, repréfentée le 13 Janvier 1723; elle tomba le premier jour, fe releva enfuite, & eut du fuccès à la reprife du 27 Mai 1739; elle fut très-applaudie, & eut encore plufieurs reprefentations.

BÉATITUDE (la), ou *les inimitables Amours de Théoys & de Charite*, en dix Poëmes, de cinq Actes chacun, par *de Grouchy*, non repréfentée, imprimée en 1632, *in-8°. Théoyis* fignifie, *Fille de Dieu*; & *Charite*, *la Grace*.

BEAUTÉ & AMOUR, Paftorale allégorique en cinq Actes, en vers, par *du Souhait*, donnée en 1596, imprimée en 1599, *in-12*; elle eft froide & très-ennuyeufe.

BÉLINDE, Tragédie en cinq Actes, en vers, de *Rampale*, jouée en 1630, imprimée dans la même année, *in-8°*. L'intrigue de cette Piece eft auffi romanefque qu'embrouillée. *Beauchamps* l'annonce, dans fes Recherches, fous le titre de *Paftorale*; il s'eft trompé.

BELLE ALPHREDE (la), Comédie en cinq Actes, en vers, de *J. Rotrou*, repréfentée en 1634, imprimée en 1639, *in-4°*; elle eft remplie de galimathias. *Beauchamps* indique une Tragédie d'*Alphrede*, apprenant qu'elle eft fans date, & que l'Abbé de *Boifrobert* en eft l'Auteur.

BELLE CABARETIERE (la), ou *le Procureur à la mode*, Comédie en un Acte, en profe, par un Anonyme, jouée en 1636, imprimée à Rouen, en 1686: elle eft affez comique.

BELLE EGYPTIENNE (la), Tragédie d'*Alexandre Hardy*, repréfentée en 1615, imprimée en 1628, *in-8°*, tome V, tirée des Nouvelles de *Cervantes*; elle n'eft pas mal conftruite.

BELLE EGYPTIENNE (la), Tragédie par *Sallebray*, donnée en 1642, imprimée dans la même année, *in*-4°. Cette Piece n'eſt pas ſans mérite ; elle eſt tirée de *Cervantes*.

BELLE ESCLAVE (la), Tragédie de l'*Etoile*, jouée en 1643, imprimée à Anvers, dans la même année, *in*-4°. paſſable & aſſez bien conduite. On a du même Auteur, *le Secretaire Saint-Innocent*, Comédie, que ſa mort empêcha d'achever ; & le Ballet *des Fous*, en 1627, non imprimée.

BELLE INVISIBLE (la), ou la *Conſtance éprouvée*, Comédie en cinq Actes, en vers, par *Boiſrobert*, repréſentée en 1656, imprimée dans la même année, *in*-12. Ce ſujet eſt le même que celui de la Piece *Aimer ſans ſavoir qui* ; elle eſt foible.

BELLE-MERE (la), Comédie en cinq Actes, en vers, de *Dancourt*, repréſentée le 21 Avril 1725, imprimée dans la même année, *in*-12. C'eſt à-peu-près le même ſujet que la *Force du ſang*, & *le Sot toujours Sot*, que l'Auteur a traité ſous ce titre de *Belle-Mere*.

BELLE ORGUEILLEUSE (la), ou *l'Enfant gâté*, Comédie en un Acte, en vers, par *Deſtouches*, jouée le 17 Août 1741, imprimée dans la même année, *in*-12 ; elle n'eut que ſix repréſentations, fut donnée avec *Sylvie*, Tragédie bourgeoiſe, & *le Bal de Paſſy* ; elle eſt aſſez plaiſante & bien conduite.

BELLE PLAIDEUSE (la), Comédie en cinq Actes, en vers, de *Boiſrobert*, miſe au Théatre en 1654, imprimée en 1655, *in*-12 : très-médiocre & ſans intérêt.

BÉLISAIRE, Tragédie par *Rotrou*, donnée en 1643, imprimée en 1644, *in-4°* ; elle n'est pas dans les regles, mais passable pour le temps. Elle est tirée de l'Espagnol, & fut d'abord jouée à Bologne, en Italie.

BÉLISAIRE, Tragédie de *Desfontaines*, jouée en 1641, imprimée dans la même année, *in-12.* L'intrigue en est aussi embrouillée que mal versifiée.

BÉLISAIRE, Tragédie par *la Calprenede*, donnée en 1659, non imprimée : quoiqu'assez médiocre, elle fut suivie. Voyez *la Muse historique* de *Duloret*, mois de Janvier 1659 ; elle dit beaucoup de bien de cette Piece.

BÉLISAIRE, Tragédie par deux Anonymes, jouée en 1681, non imprimée. Cette Piece n'est pas connue ; *Maupoint* indique deux Pieces de ce titre, jouées en 1678. Voyez *le Mercure Galant*, mois d'Avril de la même année 1678.

BELLISSANTE, ou *la Fidélité reconnue*, Tragédie par *Desfontaines*, donnée en 1647, imprimée en 1648, *in-4°* : plan manqué, sans marche théatrale, & froidement versifiée.

BELLOROPHON, Tragédie de *Quinault*, jouée en 1670, à l'Hôtel de Bourgogne, imprimée dans la même année, *in-8°*, eut le plus grand succès. *Beauchamps* fait deux fautes dans cet article ; il place la représentation de cette Tragédie en 1665, & dit qu'elle fut sifflée : l'un & l'autre est faux.

BENJAMIN, Tragédie chrétienne, en trois Actes, d'*Arthus*, Jésuite jouée au College en

1748, imprimée en 1749 : *in-12*, foible, mais paſſable pour les Jéſuites.

BÉRAL VICTORIEUX, Tragédie de *Borée*, donnée en 1626, imprimée en 1627, *in-8°* : ſans art, ſans intérêt, on ne peut pas plus froide.

BÉRÉNICE, Tragédie par *du Ryer*, repréſentée en 1645, imprimée en 1647, *in-4°*; elle eſt en proſe & très-médiocre.

BÉRÉNICE, Tragédie de *Thomas Corneille*, donnée en 1657, imprimée en 1659, *in-12*; vrai ton de bergeries languiſſantes, ſans intérêt; elle eſt tirée des Aventures de *Séſoſtris* & de *Timarette*, dans le *Cyrus* de Mademoiſelle *Scrudéry*.

BÉRÉNICE (*Tite* &), Tragédie de *Corneille*, repréſentée en 1610, imprimée dans la même année, & en 1671, *in-12*. Cette Piece démontre que les Auteurs les plus renommés s'affoibliſſent dans leur couchant.

BÉRÉNICE, Tragédie par *Racine*; jouée en 1671, imprimée dans la même année, *in-12*; elle eut un grand ſuccès : on ſait qu'elle fit oublier celle de *P. Corneille*. Mademoiſelle *le Couvreur* fut la premiere qui fit ſentir tout le mérite du rôle de Bérénice, quand elle le joua pour la premiere fois en 1720.

BÉRÉNICES (les), ou *Tite & Titus*, Comédie en trois Actes, en proſe, d'un Anonyme, non repréſentée, imprimée en 1671, *in-12*. C'eſt une critique des *deux Bérénices* de *Corneille* & de *Racine*. Cette Piece eſt écrite d'un ſtyle gai, léger & badin; elle fut d'abord imprimée à Utrecht. *Beauchamps* l'annonce en cinq Actes, ſous l'année 1673.

BERGER EXTRAVAGANT (le), Paſtorale burleſque, en cinq Actes, en vers, par *Thomas Corneille*, donnée en 1653, imprimée en 1654, *in*-12 : l'intrigue foible & commune ; elle eſt tirée du Roman de ce titre, par *Charles Soret*.

BERGER FIDELE (le), Tragi-Comédie-Paſtorale, par un Anonyme, non repréſentée, imprimée en 1637, *in*-12, en italien & en profe françoiſe, avec une Chanſon bocagere imitée du *Taſſe*. *Beauchamps* parle d'une de ce titre ſous l'année 1624.

BERGER FIDELE (le), Paſtorale en cinq Actes, en profe, de *Marandé*, non repréſentée, imprimée en 1657, *in*-12. *Beauchamps* en parle dans ſa Table des matieres, mais ſans date.

BERGER FIDELE (le), Paſtorale en profe, d'un Anonyme, donnée en 1637, imprimée dans la même année, *in*-8°. dédiée par l'Auteur à ſa Maîtreſſe : elle eſt fort rare.

BERGER FIDELE (le), Paſtorale, par *Dutorche*, jouée en 1667, imprimée dans la même année, *in*-12 ; elle eſt traduite de l'Italien de *Garini* : très-médiocre.

BERGERE DES ALPES (la), Comédie en un Acte, en vers, par *M. Desfontaine*, miſe au Théatre le 15 Décembre 1765, eut ſept repréſentations ; elle eſt on ne peut pas plus intéreſſante.

BERGERS PARFAITS (les), Paſtorale en trois Actes, en profe, par un Anonyme, non repréſentée, imprimée, ſans date, *in*-8°. Les Chœurs ſont en vers. *Beauchamps* ne connoiſſoit pas cette Piece ; elle eſt auſſi rare qu'ancienne.

BERGERIE

BERGERIE SPIRITUELLE (la), Eglogue, par *Mazieres*, exécutée en 1566, imprimée dans la même année, *in-4°*. elle eſt à quatre perſonnages : la Vérité, l'Erreur, la Religion & la Providence divine. Cette Piece eſt auſſi rare qu'ancienne.

BERGERIE (la), Eglogue de *Guerſans*, imprimée & jouée à Poitiers en 1583, *in-4°*. très-rare.

BERGERIE (la), Eglogue, par *Courtin*, donnée en 1584, non imprimée. Cette Piéce encore plus rare n'eſt connue que de nom.

BERGERIE (la), Poëme Dramatique de *Montchretien*, non repréſentée, imprimée en 1627, *in-8°*. ſujet des plus embrouillés : aucun des perſonnages ne ſait ce qu'il dit.

BERGERIES (les), Eglogue, par *Montchant*, non repréſentée, imprimée en 1515, *in-4°*. ſur la mort du Roi Charles IX, & ſur l'heureuſe arrivée de Henri III en France.

BERGERIES (les), Eglogue de *Bez*, jouée & imprimée en 1563, *in-8°*. elle eſt à quatre perſonnages & allégorique. *Chriſtin* repréſente Jeſus-Chriſt; *Chriſtine*, l'Egliſe; *Pierre* & *André*, les bons Paſteurs. Le même Auteur en a fait une à cinq perſonnages, contenant le mauvais Paſteur; elle eſt imprimée, comme celle-ci, en 1563, *in-8°*. elle eſt auſſi fort rare.

BERGERIES (les), ou *Artenice*, Paſtorale en cinq Actes, en vers, de *Racan*, donnée en 1618, imprimée en 1625, *in-8°*. & en 1628, *in 8°*. elle eſt précédée d'un Prologue; elle eſt fort bonne pour le temps. C'eſt cette Paſtorale qui a donné lieu à toutes celles qui ont paru depuis.

Tome I. E

BÊTES RAISONNABLES (les), Comédie en un Acte, en vers, de *Jacques de Montfleury*, jouée fur le Théatre de Bourgogne en 1661, imprimée dans la même année, *in* 12; elle eft finguliere, mais on ne peut pas plus foible ; elle a donné lieu à un joli Poëme. On ne trouve point cette Piece imprimée dans les Œuvres de *Montfleury*.

BÉVERLEY, Tragédie bourgeoife, imitée de l'Anglois, en cinq Actes, en vers libres, par M. *Saurin*, donnée le 7 Mai 1768, eut treize repréfentations: reftée au Théatre, où elle produit encore les mêmes effets que dans fa nouveauté.

BIENFAIT RENDU (le), ou *le Négociant*, Comédie en cinq Actes, en vers, par *M. Dampierre*, jouée le 18 Avril 1763; bonne & intéreffante.

BIENFAIT RENDU (le). Voyez *Négociant* (le).

BIEN PERDU & RECOUVRÉ (le), Comédie en un Acte, en vers, de *Lambert*, repréfentée en 1658 à l'Hôtel de Bourgogne, imprimée en 1661, *in*-12, très-rare. *Beauchamps* ne la connoiffoit que de nom, ainfi que les *Ramoneurs* du même Auteur.

BIGAMIE (l'heureufe). Voyez *Elmire* d'*Alexandre Hardy*.

BLANCHE & GUISCARD, Tragédie, traduite de l'Anglois, par M. *Saurin*, repréfentée le 27 Septembre 1763; elle fut interrompue, après la troifieme repréfentation; reprife en Janvier 1764, où elle en eut encore fix, ainfi que dans le mois de Février fuivant : reftée au Théatre, où elle eft toujours applaudie.

BLANCHE DE BOURBON, Reine d'Efpagne, Tragédie de *Regnaud*, mife au Théatre en 1641, imprimée en 1642, *in-4°*. & en 1643, *in-12*. Cette Piece eft froide, fans intérêt, & ennuyeufe.

BOCAGE D'AMOUR (le), Paftorale d'*Eftival*; on ignore fi elle a été repréfentée : elle a été imprimée en 1608, *in-18*; elle eft très-rare, ainfi qu'une autre de ce nom, par *Charnais*, que la tradition dit cependant imprimée.

BONIFACE, ou le *Pédant*, Comédie en cinq Actes, en profe, par un Anonyme, jouée & imprimée en 1633, *in-12*. Tout ce qu'on en fait, c'eft qu'elle eft traduite de *Bruno Nolano*, avec deux Prologues.

BOURGEOIS GENTILHOMME (le), Comédie - Ballet, en cinq Actes, en profe, de *Moliere*, mife au Théatre le 29 Novembre 1670, imprimée en 1682, *in-12*. C'eft un des chef - d'œuvres de ce grand homme ; elle fut jouée pour la premiere fois à Chambord, au mois d'Octobre, devant le Roi. La Mufique des Ballets étoit de *Lully*, qui joua le rôle de *Muffy*, devant Sa Majefté.

BOURGEOISE (la), ou la *Promenade de Saint-Cloud*, Tragi-Comédie de *Raiffiguyer*, donneé en 1633, imprimée dans la même année, *in-8°*. Cette Piece eft très-embrouillée & trop chargée de fuppofitions de noms.

BOURGEOISE DE GRENOBLE (la), Comédie de *J. Millet*, donnée en 1665, imprimée dans la même année, *in-12*. Cette Piece n'eft pas connue, elle eft très-rare.

BOURGEOISES A LA MODE (les), Comédie en cinq Actes, en profe, de *Dancourt* & de *Saint-Yon*, repréfentée le 15 Novembre 1692, imprimée en 1693, *in*-12; elle eut vingt-fix repréfentations: elle eft vive, très-comique, on ne peut pas mieux conduite; reprife en Octobre 1734, avec la plus grande réuffite. *Dancourt* fe l'eft appropriée dans le fecond Tome de fes Œuvres. Reftée au Théatre.

BOURGEOISES DE QUALITÉ (les), Comédie en cinq Actes, en vers, par *Hauteroche*, jouée le 26 Juillet 1690, imprimée en 1691, *in*-12; elle eut fept repréfentations : elle eft la derniere de l'Auteur. C'eft une copie médiocre *des Précieufes Ridicules* de *Moliere*.

BOURGEOISES DE QUALITÉ (les), ou *la Fête de Village*, Comédie en trois Actes, en profe, de *Dancourt*, avec un Divertiffement, mife au Théatre le 15 Juillet 1700, imprimée dans la même année, *in*-12; elle fut jouée dix-huit fois : elle eft bien faite, le ridicule peint à ravir, on ne peut pas plus divertiffante. Elle parut d'abord au Théatre, fous le fecond titre; mais à fa reprife en Mars 1724, elle fut affichée fous celui où elle eft annoncée ici; & depuis cette époque, elle l'a toujours confervé. Reftée au Théatre.

BOUQUET (le), Comédie en un Acte, en profe, par *G*. fils, repréfentée & imprimée à Metz; dédiée à M. de * *, en 1752, *in*-12. Cette Piece eft peu connue.

BOURGET (le), Comédie en un Acte, en profe, par un Anonyme, repréfentée le 16 Mai 1697, non imprimée; elle fut fuivie d'un Divertiſſement dont *Grandval* le pere compoſa la Muſique; elle eut ſept repréſentations. La tradition ne fait pas l'éloge de cette Piece.

BOURRU (le), Comédie en un Acte, en proſe, par un Anonyme, jouée & imprimée, *in*-12, à la Haye, en 1706. C'eſt une rapſodie de la Comédie du *Grondeur*, qui ne mérite pas d'être lue.

BOURRU BIENFAISANT (le), Comédie en trois Actes, de *M. Goldoni*, en proſe, donnée le 4 Novembre 1771. Elle plut beaucoup ; elle eut treize repréſentations.

BOUTADES DU CAPITAN MATAMORE (les), Comédie de *Scarron*, en vers, donnée en 1646, imprimée en 1647, *in*-4°. farce aſſez plate ; il s'y trouve quelques Scenes détachées, & une petite Piece à la fin, en vers de quatre pieds , dont toutes les rimes ſont en *ment*.

BOUTS-RIMÉS (les), ou *Dulot vaincu*, Comédie en un Acte, en proſe, de *Saint-Glas*, jouée le 25 Mai 1682, imprimée dans la même année, *in*-12. C'eſt une critique de la fureur des *Bouts-rimes*, qui régnoit dans ce temps-là.

BRABANÇONNE GÉNÉREUSE (la), Comédie en un Acte, en proſe, par un Anonyme, donnée en 1646, imprimée dans la même année, *in*-12, à Liege ; elle fut repréſentée à l'Armée, après la priſe du Château d'Anvers.

BRADAMANTE, Tragédie par *Garnier*, jouée en 1582, imprimée dans la même année, *in-*8°. C'est la premiere Piece qui ait porté le nom de Tragi-Comédie : assez bonne pour le temps. MM. *Parfait* prétendent que *Thomas Corneille* en a tiré un bon parti dans une de ses Pieces. Voyez l'*Histoire du Théatre François*, tome III, page 456.

BRADAMANTE (la Mort de), Tragédie d'un Anonyme, donnée en 1622, imprimée en 1625, *in-*8°. Elle est imitée de l' *Arioste*, très-foible ; elle se trouve dans un ancien recueil, qui a pour titre, le *Théatre François*.

BRADAMANTE, Tragédie par *la Calprenede*, représentée en 1636, imprimée en 1637, *in-*4° ; très-médiocre, & mal dialoguée.

BRADAMANTE RIDICULE (la), Comédie, jouée au Palais-Royal, le 12 Janvier 1664, devant le Roi & sa Cour ; & à Paris, sur le Théatre de *Guénégaud*, le 18 Novembre 1675 ; elle eut cinq représentations : elle fut donnée comme anonyme , mais presque tous les Amateurs de ce temps-là l'attribuerent au *Duc de Saint-Agnan*.

BRADAMANTE , Tragédie de *Thomas Corneille*, représentée le 19 Novembre 1665 , imprimée en 1696, *in-*8° ; elle eut douze représentations. C'est la derniere de l'Auteur, & une de ses plus foibles. *Beauchamps*, dans ses Recherches, attribue cette Tragédie à Mademoiselle *Bernard*.

BRANDONS (les amoureux), de *Franciarque* & *Calixene*, par *A. B.* Tragi-Comédie en cinq Actes, en prose, donnée en 1606, imprimée dans la même année, *in-*16, très-libre, assez ennuyeuse, *histoire morale non encore vue*, *ni récitée, dédiée à tous & à nul.* C'eſt la ſuite du titre.

BRAVACHERIES DU CAPITAINE S'PAVENTE (les), Comédie de N**, donnée en 1608; on ignore ſi cette Piece fut imprimée.

BRAVE (le), ou *le Taille-bras*, Comédie en cinq Actes, en vers *d'Ant. Baif*, donnée le 28 Janvier 1567, à l'Hôtel de Guiſe, devant le Roi ; imprimée dans la même année, *in-8°*; elle eut cinq repréſentations, traduite du *Miles Glorioſus* de *Térence.* Cette Piece eſt d'un aſſez bon comique.

BRISÉIS, Tragédie de *M. Poinſinet de Sivry,* repréſentée le 25 Juin 1759, fut fort applaudie ; mais à la cinquieme repréſentation, *le Kain* s'étant démis le pied à la fin du quatrieme Acte, la Piece ne fut pas achevée; elle n'a pas été repriſe depuis : elle eſt cependant remplie de ſituations auſſi touchantes qu'intéreſſantes.

BRITANNICUS, Tragédie de *Racine*, donnée le 21 Décembre 1670, imprimée dans la même année, *in-12*; elle ne fut jouée que huit fois. Cette Piece eſt cependant un chef-d'œuvre ; elle n'eut pas d'abord le ſuccès qu'elle méritoit, & qu'elle a eu depuis. Reſtée au Théatre ; elle eſt plus admirée qu'applaudie. On ne parle point ici d'une Tragédie de *Briiannicus*, par *Dulorens*, miſe au Théatre en 1670.

BROUILLERIES NOCTURNES (les), Comédie de *Nanteuil*, Comédien de la Reine, jouée d'abord en 1634 à Marſeille, au College de l'Oratoire ; & à Paris, en 1669. Cette Piece est peu connue.

BRUSQUET I & BRUSQUET II, Comédie par *Ch. Féau*, jouée à Marseille, au College de l'Oratoire, en 1634, imprimée dans la même année, *in-12* : elle est plaisante. L'Auteur a fait plusieurs autres Pieces, mais on en ignore les titres.

BRUTAL DE SENS-FROID (le), Comédie en un Acte, par un Anonyme, représentée le 3 Mai 1686, non imprimée, eut neuf représentations ; elle n'est connue que par les regiftres du Théatre François.

BRUTE & DE PORCIE (la Mort de), ou *la Vengeance de César*, Tragédie de *Guérin Boufcal*, précédée d'un Prologue, jouée en Février 1637, imprimée en 1639, *in-8°* : fans invention, le ftyle empoulé, & du galimathias, au lieu du fentiment.

BRUTE (la Mort des Enfants de), Tragédie par un Anonyme, représentée en 1647, imprimée en 1648, *in-4°*. Cette Piece est paffable pour le temps : elle eut un grand fuccès.

BRUTUS, Tragédie de Mademoifelle *Bernard*, donnée le 16 Décembre 1690, imprimée en 1691, *in-12* ; elle eut vingt-cinq représentations : le fujet en est fort intéreffant, mais il est foiblement rendu. Cependant elle fut fuivie ; elle resta long temps au Théatre; le bruit courut pendant long temps que le célebre *Fontenelle* y avoit travaillé.

BRUTUS, Tragédie de *Fontenelle*, non représentée, imprimée en 1690, *in-12*.

BRUTUS, Tragédie de *Voltaire*, mife au

Théatre, le 11 Décembre 1730; imprimée en 1731, *in-8°*; elle eut treize repréfentations. C'étoit dans ce temps-là une des meilleures Pieces de ce célebre Tragique; elle réuffit à la Ville & à la Cour, où elle fut donnée le 30 du même mois. Reftée au Théatre. Cette Comédie a été traduite en plufieurs langues.

BUCÉPHALE, Tragédie burlefque, en un Acte, en vers, de *M. P. Rouff.au*, repréfentée à Compiegne, en 1748, imprimée en 1749, *in-8°*. Elle fut très-fuivie pendant le féjour du Roi dans cette Ville, mais elle n'a pas été reprife.

C A D

CABARETIERE (la belle), par un Anonyme. Voyez *Bel.e Cabaretiere.*

CADENAS (les), ou le *Jaloux endormi*, Comédie en un Acte, de *Bourfault*, jouée en 1663, imprimée dans la même année, *in-12*; elle eft d'un bas comique, mais légérement écrite.

CADET DE GASCOGNE (le), Comédie en cinq Actes, par un Anonyme, jouée le 21 Août 1690, ne fut donnée qu'une fois. Mademoifelle *Defmarais* y rendit un rôle d'enfant, & y fut très-applaudie.

CADET DE GASCOGNE (le), Comédie en un Acte, en profe, d'un Anonyme, repréfentée le 11 Octobre 1715; elle n'eut qu'une repréfentation, & ne fut pas imprimée. Ne feroit-ce pas une reprife de la précédente du même titre, en cinq Actes, réduits en un feul? Tout paroît le faire foupçonner, mais les regiſtres de la Comédie Françoiſe l'indiquent comme une Piece nouvelle.

CAFÉ (le), Comédie en un Aĉte, en proſe, de *J.-B. Rouſſeau*, repréſentée en 1694, imprimée dans la même année, *in*-12. C'eſt la premiere Piece de l'Auteur, & peu digne de lui; elle fut cependant jouée neuf fois.

CALLIRHOÉ, voyez *Coréſus* au C.

CALLISTHÉNE, Tragédie par *Piron*, repréſentée le 18 Février 1730, imprimée dans la même année, *in*-8°; elle eut neuf repréſentations. Cette Piece parut finguliere, mais elle donna une idée bien favorable des talents de l'Auteur.

CALISTE, ou *la Belle Pénitente*, Tragédie, par *M. Seran, Abbé de la Tour*, donnée le 27 Mai 1750, imprimée dans la même année, *in*-12; elle n'eut que cinq repréſentations; elle fut jugée avec trop de rigueur : elle eſt tirée du Théatre Anglois.

CALISTE, Tragédie de *Colardeau*, jouée le 12 Novembre 1760, imprimée dans la même année, *in*-8°; elle fut jouée dix fois avec ſuccès. Elle eſt parfaitement verſifiée, & renferme de grandes beautés : le Théatre François a bien perdu à la mort de cet Auteur.

CALOTIN (les Amours de), Comédie en trois Aĉtes, en vers, de *Chevalier*, donnée en 1664, imprimée dans la même année, *in*-12: mauvaiſe intrigue & mal amenée.

CALOTIN, Comédie ſans nom d'Auteur, miſe au Théatre le 22 Août 1689; elle eut quatre repréſentations, & n'eſt connue que par les regiſtres de la Comédie Françoiſe; il paroît croyable que cette Piece eſt une repriſe de là précédente, & que l'Auteur craintif a cru devoir taire ſon nom.

CAMBISE (le Mariage de), Tragédie de *P. Quinault*, repréſentée en 1657, imprimée en 1659, *in-12*; les Héros de cette Piece ſont trop doucereux. Ce ton étoit ſans doute alors à la mode, car elle eut du ſuccès.

CAMMA, Tragédie de *Montreux*, donnée en 1581, non imprimée. Cette Piece n'eſt pas plus connue que *Pâris*, *Œnone*, *Annibal*, Tragédies, ainſi que la *Décevante*, Comédie. Voyez *l'hiſtoire des Parfait*, tome III, page 480, & *la Croix-Dumaine*.

CAMMA, Tragédie par *Thomas Corneille*, jouée le 28 Janvier 1761, à l'Hôtel de Bourgogne, imprimée dans la même année, *in-12*. Le nœud ingénieux, le dénouement admirable, enfin parfaitement bien faite, elle eut le plus grand ſuccès; il eſt bien étonnant qu'elle ne ſoit plus au Théatre. Voyez *l'Abrégé de l'Hiſtoire du Théatre*, année 1761.

CAMMANE, Tragédie de *la Caſe*, donnée en 1640, imprimée l'année ſuivante, *in-4°*. Le nom de cet Auteur n'eſt point dans l'édition de 1641, cependant il eſt certain que c'eſt celui qu'on a indiqué ici, & qu'il mourut pendant les repréſentations de cette Piece, qui eſt paſſable pour le temps.

CAMMATE, Tragédie en ſept Actes, avec des Chœurs de *J. Hays*, non repréſentée, imprimée en 1598, *in-12*; elle eſt tirée d'un Opuſcule de *Plutarque*, *les vertueux faits des*

Femmes. Cette Piece est singuliere; on la trouve imprimée dans un recueil des premieres Pensées de *J. Hays.*

CAMPAGNARD DUPÉ (le), Comédie de *Gilet*, représentée en 1657, imprimée dans la même année, *in-12.* Cette Piece est soutenue par un caractere singulier, tracé pour avoir du succès; elle est peu connue. On attribue aussi une Tragédie à cet Auteur, qui a pour titre, *Constantin*, mais elle l'est encore moins, étant sans date.

CAMPAGNARD DUPÉ (le), Comédie de *Nanteuil*, jouée en 1671; on ignore si elle a été imprimée.

CAMPAGNARD (le Feint), par *Passerat.* Voyez *Feint Campagnard.*

CAMP DE COMPIEGNE (le), Comédie en un Acte, en prose, avec un Divertissement, par *Dancourt*, jouée dix-neuf fois, le 4 Octobre 1698; Vaudeville du temps aussi comique que plaisant. Voyez *Curieux de Compiegne*, c'est la même. Restée au Théatre.

CANDACE, Tragédie de *Pestalozzi*, donnée en 1682, imprimée dans la même année, *in-12.* Cette Piece n'est pas connue. Voyez *les Recherches des Théatres* de *Beauchamps.*

CAPITAINE BOUDONFLE (le), Comédie de *Come la Gambe*, dit *Chateauvieux*, jouée en 1532. Cette Piece n'est pas connue.

CAPITAN (le) VÉRITABLE MATAMORE, ou *le Fanfaron*, Comédie en cinq Actes, en vers, de *Maréchal*, représentée en 1637, imprimée en 1640, *in-4°.* Cette Piece qui est assez plaisante, est imitée de *Plaute*, mais tous

les perfonnages font prefque manqués. *Scarron*
en a mis une au Théatre du même titre en 1641,
qui eut du fuccès.

CAPITAN (le), ou le *Miles Gloriofus*,
Comédie en cinq Actes, en vers, par *Deman-
ville*, donnée en 1639, imprimée dans la même
année, *in*-4°: elle fut attribuée à un Comédien de la Troupe jaloufe, qui s'en défendit
toujours quoiqu'elle eût eu quelques fuccès.
Elle eft tirée de *Plaute*.

CAPRICE DE L'AMOUR (le), Comédie
de *L. C. D. R.* non repréfentée, imprimée
en 1732, *in*-8°. Cette Piece fe trouve dans le
Roman intitulé : *La Veuve en puiffance de
Mari.*

CAPRICE DE L'AMOUR (le), Comédie
par Madame *de Richebourg*, donnée en 1669,
imprimée dans la même année, *in*-12. C'eft
fans doute celle que *Beauchamps* indique dans
fes Recherches.

CAPRICE (le), Comédie en trois Actes,
en profe, de M. *Renout*, jouée le 28 Juin 1762,
non imprimée; elle fut jugée trop févérement.

CAPRICIEUSE (la), Comédie en cinq
Actes, en vers, de M. *Joly*, donnée à la Haye,
en 1734, imprimée dans la même année, &
dans la même ville, *in* - 8°. *Vandole.*

CAPRICIEUX (le), ou *les Apparences
trompeufes*, Comédie en cinq Actes, en vers,
de *Jean - Baptifte Roujfeau*, repréfentée le 17
Décembre 1700, imprimée en 1701, *in*-12,
eut neuf repréfentations : les vers font bien
faits, mais le caractere principal eft manqué.

C'eft cette Piece qui occafionna tous ces couplets fatyriques, qui firent tant d'ennemis à l'Auteur, & qui furent la fource de tous fes malheurs.

CAPTIFS DE PLAUTE (les), ou les *Efclaves*, Comédie en cinq Aétes, en vers, de *J. Rotrou*, jouée avec fuccès en 1638, imprimée en 1640, *in-4°.* Cette Piece eft tirée de *Plaute*; malgré fes défauts, elle réuffit.

CAPTIFS (les), Comédie en cinq Aétes, en vers, par *If. du Ryer*, jouée en 1655; elle n'eut fans doute aucun fuccès, puifqu'elle n'a pas été imprimée.

CAPTIFS (les), Comédie de *Cofte*, non repréfentée, imprimée en 1716, *in-12*. C'eft une traduétion de *Plaute*, en profe françoife avec le latin à côté, publiée à Amfterdam.

CAPTIFS (les), Comédie en trois Aétes, en vers libres, de *Roy*, jouée le 28 Septembre 1714, non imprimée; elle eut dix-fept repréfentations & le plus grand fuccès. L'on a toujours été étonné qu'elle n'ait point été reprife : la Mufique des Divertiffements eft de *Quinault*, le Comédien du Roi. On ne parle point ici d'une Comédie du même titre, en trois Aétes, repréfentée au College des Quatre-Nations, avec *la Vie eft un fonge*, dont l'Auteur a gardé l'anonyme.

CARACTERE (les Effets du), Comédie en cinq Aétes, en vers, par M. le *Bailli du Rolet*, repréfentée le 3 Février 1752; elle n'eut que trois repréfentations, elle en méritoit davantage. L'Auteur la retira & eut la modeftie de ne la point faire imprimer, quoiqu'elle fût remplie de beautés; elle avoit d'abord été annoncée fous le titre de *la Méchanceté*.

CARACTERES DE THALIE (les), Comédie en trois Actes, de *Fagand*, mife ..u Théatre le 15 Juillet 1737, imprimée dans la même année, *in-8°*. elle fut jouée dix-huit fois avec le plus grand fuccès. Cette Piece eft compofée d'un Prologue, de trois Comédies, avec un Divertiffement à la fin : *l'Inquiet* en un Acte, en vers; *l'Etourderie* en un Acte, en profe; & *les Originaux* en un Acte, en profe. On a repris la premiere & la derniere féparément, & elles font reftées au Théatre.

CARDENIO, voyez *Folies de Cardenio*, à l'F.

CARDINAL DE RICHELIEU (le), Tragi-Comédie, en cinq Actes; libelle allégorique & fi méprifable, qu'il fut imprimé fans date, *in-4°*. ainfi que deux Comédies de ce titre.

CARISTE, ou *les Charmes de la Beauté*, Poëme Dramatique en cinq Actes, de *Balthazar Baro*, donné en 1642 & en 1649, imprimé en 1651, *in-4°*. aufli mauvais qu'ennuyeux.

CARLINE (la), Comédie - Paftorale, par *Gaillard*, repréfentée en 1636, imprimée dans la même année, *in-8°*: finguliere & paffable pour le temps.

CARNAVAL DE LYON (le), Comédie de *Legrand*, jouée en 1699, fous le nom du Cheva-lier *de la Ferté*. *Beauchamps* l'indique fans date, ainfi que la Comédie des Comédiens de cam-pagne, & toutes deux fous le nom *de la Ferté*, quoique ce Chevalier n'en fût que le prête-nom.

CARNAVAL DE VENISE (le), Comédie en cinq Actes, de *Dancourt*, jouée à Lyon le 29 Décembre 1690, fans fuccès; elle n'eut que trois repréfentations. On ne la trouve point imprimée dans les Œuvres de cet Auteur, ce qui fait douter qu'elle foit de lui.

CARROSSES A CINQ SOLS (les Intrigues des), Comédie en trois Actes, en vers, de *Chevalier*, repréfentée en 1662, imprimée en 1663, *in*-12; Vaudeville du temps, d'un bas comique & fort commun.

CARROSSES D'ORLÉANS (les), Comédie en un Acte, en profe, de *la Chapelle*, mife au Théatre le 2 Août 1680, imprimée en 1681, *in*-12 ; elle eut douze repréfentations. C'eft le coup d'effai de l'Auteur ; il préfente un tableau affez naturel d'un tapage arrivé dans une hôtellerie. Son fuccès fut d'abord fuivi, mais quelques années après, il n'en fut plus queftion. En 1751, feu Monfeigneur le Dauphin defirant qu'elle fût reprife, elle fut jouée à la Cour, dans les premiers jours de Janvier de cette année, où elle fit plaifir; & à Paris, le 31 du même mois ; elle eft reftée depuis au Théatre, où on la donne affez fouvent. M. *Forquart* la traduifit depuis en Anglois, fous le titre de *la Rencontre des Coches*, & la mit au Théatre de Londres, où elle eut du fuccès.

CARTHAGINOISE (la), ou *la Liberté*, Tragédie de *Montchrétien*, repréfentée en 1596, imprimée dans la même année, *in*-12. C'eft la *Sophonisbe* du même Auteur, qu'il a retouchée, & remife au Théatre, fous ce nouveau titre,

CARTEL

CARTEL (le), ou *le Défi entre Gaillard & Braquemart*, Comédie en cinq Actes, en vers, de *Gaillard*, donnée en 1634, imprimée dans la même année, *in - 8°*. Cette Piece est originale, & d'un comique singulier ; on la trouve dans les Œuvres de l'Auteur, Laquais de l'Evêque d'Autun.

CARTEL DE GUILLOT (le), ou *le Combat ridicule*, Comédie en un Acte, en vers, de *Chevalier*, jouée en 1660, imprimée en 1661, *in-12*. C'est une Farce aussi comique que plaisante.

CARTOUCHE, ou *les Voleurs*, Comédie en un Acte, en profe, avec un Diveriissement, par *Legrand*, représentée le 21 Octobre 1721, eut treize représentations. L'impatience du Public fut si grande à la premiere, qu'il n'y eut pas quarante vers de récités de la Comédie d'*Esope à la Cour*, qui précédoit la Piece, ce qui fit qu'elle fut jouée seule.

CASAQUE (la), Farce de *Moliere*, jouée le 25 Mai 1664, non imprimée. C'est une de ces petites Pieces que ce célebre Comique donnoit en Province, & qu'à son arrivée à Paris, il faisoit jouer après les grandes. On n'étoit point alors dans cet usage aux autres Théatres de la Capitale.

CASSANDRE, Comtesse de Barcelone, Tragi-Comédie de *Boisrobert*, donnée le 31 Décembre 1633, imprimée en 1634, *in-4°*. Cette Piece eut du succès, & étoit passable pour le temps. Elle est tirée de l'Espagnol.

CASSETTE (la), Comédie par un Anonyme, représentée le 19 Juin 1683, ne fut jouée que

Tome I.   F

trois fois, non imprimée. Cette Piece n'eft connue que par les regiftres du Théatre François.

CASSIUS & VICTORINUS, Tragédie de *la Grange-Chancel*, repréfentée le 6 Octobre 1732, imprimée dans la même année, *in-12*, eut huit repréfentations. Le fujet eft tiré de l'Hiftoire eccléfiaftique de Grégoire de Tours; elle fut jouée pendant un voyage de Fontainebleau, avec quelque fuccès.

CATHERINE (le Martyre de Sainte), Tragédie de *Boiffin de Gaillardon*, donnée en 1617, imprimée en 1618, *in-8°*. Elle eft tirée de la Vie des Saints, fupportable fur des Théatres de Moines ou de Religieufes.

CATHERINE (Sainte), Tragédie de *la Serre*, repréfentée en 1643, imprimée dans la même année, *in-4°*; elle eft auffi froide qu'ennuyeufe.

CATHERINE (Sainte), Tragédie par *Saint-Germain*, jouée en 1644, non imprimée : fupportable tout au plus dans un Couvent; elle eft très-rare.

CATHERINE (Sainte), Tragédie de l'Abbé *Daubignac*, donnée en 1649, imprimée dans la même année, *in-4°*. à Paris; en 1650, *in-4°*. à Rouen, & en 1700, *in-12*; & à Paris, en 1718, *in-8°*. Malgré tant d'éditions & la parfaite obfervation des regles, cette Piece eft ennuyeufe à l'excès.

CATILINA, Tragédie de l'Abbé *Pelegrin*, imprimée en 1742, *in-8°*. Malgré tous les foins que fe donna l'Auteur pour obtenir qu'elle fût reçue, il n'y put parvenir; il eft vrai qu'elle eft bien froide.

CATILINA, Tragédie par *Crébillon*, mise au Théatre le 10 Décembre 1748, imprimée en 1749, *in-8°*. Elle fut jouée vingt fois ; elle étoit connue long-temps avant fa repréfentation : elle n'a point été reprife. Selon le premier plan de l'Auteur, cette Tragédie devoit être en fix Actes.

CATON (la Mort de), ou *l'Illuftre Défefpéré*, Tragédie de *Cardin*, jouée en 1648, imprimée dans la même année, *in-12. Beauchamps* ni *Maupoint* ne connoiffoient pas cette Piece.

CATON D'UTIQUE, Tragédie par *Defchamps*, repréfentée le 25 Janvier 1715, imprimée dans la même année, *in-12*. Elle eft bien au-deffous de la fameufe Piece d'*Adiffon*, dont l'Auteur l'a tirée ; elle fut cependant jouée quinze fois avec le plus grand fuccès.

CAVALIER PAR AMOUR (le), Comédie en cinq Actes, par un Anonyme, donnée fur le Théatre de *Guénégaud*, le 2 Décembre 1678. Elle n'eft connue que par les regiftres de la Comédie Françoife : elle n'eft pas imprimée.

CÉCILIADE (la), ou *le Martyre fanglant de Sainte Cécile*, Tragédie avec des Chœurs de *Nicolas Soret*, jouée en 1606, imprimée dans la même année, *in-8°*. Bonne dans ce temps-là, pour être jouée dans les Couvents.

CEINTURE MAGIQUE (la), Comédie en un Acte, en profe, de *J.-B. Rouffeau*, repréfentée dans le mois de Février 1701, devant le Roi, à Verfailles ; imprimée dans la même année, *in-12*. Cette Piece eft tirée de *Machiavel* ; elle n'a jamais été jouée à Paris.

CÉLESTINE (la), ou *Califte & Mélibée*,

Tragédie de *Lavardin*, jouée en 1578, imprimée dans la même année, *in*-16. Cette Piece eſt traduite de l'Eſpagnol de *Ferdnando de Roxans*, *en repréhenſion des Faux Amoureux*. C'eſt la ſuite du titre.

CÉLESTINE, Tragédie d'un Anonyme, repréſentée en 1527, imprimée dans la même année, Goth, & en 1642, *in*-8°. Cette Piece ancienne eſt très-rare, & traite de la *déception des Serviteurs envers leurs Maîtres, & des Maîtres envers leurs Amoureux*. C'eſt la ſuite du titre.

CÉLIANE, Tragédie par *Rotrou*, donnée en 1634, imprimée en 1637, *in*-4°. contre toutes les regles, froide & trop libre; il n'y avoit pas de Cenſeurs alors.

CÉLIBATAIRE (le), Comédie en cinq Actes, en vers, par *M. Dorat*, jouée le 20 Septembre 1775, ſuivie de *l'Anglois à Bordeaux*, imprimée dans la même année, *in*-8°. fut jouée ſeize fois avec ſuccès. Reſtée au Théatre.

CÉLIDÉE, ſous le nom de *Calirie*, ou *la Généroſité d'Amour*, Tragédie de *Rayſſignier*, repréſentée en 1635, imprimée dans la même année, *in*-8°. Cette Piece eſt ſupportable pour le temps.

CÉLIDORE & CLÉNIDE, Paſtorale de *Cormeil*, jouée en 1640, imprimée dans la même année, *in*-8°. On ne connoît pas cette Piece; *Beauchamps* en indique une de ce nom, mais écrite de cette maniere, *Sélidaure*, ou *l'Amante Victorieuſe*, imprimée en 1639, *in*-8°. Ce pourroit bien être la même.

CÉLIE, ou *le Vice-Roi de Naples*, ou *la Belle Célie*, Comédie de *Rotrou*, repréſentée

en 1645, imprimée en 1646, *in-4°* : affez réguliere, mais foible & nullement comique.

CÉLIMENE ou AMARILLYS, Comédie-
Paftorale, en cinq Actes, en vers, de *Rotrou*;
jouée en 1633, imprimée en 1637, *in-4°* : médiocre, mais dans les regles. Voyez *Amarillys*
de *Triftan*; elle eft dédiée *au Comte de Nancy*,
alors Grand - Maître de la Garde - robe du
Roi.

CÉLIMENE (la jeune), Tragédie de
l'Abbé *Boyer*, donnée en 1670, imprimée
dans la même année, *in-12*. Je foupçonne que
cette Piece eft la même que la *Lifimene* du
même Auteur, reprife fous ce titre, en 1672.
La premiere eft dédiée à M. de *Colbert*.

CÉLINDE, Poëme Dramatique, de *Balthazar
Baro*, repréfentée en 1629, imprimée dans la
même année, *in-8°*. Il renferme une Tragédie en
trois Actes, ayant pour titre, *Holopherne*. Le
tout romanefque, mauvais & chargé de trop
d'incidents.

CÉLINE, ou *les Freres Rivaux*, Tragédie
de *Charles Beys*, mife au Théatre, en 1636,
imprimée en 1637, *in-4°* : froide & fans invention.

CÉNIE, Comédie en cinq Actes, en profe,
de Madame de *Graffigny*, repréfentée le Jeudi
25 Juin 1750, imprimée dans la même année,
in-12, eut quatorze repréfentations; reprife le
18 Novembre de la même année, & fut encore
jouée neuf fois : reftée au Théatre. Cette Piece
eft digne de l'Auteur des *Lettres Péruviennes*.

CÉNIE, Comédie en cinq Actes, en vers,
non repréfentée, imprimée en 1751, *in-12*.

C'eſt la même que la précédente, miſe en vers.

CENTENAIRE, Comédie en un Acte, en vers, par M. *Artaud*, repréſentée le 18 Février 1773, imprimée dans la même année, *in*-12; elle fut jouée douze fois. Cette Piece ſe termine par l'*Apothéoſe* du célebre *Moliere*, auquel elle dut ſon ſuccès.

CÉPHALE (le Raviſſement de), Tragédie avec Prologue & machines, de *Nic. Chrétien*, repréſentée à Florence aux Noces Royales en 1608, imprimée à Rouen dans la même année, *in*-12 : paſſable pour le temps.

CÉPHALE & PROCRIS, Comédie en trois Actes, en vers, par *Dancourt*, donnée le 27 Octobre 1711, imprimée dans la même année, *in*-12; elle ne fut jouée que ſix fois. Elle fut précédée d'un Prologue, & entremêlée de trois Intermedes dont la Muſique eſt de *Gilliers*. *Dancourt* avoit tenté dans cette Piece d'imiter le genre & le ſtyle d'*Amphitrion* de *Moliere*, mais il s'en trouva bien loin.

CERCLE DES FEMMES SAVANTES, Dialogue en vers héroïques, avec la clef, par *Jean de la Forge*, imprimée en Hollande, ſans date, *in*-16 : ſi rare, qu'il n'a pas été poſſible d'en trouver un exemplaire.

CERCLE DES FEMMES (le), ou *les Secrets du Lit Nuptial*, par *Chapuʒeau*, repréſentée le 27 Octobre 1661, imprimée dans la même année, *in*-12; ſeconde édition en 1663, à Lyon, ſous le titre d'*Entretiens comiques*, avec l'hiſtoire d'*Hyménée*; & à Paris, par *Charles Cabry*, Libraire, avec permiſſion; il n'y avoit pas alors de Cenfeurs. Voyez *Académie des Femmes*, c'eft la même.

CERCLE (le grand & noble jeu du), Comédie par un Anonyme, non repréfentée, imprimée en 1713, *in-12*, à Copenhague. Elle eft traduite de l'Arabe en François, mife en vingt circulations, où *le Fou fait le Sage*, & où *le Sage fait le Fou*, pour déniaifer la Jeuneffe. C'eft la fuite du titre.

CERCLE (le), ou *la Soirée à la Mode*, par *Poinfinet*, Comédie en un Acte, en profe, donnée le 7 Septembre 1764, eut feize repréfentations & le plus grand fuccès. Reftée au Théatre.

CÉSAR (la Mort de), ou *la Liberté vengée*, Tragédie avec des Chœurs, compofés des foldats de Céfar, par *Grevin*, donnée le 16 Février 1560, imprimée en 1567, *in 8°*. Cette Piece eft paffable, bien verfifiée pour le temps, & l'intérêt parfaitement foutenu.

CÉSAR (la Mort de), Tragédie, avec un Prologue de *Scudery*, jouée en 1636, imprimée dans la même année, *in-4°*. Cette Piece eut un très-grand fuccès, quoique les Scenes en foient découfues, & qu'elles contiennent trop d'événements, mais l'intérêt y domine, & c'eft le charme qui féduit.

CÉSAR URSIN, Comédie en cinq Actes, en profe, par *le Sage*, donnée le 15 Mars 1707, imprimée en 1709, *in-8°*. elle n'eut que fix repréfentations, quoiqu'elle foit bien intriguée ; mais du refte, elle eft médiocre. Cette Piece eft tirée de l'Efpagnol.

CÉSAR (la Mort de), Tragédie de Ma-

demoiselle *Barbier*, représentée le 26 Novembre
1709, imprimée en 1710, *in*-12, ne fut jouée
que six fois. Le caractere de *César*, dans cette
Piece, est bien au - dessous de l'idée que l'on
s'en forme.

CÉSAR (la Mort de), Tragédie, en trois
Actes, en vers, de *Voltaire*, sans personnages
de femmes, mise au Théatre le 29 Août
1743, eut sept représentations dans la même
année, imprimée *in*-12. Les vers de cette Tragédie sont dignes de leur Auteur ; elle fut représentée d'abord à l'Hôtel de Saffenage, & aux
Colleges d'Harcourt & de Mazarin, en 1733 ; &
en 1735, le 11 Août, & reçut par-tout les mêmes
applaudissements.

CHAMP DE MARTEL (le), ou *les Progrès
de Charles Martel*, Tragédie, par *Cardin*, représentée en 1557, imprimée dans la même
année, *in*-12. Cette Tragédie est tirée de
l'*Histoire de la Guerre* que fit *Charles Martel* aux
Sarrasins, & sur la gloire dont les François se
couvrirent dans la bataille qui fut livrée à ces
fiers barbares. *Beauchamps* n'a point fait mention de cette Tragédie dans ses Recherches
des Théatres.

CHAMPAGNE (le Coëffeur), Comédie
en un Acte, en vers, *de Boucher*, jouée en
1662, imprimée en 1663, *in*-12. Cette Piece
est médiocre, mais plaisante. Les bonnes fortunes d'un Laquais, mort Secretaire du Roi,
servent de fond à cette Comédie.

CHARIOT DE TRIOMPHE (le), Tragédie
avec des Chœurs, par *Millotet*, jouée dans un
Couvent de Nones, en 1663, imprimée en

1664, *in-8°*. Le fujet de cette Piece eft le panégyrique de Sainte Réine d'Alyfe.

CHARIVARI (le), Comédie en un Acte, en profe, avec un Divertiffement, par *Dancourt,* repréfentée le 19 Septembre 1697, imprimée dans la même année, *in-12,* dans les Œuvres de l'Auteur, en 1729; elle eut beaucoup de fuccès : reftée au Théatre.

CHARLES DE BOURGOGNE, Tragédie de *Dupleix,* donnée en 1644, imprimée en 1645, *in-8°*. Cette Piece eft peu connue, & fort rare ; elle étoit ci-devant dans la Bibliotheque de Madame *la Comteffe de Verue.*

CHARME DE LA VOIX (le), Comédie en cinq Actes, en vers, de *Thomas Corneille,* donnée en 1653, imprimée en 1655, *in-12;* elle n'eut pas de fuccès : elle eft tirée de l'Efpagnol.

CHARMES DE FÉLICIE (les), Paftorale de *Montauban,* jouée en 1651, imprimée en 1654, *in-12,* tirée de la Diane de *Monte-Mayor* : foible, mais intéreffante.

CHARMEUR CHARMÉ (le), Comédie de *Defmarets de Saint-Sorlin,* que fa mort l'empêcha d'achever; manufcrite.

CHASSE DU CERF (la), Comédie en trois Actes, en profe, précédée d'un Prologue, fuivie d'un Divertiffement de *Legrand,* repréfentée le 14 Octobre 1726, imprimée en 1731, *in-12;* quoique médiocre, le Spectacle & quelques Scenes plaifantes firent qu'elle fut fuivie pendant neuf repréfentations.

CHASSE RIDICULE (la), Comédie, jouée le 25 Juillet 1691, eut quatre repréfentations, non imprimée ; on ne trouve point le nom de l'Auteur dans les regiftres de la Comédie.

CHASSE ROYALE (la), Comédie en quatre Actes, en vers, par *Mainfray*, donnée en 1625, imprimée dans la même année, *in-8°*. « contenant *la fubtilité dont ufa une Chaffereffe* » *vers un Satyre qui la pourfuivoit d'amour* ». C'eft la fuite du titre : paffable pour le temps.

CHASTE BERGERE (la), Paftourelle de *Fonteny*, non repréfentée, imprimée en 1515, *in-12* ; on la trouve imprimée dans un Recueil intitulé, *le Bocage d'Amour* : elle eft affez ingénue.

CHASTE BERGERE (la), Paftorale en cinq Actes, en vers de quatre pieds, de *la Roque*, mife au Théâtre en 1609, imprimée dans la même année, *in-12*. L'Auteur dit, dans la Préface, qu'il n'a point étudié ; que, femblable à Ulyffe, qui n'a eu pour école que le monde, il n'a eu pour la fienne que la Cour.

CHASTES MARTYRS (les), Tragédie chrétienne de Mademoifelle *Cofnard*, repréfentée en 1650, imprimée dans la même année, *in-4°*. Cette Piece eft tirée du livre qui a pour titre, *Agatomphile* ; elle eft affez médiocre.

CHASTETÉ REPENTIE (la), Paftorale, en cinq Actes, en vers, par *la Valetrie*, donnée en 1601, imprimée en 1602, *in-12* ; elle n'eft pas réguliere, mais affez bonne pour le temps.

CHEMIN DE LA FORTUNE (le), Comédie en profe, de *Marivaux*, non repréfentée, imprimée en 1714, *in*-12. C'eſt une eſpece de Dialogue inféré dans le *Cabinet du Philoſophe*.

CHÉRUSQUES (les), Tragédie par *M. Bauvin*, miſe au Théatre le 25 Septembre 1772, eut huit repréſentations, non imprimée.

CHEVALIER A LA MODE (le), Comédie en cinq Actes, en proſe, *de Dancourt* & *de Saint-Yon*, jouée le 28 Octobre 1687, imprimée dans la même année, *in*-12; elle eut quarante repréſentations : à la vingt-troiſieme, l'Auteur notifia à ſes Camarades, à l'aſſemblée, qu'il ne vouloit plus toucher de part d'Auteur. Cette Piece eut un prodigieux ſuccès. L'intrigue en eſt bien ſoutenue, les caracteres ſont d'après nature, & le dénouement on ne peut pas plus heureux. Reſtée au Théatre, où elle fait toujours le même plaiſir.

CHEVALIER BAYARD (le), Comédie héroïque, en cinq Actes, en vers libres, par *Autreau*, donnée le 23 Novembre 1731, imprimée en 1749, *in*-12; elle n'eut que ſix repréſentations; elle eſt longue & froide. Les Comédiens ſe flattoient qu'elle ſe releveroit, mais l'Auteur crut devoir la retirer. C'eſt la premiere qu'il compoſa pour le Théatre François; il avoit fait auſſi une Comédie en cinq Actes, en vers, intitulée *les Faux-Amis*; mais elle ne fut pas reçue, & n'a point été jouée autre part.

CHEVALIER FRANÇOIS A TURIN (le), LE CHEVALIER FRANÇOIS A LONDRES, deux Comédies de *M. Dorat*, la premiere en quatre Actes, la ſeconde en trois, toutes deux en vers, repréſentées le même jour, pour la premiere fois, le 21 Novembre 1778 ; à la troisieme représentation, l'Auteur supprima dans la premiere un Acte entier, & le rôle du Ministre. Ce changement fit le meilleur effet, & fut applaudi. Dans les représentations suivantes, ces Comédies ont été données alternativement en petites Pieces, précédées par d'autres en trois ou cinq Actes.

CHEVALIER JOUEUR (le), Comédie en cinq Actes, en prose, de *Dufresny*, jouée le Mercredi 27 Février 1697, imprimée dans la même année, *in-12*, fut très-mal reçue. Ce sujet est le même que celui du *Joueur* de *Regnard*, mais fort au-dessous, en tout point. V. *Joueur*.

CHILDÉRIC, Tragédie de *Morand*, mise au Théatre le 19 Décembre 1736, imprimée en 1737, *in-8°*. elle fut jouée huit fois ; elle fut interrompue après la sixieme, par l'indisposition de *Dufresne* : elle fut ensuite donnée à la Cour deux fois avec applaudissement, ce qui valut à l'Auteur l'honneur de la dédier à la Reine.

CHILPÉRIC, ROI DE FRANCE, Tragédie de *Louis Leger*, non représentée, imprimée en 1590, *in-12*. Le Parlement fit mettre l'Auteur en prison le 24 Août 1594, la veille du jour qu'on devoit donner cette Piece. *Leger* étoit un des premiers Régents du College des Capettes.

CHUTE DE PHAÉTON (la), Tragédie de *l'Hermite de Vozelle*, jouée en 1639, imprimée dans la même année, *in-4°* ; elle n'est pas bonne, mais elle ne manque pas d'invention. *Legrand*, depuis Comédien du Roi, a fait jouer à Lyon une Comédie de ce titre, qui eut beaucoup de fuccès.

CID (le), Tragédie de *Pierre Corneille*, mife au Théatre en 1636, imprimée en 1637, *in*-4°. Cette admirable Piece eft l'époque de la gloire du Théatre François. Malgré fon ancienneté, on la revoit toujours avec le même plaifir ; elle fe trouve imprimée dans les Œuvres de *J.-B. Rouffeau*, fous le titre du *Cid reftitué*. Le rôle de l'Infante eft retranché ; on y a fubftitué quatre vers de liaifon. Cette belle Piece a été traduite dans toutes les langues de l'Europe.

> En vain contre le Cid un Miniftre fe ligue,
> Tout Paris, pour Chimene, a les yeux de Rodrigue :
> L'Académie en corps a beau le cenfurer,
> Le Public révolté s'obftine à l'admirer.
>
> BOILEAU.

CID (la fuite du), Tragédie par *Desfontaines*, jouée en 1637, par la Troupe Royale ; elle eft déteftable en tout point.

CID (la vraie fuite du), & *le Mariage du Cid*, Tragi-Comédie, avec un argument, par *Urb. Chevreau*, repréfentée en 1638, imprimée dans la même année, *in*-4°. & en 1702, *in*-12 : très-mauvaife. *Beauchamps* indique encore une Tragédie anonyme de ce nom, fous l'année 1696.

CID (la Mort du), ou *l'Ombre du Comte de Gormas*, Tragédie de *Chillac*, non repréfentée, imprimée en 1539, *in*-16 : ridiculement conftruite ; elle a été imprimée en 1703, fous l'édition qu'on vient d'indiquer.

CINNA, ou *la Clémence d'Augufte*, Tragédie par *Corneille*, mife au Théatre en 1639, imprimée en 1643, *in-4°*. Autre chef-d'œuvre de ce grand homme que la poftérité révérera toujours; on a retranché depuis le rôle de l'Impératrice Livie. M. *de Montoron*, Tréforier de l'Épargne, gratifia l'Auteur de mille piftoles, pour lui avoir dédié cette Piece.

CIRCÉ, Tragi-Comédie de *Thomas Corneille* & de *Vifé*, repréfentée le 17 Mars 1675, imprimée dans la même année, *in-12*; elle eut quarante-deux repréfentations : elle eft tirée du quatorzieme Livre des *Métamorphofes d'Ovide*. Malgré fon incroyable fuccès, elle eft médiocre, mais le grand nombre de machines & fon brillant fpectacle le firent oublier. Elle fut reprife en 1705, fans machines, avec un Prologue de *Dancourt*; il s'en fallut beaucoup qu'elle eût autant de réuffite.

CIRUS (le jeune) Tragédie de *Montreux*, jouée à Poitiers en 1581, avant *la Joyeufe*, Comédie en cinq Actes, du même Auteur, non imprimée ; elle eft tirée du grec de *Xénophon*.

CIRUS TRIOMPHANT, ou *la Fureur d'Afliage*, Tragédie de *P. Main'roy*, repréfentée & imprimée à Rouen en 1618, *in-16*; elle eft très-médiocre.

CIRUS, Tragédie par *Nondon*, donnée en 1642, imprimée dans la même année, *in-8°*. *Beauchamps* l'indique dans fes Recherches, fans format; elle eft très-rare.

CIRUS (la Mort de) Tragédie de *Quinault*, repréfentée en 1656, imprimée en 1659, *in-12*:

mollement écrite. *Beauchamps* en ind'que une de ce titre, dans ses Recherches, sous l'année 1655. Ne seroit-ce pas une seconde édition de celle-ci?

CIRUS (la Mort du grand) ou la *Vengeance de Thomiris*, Tragédie de *Rosidor*, Comédien, donnée & imprimée en 1662, *in*-4°. Cette Piece est on ne peut pas plus foible.

CIRUS, Tragédie de *Danchet*, jouée le 23 Février 1706, imprimée dans la même année, *in*-12. Le rôle d'Harpage parut bien fait : il est tiré d'une Piece latine du même titre, du P. *Larue*, jouée au College des Jésuites. Cette Tragédie de *Danchet* eut dix-sept représentations, & a été reprise pendant quelques années plusieurs fois.

CLARICE, ou l'*Amour constant*, Comédie en cinq Actes, en vers, de *Rotrou*, représentée en 1641, imprimée en 1643, *in*-4°; elle est d'un assez bon comique & imitée de l'Italien de *Sforza d'Oddi*.

CLARIGENE, Tragédie par *du Ryer*, donnée en 1638, imprimée en 1639 & en 1640, *in*-4°; elle est supportable pour le temps.

CLARIMONDE, Tragédie de *Balth. Baro*, jouée en 1659, imprimée en 1643, *in*-4°. dédiée à la Reine Anne d'Autriche; passable pour le temps, mais très-foiblement versifiée.

CLARIONTE, ou *le Sacrifice sanglant*, Tragédie de *la Calprenede*, représentée en 1637, imprimée dans la même année, *in*-4° : chargée de trop d'événements, mais intéréssante.

CLÉAGÉNOR & DORISTÉE, Tragédie de *Rotrou*, mise au Théatre en 1630, imprimée en 1634, *in-4°* : trop irréguliere, mais affez bonne pour le temps.

CLÉARQUE, Tyran d'Héraclée, Tragédie de Madame de *Gomez*, repréfentée le 26 Novembre 1717, imprimée dans la même année, *in-12*, fut jouée quatre fois : c'étoit affez, car elle eft bien foible & mal écrite.

CLÉOMÉDON, Tragédie par *du Ryer*, donnée en 1636, imprimée dans la même année & en 1638, *in-4°*. dédiée *au Duc de Vendôme.* Rien de plus fingulier que le rôle principal.

CLÉOMENE, Tragédie de *Guérin Boufcal*, jouée en 1639, imprimée en 1640, *in - 4°* : affez bien conduite, mais foiblement verfifiée. Elle eft tirée de *Plutarque.*

CLÉONICE, ou *l'Amour téméraire*, Paftorale en cinq Actes, en vers, de *P. B.*, donnée en 1630, imprimée dans la même année, *in - 12*. Le fujet eft neuf & renferme de l'intérêt, mais elle eft foiblement écrite; il n'eft pas certain qu'elle ait été repréfentée. *Beauchamps* indique une Comédie de ce titre, fans date, qu'il donne à *Paffart*; ne feroit-ce pas le nom de l'Anonyme *P.* à la tête de celle-ci?

CLÉONIDE, Paftorale de *la Barre*, très-rare; elle eft indiquée dans les Recherches de *Beauchamps*, fous l'année 1634 ; mais il n'en eft point parlé ailleurs.

CLÉOPATRE CAPTIVE, Tragédie, avec un Prologue & des Chœurs, par *Etienne Jodelle*, repréfentée en 1552, imprimée dans la même année, *in-4°*; elle eft dédiée au Roi *Henri II :* très-bonne pour le temps; elle eut un fort grand fuccès, & valut à l'Auteur 500 écus du Roi

fur

fur fon épargne. *La Perufe*, ami *de Jodelle*, joua un des premiers rôles dans la Piece.

CLÉOPATRE (les délicieufes Amours de Marc-Antoine & de), Poëme Dramatique de *Béliard*, joué en 1578, imprimé dans la même année, *in*-4°: pitoyable; l'Auteur étoit Secretaire de la Reine de Navarre.

CLÉOPATRE, Tragédie de *Montreux*, donnée à Lyon en 1594, imprimée dans la même Ville, l'année fuivante, *in*-12; dédiée à fon Prince, fon Seigneur, fon Mécene : on ne peut pas plus foible, ni plus mal écrite.

CLÉOPATRE, Tragédie de *Benferade*, jou ée en 1635, imprimée en 1636, *in*-4°. Elle eft bien foible, & les caraêteres font mal foutenus.

CLÉOPATRE, Tragédie par *Lenoir de Thorilliere*, jouée le 8 Décembre 1667, non imprimée; elle n'eut pas de réuffite. Le pere de l'Auteur étoit le grand-pere du Comédien du Roi de ce nom.

CLÉOPATRE, Tragédie par *la Chapelle*, donnée fur le Théatre de *Guénegaud*, le 12 Décembre 1681, imprimée en 1682, *in*-12; elle eut vingt & une repréfentations, & un brillant fuccès : cependant elle eft bien foiblement verfifiée. A fa reprife du 2 Février 1723, elle fut encore revue avec plaifir. Voyez *Marc-Antoine* de *Robert-Garnier*.

CLÉOPATRE (*Antoine* &), Tragédie de *Boiftel*, repréfentée le 6 Novembre 1741, imprimée en 1743, *in*-8°. Coup d'effai qui réuffit foiblement, ce qui détermina l'Auteur à retirer fa Piece, après la fixieme repréfentation.

CLÉOPATRE, Tragédie de M. *de Marmontel*,

Tome I.   G

mife au Théatre le Mercredi 20 Mai 1750, imprimée dans la même année, *in - 12.* C'eſt la troiſieme Piece de l'Auteur, dont le Mercure de Maï de 1750 fait un juſte éloge. *Cléopatre* s'y tuoit avec un aſpic automate, du célebre M. *de Vaucanſon.* Cette Piece eut onze repréſentations.

CLIMÈNE, Tragédie de *la Croix*, repréſentée en 1628, imprimée en 1629, *in - 8°.* Elle eſt fort finguliere pour les événements, mais bien foiblement écrite.

CLIMÈNE, ou *le Triomphe de la Vérité*, Comédie, par *Laſerre*, jouée en 1643, imprimée dans la même année, *in-4° :* froide & d'un ſtyle lâche.

CLIMÈNE, Comédie en un Acte, en vers, de *la Fontaine*, non repréſentée, imprimée dans un recueil des Œuvres de l'Auteur, en 1744, *in-12* ; elle l'avoit été ſéparément en 1727, *in-4°.* Bien des connoiſſeurs doutent encore que cette Piece ſoit de l'Auteur auquel elle a été attribuée.

CLITANDRE, ou *l'Innocence délivrée*, Tragi-Comédie de *Corneille*, donnée en 1632, imprimée dans la même année, *in-8°.* eut bien du ſuccès. C'eſt la premiere Piece de l'Auteur, dans la regle des vingt-quatre heures ; mais elle peche par l'unité d'action ; elle eſt trop compliquée d'événements : on y reconnoît cependant les étincelles d'un génie qui n'a pas tardé long-temps à briller. Il y avoit dans cette Comédie des endroits trop libres, qui ont été ſupprimés dans les repriſes & les éditions ſuivantes. **Voyez** *Mélite.*

CLITEMNESTRE, ou *l'Adultere*, Tragédie

de P. *Mathieu*, représentée en 1578, imprimée en 1585, *in-8°*. & en 1589, à Lyon, même format. La conſtruction de cette Piece eſt on ne peut pas plus ſinguliere : elle eſt très-rare.

CLITEMNESTRE, Tragédie de M. le Comte de *Lauraguais*, non repréſentée, imprimée en 1761, *in-8°*. On a prétendu qu'elle a été jouée en ſociété avec ſuccès ; elle l'eût été aux François, ſi l'Auteur eut été moins modeſte.

CLITOPHON & LEUCIPE, Tragédie par *du Ryer*, jouée en 1622. C'eſt la ſeconde Piece de l'Auteur. Le manuſcrit étoit ci-devant dans la Bibliotheque de feu M. *le Maréchal d'Eſtrées.*

CLORESTE, ou *les Comédiens Rivaux*, Tragédie de *Balth. Baro*, donnée le 5 Février 1636, devant la Reine & toute la Cour, par les Troupes *de Belle-Roſe* & *de Mondory*, qui s'efforcerent à l'envi de l'emporter l'une ſur l'autre ; la ſeconde triompha.

CLORINDE, ou *le Sort des Amants*, Tragi-Comédie en cinq Actes, en proſe, de *Poulet*, jouée en 1598, imprimée dans la même année, *in-12*. Elle n'eſt pas bonne, d'ailleurs le ſujet n'en eſt point du tout intéreſſant.

CLORINDE, Tragédie de *Veins*, non repréſentée, imprimée en 1599, *in-12*. Cette Piece tirée du *Taſſe* contient l'hiſtoire abrégée de *Tancrede* & *de Clorinde* ; elle eſt conduite ſans aucune obſervation des regles.

CLORINDE, Comédie en cinq Actes, en vers, de *Rotrou*, jouée en 1636, imprimée l'année ſuivante, *in-4°* : trop courte, cependant froide & ennuyeuſe.

CLORISE, Paftorale, en profe, de *Balth.*
Baro, donnée en 1631, imprimée dans la
même année, *in*-8°. elle eft tirée de *l'Aftrée*,
& eut un grand fuccès. *Maupoint* prétend que
Borée eft l'Auteur d'une Paftorale de ce titre,
en 1624; mais il a confondu infailliblement,
puifque cette Piece ne fe trouve ni dans les
Œuvres de cet Auteur, ni ailleurs.

CLOTILDE, Reine de France, Tragédie
par *J. Prévôt*, jouée en 1614, imprimée en
1618, *in*-12 : très-foible; elle renferme un fait
particulier à cette Reine de France, dont il
n'eft point parlé dans l'Hiftoire.

CLOTILDE, Tragédie de l'Abbé *Boyer*,
repréfentée en Avril 1649, imprimée en 1659,
in-12 : très-médiocre, elle n'eut aucun fuccès.

CLOVIS LE GRAND, premier Roi Chrétien,
par l'Héritier *Nouvellon*, mife au Théatre de
l'Hôtel de Bourgogne, en 1638, imprimée en
1655, *in*-12 : mal faite & très-froide.

CLOVAND (Saint), Tragi-Comédie avec
des Chœurs, de *J. Heudon*, donnée en 1599,
imprimée dans la même année, *in*-12. Elle
traite de la Converfion du Roi Clovis; elle
n'eft ni intéreffante, ni réguliere.

COCAGNE (le Roi de), Comédie en trois
Actes, en vers, avec un Prologue & des Divertiffements, par *Legrand*, jouée le 31 Décembre
1718, imprimée en 1719, *in*-12 : auffi comique
que divertiffante, mais dans le bas; elle eut
dix-huit repréfentations qui furent fuivies; elle
eft reprife rarement par la dépenfe occafionnée
par fon Spectacle.

COCAGNE ÉCHOUÉE, (la Conquête du

c

pays de) Comédie non repréfentée, imprimée
à Valenciennes en 1712, *in* 12, où elle a
peut-être été jouée. L'Auteur a gardé l'anonyme, & a très-bien fait.

COCHER SUPPOSÉ (le), Comédie en
profe, avec un Divertiffement, par *Hauteroche*,
repréfentée le 9 Avril 1684, imprimée en 1685,
in-12; elle eut douze repréfentations; elle eft
très-plaifante & c'eft une des petites Pieces
reftées au Théatre qu'on y revoit le plus fouvent.

COCU BATTU ET CONTENT (le), Co-
médie, par *Raim. Poiffon*, donnée à l'Hôtel
de Bourgogne, au mois d'Août 1672, non
imprimée; elle eut peu de fuccès.

COCU IMAGINAIRE (le), Comédie en
un Acte, en vers, de *Moliere*, repréfentée le
28 Mai 1660, imprimée en 1665, *in*-12, parfaitement écrite, eut quarante repréfentations,
& un fuccès prodigieux quoiqu'en été. Elle fut
imprimée en trois Actes, en 1674, *in*-4°. Un
Bourgeois de Paris, perfuadé que l'Auteur
l'avoit joué, en porta fes plaintes, on s'en mo-
qua. Cette Comédie eft tirée d'une Piece
Italienne, jouée long-temps auparavant, intitulée, *il Cornuto per opinione.*

COCUE IMAGINAIRE (la), ou *les Amours
d'Alcipe & de Céphife*, Comédie en un Acte,
en vers, par Fr. *Donneau*, jouée à l'Hôtel de
Bourgogne, en Novembre 1661, imprimée en
1662, *in*-12. Il ne faut pas confondre l'Auteur
de cette Piece avec *Dancourt*, & *Vifé*, comme
a fait *Maupoint*, dans fa Bibliotheque des
Théatres.

COEFFEUSE A LA MODE (la), Comédie en cinq Actes, en vers de *Douville*, représentée en 1646, imprimée l'année fuivante, *in-4°* : mal conduite, mal écrite, trop intriguée.

COLIGNY (Gafpard de), Tragédie en trois Actes, en vers, de *M. d'Arnaud*, non repréfentée à Paris, imprimée en 1740, à Lauzanne, à Geneve, & en 1744, *in-8°*; elle a été jouée en Angleterre & dans tous les pays proteftants avec fuccès, & a été traduite en Anglois, fous le titre de *la Saint-Barthelemy*.

COLIN MAILLARD, Comédie en un Acte, en vers de *Chappuzeau*, repréfentée à l'Hôtel de Bourgogne en 1662, imprimée dans la même année, *in-12*; elle eft affez plaifante & tirée des Contes de *Douville. Dancourt* en tira parti, comme on le voit dans l'article fuivant.

COLIN MAILLARD, Comédie en un Acte, en profe avec un Divertiffement, dont la Mufique eft de *Gilliers*, par *Dancourt*, jouée le 28 Octobre 1701, imprimée dans la même année, *in-12* : vivement dialoguée ; elle penfa tomber à la premiere repréfentation, un Vaudeville adreffé au Parterre la releva, elle en eut vingt-trois, & eft reftée au Théatre.

COLLOQUE (le), Poëme Dramatique, ou *le Char triomphant de M. le Dauphin*, par un Anonyme, non repréfenté, imprimé en 1610, *in-8°* : les perfonnages font trois fuppôts des Seigneurs de la Coquille. On a joint à l'édition, des figures, des emblêmes & des énigmes : édition très-rare.

COLONIE (la), Comédie en trois Actes, en profe, de *Saintfoix*, repréfentée avec *le Rival fuppofé*, Comédie auffi en un Acte, en profe, le 25 Octobre 1749. *Saintfoix*, piqué du tumulte du Parterre, retira ces deux Pieces après la premiere repréfentation.

Combat d'une Ame avec laquelle un Epoux est en divorce (le), par *François d'Avefne*, Comédie, donnée en 1650, imprimée dans la même année, dans l'hiftoire du temps : très-rare & peu connue. Voyez *Divorce*, c'eft la même.

Combat de Fortune et de Pauvreté (le), Comédie de *J. de la Taille de Bondaroy*, donnée en 1572, imprimée en 1578, *in-4* : très-rare.

Comédie (la), Comédie en cinq Actes, en vers, de *Gaillard*, repréfentée en 1634, auffi peu connue que rare.

Comédie-Ballet (la), Divertiffement par un Anonyme, mis au Théatre le 17 Février 1664, non imprimé. Cette Piece n'eft connue que par les regiftres de la Comédie Françoife.

Comédie de Dante, de l'Enfer et du Paradis (la), non repréfentée, imprimée en 1596, *in-12*. Cette Piece eft de *Grangier*; elle eft traduite, ajoute le titre, en rimes françoifes & commentées; très-rare.

Comédie de la Comédie (la), par *Dorimont*. Voyez *Trapolin*.

Comédie de la Comédie (la), en cinq Actes, en profe, par *Dupefchier*, fous le nom de *Dubarry*, donnée en 1629, imprimée dans la même année, *in-8°*. L'objet de cette Piece eft une vive fatyre contre *Balzac*.

Comédie des Comédiens (la), Tragi-Comédie en cinq Actes, deux en profe, trois

G iv

en vers, de *Gougenot*, repréſentée à l'Hôtel de Bourgogne en 1633, imprimée dans la même année, *in-8°*. La Scene eſt l'aſſemblée des Comédiens qui déliberent entr'eux pour recevoir deux nouveaux Acteurs. Les perſonnages ſont, *Belle-Roſe*, *Gauthier*, *Meſdemoiſelles Beaupré*, *Beauchateau*, *la Fleur*, & *Belle-Roſe*. Elle eſt plaiſante, & eut un ſuccès momentané.

COMÉDIE DES COMÉDIENS (la), Poëme de nouvelle invention, en cinq Actes, dont les deux premiers ſont en proſe, & les trois autres en vers, par *Scudéry*, donnée ſur le Théatre du Marais, au mois de Novembre 1734, imprimée en 1735, *in-8°*. Voyez *Amours cachés par l'Amour*, Paſtorale ; elle fait partie ſéparée de cette Comédie.

COMÉDIE DES COMÉDIENS (la), ou l'*Amour Charlatan*, Comédie en trois Actes, en proſe, avec un Divertiſſement, Muſique de *Gilliers*, par *Dancourt*, jouée le 5 Août 1710, imprimée dans la même année, *in-12* ; elle fut jouée douze fois. Les Acteurs ſe traveſtirent en Italiens. *La Thorilliere* refuſa le perſonnage d'Arlequin, ſe ſoumit à celui de Mezetin. *Dancourt* ſe flatta, par cette innovation, de ramener le Public, qui préféroit alors les Spectacles de la Foire, & il réuſſit.

COMÉDIE DES CHANSONS (la), en cinq Actes, en vers, par *Beys*, non repréſentée, mais jouée en ſociété, imprimée en 1640, *in-12*. Cette Piece ancienne n'auroit-elle pas donné l'idée des Opéra-Comiques, ainſi qu'une Paſtorale imprimée en 1662, à Paris, intitulée *Nouvelle Comédie des Chanſons de ce temps ?*

COMÉDIE DES PROVERBES (la), en trois

Actes, en prose, précédée d'un Prologue, par *Adrien de Montlue*, Prince de Chabannes, mise au Théatre en 1616, imprimée en 1634, *in*-12. Cette Piece est une des plus comiques du temps ; elle eut le plus grand succès. Il s'en est fait un grand nombre d'éditions. Je ne réponds pas que celle qui est ici marquée, soit la premiere. J'ai lieu de croire que la derniere, faussement attribuée à un Auteur, sous les lettres M. D., est de 1698, *in*·8°. On croit que *Montlue* est l'Auteur d'une Farce remplie de quolibets, intitulée *les Jeux de l'Innocence*.

COMÉDIE DU COMÉDIEN (la), en cinq Actes, en prose, de *Dupeschier*, jouée en 1629, imprimée dans la même année, *in*-8°. Cette Piece est tirée de l'Italien : elle est fort rare.

COMÉDIE ET RÉJOUISSANCES DE PARIS (la), Poëme Dramatique, par *Jean Duboys*, donné en 1559, imprimé *in*-4°. dans la même.année. Cette Piece fut composée à l'occasion du mariage du Roi d'Espagne & du Prince de Piémont avec les Princesses Elisabeth & Marguerite de France : très-rare.

COMÉDIE SANS COMÉDIE (la), en cinq Actes, en vers, de *Quinault*, mise au Théatre du Marais en 1655, imprimée en 1657, *in*·12. Les quatre genres du Théatre sont réunis dans cette Piece : la Tragédie, *Clorinde* ; la Tragi-Comédie, *Armide* & *Renaud* ; la Pastorale, *Cléonice* ; & la Comédie, *le Docteur de Verre* ; le tout, précédé d'un Prologue, n'eut qu'un foible succès.

COMÉDIE SANS TITRE (la), ou *le Mercure galant*, en cinq Actes, en vers, de *Bourfault*, jouée le 5 Mars 1683, imprimée dans la même année, *in-12* : plaifante & comique ; elle fut donnée fous le fecond titre, à la premiere repréfentation, fous le nom de *R. Poiffon* ; à la feconde, fous celui de *Comédie fans titre* ; *Vifé*, Auteur du Mercure, s'étant plaint. Cette Piece eut dix-huit repréfentations, & non quatre-vingt de fuite, comme l'avance M. *Lery*. C'eft à la reprife d'Octobre 1753, où elle fut réduite en quatre Actes, que le célebre *Préville* continua fon brillant début dans cinq rôles, qu'il recréa, pour ainfi dire. C'eft à cet Acteur fupérieur qu'on eft redevable des reprifes fréquentes de cette Piece qu'on ne jouoit plus.

COMÉDIE SANS TITRE (la), Comédie en cinq Actes, en vers, de *Boiffy*, jouée le 3 Mars 1741, non imprimée ; elle fut fuivie avec chaleur pendant dix-fept repréfentations ; elle eft tirée du troifieme volume du Roman de *Pharamond*, où *Marconnio* & *Gondebaut*, jeunes Princes déguifés en femmes, entrent au fervice de la Princeffe *Albifindien*, en qualité de filles d'honneur. Le titre fous lequel elle fut affichée, fut la *** ; ce qui a fait prendre ici le parti de l'indiquer fous celui de *Comédie fans titre*. Cette Piece eft reftée au Théatre pendant plufieurs années. Les Comédiens Italiens en ont donné une du même Auteur, fous le même titre, en 1737.

COMÉDIEN POETE (le), & *le Garçon infenfible*, Comédie en cinq Actes, en vers, de *Montfleury* & de *Thomas Corneille*, repréfentée le 10 Novembre 1671, imprimée en 1674, *in-12*, finguliere : le premier Acte renferme une Piece fans aucun rapport à fon titre ; les quatre Actes fuivants ont toujours été donnés fous le nom de *la Sœur ridicule*. Voyez *Sœur ridicule*.

COMÉDIENS EN DIVORCE (les), Comédie en un Acte, en vers, par *Dubarry*, Comédien, jouée en Province en 1737, imprimée dans la même année à la Haye, *in-12*. On attribue une Comédie à *Legrand*, fous le titre des *Comédiens de Campagne*, repréfentée en 1690, imprimée dans la même année en Hollande. Je n'ai trouvé aucun renfeignement fur cette Piece dans les Œuvres de *Legrand*, ni ailleurs.

COMETE (la), Comédie en un Acte, en profe, de *Fontenelle*, jouée le 29 Janvier 1681, imprimée dans la même année, *in-12*; elle fut jouée fix fois. L'Auteur garda long-temps l'anonyme, ce qui l'avoit fait attribuer à *Vifé*. On la trouve dans la derniere édition des Œuvres de *Fontenelle*, tome X; & dans le Mercure de Juillet 1757, page 45, avec un extrait affez bien fait.

COMODE (la Mort de l'Empereur), Tragédie de *Thomas Corneille*, donnée fur le Théatre du Marais en 1658, imprimée en 1659, *in-12*. Elle eut tant de fuccès, que la Cour en étant inftruite, le Roi ordonna que les Comédiens vinffent la jouer fur le Théatre du Louvre, où elle eut quelques repréfentations.

COMPLAISANT (le), Comédie en cinq Actes, en profe, mife au Théatre le 29 Décembre 1732, imprimée en 1733, *in-8°*. Cette Piece, qui fut d'abord fauffement attribuée à M. *de Launoy*, eft de feu M. le Comte *de Pont-de-Veyle*; elle eft fpirituelle, on ne peut pas mieux écrite. Elle fut interrompue après la quatorzieme repré-

fentation, par l'indifpofition de *Poiſſon* ; on la
donna à la Cour le 13 Janvier 1733, où elle fit
le plus grand plaifir. La premiere reprife fut le
2 Mars 1734, avec autant de fuccès que dans la
nouveauté. *Quinault*, abfent depuis long temps,
y reparut par le rôle principal. Reftée au Théatre,
où elle eft toujours revue avec les mêmes ap-
plaudiffemens.

COMTE D'ESSEX (le), Tragédie par la
Calprenede, repréfentée à l'Hôtel de Bourgogne en
1638. Elle n'eft pas fans intérêt, mais elle eft
foible & lâchement écrite ; l'invention de la bague ne plut pas.

COMTE D'ESSEX (le), Tragédie de *Thomas
Corneille*, jouée en 1678, avec la plus brillante
réuffite. Le rôle d'*Elifabeth* eft on ne peut pas plus
intéreffant; la Demoifelle *Champmêlé* qui le rendit,
fit couler les pleurs de toute l'affemblée. Cette
Piece eft reftée au Théatre, où elle fait toujours
plaifir : elle ne fut imprimée qu'en 1692, *in*-12.

COMTE D'ESSEX (le), Tragédie de l'Abbé
Boyer, repréfentée le 25 Février 1678, fur le
Théatre de *Guénégaud*, imprimée dans la même
année, *in*-12, l'une des plus paffables de cet Auteur, mais en beaucoup d'endroits calquée fur
celle de la *Calprenede*.

COMTE DE GABALIS (le), Comédie en
un Acte, en profe, par *Fontenelle*, repréfentée
en 1689, non imprimée. Elle eft tirée du Livre
ingénieux de l'Abbé *Villars*, intitulé *le Comte
de Gabalis*. Cette Piece parut auffi finguliere que
plaifante. Elle eft manufcrite & très-rare.

COMTE DE HOLLANDE (le), Tragédie
de *Montauban*, jouée en fociété en 1653, impri-

mée en 1654, *in*-12, très-médiocre. C'eſt une allégorie ſur les affaires de ce temps-là.

COMTE DE ROQUEFEUILLE (le), par *Nanteuil*. Voyez *Docteur extravaguant*.

COMTE DE VARVICK (le), par *Cahuʒac*. Voyez *Varvick*.

COMTE DE VARVICK (le), par M. *de la Harpe*. Voyez *Varvick*.

COMTESSE D'ESCARBAGNAS (la), par *Moliere*. Voyez *Eſcarbagnas*.

COMTESSE DE FOLLENVILLE (la), par *Carcavi*. Voyez *Follenville*.

COMTESSE D'ORGUEIL (la), par *Thomas Corneille*. Voyez *Orgueil*.

COMTESSE DE PEMBROC (la), par *Boiſ-robert*. Voyez *Folle Gageure*.

CONCERT (le), Comédie en un Acte, en proſe, par M. *Bret*, jouée le 14 Septembre 1747, non imprimée. Elle fut jugée avec bien de la ſévérité : retirée après la premiere repréſentation.

CONCERT RIDICULE (le), Comédie en un Acte & en proſe de *Palaprat* & de *Bruyeis*, donnée le 14 Septembre 1689. C'eſt une bagatelle plaiſante & vivement écrite.

CONFIANCE (la fauſſe), Comédie en un Acte, en vers, de M. *Bret*, jouée le 13 Octobre 1763, non imprimée, retirée après la premiere repréſentation. Elle renfermoit cependant des Scenes bien intéreſſantes.

CONFIDENCES RÉCIPROQUES (les), Comédie en un Acte, en vers avec un Divertiſſement de M. *Simon*, miſe au Théatre, le 3 Août 1747, imprimée en 1751, *in*-12. Cette Piece, qui fut donnée avec *la Rivale ſuivante* & le

Plaifir, ne fut jouée qu'une fois. Elle étoit imprimée avant qu'elle parût au Théatre. Elle fut jugée trop févérement.

CONFIDENTE D'ELLE - MÊME , par *Boiffy.* Voyez *Nieces* (*les deux*).

CONQUÊTE DU SANGLIER DE CALYDON (la) , ou *Meléagre,* Tragi-Comédie par *Boiffin de Gallardou,* mife au Théatre en 1617, imprimée en 1618, *in-16.* Cette Piece eft très - rare.

CONSENTEMENT FORCÉ (le), Comédie en un Acte, en profe de *Guyot de Merville,* jouée le 13 Août 1738, imprimée dans la même année, *in-12,* fut donnée quatorze fois. Cette Piece eft tirée de *la Payfanne parvenue,* du Chevalier *de Mouhy* : l'Auteur s'en eft défendu dans une lettre inférée dans les obfervations de l'Abbé *des Fontaines.* Celui de la Payfanne qui auroit pu prouver par deux lettres le fait contefté, n'a pas cru honnête de démentir publiquement un homme de Lettres qui n'étoit pas heureux.

CONSTANCE (la), par *Montchretien.* Voyez *Lacenes.*

CONSTANCE (la), Comédie en cinq Actes, en vers, de *l'Arrivée,* repréfentée en 1611, imprimée dans la même année, *in-12.* Nulle vraifemblance dans l'intrigue, & le dénouement mauvais. Il parut une feconde édition de cette Piece en 1641.

CONSTANCE DE PHILIN ET MARGOTON, Paftorale en cinq Actes, en vers, de *Jacques Millet,* repréfentée à Grenoble en 1635, imprimée dans la même ville, *in-4°.* Une partie de cette Piece eft écrite en affez bon françois, & l'autre en provençal. Elle n'a jamais été jouée fur le Théatre de Paris.

CONSTANTIN, Tragédie, par *Gillet de la Teffonnerie*, repréfentée en fociété, non impri·mée; le manufcrit en eft très-rare.

CONTENTS (les), Comédie en cinq Actes, en profe, Parodie de *Tournebu*, mife au Théatre en 1580, imprimée en 1584, *in-8°*. Cette Piece toute ancienne qu'elle eft, n'eft pas fans mérite; elle eut du fuccès à fes premieres repréfenta-tions; elle fut précédée d'un Prologue fupprimé à fa premiere reprife.

CONVENTION TÉMÉRAIRE (la), Comédie en un Acte, en profe, par *Remond de Saint-Albine*, écrite à dix-neuf ans, jouée en fociété en 1722, imprimée dans le Mercure de France, premier volume de Juin 1749.

CONVERSION DE S. PAUL (la), par *Vil-lemot*. Voyez *Paul*.

COQUET TROMPÉ (le), par *Baron*. Voyez *Rendez-vous des Thuileries*.

COQUETTE (la), ou *la fauffe Prude*, de *Baron*, Comédie en cinq Actes, en profe, re-préfentée le 18 Décembre 1686, imprimée en 1687, *in-12*, eut vingt-cinq repréfentations, & la plus brillante réuffite. Elle fut attribuée à l'Au-teur de *Henriette Silvie* de *Moliere*. Le comique en eft piquant, mais le cinquieme Acte eft bien foible: elle fut dédiée à Madame la Dauphine.

COQUETTE DE VILLAGE (la), par *Du-frefny*. Voyez *Lot fuppofé*.

COQUETTE CORRIGÉE (la), Comédie en cinq Actes, en vers, par *Lanoue*, Comédien du Roi, mife au Théatre le 23 Février 1756, non

imprimée ; elle n'eut pas à la premiere repréfentation le fuccès qu'elle a eu depuis. Ayant été
interrompue à la dixieme par la maladie de
Mademoifelle *Gauffin*, l'Auteur profita de cet
intervalle pour faire des corrections à fa Piece.
Elle fut reprife le 27 Novembre fuivant avec un
grand fuccès, & elle en a eu depuis à toutes
fes reprifes. Reftée au Théatre ; fa derniere reprife eft du Dimanche 3 Août 1777, fuivie des
Poupées.

CORÉSUS & CALLIRHOÉ, Tragédie, par
la Foffe, repréfentée le 9 Décembre 1703, imprimée en 1704, *in*-12. Le fujet en eft intéreffant, mais l'exécution en eft foible. C'eft le dernier Ouvrage de cet Auteur.

CORINE, ou *le Silence*, ou *le Jugement
d'Amour*, Paftorale, en cinq Actes, en vers,
d'*Alexandre Hardy*, donnée en 1614, imprimée
en 1626, *in*-8° : très-finguliere, auffi fut-elle
fort applaudie.

CORIOLAN, Tragédie avec des Chœurs,
d'*Alexandre Hardy*, jouée en 1607, imprimée
en 1626, *in*-8° : paffable pour le temps.

CORIOLAN (le véritable), Tragédie, de
Chapoton, repréfentée en 1638, imprimée dans
la même année, *in*-4°. Elle parut plus que foible,
quoiqu'elle fût rendue par la Troupe Royale.

CORIOLAN, Tragédie, d'*Urb. Chevreau*,
jouée en 1638, imprimée dans la même année,
in-4° : l'une des moins mauvaifes de ce Poëte.

CORIOLAN, Tragédie, de l'Abbé *Abeille*,
mife au Théatre de *Guénégaud* le 24 Février
1676, imprimée *in*-4° : elle eft foible, mais intéreffante ; elle eut cependant dix-fept repréfentations :

tations : à la première, elle penſa tomber. L'Actrice principale ayant déclamé avec emphaſe, dans le premier Acte, ce vers :

> Vous ſouvient-il, ma ſœur, du feu Roi notre pere?

Celle qui devoit lui répondre ayant manqué de mémoire ſans doute, un Plaiſant du Parterre s'écria gaiement :

> Ma foi, s'il m'en ſouvient, il ne m'en ſouvient guere.

ce qui excita tant de battements de mains, que la Piece fut interrompue près d'un quart-d'heure.

CORIOLAN, Tragédie, par *Chaligny des Plaines*, donnée le 28 Février 1722. L'Auteur la retira après la première repréſentation, & fit ſagement ; elle a cependant été imprimée en 1748, *in*-12.

CORIOLAN, Tragédie d'un Anonyme, miſe au Théatre le 26 Novembre 1688; elle n'eut que trois repréſentations. Je ne doute pas que cette Piece ne ſoit la repriſe de celle de l'Abbé *Abeille*.

CORIOLAN, Tragédie, de *Richer*, non repréſentée, imprimée en 1748, *in*-4°. Les Comédiens ne jugerent pas à propos de la recevoir ; ils en uſerent ſagement.

CORIOLAN, Tragédie, de M. *Mauger*, jouée le 10 Janvier 1748, imprimée en 1751, *in*-12. Elle ne fut donnée que cinq fois. L'Auteur, pour s'en conſoler, la publia avec beaucoup de corrections, & un Diſcours aſſez long ſur la manière de juger les Ouvrages de Théatre.

CORIOLAN, Tragédie, de M. *Gudin de la Brunellerie*, représentée le 14 Août 1776. Elle eut fept représentations. L'Auteur la retira après la derniere. Elle en méritoit un plus grand nombre.

CORNÉLIE DE MADEMOISELLE DE SCAY, Comédie en un Acte, en vers, de *Corneille de Bleffebois*, non représentée, imprimée en 1678. Il fera parlé ailleurs de cette Piece.

CORNÉLIE, Tragédie, avec des Chœurs, de *Rob. Garnier*, représentée en 1574, imprimée dans la même année, *in*-8° : intéreffante & paffable pour le temps.

CÖRNÉLIE, Tragédie, d'*Alexandre Hardy*, donnée en 1602, imprimée en 1625, *in*-12, tirée des Nouvelles de *Cervantes* ; on ne peut pas plus foible. Tome II.

CORNÉLIE, mere des *Graques*, Tragédie, de Mademoifelle *Barbier*, jouée le 5 Avril 1703, imprimée dans la même année, *in*-12, ne fut jouée que cinq fois ; elle a le germe d'un grand intérêt, mais elle eft mal conduite. On ne doit pas oublier de répéter ici que l'on a toujours attribué à l'Abbé *Pélegrin* toutes les Pieces que renferme le Théatre de Mademoifelle *Barbier*.

CORNÉLIE VESTALE, Tragédie de *Fuzelier*, mife au Théatre le 28 Janvier 1713, non imprimée : tendre, fpirituelle, mais fans le ton tragique. Elle ne fut jouée que cinq fois. Cette Piece a toujours été attribuée jufqu'ici au Préfident *Haynault*.

CORRIVAUX (les), Comédie en cinq Actes, en vers, avec un Prologue, par *J. de la Taille*, donnée en 1562 , imprimée en 1573 , *in*-12. Elle eut du fuccès, n'étant pas indifférente pour le temps. Le fujet eſt tiré de l'*Ariofte*.

CORRIVAUX (les) , Comédie en cinq Actes, en vers , & un Prologue, de *Troterel*, repréfentée en 1612 , imprimée dans la même année, *in*-12. Elle eſt de l'invention de *P. T. S D.* & n'eſt point mauvaife pour ce fiecle-là.

CORSAIRE (le Prince) , Comédie , de *Scarron*, repréfentée en fociété , imprimée en 1662 , *in*-12 : bien foible. C'eſt la derniere que publia ce Comique.

COSROÈS, Tragédie de *Rotrou*, donnée en 1648 , imprimée en 1649 , *in*-4°. & en 1705 , *in*-12. Cette Piece eut quelque fuccès, quoiqu'elle foit bien foible & peu intéreffante.

COSROÈS, Roi de Perfe , Tragédie , par *Duffé de Valentiné*, mife au Théatre le 29 Novembre 1704, imprimée en 1705 , *in*-12. C'eſt précifément la même que la précédente, avec des corrections qui l'ont rendue meilleure. Elle ne fut cependant jouée que fept fois.

COSROÈS, Tragédie , par *Mauger*, repréfentée le 20 Avril 1752, non imprimée. L'Auteur la retira après la premiere repréfentation.

COSROÈS, Tragédie , de M. *Lefebvre*, donnée le 26 Août 1767 , imprimée dans la même année , *in*-8°; elle eut dix repréfentations avec fuccès , & annonçoit les talents de l'Auteur.

CÔTEAUX (les), ou *les Marquis friands*, Comédie en un Acte, en vers, de *Villiers* , jouée le 10 Janvier 1665 à l'Hôtel de Bourgogne, imprimée dans la même année, *in*-12 ; elle paſſa à la faveur de l'Ordre des Côteaux dont parle *Defpréaux* dans la Satyre du repas.

COUPE ENCHANTÉE (la), Comédie en un Acte, en profe, par *la Fontaine* & *Champmélé* , jouée le 16 Juillet 1688, imprimée en 1710, *in*-12. Cette Piece eſt tirée de deux Contes de *Bocace*, celui de ſon titre, & des Oies du Frere *Philippe* ; elle eut vingt-trois repréſentations & beaucoup de ſuccès. *Champmélé* n'en fut que le prête-nom.

COUPS DE L'AMOUR ET DE LA FORTUNE (les), ou *l'Heureux Infortuné*, Comédie, par *Boiſrobert*, donnée en 1656, imprimée dans la même année, *in*-16, tirée de l'Eſpagnol : très-médiocre.

COUPS DE L'AMOUR ET DE LA FORTUNE (les), Comédie, par *Heudeline*. On ignore l'année où elle a été repréſentée, & elle eſt, dit-on, imprimée ſans date.

COUPS DE L'AMOUR ET DE LA FORTUNE (les), Tragédie, de *Quinault*, miſe au Théatre de l'Hôtel de Bourgogne en 1656 , imprimée en 1660, *in*-12 : trop romaneſque, mais bien mieux faite que celle de *Boifrobert*, alors en concurrence au Théatre du Marais. *Scarron* ſoutient, dans l'édition de ſes Œuvres de 1656, *in*-8°. que c'eſt fauſſement qu'on donne cette Piece à *Quinault* ; que le ſujet en a été fait par Mademoiſelle *Duchateau* ; que les quatre premiers Actes ont été mis en vers par *Triſtan* ; & que lui, *Scarron*, a fait le dernier à la priere

des Comédiens , parce que *Triſtan* ſe mou-
roit.

Coups du hasard (les), Comédie en
un Acte , en vers , par *D...*, repréſentée par
les Comédiens de Monſeigneur en 1681, imprimée dans la même année à Rouen , *in-12.*
Cette Piece, on ne peut pas plus ſinguliere,
eſt très-rare.

Cour bergere (la), ou *Lindor* , ou
l'Arcadie de Mr. Philippe Sidney , Tragédie, par
Ant. Marechal, repréſentée en 1638 , ſous le
ſecond titre ; imprimée en 1640, *in-4°.* très-
foible. Elle fut cependant repriſe avec des corrections en 1640 , ſous celui de la *Cour bergere* ,
où elle eut plus de ſuccès.

Couronnement de Darie, par *Boiſrobert.* Voyez *Darie.*

Couronnement du jeune David
(le), du *P. Brunoy.* Voyez *David.*

Couronnes (les), Paſtorale en trois
Actes , en vers , de M. *Gondot* , jouée en ſociété
en 1760, imprimée dans la même année, *in-8°.*

Courses de Tempé (les) , Paſtorale en
un Acte , en vers , avec un Divertiſſement du
célebre *Rameau* , par *Piron* , repréſentée le 30
Août 1734, imprimée en 1741, *in-12.* Elle eut
dix repréſentations & fut jouée avec l'*Amant
myſtérieux.* Voyez *Amant myſtérieux.*

Courtisan attrapé (le) , par un
Anonyme. Voyez *Mari matois.*

Courtisan retiré (le), par *Jean de
la Taille. Maupoint* l'indique ſans date, & le
Courtiſan, d'un Anonyme, en 1618 , ſans autres
renſeignements.

COURTISAN PARFAIT, Tragédie de *Gilbert*, mife au Théatre en 1668, imprimée dans la même année, fous les lettres *D. G. S. B. T. in*-12. Cette Piece eft paffable, mais fans invention. Elle en renferme deux, la feconde commence au troifieme Acte. Cette Tragédie ne fe trouve point dans le Théatre de *Gilbert*.

COURTISANNES (les deux), Comédie, de *Davot*, non repréfentée, en manufcrit, traduite de l'Italien du *Signor L. Domenichi*. C'eft la fuite du titre. On ne fait rien de cette Piece, fi ce n'eft qu'elle n'étoit pas imprimée en 1584, date du manufcrit qui étoit dans le cabinet de feu M. *de Bombarde*, qui affuroit l'avoir vu jouer en fociété en 1724.

COUSINES (les deux), Comédie, d'un Anonyme, jouée en fociété en 1642, imprimée dans la même année, *in*-8°. Il s'en trouve encore une de ce titre en trois Actes, fans nom d'Auteur, imprimée en 1646, *in*-12. Je ne doute point que ce ne foit une feconde édition de cette Piece, à laquelle l'Auteur a ajouté deux Actes pour la rajeunir ou la rendre plus intéreffante.

COUSINES (les trois), Comédie en trois Actes, en profe, avec autant de Divertiffements, dont la mufique eft de *Gilliers*, par *Dancourt*, & non de *Baron*, comme on l'a annoncé; repréfentée le 17 Octobre 1700, imprimée en 1725, *in*-12. Cette jolie Piece eut vingt-cinq repréfentations, & a toujours été reprife depuis avec fuccès. A celle de 1724, pendant l'abfence de la Cour, elle fut jouée vingt-fix fois de fuite. Reftée au Théatre.

CRÉOLE (la), Comédie en un Acte, en

profe, ornée de Chants & de Danfes, de M. *le Chevalier de la Morliere*, jouée le Lundi 12 Août 1754, non imprimée. Elle fut fuivie d'un Ballet ingénieux, fous le titre de l'*Amour fixé*, de la compofition du célebre M. *Veflris* de l'Opéra, qui fut applaudi avec enthoufiafme. La Demoifelle *Hus*, aujourd'hui la Dame *le Lievre*, y danfa avec des graces infinies. L'Auteur retira fa Piece après la premiere repréfentation.

CRESPHONTE, ou *le Retour des Héraclides dans le Péloponefe*, Tragédie de *Gilbert*, donnée en 1659 à l'Hôtel de Bourgogne, imprimée dans la même année, *in*-4°. Rien de plus foible ni de plus mal conduit.

CRISANTE, Tragédie de *Rotrou*, repréfentée en 1639, imprimée en 1640, *in*-4° : froide, de peu d'invention. Elle ne fut jouée que trois fois.

CRISÉIDE & ARIMAND, Tragédie, de *J. Mairet*, mife au Théatre de l'Hôtel de Bourgogne en 1610, imprimée en 1630, *in*-8° : coup d'effai de l'Auteur ; médiocre, mais il s'y trouve des Scenes intéreffantes. Elle eft tirée du troifieme Tome de l'*Aftrée*.

CRISPE (la Mort de), ou *les Malheurs domeftiques du Grand-Conftantin*, par *Triftan*, repréfentée en 1645, imprimée en 1646, *in*-4°. Elle eft bien foible & fans liaifon de Scenes. On la trouve dans le fecond Volume du Recueil des Pieces des anciens Auteurs du Théatre François.

CRISPIN BEL-ESPRIT, Comédie en un Acte, en vers, par *la Thuillerie*, donnée le 11 Juillet 1681, imprimée en 1682, *in*-12 : affez plaifante; elle eut quelques fuccès, & fut reprife pendant quelques années. Il y a long temps qu'elle ne l'a été. Elle a toujours été attribuée à M. l'Abbé *Abeille*.

CRISPIN CHEVALIER. V. *Grifettes*, au G.

CRISPIN GENTILHOMME, Comédie, en cinq Actes, en vers, de *Montfleury*, donnée en 1677, imprimée en 1739, *in*-12, tirée d'une Nouvelle Efpagnole; elle eft paffable, & d'un affez bon comique : elle n'avoit pas été imprimée avant l'édition des Œuvres de l'Auteur, en 1739.

CRISPIN MÉDECIN, Comédie, en trois Actes, en profe, par *Hauteroche*, repréfentée en 1670, imprimée dans la même année, *in*-12. Le fujet en eft fort comique. Elle a toujours réuffi à fes reprifes. Reftée au Théatre.

CRISPIN MUSICIEN, Comédie, en cinq Actes, en vers, par *le même*, mife au Théatre en Juillet 1674, imprimée dans la même année, *in*-12 : très-divertiffante, & jouée quarante fois avec le même fuccès. Reftée au Théatre.

CRISPIN PRÉCEPTEUR, Comédie, en un Acte, en vers, de *la Thuillerie*, repréfentée en 1679, imprimée dans la même année *in*-12. Le comique en eft bas. Elle eut cependant quelque fuccès.

CRISPIN RIVAL DE SON MAÎTRE, Comédie, en un Acte, en profe, par *le Sage*, jouée le 15 Mars 1707, imprimée dans la même année, *in*-12 : jolie, d'un bon comique. Reftée au Théatre.

CRITIQUE DE L'ÉCOLE DES FEMMES (la), Comédie, en un Acte, en profe, par *Moliere*, repréfentée le premier Juin 1663. L'Auteur, avec adreſſe, au lieu de ſoutenir les endroits foibles de ſa Piece, tombe plaiſamment ſur la critique de ſes Cenſeurs, en les tournant en ridicule. La Piece eut du ſuccès, & fit grand plaiſir. Voyez *Zélinde*, le *Portrait du Peintre*, & le *Panégyrique de l'Ecole des Femmes*.

CRITIQUES CRITIQUÉS (les), ou *Vérités ſur les Caractères à la mode*, Comédie morale & nouvelle, en forme de dialogues, en un Acte, en vers, jouée en ſociété, imprimée en 1725, *in-8°*. Paris, *René Meunier*. On n'en connoît pas l'Auteur.

CROMVEL, Tragédie, de M. *du Clairon*, donnée le 7 Juin 1764 ; elle fut interrompue après la cinquieme repréſentation, & n'a pas été repriſe depuis, malgré ſa réuſſite ; imprimée en 1764, *in-8°*.

CRUEL ASSIÉGEMENT DE LA VILLE DE GAÏS (le), Comédie, en vers, avec *la joyeuſe Farce de Toanon d'un Treu, en vers françois de quatre pieds* : c'eſt le titre ; par un Anonyme, imprimée en 1594, *in-8°* : très-rare.

CURIEUX DE COMPIEGNE (les), Comédie, en un Acte, en proſe, avec un Divertiſſement, de *Dancourt*, jouée le 4 Octobre 1698, imprimée dans la même année, *in-12*. C'eſt un Vaudeville du temps, très-plaiſant, à l'occaſion du camp qui étoit alors à Compiegne pour l'éducation militaire du Duc *de Bourgogne*. Elle eut dix-neuf repréſentations extraordinairement ſuivies. Reſtée au Théatre, où elle fait toujours le même plaiſir. Madame *de Bellecourt* y fut vivement applaudie, & elle le méritoit. Voyez *Camp de Compiegne*.

CURIEUX IMPERTINENT (le), ou le *Jaloux*, Comédie de *Broſſe*, donnée en 1645, imprimée en 1646, *in*-4°. Cette Piece, tirée de la Nouvelle du même titre, imprimée dans *Don Quichotte*, eſt médiocre & mal écrite.

CURIEUX IMPERTINENT (le), Comédie, en cinq Aĉtes, en vers, de *Deſtouches*, repréſentée le 17 Décembre 1710, imprimée en 1711, *in*-12, eut treize repréſentations. C'eſt la premiere de cet habile Comique qui annonça les talents dont il a donné tant de preuves. Cette Piece eſt auſſi tirée de *Don Quichotte*. Reſtée au Théatre, où elle a toujours du ſuccès à ſes repriſes.

CYAXARRE, Roi des *Medes*, Tragédie de *Barbier*, reçue par les Comédiens François en 1749, n'a pas encore été repréſentée, ſans qu'on en ſache la raiſon.

CYDIPPE, Tragédie de *Beauſſais*, jouée en 1633, imprimée dans la même année, *in*-8°. C'eſt une Paſtorale en cinq Aĉtes, en vers, avec des Chœurs, précédée d'un Prologue qui eſt paſſable pour le temps.

CYDIPPE, Tragédie de *Gombaut*, indiquée ſans date, par *Beauchamps*, dans ſes Recherches du Théatre.

CYMINDE, ou *les deux Viĉtimes*, Tragédie, par *Colletet*, donnée en 1642, imprimée dans la même année, *in*-4° : très-froide & ſans intérêt. L'Abbé *Daubignac* en eſt le premier Auteur, en proſe; *Colletet* l'a miſe en vers, & ne l'a pas rendue meilleure.

D A M.

Dame a la Mode (la) ou *la Coquette*, Comédie en cinq Actes, en profe, de *Dancourt*, mife au Théatre le 3 Janvier 1689, non imprimée; elle eut quatorze repréfentations. Cette Piece n'eft connue que par les Regiftres de la Comédie Françoife, où elle eft portée fous ce titre : *Suite de la Coquette.* Je ne crois pas que *Dancourt* en foit l'Auteur, parce qu'ayant eu du fuccès, elle fe trouveroit imprimée dans fes Œuvres; ne feroit-ce pas une reprife de *la Coquette* de *Baron*, donnée en 1686, qui eut tant de fuccès, qui eft reftée au Théatre & qu'on revoit toujours avec plaifir ?

Dame d'intrigue (la), ou *le Riche Vilain*, Comédie en trois Actes, en profe, de *Chappuzeau*, repréfentée en 1663, imprimée dans la même année, *in*-12: foible & très-mal conduite. C'eft la même que l'*Avare dupé*, ou l'*Homme de paille*, fauffement attribuée à *Dorimont*, parce qu'elle eft imprimée fans nom d'Auteur.

Dame invisible, (la) Comédie en cinq Actes, en vers, de *Douville*, donnée à l'Hôtel de Bourgogne en 1641, imprimée dans la même année, *in*-4°. & la fuivante, *in*-12; quoique le dénouement foit pitoyable, fa gaieté lui procura beaucoup de fuccès. Voyez *Efprit Follet.*

Dame Médecin, (la) Comédie en cinq Actes, en vers, de *Montfleury*, repréfentée le

14 Janvier 1678, imprimée en 1679, *in-12*; elle fut jouée quinze fois, on n'en doit pas être furpris, elle eft très-gaie, quoiqu'elle foit bien foiblement écrite.

DAME SUIVANTE (la), Comédie en cinq Actes, en vers, par *Douville*, jouée en 1645, imprimée dans la même année, *in-4°* : elle eft d'un vrai comique, fon fuccès lui mérita de refter long-temps au Théatre.

DAMES VENGÉES (les), ou *la Dupe de foi-même*, Comédie en cinq Actes, par *Donneau Vifé*, mife au Théatre le 22 Février 1695. Une Satyre de *Boileau Defpréaux*, contre les femmes, qui faifoit dans ce temps-là beaucoup de bruit, donna lieu à cette Piece, qui eft médiocre. Il eft vrai que *Thomas Corneille* y a eu part.

DAMES VENGÉES (les), ou *la Dupe de foi-même*, Comédie en cinq Actes, en profe, de *Thomas Corneille* & de *Vifé*, donnée le 22 Février 1695, imprimée dans la même année, *in-12* : elle eut quinze repréfentations & beaucoup de fuccès, l'intrigue & la conduite en font cependant bien foibles. *Beauchamps* indique encore du même *Vifé*, outre les Pieces qui font fous fon nom, les *Dames vertueufes*, Comédie; & *Maupoint*, outre *la Comete* placée dans ce Dictionnaire, au C. *le Vieillard couru*; mais il faut des dates ou d'autres renfeignements, pour faire ufage d'additions fi fufpectes.

DAMES VERTUEUSES (les), Comédie fans date, attribuée à *Vifé*, indiquée par *Beauchamps*. Il eft le feul qui en ait fait mention.

DAMES (le Triomphe des), par *Thomas
Corneille*, Comédie en cinq Actes, en profe,
mife au Théatre de *Guénégaud*, le 7 Août
1676, imprimée dans la même année, *in-4°* :
Piece d'une invention neuve, ornée de machines. Il fe trouve au commencement de chaque
Acte, un canevas qui donne l'intelligence du
fujet & du jeu des Acteurs. Cette Piece eut
le plus grand fuccès ; elle eft reftée long-temps
au Théatre, & mériteroit d'y être remife.

DAMOCLE, ou *le Philofophe Roi*, du Jé-
fuite Buffier, Comédie en trois Actes, en
profe, repréfentée aux Jéfuites en 1728,
imprimée dans la même année, *in-12*. Cette
Piece étoit alors en vers latins très-purs.
L'Auteur l'a traduite depuis en profe françoife, pour appuyer la Grammaire Françoife
d'exemples, où elle eft imprimée avec une autre
Tragédie intitulée *Scylla*.

DAMOCLES, Tragédie de l'Abbé *de Poncy*,
jouée au College de Mâcon en 1749, non
imprimée.

DAMON & PITHIAS, ou *le Triomphe de
l'Amitié*, Comédie en trois Actes, en profe,
par *Chappuzeau*, jouée en 1656, fur le Théatre du Marais, imprimée en 1657, *in-12* :
mal conftruite, foiblement verfifiée, mais remplie d'intérêt.

DANAÉ, ou *Jupiter Crifpin*, Comédie
en un Acte, en vers libres, précédée d'un
Prologue, par *la Fontaine*, donnée le 4 Juillet
1707, imprimée dans la même année, *in-12* ;
elle fut jouée huit fois, elle eft plaifante. Il
y a très-long temps qu'elle n'a été reprife.

DANAÏDES (les), Tragédie de *Gombaut*, représentée en 1646, imprimée en 1658, *in-*12 : le ftyle en eft trop épique, d'ailleurs elle eft bien médiocre.

DANGER DES RICHESSES (le), Comédie en trois Actes, en profe, par *le Jéf. T.* donnée le 20 Août 1739, au College Mazarin.

DAPHNIS & AMATHÉE, Paftorale héroïque, par *Boulanger de Rivery*, jouée en fociété en 1754, imprimée en 1755. Cette Piece eft peu connue.

DARIE (la Mort de), Tragédie, avec des Chœurs, de *la Taille*, mife au Théatre en 1562, imprimée en 1573, *in-8°* : aufli mal conduite que foiblement verlifiée. Les Tragédies d'*Athaman*, de *Progné* & de *Niobé* font du même Auteur, aufli-bien qu'une Comédie dont on ne fait pas le titre.

DARIE (la Mort de), ou *la Mort de Daire*, Tragédie, avec des Chœurs, de *Hardy*, repréfentée en 1626, imprimée dans la même année, *in-8°* : très-foible ; elle a été imprimée à Rouen, avec fix autres Pieces de l'Auteur, quatrieme Tome de fes Œuvres.

DARIE (le Couronnement de), Tragédie de *Boifrobert*, donnée en 1641, imprimée en 1642, *in-4°* : foible, fans art, & fort ennuyeufe.

DARIUS (*Amedochus*), Roi de Perfe, Tragédie, par *Thomas Corneille*, donnée en 1659, imprimée dans la même année, *in-12*, & dans le Tome II de fes Œuvres. Cette Piece eft dédiée à M. *de Ris*, Premier Préfident du Parlement de Rouen.

DAVID (le Couronnement du jeune), Tragédie-Paftorale, en quatre Actes, en vers libres, du *P. Brumoy*, jouée au College.

DAVID COMBATTANT, Tragédie fainte, par *Defmazures*, repréfentée dans un College en 1565, imprimée dans la même année, *in*-12. Les vers en font de différentes mefures ; elle eft précédée d'un Prologue, & entremêlée de Chœurs. Il n'y a diftinction d'Actes & de Scenes que par des paufes, ainfi que *David fugitif*, & *David triomphant* du même Auteur. Cette Piece eft imprimée avec *Jephté*, de *Florent Chretien*.

DAVID COMBATTANT GOLIATH, Tragédie de *Scaurus*, repréfentée en 1584, imprimée dans la même année, indiquée par *Beauchamps* fans aucun détail.

DAVID, ou l'*Adultere*, Tragédie avec des Chœurs, de *Montchrétien*, jouée en 1600, imprimée en 1627, *in*-8°, à Rouen, avec plufieurs autres Pieces, dans un Recueil des Œuvres de l'Auteur. Cette Piece eft fort médiocre.

DAVID & BETHSABÉE, Tragédie de M. *Petit*, Curé en Normandie, non repréfentée, imprimée en 1754, *in*-12. Elle eft foible, mais la Préface apprend des traits affez particuliers pour être lus.

DÉBAT DE FOLIE & D'AMOUR (le), Poëme Dramatique en dialogues, en profe, par Mademoifelle *Louife l'Abbé*, non repréfentée, imprimée à Lyon en 1555, *in*-12.

DÉBAUCHÉ (le), Comédie en cinq Actes, en profe, de *Baron*, mife au Théatre le 6 Décembre 1689 ; elle eut onze repréfentations ; elle ne fe trouve point dans les Œuvres de *Baron*, ce qui fait croire qu'il n'en étoit que le prête-nom.

DÉBORA, ou *la Délivrance*, Tragédie de *Nancel*, repréſentée en 1606, imprimée dans la même année, *in-*12. Cette Piece eſt fort mauvaiſe. Il ſe livre une bataille ſur le Théatre, au quatrieme Acte.

DÉBORA, Tragédie, par *Duché*, repréſentée à Paris en 1706, & à Saint-Cyr en 1734, imprimée en 1735, *in-*12 : on la trouve auſſi dans le quatrieme Tome du Théatre François. *Maupoint* l'indique avant *Jonathas* & *Abſalon*, Tragédie du même Auteur.

DÉCEVANTE (la, Comédie de *Montreux*, incertaine, non imprimée, n'eſt pas plus connue que les Tragédies de *Camma*, de *Pâris* & *Œnone*, ainſi que *Fleur de Lys* du même Auteur. *La Croix-Dumaine* en diſoit autant des *Amants de Diane & de Délie*, comme de *Joſeph le chaſte*, Pieces tragiques; mais celles-ci ont été imprimées depuis. V. *Diane* & *Joſeph*, de *Montreux*.

DÉCOLATION DE SAINT JEAN BAPTISTE (la), Tragédie de M. *Biſſon de la Coudraye*, repréſentée & imprimée en 1703, *in-*8°.. à Rouen. *Beauchamps* indique encore une Piece ſous ce titre, ſans date, de *Pedault*.

DÉDAIN AMOUREUX (le), Paſtorale d'*Iſ. de la Grange*, repréſentée en 1703, imprimée dans la même année, *in-*12, dédiée à Mademoiſelle *d'Eſtiolles*. C'eſt une traduction en vers de l'Italien de *Bracciolini*, aſſez foible.

DÉDIT (le), Comédie en cinq Actes, en proſe, par un Anonyme, non imprimée, jouée le 18 Février 1694, tombée à la premiere repréſentation : les Comédiens s'en doutoient au point qu'ils ne doublerent point le prix des places,

ſelon

felon l'ufage. En effet la part d'Auteur ne lui valut que 74 liv.

DÉDIT (le.), Comédie en un Acte, en vers, par *Dufrefny*, jouée le 19 Mai 1719, imprimée dans la même année, *in*-12. Elle fut jouée huit fois ; plaifante par le caractere original qu'on trouve dans toutes les Pieces de l'Auteur. Reftée au Théatre.

DÉFAITE DE LA PIAFFE ET DE LA PIQUORÉE (la), Tragédie de *Gabriel Bounyn*, jouée en 1579, imprimée dans la même année, *in*-4°. Voici la fuite du titre : *& le Banniffement de Mars à l'introduction de Paix & de fainte Juftice*. Les Hiftoriens *Parfait* ont gardé le filence fur cette ancienne Piece.

DÉGUISÉ (le Prince). Voyez *Prince déguifé*.

DÉGUISEMENT DE L'AMOUR (le), Comédie en un Acte, par le Marquis *du Terrail*, imprimée en 1756, à la fin du Roman de la Princeffe de *Gonzague*, du même Auteur.

DÉGUISÉS (les), Comédie en cinq Actes, en vers de huit fyllabes, de *Jean Godard*, mife au Théatre en 1694, imprimée à Lyon, dans la même année, *in*-8°. dédiée à Henri IV, Roi de France. Elle fut précédée d'un Prologue: médiocre, & mal verfifiée pour le temps même. Elle eft tirée d'une Comédie très-élégante en laquelle font contenues *les Amours récréatifs*, &c. imprimée en vers françois, en 1545. Elle fut repréfentée après la *Franciade* du même Auteur.

DÉGUISÉS (les), Comédie en un Acte, en profe, par *Charles Maupas*, repréfentée en

1626, imprimée à Blois, dans la même année, *in-8°*. Cette Piece renferme l'explication des Proverbes connus.

DEHORS TROMPEURS (les), ou *l'Homme du Jour*, de *Boiſſy*, Comédie en cinq Actes, en vers, jouée le 18 Février 1740, imprimée dans la même année, *in-8°*. Elle eut dix-neuf repréſentations, & le plus grand ſuccès; reſtée au Théatre, où elle eſt toujours revue avec plaiſir.

DÉLIE, Paſtorale, en cinq Actes, en vers, de *Viſé*, donnée en 1668, imprimée dans la même année, *in-12*; elle eut peu de ſuccès, elle eſt dédiée au Roi. Il eſt ſingulier que cette Piece ſe trouve imprimée dans le Théatre de *Champmêlé*.

DÉLUGE UNIVERSEL (le), Tragédie de *Hug. Picou*, non repréſentée, imprimée en 1643, *in-8°*; le ſujet de cette Piece eſt un abrégé de la *Théologie naturelle*, où l'on trouve à la fin une Priere à la Trinité, pour les calamités publiques. Elle eſt dédiée au Cardinal de *Mazarin*. L'Eminence n'a pas dû s'amuſer de ce galimathias.

DÉMARATE, Tragédie, de l'Abbé *Boyer*, repréſentée à l'Hôtel de Bourgogne, en Novembre 1673, non imprimée; *Beauchamps* l'indique ſans date, dans ſes Recherches. Elle ne réuſſit pas; on aſſura, le jour de la repréſentation, qu'elle étoit tirée d'une Tragédie de *Thomas Corneille*, intitulée *Perſée & Démétrius*, jouée il y avoit vingt-ſept ans. L'Abbé *Boyer* à qui le propos revint, pour ne point fournir de preuves à ce dire, ne fit point imprimer ſa

Tragédie, dans la crainte d'un examen qui l'auroit démafqué.

DÉMÉTRIUS, (la Mort de) ou *le Rétablif-
fement d'Alexandre*, Tragédie par l'Abbé *Boyer*,
repréfentée le 20 Février 1660, à l'Hôtel de
Bourgogne, imprimée en 1661, *in-12*. La
Poéfie bourfoufflée,& prefque tous les caracteres
manqués.

DÉMÉTRIUS, Tragédie d'*Aubry*, jouée le
10 Juin 1689, non imprimée ; elle eut onze
repréfentations, elle étoit cependant bien médiocre ; mais comme ce fut la premiere Piece
qui fut jouée fur le Théatre nouveau de *Guénégaud*, ce changement contribua fans doute à ce
demi-fuccès. *Beauchamps* ne connoiffoit pas
cette Tragédie de *Démétrius*.

DÉMOCRITE AMOUREUX, Comédie en
cinq Actes, en vers, de *Regnard*, donnée le 12
Janvier 1700, imprimée en 1714, *in-12*; d'un
bon comique : la Scene de la reconnoiffance
eft fur-tout plaifante. L'unité du lieu dans cette
Piece n'eft cependant point oblervée. Le premier Acte fe paffe dans un défert, & les quatre
autres à la Cour; elle eut dix fept repréfentations, & eft reftée au Théatre, où elle fait le
même plaifir à fes reprifes.

DÉNIAISÉ (le), Comédie en cinq Actes, en
vers, de *Gillet*, repréfentée en 1647, imprimée
en 1648, *in-4°*; en 1658, *in-12*; le comique en
éft divertiffant : elle eut du fuccès.

DENIS LE TYRAN, Tragédie de
M. de *Marmontel*, jouée le 5 Février 1748,
imprimée en 1749, *in-12*; c'eft la premiere
Piece de l'Auteur. Elle donna de grandes efpé-

rances de ſes talens que ſa réception à l'Académie Françoiſe & ſes Ouvrages ont juſtifiées.
Depuis la Demoiſelle *Clairon* joua le Rôle d'*Aricie*
ſupérieurement. Cette Tragédie qui eut alors
ſeize repréſentations, en eut encore ſix à la repriſe du 25 Novembre de la même année.
Feu *Ribou* qui jouoit le Rôle principal, ne contribua pas peu au ſuccès de cette Tragédie.

DÉNOUEMENT IMPRÉVU (le), Comédie
en un Acte, en proſe, de *Marivaux*, donnée
le 2 Décembre 1724, imprimée en 1727, *in*-12.
C'eſt le coup d'eſſai de l'Auteur, qui, malgré
ſon peu de réuſſite, n'ayant été jouée que ſix
fois, fit preſſentir aux vrais Connoiſſeurs, que
l'Auteur avoit le germe des talents : ce qui
s'eſt bien juſtifié depuis. Il n'eſt pas vrai que
M. *Parfait* ait eu part à cette Piece.

DÉPIT AMOUREUX (le), Comédie en
cinq Actes, en vers de *Moliere*, repréſentée en
Décembre 1658, ſur le Théatre du Petit-Bourbon. Ce n'eſt pas une des meilleures de ce grand
homme ; mais des Scenes piquantes comme
celles de la rupture d'*Eraſte* & de *Lucile* préſa-
geoient les chef-d'œuvres qu'il a produits depuis.
C'étoit alors ſa ſeconde Piece, elle fut jouée
pour la premiere fois à Beziers, aux Etats de
Languedoc, où il étoit alors avec ſa Troupe. La
Comédie Italienne du *Serchi* donna l'idée au
célebre Auteur de cette Piece.

DÉROUTE DU PHARAON, par *Dancourt*.
Voyez *Pharaon*.

DÉSENCHANTEMENT INESPÉRÉ (le),
Comédie en un Acte, en proſe, de la *B.* jouée
en ſociété en 1744, imprimée en 1745 & en

1750, in-12, dédiée au Prince *de Wirtemberg* : aſſez jolie, mais irréguliere.

DÉSESPOIR EXTRAVAGANT (le), Comédie en un Acte, en proſe, par *Subligny*, repréſentée ſur le Théatre du Palais Royal, dans les premiers jours de 1670, non imprimée ; elle n'eſt pas connue.

DÉSOLATION DES FILOUX (la), Comédie en un Acte, en vers, jouée en 1660, imprimée en 1662, in-12. Elle eſt médiocre & d'un très-bas comique.

DÉSOLATION DES JOUEUSES (la), Comédie en un Acte, en proſe, de *Dancourt*, donnée le 23 Août 1687, imprimée en 1688, in-12 ; elle fut jouée quatorze fois ; compoſée à l'occaſion de la défenſe du Lanſquenet ; vivement dialoguée. Voyez *Pharaon* (la Déroute du).

DESTRUCTION DE TROYES (la), Tragédie de *J. Clopinel*, miſe au Théatre en 1544, imprimée en 1545, in-4°. Voyez *Troade*.

DEUCALION & PIRRHA, Comédie en un Acte, en proſe, avec un Divertiſſement mêlé de chants & de danſes, par *Saintfoix*, repréſentée le 20 Novembre 1741, imprimée dans la même année, in-8° ; elle n'eut que trois repréſentations ; il n'y a que deux Acteurs dans cette Piece. L'Auteur la refondit depuis en vers lyriques ; MM. *Giraud* & *le Breton* la mirent en muſique, & elle fut repréſentée à l'Opéra, le 5 Octobre 1755.

DEUIL (le), Comédie en un Acte, en vers, de *Hauteroche*, donnée en 1662, imprimée

I ii

en 1680 , *in-*12 , tirée des Contes d'*Eutrapel* : plaifante , eut du fuccès , & eft reftée au Théatre , où elle eft jouée peut-être trop fouvent. Elle a long temps été attribuée à *Th. Corneille* : ce qu'il y a de fûr , c'eft qu'elle fe trouve dans les Œuvres de *Hauteroche.*

DEVINERESSE (la) , ou *les Faux Enchanteurs* , ou Madame *Jobin* , Comédie en cinq Actes , en profe , par *Thomas Corneille* & *Vifé* , jouée le 19 Novembre 1679. Cette Piece eut quarante - fept repréfentations & le fuccès le plus foutenu. On doit en partie l'attribuer au ridicule qui y eft repris , beaucoup plus à la mode alors , qu'il ne l'eft aujourd'hui. Elle eft tirée de l'Hiftoire de la *Voifin* , qui faifoit alors beaucoup de bruit ; autrefois on remettoit fouvent cette Piece au Théatre ; mais on ne la donne plus aujourd'hui à caufe de la dépenfe qu'elle occafionne par fon Spectacle. *Vifé* n'y a eu part que par beaucoup de Scenes inutiles , qui n'ont jamais été applaudies.

DIABLE BOITEUX (le) , Comédie en un Acte , en profe , précédée d'un Prologue , & fuivie d'un Divertiffement , par *Dancourt* , repréfentée le 18 Octobre 1707 , imprimée dans la même année , *in-*12 ; elle eut trente-cinq repréfentations. Cette Piece eft tirée du Roman de ce nom , par *le Sage.* Le fuccès de ce Livre ne contribua pas peu à celui de cette Comédie. A la troifieme repréfentation , l'Auteur la fit jouer avec le fecond chapitre du *Diable boiteux* , en deux Actes ; enfuite ces deux Pieces furent données alternativement. La mufique des Divertiffements qui plurent beaucoup, eſt de *Grandval*, pere de l'Acteur que l'on a ſi juſtement regretté à ſa premiere retraité.

DIALOGUE DE S. GERMAIN-EN-LAYE (le) en forme de Tragédie, par *B. D. B. P. C. D. S.*, non repréſentée, imprimée en 1649, *in-4°* : très-rare ; il s'en trouve une partie en vers, la ſeconde eſt inconnue.

DIALOGUE SUR LE RETOUR DE LA PAIX (le), d'un Anonyme, mis au Théatre, en 1649, imprimé dans la même année, *in-4°*. Les perſonnages conſiſtent en un Payſan, un Soldat, un Polichinelle & un Pantalon, qui font des remercîments au Roi & à la Reine, à l'occaſion de la fin de la Guerre. Ce Dialogue eſt en proſe.

DIANE, Comédie en cinq Actes, en vers, par *Rotrou*, jouée en 1635. Il eſt douteux qu'elle ſoit de cet ancien Poëte, on ne la trouve point dans ſes Œuvres.

DIANE (la Fable de), Paſtorale, en cinq Actes, en vers, de *Montreux*, repréſentée le 30 Octobre 1593, imprimée en 1594, *in-12*. Cette Piece eſt indiquée ſans date, par *Beauchamps*, ſous le titre des *Amours de Diane & de Délie* : elle eſt très-rare. Elle eſt imprimée ſous le nom d'*Olenix du Mont ſacré*, anagramme de l'Auteur.

DIANE & D'ENDIMION (les Amours de), Tragédie, de *Gilbert*, jouée en 1657, imprimée dans la même année, *in-12* : défectueuſe, irréguliere.

DICTATEUR ROMAIN (le), par *Mareſchal*. Voyez *Papire*.

DIDON fe facrifiant, Tragédie, avec des Chœurs, par *Etienne Jodelle*, repréfentée en 1552, imprimée en 1574, *in*-4°. Elle fut compofée en huit jours : elle eft foible, mais a dû réuffir dans ce temps-là, où l'on n'en connoiffoit point d'autres dans ce genre. Elle eft imprimée dans un Recueil des Œuvres de l'Auteur, intitulé *Mélanges Poétiques*, & elle fe trouve dans le premier Tome, avec fes deux premieres Comédies.

DIDON, Tragédie, de *Breton*, n'eft connue que par les noms de la Piece & de l'Auteur.

DIDON, Tragédie, de *Guil. de la Grange*, donnée à Lyon, en 1576, imprimée en 1582, à Lyon, *in*-16 : très-médiocre. Après ce titre, on lit : *Tragédie, laquelle tant pour l'argument que la gravité des vers, n'eft moins digne d'être lue, que profitable à tous.*

DIDON, Tragédie, de *Hardy*, jouée en 1603, à l'Hôtel de Bourgogne, imprimée en 1624, *in*-8° ; mauvaife : elle eft tirée du quatrieme Livre de l'Enéide.

DIDON, Tragédie, de *Scudéry*, mife au Théatre en 1636, imprimée en 1637, *in*-4° : fans art, mal verfifiée.

DIDON (la vraie), ou *Didon la Chafte*, Tragédie, de *Boifrobert*, mife au Théatre en 1642, imprimée en 1643, *in*-4° : affez bien conduite, mais lâchement verfifiée.

DIDON & D'ENÉE (les Amours de), par *Montfleury*. Voyez *Ambigu-Comique*, à l'A.

DIDON, Tragédie, par M. *le Franc de Pompignan*, de l'Académie Françoife, jouée le

21 Juin 1734, imprimée dans la même année, *in-12* : premiere Piece de l'Auteur, qui fut annoncée & jouée fous le titre d'*Enée* & de *Didon* : elle eut quatorze repréfentations, a toujours réuffi, & eft reftée au Théatre. Sa premiere reprife eft du 19 Juin 1745, on y a fait d'heureux changements, fur-tout dans le cinquieme Acte.

DIÉROMENE (la), ou *le Repentir d'Amour*, Paftorale, de *Rol. Briffet*, donnée en 1591, imprimée en 1595, *in-*12, à Rouen. Elle eft traduite de *Louis Groto* : mauvaife, ainfi qu'ennuyeufe ; elle eft en cinq Actes & en profe.

DIEUX COMÉDIENS (les), ou *la Métempfycofe des Amours*, par *Dancourt*. Voyez *Métempfycofe*.

DINA, ou *le Raviffement*, Poëme Dramatique, par *P. Nancel*, joué en 1606, imprimé dans la même année, *in-*12 : médiocre, foiblement verfifié, & compofé en dix-fept jours ; il eft imprimé avec *Jofué* & *Débora*, Tragédie du même Auteur, fous le titre de *Théatre facré*.

DINAMIS, *Reine de Carie*, Tragédie, de *P. du Ryer*, donnée en 1650, imprimée en 1652, *in-*8° : irréguliere & mal verfifiée pour le temps même.

DIOCLÉTIEN, ou *le Myftere de S. Sébaftien*, Tragédie, par *Daigaliers*, jouée en 1596, imprimée dans la même année, *in-*12. C'eft la même Piece que *le Myftere de S. Sébaftien*, indiquée par *Beauchamps*, dans fes Recherches : foible d'invention & de puéfie ; on la trouve imprimée avec les *Horaces* du même Auteur, qui l'eft auffi d'une *Franciade* qu'il ne faut pas confondre avec une Tragédie du même titre , de *J. Godard*, 1594.

DIOGENE A LA CAMPAGNE, Comédie en trois Actes, en profe, de *Marcel de Meȝieres*, jouée en 1757, fur le Théatre de Karouge, en Savoie, imprimée à Geneve en 1758 *in-8°* , chez *Goffe* ; elle eft affez médiocre.

DIPNE, *Infante d'Irlande*, Tragédie de *Davre*, non repréfentée, imprimée en 1668, *in-12*: on ne peut pas plus médiocre; fuite du titre *avec la cenfure chrétienne du Théatre moderne.*

DISGRACE DES DOMESTIQUES (la), Comédie en trois Actes, en vers de huit fyllabes, de *Chevalier*, repréfentée fur le Théatre du Marais en 1661, imprimée en 1662, *in-12*; & à la Haye en 1683, *in-12*, avec la *Défolation des Filoux*, du même Auteur.

DISPUTE (la), Comédie en un Acte, en profe, de *Marivaux*, mife au Théatre le 19 Octobre 1734, imprimée en 1747, *in-12*. Quoique cette Piece n'ait pas réuffi, elle renferme plufieurs traits d'efprit qui en font regretter la chûte.

DISSIPATEUR (le), Comédie en cinq Actes, en vers, par le Jéfuite *Durivet*, repréfentée au College de Louis-le-Grand en 1745, imprimée en 1748, *in-8°*.

DISSIPATEUR (le), ou *l'Honnête Friponne*, Comédie en cinq Actes, en vers, de *Néricault Deftouches*, repréfentée d'abord en Province en 1737, & à Paris pour la premiere fois le 23 Mars 1753, imprimée en 1736, *in-12*, & en

1754, *in*-8°. avec des retranchements. Elle n'eut alors que fix repréfentations ; mais l'Auteur l'ayant retouchée, elle eut à fes reprifes le plus grand fuccès. Les vrais Connoiffeurs y reconnurent la main d'un grand maître, & trouverent le cinquieme Aĉte admirable ; elle devoit être jouée en 1736, mais un homme de robe, qui s'étoit perfuadé que l'Auteur l'avoit eu en vue, eut le crédit d'empêcher qu'elle ne fût mife au Théatre dans cette année.

DISTRAIT (le), Comédie en cinq Aĉtes, en vers, de *Regnard*, donnée le 2 Décembre 1697, imprimée en 1698, *in*-12 ; elle n'eut que quatre repréfentations. Trente-quatre ans après, ayant été reprife, elle eut le plus grand fuccès ; reftée au Théatre, où elle eft toujours revue avec plaifir.

DIVERTISSEMENT AMOUREUX (le), imprimé en 1686. Cette Piece n'eft pas connue.

DIVORCE (le), imprimée en 1683, Comédie encore moins connue.

DIVORCE (le), Comédie en trois Aĉtes, en vers, de *Davefnes*, non repréfentée, imprimée en 1650, *in*-12. Elle a pour fecond titre : *le Combat d'une Ame avec laquelle un Epoux eft en divorce*. Le fens en eft myftique & moral ; on la trouve renfermée dans l'hiftoire du temps, imprimée à la Haye. Voyez *Combat d'une Ame*, au C.

DIVORCE DE L'AMOUR & DE LA RAISON (le), ou *le Vieux Monde*, par l'Abbé *Pellegrin*, Comédie-Héroïque en cinq Aĉtes, en vers, précédée d'un Prologue. Cette Piece eft fort au-deffous de celle du *Nouveau Monde*, du même Auteur; elle fut mife au Théatre le premier Septembre 1723, imprimée dans la même année, *in*-12, & ne fut jouée que cinq fois ; elle fut fuivie d'un Divertiffement dont la mufique eft de Quinau t, & d'un Ballet de *Dangeville* & de *M. Dupré.*

DIVORCE (le), ou *les Epoux mécontents*, Comédie en trois Actes, en vers, précédée d'un Prologue intitulé *l'Amour* & *l'Hymen*, par *Et. Avice*, repréfentée le 29 Avril 1730 par les Prévôts pendant le voyage de Fontainebleau, les Comédiens étant abfents ; elle n'eut que trois repréfentations, non imprimée. On trouve l'extrait de cette Piece dans le Mercure de Mai, année 1730.

DOCTEUR AMOUREUX (le), Comédie en trois Actes, en vers, par *le Vert*, donnée en 1638, imprimée dans la même année, *in*-4° ; elle eft plaifante, bien faite pour le temps, & eut du fuccès.

DOCTEUR AMOUREUX (le), Comédie en un Acte, en profe, de *Moliere*, repréfentée en Province pendant que l'Auteur les parcouroit avec fa Troupe, jouée au début de ce Comique célebre, au Louvre, dans la falle des Gardes, fur un Théatre élevé exprès après la Tragédie de *Nicomede*, devant le Roi, le 24 Octobre 1658, où elle eut le plus grand fuccès. Cette Piece n'eft pas imprimée, ainfi que plufieurs autres Farces de *Moliere*, favoir : *les trois Docteurs Rivaux* ; *le Maître d'Ecole* ; *le Médecin Volant* ; *la Jaloufie de Barbouillé* ; *le Docteur Pédant*, repréfentée le 13 Avril 1663 ; *la Jaloufie du gros René*, le 15 du même mois ; *Georgibus dans le sac*, le 17 ; *le Fagoteux* trois jours après ; *le grand Benêt de fils*, le 2 Janvier 1664 ; *Gros René*, petit enfant, le 27 Avril ; & *la Casaque* le 25 Mai de la même année. On a été jusqu'ici dans la prévention que la plupart de toutes ces petites Pieces ne consistoient que dans des canevas où les Acteurs dialoguoient de leur cru, selon un plan général à la maniere des Italiens ; mais on a des preuves que *Moliere* en avoit écrit les Scenes par les manuscrits du *Médecin Volant* & de *la Jalousie de Barbouillé* qui existent & sont à Paris dans deux cabinets de Curieux. Il ne faut pas omettre que c'est depuis le début de *Moliere* que l'on a donné des petites Pieces d'un Acte, de deux ou de trois, après celles de cinq Actes, usage autrefois suivi, mais qui n'avoit plus lieu depuis très-long temps.

DOCTEUR D'AMOUR (le), Comédie en un Acte, en vers, par *Farin de Hautemer*, Comédien de Province, jouée à Bruges le 6 Mars 1748. Les conseils qu'on donna à l'Auteur lui firent corriger les défauts de sa Piece ; il la fit imprimer à Paris, l'année suivante, *in*-12.

DOCTEUR EXTRAVAGANT (le), Comédie en un Acte, en vers, de *Ch. Nanteuil*, Comédien de la Reine, jouée en 1669, imprimée en 1672, *in*-12, à la Haye, en 1672 à Paris & en 1673. Voyez *Roquefeuille*, c'est la même Piece pour les noms de celles dont il est aussi l'Auteur.

DOCTEUR EXTRAVAGANT (le), Comédie en trois Actes, par *Beauregard*, mise au Théatre le 14 Janvier 1684 ; elle ne fut jouée que quatre fois, n'est pas imprimée, & n'est

connue que par les Regiſtres de la Comédie
Françoiſe, & par le Mercure galant de Janvier
1684, page 328.

DOCTEUR PÉDANT (le), de *Moliere*.
Voyez *Docteur Amoureux*, par ce Comique, pour
le jour & l'année de la repréſentation.

DOMINO (les), Comédie en un Acte, en
proſe, par *Dufreſny*, jouée en 1722, tomba, &
ne fut pas imprimée.

DON ALVARE DE LUNE, Tragédie de
Rotrou, donnée en 1647, imprimée en 1648,
in-4° : plaiſante & finguliérement intriguée.

DON BERNARD DE CABRÈRE, Tragé-
die, par *Rotrou*, donnée en 1647, imprimée
en 1648, *in*-4° : plaiſante & finguliérement
intriguée.

DON BERTRAND DE CIGARAL, Comé-
die en cinq Actes, en vers, de *Thomas Corneille*,
donnée à l'Hôtel de Bourgogne en 1650; elle
fut jouée plus de vingt fois à la Cour pendant la
minorité de Louis XIV. Il eſt fingulier que cette
Piece, qui eſt divertiſſante & aſſez bien faite, ne
ſoit plus au Théatre.

DON CARLOS, Tragédie, de M. le Marquis
de Ximenès, repréſentée ſur un Théatre particulier à Paris le 19 Avril 1759, à Lyon le 7 Mai
1761, où elle fut imprimée dans la même année,
in-8°, avec une courte Préface ſans nom d'Auteur; elle fut encore repréſentée & imprimée en
1762 à la Haye. Le tableau de l'Inquiſition ne
devoit pas offenſer les ſucceſſeurs du Prince
d'Orange. Nous préſumons qu'on la verroit au
Théatre avec plaiſir, même après l'*Andronic* de
Campiſtron.

DON CÉSAR D'AVALOS, Comédie en cinq Actes, en vers, de *Th. Corneille*, donnée le 21 Décembre 1674, imprimée en 1676, *in-12*: aussi comique qu'intéressante; elle a beaucoup de rapport au sujet des *Ménechmes* de *Regnard*; elle eut quinze représentations.

DON FELIX DE MENDOCE, ou *le Traître puni*, Comédie en cinq Actes, en prose, par *le Sage*, représentée en 1707, avoit été jouée & imprimée en Province en 1700, avant que d'être mise au Théatre à Paris; elle est tirée de *Lope de Vega*: c'est le même sujet que *la Trahison punie* de *Dancourt*.

DON GARCIE DE NAVARRE, ou *le Prince Jaloux*, Comédie-Héroïque en cinq Actes, en vers, de *Moliere*, mise au Théatre du Palais Royal le 4 Février 1661. L'Auteur jouoit le Rôle de *Don Garcie*. L'Acteur & la Piece ne furent point applaudis; *Moliere* n'en appella point, & la retira après la troisieme représentation; il fit plus, il ne voulut point qu'elle fût imprimée tant qu'il vécut: ce ne fut qu'en 1682 qu'elle le fut *in-12*.

DON JAPHET D'ARMÉNIE, Comédie en cinq Actes, en vers, de *Scarron*, donnée en 1653; elle eut un grand succès, & quoique le comique en soit bas, elle a réussi à toutes les reprises; à celle du Louvre le 11 Janvier 1721, l'on ajouta le Divertissement de la Cavalcade; *Joly* en fut l'Ordonnateur. *Méhémet Effendi*, Ambassadeur Turc, se trouva avec sa suite à cette reprise.

DON JUAN. Voyez *Festin de Pierre*, à l'F.

Don Lope de Cardonne, Tragédie, de *Rotrou*, représentée en 1650, imprimée en 1652, *in-4°*. Elle n'eſt point mal faite, c'eſt la derniere de cet ancien Auteur.

Don Pasquin d'Avalos, Comédie en un Aĉte, en vers, de *Montfleury*, donnée ſur le Théatre du Marais, en 1637, imprimée dans la même année, *in-12*. Elle eut un grand ſuccès, & fut jouée vingt-cinq fois; mais à ſa premiere repriſe, 1688, cet Intermede n'eut que cinq repréſentations. Voyez *Ambigu-Comique*.

Don Quichotte de la Manche, Comédie en cinq Aĉtes, en vers, de *Guérin de Bouſcal*, repréſentée en 1638, imprimée en 1640, *in-4°*. n'eſt point mauvaiſe pour le temps. L'année ſuivante 1639, l'Auteur donna une ſeconde Piece du même titre, comme ſeconde partie de la précédente; mais elle ne réuſſit pas.

Don Ramire & Zaïde, Tragédie, de la *Chazette*, repréſentée le 24 Janvier 1724, non imprimée; elle tomba à la premiere repréſentation. Des ennemis ſecrets de *Boiſſy* eurent la malignité de la lui attribuer.

Don Sanche d'Aragon, Comédie Héroïque, de *Corneille*, jouée en 1651 imprimée dans la même année, *in-4°*. tirée de deux Comédies Eſpagnoles. Elle n'eut pas de ſuccès dans ſa nouveauté. Le Prince *de Condé* à qui elle ne plut pas, n'y contribua pas peu : à la repriſe, elle fut applaudie; & depuis elle a réuſſi, & eſt reſtée au Théatre.

Dona Elvire de Gusman, Comédie

médie en trois Actes , en profe , de *Joly* , repréfentée en focieté , non imprimée.

DORIMÈNE (la) , Tragi-Comédie , par *le Comte* , donnée en 1632 , imprimée dans la même année , *in*-8° : de l'invention de l'Auteur. Elle eft auffi ennuyeufe que mal écrite , même pour le temps.

DORINDE (la) , Tragédie , de *J. Auvray* , repréfentée en 1628 , imprimée dans la même année , *in*-8° , tirée de l'*Aftrée* : foible , fans intérêt ; c'eft la derniere Piece de l'Auteur.

DORIS , Paftorale , en vers lyriques , par *J. Augé* , imprimée à Dijon , en 1717 , *in*-12.

DORISE (la) , ou *Sidere* , Tragédie , d'*Alex. Hardy* , repréfentée en 1613 , imprimée en 1626 , *in*-8°. Elle eft tirée des *Amants volages* , de *Roffet* : affez intéreffante , mais fans obfervations des regles.

DORISTHÉE & CLÉAGÉNOR , Tragi-Comédie en cinq Actes , en vers , de *Rotrou* , mife au Théatre en 1635 , imprimée dans la même année , *in*-4° ; elle eut quelque fuccès , quoique médiocre.

DOROTHÉE (la) , Tragédie , par *le Breton* , jouée & imprimée en 1579 , *in*-4°. & *in*-12 : très-rare. On en trouve le titre dans une Préface de la Tragédie d'*Adonis* , de cet Auteur , imprimée par les foins de *François d'Amboife*.

DOROTHÉE (la) , ou *la Victorieufe Martyre de l'Amour* , Tragédie , de *Rampale* , jouée en 1579 , imprimée à Lyon , en 1658 , *in*-8° : fort rare.

Tome I. K

DOROTHÉE (les trois), ou *Jodelet Duclifle* , ou *Jodelet fouffleté*, Comédie en cinq Actes, en vers, de *Scarron*, donnée en 1646, imprimée en 1650, *in-4°*; & en 1651, fous le titre *des trois Dorothées*.

DOROTHÉE (S^e), Tragédie chrétienne, par *la Ville*, repréfentée en 1658, imprimée dans la même année, *in-4°*. On ne peut s'en rapporter ici qu'à une tradition incertaine. Ce qu'on fait, c'eft que les Tragédies de *Sainte Urfule* & de *Sainte Elifabeth* font du même Auteur.

DOUBLE EXTRAVAGANCE (la), de M. *Bret*. Voyez *Extravagance*.

DOUBLE VEUVAGE (le), par *Dufrefny*. Voyez *Veuvage*.

DRAGONNE (la), ou *Merlin Dragon*, Comédie en un Acte, en proverbes, de *Defmares*, repréfentée dans le Camp du Maréchal *de Boufflers*, par fon ordre, pendant le Siege de Namur, en 1695, imprimée en 1696, *in-12*. Voyez *Merlin Dragon*.

DRAGONS (les), Comédie, jouée en 1683. Le titre de cette Piece anonyme, qui n'eft pas imprimée, fe trouve dans un Recueil de Décorations du Théatre François, par *Mahelo* & *Laurent*, *in-folio* depuis 1673, jufqu'en 1684.

DRIADE AMOUREUSE (la), Paftorale, de *Troteret*, fieur *Davoft*. *Beauchamps* l'indique dans fes Recherches, fans date, avec *Ariftène*, l'*Amour triomphant*, & le *Ravifleur de Florife*, toutes Paftorales du même Auteur.

DROIT DU SEIGNEUR, par *Voltaire*, en cinq Actes, jouée en 1761, sous le nom de *l'Ecueil du Sage*; remise en trois Actes, le 30 Mai 1779. Voyez *Agatocle*.

DRUIDES (les), Tragédie, par M. *le Blanc*, mise au Théatre, le 7 Mars 1772. Elle eut douze repréfentations, & beaucoup de succès; elle fut interrompue à la treizieme, par un ordre du Roi, qui défendit de la continuer. Elle n'est pas encore imprimée.

DUC DE FOIX (le), par *Voltaire*. Voyez *Foix* (le Duc de), & *Adélaïde du Guefclin*.

DUC D'AQUITAINE (la Vie & Converfion de Guillaume), Tragédie, non repréfentée, imprimée en 1631, *in-4°*. Voici la fuite du titre : *Ecrite en vers, & difpofée par Actes, pour repréfenter fur le Théatre*. On ne peut pas plus foible.

DUC DE LUXEMBOURG (le) par un Anonyme. Voyez *Luxembourg*.

DUC D'OSSONNE (le), par *Mairet*. Voyez *Offonne*.

DUC DE SURREY, par *Boiffy*. Voyez *Surrey*.

DUEL FANTASQUE (le), ou *les Valets rivaux*, Comédie en un Acte, en vers, de huit fyllabes, de *Rofimont*, donnée en 1668, imprimée dans la même année, *in-12*: médiocre, & d'un comique forcé.

DUÉLISTE MALHEUREUX (le), Comédie, par *Guillaume de la Haye*, repréfentée en 1636. *Beauchamps* n'en apprend pas davantage.

DUPE AMOUREUSE (la), Comédie en

K ij

un Acte, en vers, par *Rofimont*, repréfentée en 1670, imprimée en 1671. Le fond
en eft comique, & la Piece affez bien conduite.

DUPE DE SOI-MÊME (la), Comédie en
un Acte, en profe, de Mme. *de Richebourg*, non
repréfentée, imprimée en 1732, *in-8°*. Elle
eft imprimée dans le Roman, qui a pour titre
la Veuve en puiffance de Mari. *Beauchamps* en
indique une de ce nom, par l'Anonyme. Mme. *L.
G. D.* en cinq Actes, en vers : il n'y a pas
d'apparence que celle-ci foit de Mme. *de Richebourg*, comme on l'a prétendu.

DUPE DE SOI-MÊME (la), Comédie en
cinq Actes, de *Montfleury*, non repréfentée,
imprimée dans la derniere édition des Œuvres
de l'Auteur, en 1739, *in-12*.

DUPE DE LUI-MÊME (la), ou *le Méfiant
trompé*, Comédie en un Acte, en vers, de *J-B.
Rouffeau*, non repréfentée, imprimée à la fin de
l'édition des Œuvres de ce célebre Poëte, &
dans un Recueil intitulé *Porte-Feuille* de *J-B.
Rouffeau*; mais c'eft fous le titre de la *Dupe de
foi-même*.

DUPUIS & DESRONAIS, Comédie en
trois Actes, en vers, par M. *Collé*, repréfentée
le 17 Janvier 1763, imprimée en 1764. Elle
eft reftée au Théatre, où elle eft toujours revue
avec le même plaifir.

EAU

EAUX DE BOURBON (les), Comédie
en un Acte, en profe, avec un Divertiffement,

de *Dancourt*, jouée le 4 Octobre 1696, imprimée en 1697, *in*-12. Elle eut dix-huit repréfentations; elle eft comique, & écrite légérement; mais elle a été reprife fans fuccès, dans le mois de Juillet 1731.

EAUX D'EAUPLET (les), Comédie en un Acte, en profe, d'un Anonyme, non repréfentée : elle a été imprimée fans date, à Rouen; mais la critique de cette Piece l'ayant été dans cette Ville, *in*-12, il paroît naturel d'imaginer que cette Comédie l'a été dans la même année.

EAUX DE FORGES (les), Comédie en cinq Actes, en vers, de *J. Claveret*, non repréfentée, imprimée en 1617, *in*-12. *Mondony* & les Comédiens ne voulurent pas jouer cette Piece, parce qu'ils craignirent les applications, &, felon *Corneille*, parce qu'elle ne valoit rien.

EAUX DE MILLE FLEURS (les), Comédie en trois Actes, en profe, de *Barbier*, avec un Divertiffement, jouée à Lyon, dans la falle du Gouvernement, le 9 Février 1707, par les Acteurs de l'Opéra de cette Ville : il s'en faut tout qu'elle foit fupportable.

EAUX DE PASSY (les), Comédie en un Acte, en profe, par *de Vert*, jouée au Temple, en 1761. Elle avoit encore pour fecond titre, *les Coquettes à la mode*.

EAUX DE PIRMONT (les), Comédie en trois Actes, en vers, précédée d'un Prologue, par *Chappuzeau*, repréfentée au mois de Juin 1669, imprimée dans la même année, *in*-12. Elle fut jouée fur un Théatre de fociété, à Pirmont, avec fuccès.

K iij

EBAIS (les), par *Grevin.* Voyez *Esbahis,* à l'E.

ECLIPSE (l'), Comédie en un Acte, en profe, par *Dancourt,* repréfentée le 8 Juin 1721, non imprimée ; l'Auteur garda l'anonyme. Cette Piece ne feroit pas connue, fans les regiftres de la Comédie Françoife ; elle tombá à la troifieme repréfentation. *Beauchamps* en indique une de ce titre, non imprimée : il n'eft pas douteux qu'elle ne foit de ce Comédien.

ECOLE AMOUREUSE (l'), Comédie en un Acte, en vers libres, de M. *Bret,* jouée le 11 Septembre 1747, imprimée en 1748, *in-12.* Elle fut jouée huit fois, avec fuccès ; reprife dans la même année ; reftée au Théatre. Cette Piece eft tirée d'un des plus jolis endroits du *Paftor Fido.*

ECOLE DE LA JEUNESSE (l'), ou *le Retour fur foi-même,* Comédie en cinq Actes, en vers, de *la Chauffée,* repréfentée le 29 Février 1749, non imprimée ; elle n'eut que trois repréfentations.

ECOLE DE L'HYMEN (l') ou *l'Amante de fon Mari,* Comédie en trois Actes, en vers, précédée d'un Prologue, & fuivie d'un Divertiffement, par l'Abbé *Pellegrin,* donnée le 22 Septembre 1737. La premiere repréfentation fut tumultueufe ; les fuivantes n'attirant point affez de monde, l'Auteur la retira après la quatrieme, & ne l'a point fait imprimer : elle fut jouée fous le nom de *Moreau.*

ECOLE DES AMANTS (l'), Comédie en trois Actes, en vers, de *F. Jolly,* repréfentée le 18 Octobre 1718, imprimée en 1739, *in*-12. Cette Piece eft tirée du Conte du *Palais de la Vengeance*, de Mᵐᵉ. *de Murat*. Elle eut quinze repréfentations , avec le plus grand fuccès. Le comique en eft noble , & la verfification aifée. Elle fut remife au Théatre , le 4 Avril 1731 , avec prefqu'autant de fuccès que dans fa nouveauté. Il éft étonnant qu'on ne la joue plus.

ECOLE DES AMIS (l') , Comédie en cinq Actes, en vers, de *la Chauffée*, mife au Théatre, le 25 Février 1737, imprimée dans la même année , *in*-12. Elle fut interrompue dans fon fuccès, à la douzieme repréfentation , par l'indifpofition d'un Acteur ; elle fut reprife à la fin du Carême, & à la rentrée après Pâque, avec la même réuffite.

ECOLE DES BOURGEOIS (l') , Comédie en trois Actes, en profe , précédée d'un Prologue , par *Dalainval*, donnée le 26 Septembre 1728 , imprimée dans la même année , *in*-12 : quelques bonnes Scenes , le Prologue joli , mais le comique bas. Elle ne fut jouée que fept fois.

ECOLE DES COCUS (l'), ou *la Précaution inutile* , Comédie en un Acte , de *Dorimont*, jouée par la Troupe de *Mademoifelle* , en 1661, imprimée dans la même année , *in*-12 : divertiffante , mais d'un bas comique.

ECOLE DES FEMMES (l'), Comédie en cinq Actes, en vers , de *Moliere*, mife au Théatre, le 26 Décembre 1662 , imprimée en 1663 , *in*-12 ; elle eut trente & une repréfentations, & la plus brillante réuffite ; Piece excellente , parfaitement conduite, qui excita l'en-

K iv

vie & attira bien des critiques. Dans l'édition de 1734, *in-4°*, l'Editeur met la première re- préfentation de cette Piece, le 24 Juin 1651 : il s'eft trompé ; nous ne l'affirmons que d'après le regiftre de *Moliere.*

ECOLE DES FEMMES (la Critique de l'), par *Moliere.* Voyez *Critique de l'Ecole des Femmes, Panégyrique* de l'*Ecole des Femmes.*

ECOLE DES FILLES (l'), Comédie en cinq Actes, en vers, de *Montfleury*, repré- fentée en 1666, à l'Hôtel de Bourgogne, impri- mée dans la même année, *in-*12 : elle eut peu de fuccès ; elle eft foible d'intrigue & de conduite.

ECOLE DES JALOUX (l'), ou *le Cocu volontaire*, Comédie en trois Actes, en vers, par *Montfleury*, jouée & imprimée en 1664. Cette Piece eft dediée aux *Cocus.* C'eft une Farce plaifante, qui eut du fuccès dans fes re- prifes ; le premier titre a été changé, fous celui de la *Fauffe Turquie.*

ECOLE DES MARIS (l'), Comédie en trois Actes, en vers, de *Moliere*, repréfentée pour la première fois fur le Théatre du Palais Royal, le 4 Juin 1662, avec le plus grand fuccès. Cette Piece eft un chef-d'œuvre en tout point : elle avoit été jouée, l'année précédente, devant le Roi, chez M. *Fouquet*, Surintendant des Finances, où elle s'attira les éloges de Sa Majefté & de toute fa Cour. C'eft la pre- miere Piece qui fut repréfentée au Palais Royal, & la premiere que *Moliere* fit imprimer. Il l'a dédiée à *Monfieur*, la Troupe qu'il diri- geoit alors n'étoit point au Roi : c'étoit celle des Comédiens de *Monfieur.*

ECOLE DES MERES (l') , Comédie en
cinq Actes; en vers, de *la Chauffée* , donnée
le 27. Avril 1744 , imprimée dans la même
année, *in-12* ; elle eut treize repréfentations,
& beaucoup de fuccès ; elle fut reprife le 9
Décembre de la même année , avec le même
nombre de repréfentations , & autant de réuffite.

ECOLE DES MŒURS (l') , Comédie en
cinq Actes, en profe , de M. *de Falbaire*, jouée
le 13 Mai 1776. L'Auteur la retira après la
premiere repréfentation. Elle méritoit plus de
fuccès ; imprimée.

ECOLE DES PERES (l') , Comédie en
cinq Actes , en vers, de *Baron* , non repréfentée , imprimée en 1736 , *in-12*. Cette
Piece fut trouvée dans les papiers de ce Comédien , après fa mort. Il eft vraifemblable que
c'eft la même que *les Adelphes* , corrigée ,
jouée en 1705 , qui n'avoit pas été imprimée
alors. Le Pere *Ducerceau* eft l'Auteur d'une
Piece de l'*Ecole des Peres* , ainfi que *Piron*.

ECOLE DES PETITS-MAÎTRES (l') ,
Comédie , par un Anonyme, mife au Théatre
du College des Quatre Nations , le 11 Août
1740 , non imprimée.

ECOLE DU MONDE (l') , Comédie en
un Acte , en vers libres, de l'Abbé *de Voifenon*, repréfentée le 14 Septembre 1739 , imprimée dans la même année , *in-12* , fans nom
d'Auteur. Cette Piece remplie d'efprit fut précédée de l'*Ombre de Moliere* , de la même main ;
& fuivie du *Médecin de l'Efprit* & d'*Efope au
Parnaffe*. Cette Piece, trop métaphyfique, n'eut
qu'une repréfentation , ainfi que le Prologue en

Dialogues, fous le nom de *Moliere*; imprimée avec cette Comédie, chez *Duchefne*, dans les Œuvres de l'Abbé de *Voifenon*.

ECOLIER DE SALAMANQUE (l'), par *Scarron*. Voyez *Généreux Ennemis*.

ECOLIERS (les), Comédie en cinq Actes, en profe, par *la Rivey*, jouée en 1518, imprimée en 1579, *in*-12 : affez bien faite pour le temps.

ECOLIERS (les), Comédie en cinq Actes, en vers, de quatre pieds, par *François Perrin*, donnée en 1589, imprimée dans la même année, *in*-12 : médiocre. Le même ancien Auteur a fait une Tragédie de *Jephté*, qui n'eft pas imprimée.

ECOSSAISE (l'), ou *le Défaftre*, Tragédie de *Montchrétien*, repréfentée en 1605, imprimée en 1627, *in*-8°. Elle renferme l'Hiftoire entiere de *Marie Stuard*. Elle plaît par l'intérêt, mais elle eft très-mal verfifiée pour le temps même.

ECOSSAISE (l'), Comédie en cinq Actes, en profe, de *Voltaire*, mife au Théatre, le 26 Juillet 1760, imprimée dans la même année, *in*-8°; elle eut quatorze repréfentations. Jamais Piece de Théatre n'a tant fait de bruit, & occafionné plus de critiques. *La Grange* la mit en vers libres, & la donna au Théatre Italien, le 20 Septembre, où elle n'eut qu'un foible fuccès; il parut à l'Opéra-Comique une Parodie critique, fous le nom de l'*Ecoffeufe*, & une autre fous celui de la *Petite Ecoffeufe*. Elle eft reftée au Théatre, où elle eft toujours revue avec le même plaifir.

ECUEIL DU SAGE (l'), Comédie, par *Voltaire*, repréfentée le 18 Janvier 1762. C'eft la même que *le Droit du Seigneur*. L'Auteur la retira, pour ÿ faire des corrections.

ECUYER (l'), ou *les faux Nobles*, mis au Billon du temps, dédiée aux *vrais Nobles de France*, Comédie en cinq Actes, en vers, par *Claveret*, donnée en 1629, imprimée en 1666, *in*-12 ; Piece allégorique à la recherche qui fe fit dans ce temps-là, *des Faux Nobles* : affez plaifante.

EDOUARD, *Roi d'Angleterre*, Tragédie, de *la Gambe*, dit *Château-Vieux* ; récitée publiquement devant Charles IX, & Henri III, Roi de France, non imprimée, non plus que la Tragédie de *Roméo* & *Juliette*, & les Comédies d'*Alaigre*, du Capitaine *Bonbouffle*, de *Jodes*, & plufieurs autres Pieces du même Auteur. Voyez *Beauchamps*, dans fes Recherches du Théatre, tome 1, page 464.

EDOUARD, *Roi d'Angleterre*, Tragédie de la *Calprenede*, repréfentée en 1639, imprimée en 1640, *in*-4°. Elle a quelques beautés de détail, mais du refte bien foible.

EDOUARD III, Tragédie, de *Greffet*, jouée le 22 Janvier 1740, imprimée dans la même année, *in*-12; elle eut neuf repréfentations : coup d'effai de l'Auteur, dans lequel on découvrit de grandes beautés. C'eft la premiere Piece où il a été hafardé de faire tuer un des perfonnages en préfence des Spectateurs. Cette hardieffe réuffit : l'action fut à la vérité exécutée parfaitement, par le célebre *Dufrene*, qui jouoit le Rôle d'*Arondel*.

EFFET DE LA PRÉVENTION (l'), Comédie en un Acte, en profe, par un Anonyme, donnée le 10 Février 1730; elle tomba à la premiere repréfentation, non imprimée. Elle eft indiquée dans *le Mercure de France*, année 1730, en Février, page 339, auffi fans nom d'Auteur.

EFFETS DE LA PRÉVENTION (les), Comédie en un Acte, en profe, de *Croquet*, non repréfentée, imprimée dans les *Saturnales Françoifes*, en 1736, *in-8°*. Quelques Ecrivains prétendent que c'eft la même que celle de ce titre anonyme qui tomba fur le Théatre François à la premiere repréfentation.

EFFETS DE LA PRÉVENTION (les), par M. le Bailli *du Rollet*. Voyez *Caractere* (les Effets du).

EGERIE, Comédie en un Acte, en profe, fuivie d'un Divertiffement par *Saint-Foix*, repréfentée le 4 Septembre 1747; elle tomba à la premiere repréfentation, & ne fut pas imprimée alors; elle l'a été depuis dans les Œuvres de l'Auteur, avec des corrections.

EGISTE, Tragédie de *Seguineau* & de *Pralard*, jouée le 18 Novembre 1721, non imprimée; elle n'eut que cinq repréfentations.

EGIPTUS, Tragédie de *M. de Marmontel*, donnée le 5 Février 1653, non imprimée; elle fut annoncée & affichée pour le Mercredi fuivant, mais l'Auteur la retira après la premiere repréfentation.

EGIPTIENNE (la belle), par *Salebray*. Voyez *Belle Egiptienne*.

EGLOGUE, ou *Bergerie*, de *Fernand Bez*,

non repréſentée, imprimée en 1563, *in* 8° : Piece allégorique à quatre perſonnages, Criſtin repréſentant J. C.; Criſtine, l'Egliſe; Pierre & André figurant les bons Paſteurs. Le même Auteur a fait une ſeconde Piece, ſous le même titre, qui eſt auſſi allégorique & dans le même goût.

EGOÏSME (l'), Comédie en cinq Actes, en vers, de *M. de Cailhava*, miſe au Théatre le 19 Juin 1777, imprimée dans la même année, *in*-8°; elle eut ſix repréſentations, & l'approbation de tous les vrais Connoiſſeurs; reſtée au Théatre, où elle eſt toujours revue avec plaiſir. Sa premiere repriſe eſt du 4 Janvier 1778, ſuivie de *Pourceaugnac*; elle l'a été depuis plúſieurs fois.

ELECTION DIVINE DE SAINT NICOLAS (l'), par *Soret*. Voyez *Nicolas*.

ELECTRE, Tragédie de *Laz. Baif*, donnée & imprimée en 1530, *in*-8°. Le même Auteur a fait auſſi une Tragédie d'*Hecuba*, qui a été publiée dans la même année. Voici la ſuite du titre d'*Electre* : *contenant la vengeance de l'inhumaine & très-piteuſe mort d'Agamemnon*, *Roi de Mécene ; la grande , faite par ſa femme Clitemneſtre & ſon adultere Egiptus , traduite du Grec de Sophocle , ligne pour ligne , vers pour vers, en rimes françoiſes.*

ELECTRE, Tragédie de *Pradon*, jouée le 17 Décembre 1677 ſur le Théatre *de Guénégaud*, non imprimée, elle eut huit repréſentations : rien de plus foible que cette Piece. Il eſt ſurprenant que *Beauchamps* n'en ait point fait mention dans ſes Recherches.

Electre, Tragédie par le Baron de *Longepierre*, jouée le 22 Février 1719, imprimée en 1630 ; elle n'eut que fix repréfentations au Théatre du Palais Royal : quoiqu'elle eût acquife une grande réputation à celui de l'Hôtel de Conty, à Verfailles, où elle avoit été repréfentée en 1702, & fur d'autres Théatres de fociété où elle avoit été auffi extraordinairement admirée, *Baron* & *Rofely*, retirés alors, y remplirent les Rôles d'Orefte & d'Egifte, ce qui augmenta les applaudiffements ; elle n'a cependant pas été reprife.

Electre, Tragédie de *Crébillon*, mife au Théatre le 14 Décembre 1708, imprimée en 1709, *in-8°* ; elle eut quatorze repréfentations, & en auroit eu un plus grand nombre, fans le froid exceffif qui furvint & qui obligea les Comédiensà fermer leur Théatre ; elle fut repréfentée deux fois dans le foyer, à caufe de la forte gelée qu'il fit ces jours-là. Elle eft reftée au Théatre, & paffe pour être, après *Rhadamifte*, le chef-d'œuvre de cet illuftre Tragique.

Electre, Tragédie du Baron de *Walef*, jouée & imprimée à la Haye, en Hollande, en 1731, *in-8°*, dans le troifieme Tome de fes Œuvres diverfes.

Electre, Tragédie en profe, de M. *l'Archer*, repréfentée en fociété, imprimée en 1750, *in-8°*. Cette Piece eft une traduction de l'*Electre* d'*Euripide* qui a été favorablement accueillie des Connoiffeurs.

Elype, *Comteffe de Salbery*, Tragédie de *René Flacé*, repréfentée en 1579, au Marais, imprimée dans la même année, *in-12*, au Mans.

ELISABETH (Sainte), Tragédie en trois Actes, en vers, avec des Chœurs, par *le Ville*, donnée en 1658. On n'a point de certitude qu'elle ait été imprimée.

ELMIRE, ou *l'Heureuse Bigamie*, Tragédie, jouée en 1615, imprimée en 1628, *in-8°* : médiocre & foiblement verfifiée. *le Bigre* a traité ce sujet en 1650, sous le titre d'*Adolphe*, ou *du Bigame généreux*.

ELOMIRE HYPOCONDRE, ou *les Médecins vengés*, Comédie en cinq Actes, en vers, par *Boulanger de Challuſſay*, mise au Théatre en 1653, imprimée en 1670, *in-12*. Le titre de cette Piece satyrique eſt l'anagramme du nom de *Moliere*. Le même Auteur a fait *l'Abjuration du Marquiſat*, dont le Privilege eſt daté du premier Décembre 1669, qui comprend auſſi *Elomire* ; mais on ignore ſi *l'Abjuration du Marquiſat* eſt imprimée.

EMBARRAS DE GODARD, ou *l'Accouchée*, Comédie en un Acte, en vers, de *Viſé*, repréſentée dans le mois d'Octobre 1667, ſur le Théatre du Palais Royal, imprimée en 1668, *in-12* ; elle eut du ſuccès, quoiqu'elle ſoit médiocre & d'un bas comique ; elle fut cependant jouée à Verſailles, devant le Roi, après la S. Hubert.

EMBARRAS DU CHOIX (l'), Comédie en cinq Actes, en vers, de *Boiſſy*, jouée le 11 Décembre 1741, imprimée en 1742, *in-8°* ; elle fut jouée ſept fois. C'eſt une Piece d'invention ; elle fut interrompue, après la cinquieme repréſentation, par l'indiſpoſition d'une Actrice ;

elle fut reprife depuis, mais avec peu de fuccès.

EMBARRAS DU DERRIERE DU THÉATRE (les), Comédie en cinq Aĉtes, en profe, par l'Abbé *Brueys*, non repréfentée, imprimée en 1751, *in*-12. Dans la derniere édition des Œuvres de l'Auteur, *Palaprat* y a aufli travaillé.

EMBRION ROMAIN (l'), Tragédie de *Bernier de la Brouffe*, donnée en 1612, imprimée en 1617, *in*-8°, après la mort de l'Auteur.

EMILIE, Comédie, d'un Anonyme, jouée & imprimée en 1609, *in*-12, en françois, l'italien à côté. Cette Piece eft traduite de l'italien de *Loys Groto*, Aveugle d'Adria.

EMILIE, ou *le Triomphe du Mérite*, Comédie en cinq Aĉtes, en profe, du Baron de *Bielfeldt*, non repréfentée, imprimée en 1753, *in*-8°.

EMILIE, ou *le Triomphe des Arts*, Comédie en cinq Aĉtes, en profe, de *Cloudet*, non repréfentée, imprimée en 1763, *in*-12.

EMPYRIQUES (les), Comédie en trois Aĉtes, en profe, de l'Abbé *Brueys*, jouée le 4 Juin 1697, imprimée en 1698, *in*-12 : peu d'invention dans le fujet, & très-foible dans la marche théatrale. *Palaprat* y a aufli travaillé.

ENDIMION, Tragédie par Mademoifelle *Françoife Pafcal*, non repréfentée, imprimée en 1657, *in*-12.

ENDIMION, ou *le Raviffement*, Tragédie par *de la Morelle*, jouée en 1630, non imprimée.

ENDIMION, Tragédie, par un Anonyme, repréfentée le 21 Juillet 1681, non imprimée ;

elle

ëllë eut ohze repréſëntations, & fut jouée deuẍ fois devant le Roi, à la Cour. *Beauchamps* indique dans la Table alphabétique de ſes Recherches, une Piece de ce titre par *la Morelle*, B. D. F. ſans chiffre de renvoi; & une ſeconde du même nom de *Françoiſe.Paſcal* de Lyon, page 352 du tome II, mais elle ne s'y trouve point. Il y a lieu de penſer que la Tragédie anonyme, dont il eſt ici mention, eſt la repriſe de *l'Endimion* de *la Morelle*.

ENFANTS (les), Comédie en trois Aĉtes, en proſe, de *Tiphaigue*, non repréſentée, impri-mée en 1756, *in-12*.

ENFANTS DANS LA FOURNAISE (lès), Tragédie *de la Croix*, repréſentée en 1561, imprimée dans la même année, *in-8°*. Cette Piece eſt très-médiocre; elle eſt tirée du troiſieme Chapitre de *Daniel*; elle eſt ſans diſtinĉtion d'Aĉtes ni de Scenes.

ENFANTS DE PARIS (les), Comédie en cinq Aĉtes, en vers libres, de *Dancourt*, donnée le 3 Oĉtobre 1704, imprimée en 1705, *in-12*: toute médiocre qu'elle eſt, elle eut dix-ſept repréſentations; ce ſuccès fut dû au jeu des Aĉteurs, car à ſa repriſe, le 28 Septembre 1740, elle n'en eut point. Cette Comédie avoit déjà paru le 18 Décembre 1699, ſous le titre de *la Famille à la mode*. Voyez *Famille à la mode*.

ENFANTS DE TURLUPIN, MALHEUŔEUX DE NATURE (les), Tragédie en quatre Aĉtes, en vers de dix ſyllabes, où l'on voit les fortunes dudit *Turlupin*. C'eſt le titre en entier de cette Piece anonyme imprimée ſans date à Roüen.

Tome I.   L

· Enfant gaté (l'), ou *le Débauché de la Haye , détaillant les principales fourberies de notre temps :* c'eſt la ſuite du titre, par un Anonyme , imprimée à Delpht , en 1682, *in*-12.

Enfant gaté (l'), Comédie en un Acte, par un Anonyme, miſe au Théatre le 23 Août 1697, non imprimée ; elle fut précédée *d' Œdipe.* Cette Piece n'eſt connue que par les regiſtres de la Comédie Françoiſe, n'ayant point été imprimée.

Enfant gaté (l'), ou *la Belle orgueilleuſe,* de *Deſtouches.* Voyez *Belle Orgueilleuſe.*

Enfant Jesus (l') , Tragédie de *Cl. Mucée,* non repréſentée·, imprimée en 1729, *in*-12 : bonne à être jouée dans des Couvents de Nones. L'Auteur étoit Hermite.

Enfant ingrat (l') , Comédie d'un Anonyme, repréſentée & imprimée en 1660.

Enfant Prodigue (l'), Comédie Françoiſe d'*Ant. Tyron,* jouée & imprimée à Anvers, en 1564, *in*-12; elle eſt auſſi froide qu'ennuyeuſe.

· Enfant Prodigue (l'), Comédie en trois Actes, en vers, par le *P. Ducerceau,* jouée ſouvent dans les Colleges, imprimée dans ſes Œuvres en 1720 , *in*-8°. Cette Piece avoit d'abord été écrite en latin.

Enfant Prodigue (l'), Comédie en cinq Actes, en vers de dix ſyllabes, de *Voltaire,* repréſentée, ſans avoir été annoncée ni affichée, le 10 Octobre 1736, *in*-8°; elle eut vingt-ſept repréſentations. Le ſecret fut ſi bien gardé, que l'Auteur ne fut connu que quelques jours après:

c'eft fa premiere Piece en vers de dix fyllabes; on n'en avoit point donné depuis long temps de cette mefure; elle fut interrompue après la vingt-deuxieme repréfentation, par l'indifpofition d'une Actrice; elle fut reprife le 12 Janvier de l'année fuivante, avec la méme réuffite; elle eft reftée au Théatre, où elle eft toujours revue avec un égal plaifir. Outre les Pieces de ce titre, placées avant celle-ci, il en eft encore plufieurs de ce nom que l'on a omifes, parce que ce font des moralités qui ont paru fur le Théatre avant *Jodelle.*

ENFER DIVERTISSANT (l'), Comédie de *Sailebray,* indiquée dans la Table alphabétique des Recherches de *Beauchamps*; le renvoi tome II, page 197, à *Sallebray ;* la Piece indiquée oubliée.

ENGAGEMENTS DU HASARD (les), Comédie en cinq Actes, en vers, de *Thomas Corneille,* repréfentée avec beaucoup de fuccès, en 1647, imprimée en 1651, *in-*12. C'eft la premiere Pièce de l'Auteur; la crainte de tomber lui fit garder l'anonyme pendant quelque temps; elle eft tirée de deux Pieces de l'Efpagnol *Calderon*: la premiere du même titre que fa Piece; la feconde intitulée *la Maifon à deux portes difficile à garder.* L'*Inconnu* de *Boifrobert* eft auffi tiré de *Calderon,* & fut joué avant *les Engagements du Hafard ;* ce qui donna de l'inquiétude à *Thomas Corneille,* dans la crainte qu'il ne fût accufé de plagiat.

ENGAGEMENTS INDISCRETS (les), Comédie en un Acte, en profe, par M. *de Vaux,* jouée le 28 Octobre 1752, imprimée en 1753, *in-*12; elle fut jouée fept fois. L'Auteur l'avoit d'abord compofée en trois Actes, mais il en crut les conseils de ses amis & des Comédiens. On a une Pastorale de feu M. *de Morand*, intitulée *Agatine*, jouée aux Italiens le 12 Décembre 1738, imprimée en 1751, *in*-12, qui a quelque ressemblance à celle qui est en tête de cet article.

ENGOUEMENT (l'), Comédie en trois Actes, en prose, par Madame *de Stal*, non représentée, imprimée dans ses Œuvres en 1755, *in*-12.

ENLÉVEMENT DE LA CHASSE DE SAINT FLORENT (l') Patrone de la Ville de Roye, par ordre de Louis XI, l'an 1475, Tragédie en vers, par *Lessequin*, Chanoine de la Collégiale, jouée en cette Ville en 1708, imprimée dans la même année, *in*-12. Cette Piece étant devenue fort rare, elle a été imprimée en 1757, *in*-8°.

ENLÉVEMENT IMPRÉVU (l'), Comédie en un Acte, en prose, par *de Morand*, non représentée, imprimée dans ses Œuvres, en 1751, *in*-12, tome II.

ENLÉVEMENTS (les), Comédie en un Acte, en prose, de *Baron*, mise au Théatre le 6 Juillet 1686, imprimée dans la même année, *in*-12; l'intrigue commune, le tout médiocre; elle fut cependant joueé huit fois; elle ne l'a pas été depuis.

ENTÊTÉ (l'), Comédie en un Acte, en prose, par un Anonyme, donnée le 31 Juin 1664, non imprimée; elle n'eut que deux représentations; elle n'est connue que par les regiftres de la Comédie Françoise; elle fut précédée d'*Iphigénie en Aulide*.

ENTÊMENT RIDICULE (l'), Comédie en un Acte, en prose, par un Anonyme, représentée le 15 Octobre 1699, non imprimée; elle

fût précédée du *Dépit Amoureux* ; elle fut jouée
huit fois ; elle eſt indiquée par les regiſtres du
Théatre François.

ENVIEUX (l'), Comédie en un Acte, en
proſe, de *Néricault Deſtouches*, repréſentée le
3 Mai 1727, non imprimée ; elle fut jouée trois.
fois. C'eſt une critique du *Philoſophe marié* de
l'Auteur, faite par lui-même ; elle a été imprimée
depuis dans les Œuvres de *Deſtouches*, mais bien
différente de ce qu'elle avoit paru dans ſa nouveauté.

EPHÉSIENNE (l'), ou *la Matrone d'Epheſe*,
Tragédie avec des Chœurs, de *Brinon*, donnée
en 1614, imprimée dans la même année, *in*-12 :
plaiſante pour le temps.

EPICARIS, Tragédie en cinq Actes,
repréſentée le 2 Janvier 1753. Elle fut attribuée à M. le Marquis de *Ximenès*. La recette
fut de 3500 liv. L'affluence des Spectateurs
ne contribua pas au ſuccès de ſon ouvrage.
On avoit beaucoup applaudi les trois premiers
Actes, on en cite encore pluſieurs vers ; mais on
ne pardonna point à un jeune homme d'avoir
eſſayé de peindre *Néron* après le grand *Racine*.
Nous penſons que le but de l'Auteur étoit
beaucoup plus moral que celui de la Tragédie
de *Britannicus*. Dans cette derniere, *Néron*
n'eſt puni que par la mort de *Narciſſe*, & il
importe au monde que la juſtice des Poëtes
ſoit un peu plus ſévere.

EPONINE, Tragédie de *M. de Chabanon*,
donnée le 16 Décembre 1762. L'Auteur l'a
retirée après la ſeconde repréſentation, pour y
faire quelques changements.

EPOUSE À LA MODE (l'), Comédie en trois Actes, en vers, par *M. de la Place*, mise au Théatre le 25 Octobre 1760, retirée après la premiere représentation, pour y faire des corrections ; elle n'est pas encore imprimée.

EPOUX MAGICIEN (l'), par *Descazeaux*. Voyez *Veuve* (la prétendue) à la lettre V.

EPOUX PAR SUPERCHERIE (l'), Comédie en deux Actes, en vers, par *Boiſſy*, donnée le 9 Mars 1744, imprimée dans la même année, *in*-12 ; elle fut jouée dix fois, très-applaudie & très-bien rendue ; elle est restée au Théatre ; elle est tirée d'un Roman du Chevalier *de Mouhy*, intitulé *Chimene de Spinelli*.

EPOUX RÉUNIS (les), Comédie en trois Actes, en vers, de *Guyot de Merville*, représentée le 31 Octobre 1738, imprimée en 1739, *in*-12 ; elle eut neuf représentations. On reprocha à l'Auteur d'avoir tiré son sujet de la *Fauſſe Antipathie* ; il s'en est défendu dans sa Préface, comme il a toujours fait en pareille circonstance.

EPREUVE (l'), Comédie en trois Actes, imparfaite, trouvée dans les papiers de *Dufreſny*, après sa mort, brûlée par ses héritiers pour cause de conscience.

EPREUVE À LA MODE (les), Comédie en trois Actes, en vers, par *M. de la Place*, donnée le 25 Octobre 1760. L'Auteur la retira pour y faire des corrections.

EPREUVE DANGEREUSE (l'), Comédie en cinq Actes, par un Anonyme, donnée le 4 Août 1688, non imprimée ; elle est indiquée par les registres de la Comédie Françoise.

EPREUVE DANGEREUSE, de *Renout.* Voyez *Caprice* (le).

EPREUVE IMPRUDENTE (l'), Comédie en trois Actes, en vers, de *Mauger*, représentée le 4 Décembre 1748, sans succès, non imprimée.

EPREUVE INDISCRETTE (l'), Comédie en deux Actes, en vers, de *M. Bret*, jouée le 30 Janvier 1764; elle eut quatre représentations, en méritoit davantage. non imprimée.

EPREUVE DE LA PROBITÉ (l'), Comédie en cinq Actes, en prose, de *M. Baſtide*, non repréſentée, imprimée en 1762, *in - 12.* Cette Piece avoit été reçue pour être miſe au Théatre; mais des motifs qui n'ont point été pénétrés, n'ayant pu le permettre, l'Auteur retira ſa Piece, & la fit imprimer en 1762.

EPREUVE RÉCIPROQUE (l'), Comédie en un Acte, en proſe, par *Allain*, repréſentée en 1711, imprimée en 1712, *in-12. Legrand* retoucha cette Piece; elle eut du ſuccès, & eſt reſtée au Théatre, où elle eſt jouée peut-être trop ſouvent. Il n'eſt pas vrai qu'elle ſoit de *Lafont.*

EPREUVES DE LA VERTU (les), par M. *Diderot.* Voyez *Fils naturel.*

EQUIVOQUE (l'), Comédie en trois Actes, en proſe, par *le Charleville,* donnée à Toulouſe en 1629, imprimée dans la même année, *in-12.*

ERIGONE, Tragédie de *Deſmarets*, jouée ſans ſuccès en 1636, imprimée en 1639, *in-16.* Cette Piece eſt écrite en proſe, on ne peut plus foiblement; elle eſt toute d'invention.

L iv

ERIGONE, Tragédie de *la Grange-Chancel*, mife au Théatre le 17 Décembre 1731, imprimée en 1732, *in-*12; elle fut jouée huit fois: c'étoit beaucoup, car quoiqu'elle renferme quelques beaux endroits, elle eft bien foible de verfification. Cette Piece eft tirée de l'Hiftoire grecque.

ERIPHILE, Tragédie de *Voltaire*, repréfentée le 7 Mars 1732, non imprimée; elle eut douze repréfentations. L'ombre que l'Auteur fit paroître dans cette Piece ne prit pas auffi heureufement que dans *Sémiramis*; elle fut donnée à la clôture du Théatre, avec un Compliment qui fut fort applaudi & qui fut attribué à *Voltaire*; cette Tragédie fut continuée à la rentrée le 24 Avril fuivant.

ERIXENE, Tragédie de l'Abbé *Daubignac*, repréfentée en 1661, non imprimée; on ne connoît cette Piece que par un paffage de *Vifé*, tiré de la défenfe de la *Sophonisbe*, par lequel on apprend que l'Abbé *Daubignac* en a donné le fujet; qu'il a été trois ans à le méditer; que cette Tragédie a été jouée fur le Théatre du Marais, fous le nom d'un jeune homme, & qu'elle n'a pas réuffi. *Beauchamps* indique cette Piece en deux articles & fous deux noms différents. Il attribue la premiere à l'Abbé *Daubignac*, & la feconde à Madame *de Villedieu*. Ce qu'il y a de très-fûr c'eft qu'*Erixene* ne fe trouve point dans les Œuvres de cette Dame.

EROMENE, Paftorale en cinq Actes, en vers, par *Marcaffus*, donnée & imprimée en 1633, *in-* 8°. elle eft dédiée au Marquis de *Pontcourlay* : foible & fans invention.

Erostrate (les Amours d') ; Comédie de *J. Bourgeois*, repréſentée en 1545 , imprimée dans la même année, *in-16*. Cette Piece eſt traduite de l'Italien en vers de quatre pieds. Voici la ſuite du titre : *fils de Philogone de Catonie & de Polymneſte, fille de Damon*, Bourgeois d'Avignon.

Esau, ou *le Chaſſeur*, Tragédie avec des Chœurs, du Jéſuite *Béhourt*, donnée & imprimée en 1598. Cette Piece eſt tirée de la *Geneſe*; elle fut jouée au College des Bons-Enfants, à Rouen : elle eſt on ne peut pas plus mauvaiſe.

Esbahis (les) Comédie en cinq Actes, en vers de huit ſyllabes, de *Jacques Grevin*, repréſentée au College de Beauvais le 10 Février 1560, imprimée en 1561 , *in-8°* ; elle eut le plus grand ſuccès.

Escarbagnas (la Comteſſe d'), Comédie en un Acte, en proſe, de *Moliere*, miſe au Théatre le 8 Juillet 1672 : Farce d'un bon comique, peignant naïvement les ridicules de la Province. Cette Piece fut compoſée pour un Divertiſſement que le Roi donna à *Madame*, à Saint-Germain-en-Laye ; elle étoit alors en ſept Actes, compris une Paſtorale qui la ſuivoit, & ſes Intermedes. Ces agréments furent ſupprimés, quand on la repréſenta à Paris.

Esclave (la belle), de *l'Etoile*. Voyez *Belle Eſclave*.

Esclave couronnée (l'), Tragédie de *Bourſac*, jouée & imprimée en 1638, *in-4°*. le nom de l'Eſclave, Rôle principal, eſt *Iphigenie*.

ESOPE A LA VILLE, Comédie en cinq Actes, en vers, par *Bourfault*, précédée d'un Prologue, jouée le 10 Janvier 1690, imprimée dans la même année, *in*-12; elle eut quarante-trois repréfentations : à la premiere elle fut à la veille de tomber; à la feconde l'Auteur fit débuter l'Acteur principal par une Fable, dont le fujet étoit un Dogue qui vouloit empécher le Bœuf de brouter; elle finiffoit par ces vers :

> A tant d'honnêtes gens qui font devant vos yeux,
> Laiffez la liberté d'applaudir ce mêlange,
> Et ne reffemblez pas à ce Dogue envieux,
> Qui ne veut ni manger, ni fouffrir que l'on mange.

Cette Fable réuffit au point que la Piece eut la plus brillante & la plus longue réuffite; elle valut à *Bourfault* plus de 4000 livres pour fa part d'Auteur, fans ce que rapporta l'impreffion; elle eft reftée au Théatre, où l'on en defire depuis long temps la reprife; elle a été traduite en plufieurs langues, & a été repréfentée fur tous les Théatres de l'Europe avec les mêmes applaudiffements qu'à Paris.

ESOPE A LA COUR, Comédie en cinq Actes, en vers, mife au Théatre le 16 Décembre 1701, imprimée en 1702, *in*-12; elle eut dix repréfentations, & eft reftée au Théatre. Cette Piece fut jouée après la mort de l'Auteur. On a retranché à la repréfentation quelques Scenes qui font imprimées; elle eut du fuccès, malgré la fingularité du genre & la monotonie des Scenes; il y en a de bien attendriffantes,

entr'autres celle de *Rhodope* avec fa mere &
celle du dénouement.

ESOPE AU PARNASSE, Comédie en un
Acte, en vers, par *Peſſelier*, repréſentée le 14 Septembre 1739, imprimée dans la même année,
in-12, avec le Prologue de *l'Ombre de Moliere*;
le Médecin de l'Eſprit, de *G. de Merville*, & avec
l'Ecole du Monde, de l'Abbé de *Voiſenon*; la premiere réuſſit, elle fut jouée douze fois; & ſes
deux autres tomberent.

ESPÉRANCE GLORIEUSE(l'), ou *Amour*
& *Juſtice*, Tragédie par *Richemont de Bauchereau*,
donnée & imprimée en 1632, *in*-8°; elle eſt bien
foible, mais l'Auteur n'avoit que vingt ans quand
il la compoſa.

ESPRIT DE CONTRADICTION (l'),
Comédie en un Acte, en proſe, par *Dufreſny*,
jouée le 29 Août 1700, imprimée en 1707,
in-12; elle fut donnée dix fois, & eſt reſtée au
Théatre, où elle eſt toujours revue avec plaiſir.
C'eſt un chef-d'œuvre dans ſon genre; le ſtyle
en eſt vif, naturel, & le caractere bien ſoutenu.
On ne lui rendit pas la juſtice qu'elle méritoit dans
ſa nouveauté.

ESPRIT FOLLET (l'), Comédie en cinq
Actes, en vers, par *Douville*, repréſentée
à l'Hôtel de Bourgogne en 1641, imprimée dans
la même année, *in*-4°. & *in*-12; elle eut du
ſuccès parce qu'elle eſt divertiſſante, mais le
denouement en eſt mauvais.

ESPRIT FOLLET(l'), ou *la Dame inviſible*,
Comédie en cinq Actes, en vers, ſous le nom
d'*Hauteroche*, mais de *Thomas Corneille*, miſe au
Théatre le 22 Février 1684, imprimée en 1685,

in-12; elle n'eut d'abord que fix repréfentations & un foible fuccès; mais à fes reprifes elle fe releva, & eft reftée au Théatre; elle eft tirée de l'Efpagnol de *Caldcron* ; elle eft bien intriguée & fort plaifante, par la chaleur du jeu des Acteurs. Voyez *Invifible* (la Dame).

ESPRIT FORT (l'), ou *l'Argelie*, Comédie en cinq Actes, en vers, de *Claveret*, repréfentée en 1629, imprimée en 1637, *in*-8° : mauvaife & fans invention.

ESPRITS (les), Comédie en cinq Actes, en profe, par P. *Lanivay*, jouée dans le mois de Janvier 1577, imprimée en 1597 : le comique en eft plaifant; elle étoit bonne pour le temps.

ESSEX (le Comte d'), Tragédie par *la Cal-prenede*, donnée fur le Théatre de l'Hôtel de Bourgogne en 1638, imprimée en 1639, *in*-4° ; elle eft bien foible, mais fort intéreffante; elle eut du fuccès.

ESSEX (le Comte d'), Tragédie de *Thomas Corneille*, repréfentée au Théatre de l'Hôtel de Bourgogne le 22 Janvier 1678, imprimée en 1692, *in*-12; elle eft très-bien faite, elle eut un grand fuccès & eft reftée au Théatre, où elle eft toujours revue avec plaifir.

ESSEX (le Comte d'), Tragédie de l'Abbé *Boyer*, jouée le 25 Février 1678, imprimée dans la même année, *in*-12; elle fut jouée huit fois. C'eft la plus paffable des Pieces de cet Auteur, mais en beaucoup d'endroits elle eft calquée fur celle de *la Calprenede*.

ESTHER, Tragédie de P. *Mathieu*, jouée à Verfel en 1578, & en 1583 fous le titre de *l'Hif-toire tragique d'Efther* ; elle eut le plus grand fucsès; elle fut imprimée à Lyon en 1585. Quelques années après l'Auteur la refondit & en compofa deux autres Pieces, l'une fous le nom d'*Aman*, & l'autre de *Vafthi*, qu'il ne publia qu'en 1580 avec fa *Clytemneftre*. La Tragédie qui fait la matiere de cet article fut imprimée pour la premiere fois en 1584, avec une Paftorale du même Auteur & d'autres Poéfies. *Ant. Ledevin* a auffi publié une Piece fous le nom d'*Efther*, qui n'a point été imprimée; & *Ville-Touflaint* en a fait jouer une à Rouen, du même nom dont il a paru une édition dans cette Ville, fans date, vers l'année 1622.

E s t h e r , Tragédie de *du Ryer*, jouée à l'Hôtel de Bourgogne en 1643, imprimée dans le troifieme volume du Théatre François; elle eft très-foible & fort ennuyeufe, imprimée à Rouen.

E s t h e r , Tragédie de *Racine*, donnée le 8 Mai 1721, imprimée en 1689, *in-*4°; elle ne fut jouée que huit fois. Cette Piece l'avoit été long-temps auparavant à Saint-Cyr, devant le Roi & toute la Cour, avec le plus grand fuccès. Trois ans après, l'Auteur la réduifit en trois Actes, retrancha les Chœurs, & la donna au Théatre de Paris, où elle n'eut pas tant de réuffite qu'il s'en étoit flatté.

E t é d e s C o q u e t t e s (l') , Comédie en un Acte, en profe, par *Dancourt*, repréfentée le 12 Juillet 1690; elle eut douze repréfentations, imprimée en 1701, *in-*12, dédiée à Madame la Princeffe *de Conty*. Elle eft très-agréable & vivement écrite; elle eft reftée au Théatre, où elle y reparoît fouvent.

ETHIOPIQUE (l') , ou *les Chaſtes Amours de Théagene , & de Chariclée* , Tragédie, de *C. Genetay* , donnée en 1609, imprimée dans la même année , *in*-12 : mauvaiſe ; elle renferme la concluſion du Roman de *Théagene & Chariclée.*

ETOURDERIE (l') , Comédie, par *Fagand.* Voyez *Caracteres de Thalie* , (les).

ÉTOURDI (l') , ou *les Contretemps* , Comédie en trois Actes , en vers, de *Moliere* , repréſentée pour la premiere fois à Lyon , en 1653 , par ſa Troupe , & à Paris , le 3 Décembre 1658 , pour l'ouverture du Théatre du Petit-Bourbon , où elle eut, comme à Lyon , le plus grand ſuccès. Elle eſt reſtée au Théatre , où elle eſt toujours revue avec plaiſir. C'eſt la premiere Piece ſortant des Comédies de ce temps-là , le goût italien & eſpagnol étant alors le dominant : elle annonçoit d'avance les grands talents que ce célebre Comique a ſi bien fait briller depuis.

ETRANGER (l') , Comédie en un Acte, en vers, de *Lebrun* , non repréſentée, imprimée en 1720 , *in*-12. On en trouve le ſujet dans le Roman intitulé *les Aventures de Calliope.* Cette Piece fut attribuée à l'Abbé *Bouvet.*

ETRANGER (l') , Comédie en un Acte , en vers, de l'Abbé *Bonnet* , miſe au Théatre , le 9 Août 1741 , non imprimée ; elle n'eut que deux repréſentations , quoique la tradition apprenne que cette Piece n'avoit pour objet que l'éloge du Roi ; du reſte elle n'eſt connue que par les regiſtres de la Comédie Françoiſe.

ETRENNES DE L'AMOUR (les), Co-
médie en un Acte, en profe, mêlée de Chants
& de Danfes, par M. *de Cailhava*, repréfentée
le premier Janvier 1769 : elle eut quinze repréfentations, & beaucoup de fuccès. Elle eft
reftée au Théatre.

EUDOXE, Tragédie, de *G. Scudéry*,
donnée en 1639, imprimée en 1641, *in-4°.*
Cette Piece eft tirée du Roman de l'*Aftrée*. Elle
eft foible, & mal dialoguée.

EUGENE, ou *la Rencontre*, Comédie en
cinq Actes, en vers de huit fyllabes, précédée d'un Prologue, par *Jodelle*, donnée en
1552, imprimée en 1574, *in-4°.* C'eft la
feconde Piece de cet ancien Auteur : elle
eft paffablement bonne pour le temps. Elle fut
jouée devant le Roi Henri II, au College de
Rheims, avec de grands applaudiffements, &
la feconde fois à celui de Boncourt. Voyez
Rencontre (la).

EUGÉNIE, Tragédie, en trois Actes, en
vers, de *Cora de Blaifabois*, non repréfentée,
imprimée en 1676, *in-12*; le même Auteur
a fait encore *Fillon*, *réduite à l'Hiftoire de
Marthe le Vayer*, ou *Mademoifelle de Say*,
& la *Corneille de Mademoifelle de Say*; trois
Comédies imprimées à Leyden en Hollande,
trop indécentes, pour avoir jamais été repréfentées que dans des B.... On a cependant de
ce même Auteur une Tragédie intitulée *Sainte
Reine*.

EUGÉNIE, Tragédie, par *le Fevre*, incertaine, imprimée en 1678. Cette Piece n'eft
connue que par des Catalogues, dans lefquels

elle eft indiquée : tout ce qu'on en fait, c'eft que l'Auteur étoit Curé de Ville.

EUGÉNIE, Comédie en cinq Actes, en profe, de M. *de Beaumarchais*, donnée avec fuccès, le 29 Janvier 1767; elle eut feize repréfentations : reftée au Théatre, où elle fait toujours le même plaifir.

EULOGE, ou *le Danger des Richeffes*, Tragédie en trois Actes, en vers, du *P. Ducerceau*, jouée au College de Louis-le-Grand, par les petits Penfionnaires, le 2 Juin 1725.

EUNUQUE (l'), Comédie en cinq Actes, en vers de quatre pieds, par *Baïf*, donnée en 1531, imprimée en 1567, *in-8°*. Outre les Pieces imprimées de cet Auteur, il a fait encore la *Médee*, les *Trachinies de Sophocle*, Tragédies; le *Plutus* d'*Ariftophane*, & l'*Heantontuniorumenos* de *Térence*, Comédies; mais toutes ces Pieces font manufcrites, & ne font pas imprimées.

EUNUQUE (l'), Comédie en cinq Actes, en vers, par *la Fontaine*, jouée en 1654, imprimée dans la même année, *in-4°*. Elle eft tirée de *Térence* : foible, & fans intérêt; elle fut encore imprimée en 1744, *in-12*, dans un Recueil de Poéfies de l'Auteur.

EUNUQUE (l'), ou *la Fidelle Infidélité*, Tragédie burlefque, par M. *Grandval*, ci-devant Comédien du Roi, repréfentée à la Barriere-Blanche, en 1749, imprimée en 1750, *in-8°*. C'eft une Piece bouffonne & plaifante, qui ne peut amufer que des gens fans connoiffance du Théatre & fans goût.

EURIMEDON,

EURIMEDON, ou *l'Illuſtre Pirate*, Tragi-Comédie, de *Desfontaines*, jouée & imprimée en 1637, *in* 8° : mal conduite, & remplie d'inutilités.

EUROPE, Comédie héroïque, en cinq Actes, en vers, par *Deſmarets*, repréſentée en 1673, imprimée en 1683, *in*-4°. C'eſt une allégorie ſur les affaires du temps. Elle fut donnée ſur le Théatre de l'Hôtel de Bourgogne, ce qui la fit attribuer au Cardinal *de Richelieu*, dont l'amour-propre étoit flatté d'en être ſoupçonné l'Auteur. *Deſmarets*, qui y trouvoit ſon compte, entretenoit par un ſilence adroit, cette opinion. Il avoit commencé une autre Tragédie, intitulée *Annibal*, & une Comédie ſous le nom du *Charmeur charmé*; mais l'Eminence protectrice étant venu à mourir, il ne mit point au jour ces deux Pieces.

EUROPE (l'), Comédie héroïque, par un Anonyme, non repréſentée, imprimée en 1638. Les Acteurs de cette Piece ſont tous les Etats de cette partie du monde, qui ſur la Scene caractériſent les défauts de chacune des Nations qui l'habitent. Le bruit courut lorſqu'elle fut publiée, que le Cardinal *de Richelieu* en étoit l'Auteur, & qu'il l'avoit compoſée pour répondre aux libelles qu'on avoit répandus contre lui dans preſque tous les Royaumes étrangers.

EUSTACHE (S.), Tragédie *de Boiſſin de Gaillardon*, jouée en 1618, imprimée en 1619, *in*-4° : paſſable pour le temps.

EUSTACHE, *Martyr* (S.), Poëme Dramatique, *de Balth. Baro*, repréſentée en 1649,

Tome I.   M

imprimée dans la même année, *in*-8°. C'eſt, à peu de choſe près, la même que la précédente Piece. *Baro* ne l'a pas rendue meilleure.

EUSTACHE (S.), Tragédie, par *des Fontaines*, jouée & imprimée en 1643, *in*-4°: mauvaiſe, trop chargée d'événements.

EXTRAVAGANCE (la double), Comédie en trois Actes, en vers, par M. *Bret*, miſe au Théatre avec ſuccès, le Lundi 27 Juillet 1750, imprimée dans la même année, *in*-8°: elle eut douze repréſentations; repriſe le 15 Mai 1751, elle fut jouée cinq fois. Elle eſt reſtée au Théatre, où elle y reparoît aſſez ſouvent.

F A B

FABRICANT DE LONDRES (le), Comédie en cinq Actes, en proſe, de M. *Fenouillot de Falbaire*, repréſentée le 12 Janvier 1771. L'Auteur la retira le lendemain, pour y faire des changements.

FACHEUX (les), Comédie en trois Actes, en vers, par *Moliere*, miſe au Théatre du Palais Royal le 4 Novembre 1661. Elle fut d'abord repréſentée à Vaux, aujourd'hui *Praſlin*, pour la fameuſe fetê que M. *Fouquet*, Surintendant des Finances, donna au Roi & à la Reine-Mere, le 16 Août de la même année 1661, & à Fontainebleau le 27 du même mois; elle fut compoſée, appriſe & jouée en quinze jours. Elle fut précédée d'un Prologue de la façon de *Peliſſon*: elle fut entremêlée de trois Intermedes dans les repréſentations qui ſe firent devant le Roi. Cette Piece eut un ſuccès prodigieux à la Cour & à Paris; elle eſt imprimée dans le ſecond Tome des Œuvres de *Moliere*; reſtée au Théatre, où elle fait toujours plaiſir. Il y a long temps qu'elle n'a été repriſe, & le vœu général eſt qu'on la redonne inceſſamment. .

FAÇONS DU TEMPS (les), ou les *Mœurs du Temps*, Comédie en cinq Actes, en proſe, de *Saint-Yon*, jouée le 13 Décembre 1686, imprimée en 1696, *in-*12. L'Auteur, qui étoit homme du monde, garda l'anonyme. Elle eſt légérement écrite & fort agréable : elle n'eut cependant que neuf repréſentations, & en méritoit davantage. La premiere repriſe eſt du 29 Novembre 1694, ſans ſuccès; elle fut imprimée à la Haye, ſous le titre des *Mœurs du Temps*, & ſous le nom de *Palaprat*.

FACULTÉ VENGÉE (la), Comédie en trois Actes, en proſe, de *la Métrie*, non repréſentée, imprimée en 1747, *in-*12 : très-fatyrique contre les Médecins, au ſujet de leur procès avec les Chirurgiens.

FAGOTEUX (le), Farce en un Acte, de *Moliere*, compoſée & donnée dans les provinces, avant que ce célebre Comique parût à Paris, où elle fut répréſentée pour la premiere fois ſur le Théatre du Petit-Bourbon, après une grande Piece, le 20 Avril 1663. Elle n'a jamais été imprimée.

FAMILLE A LA MODE (la), ou *Finette*, Comédie en cinq Actes, en vers irréguliers, de *Dancourt*, c'eſt la premiere de ſes Pieces en vers, miſe au Théatre, le 18 Décembre 1699; elle n'eut que ſix repréſentations.

Voyez *Enfants de Paris*. Elle eft annoncée dans l'Hiftoire du Théatre François, comme d'un Anonyme, & non imprimée.

FAMILLE EXTRAVAGANTE (la), Comédie en un Acte, en vers, fuivie d'un Divertiffement de *Gilliers*, par *Legrand*, repréfentée le 7 Juin 1709, imprimée dans la même année, *in*-12 ; elle eut onze repréfentations : fort plaifante ; elle eft reftée au Théatre.

FAMINE (la), ou *les Gabaonites*, Tragédie, avec des Chœurs, par *Jean de la Taille*, repréfentée en 1571 ; elle eft tirée de la Bible, du feptieme Livre de Jofeph : auffi froide qu'ennuyeufe.

FANATISME (le), par *Voltaire*. Voyez *Mahomet*.

FANFARES (les), & *Courvées abbadefques des Roules bon Temps de la haute & baffe Cocagne & dépendances*, par *J. P. A.*, non repréfentées ; Pieces en dialogues, en rimes françoifes & favoyennes, en quatre Actes, en vers de quatre pieds. Le fujet eft une lettre perdue : très-finguliere & plaifante.

FANTÔME (le), Comédie en un Acte, en profe, *de Nicole*, donnée en 1656, imprimée dans la même année, *in*-16 : divertiffante pour le temps.

FANTÔME AMOUREUX (le), Comédie en cinq Actes, en vers, de *Quinault*, jouée en 1656, imprimée en 1657, *in*-12 : elle ne fut jouée que fept fois. Elle eft tirée de l'Efpagnol : médiocre pour l'intérêt & pour le ftyle.

FARCE, (*la joyeufe*), à trois perfonnages, d'un *Curia*, qui trompa par fineſſe la femme d'un Laboureur, le tout mis en rimes ſavoyardes, ſauf-le langage dudit *Curia*, lequel en parlant audit Laboureur, écorchoit le François, ce qui eſt une choſe fort, récréative : enſemble, la chanſon que ledit Laboureur chantoit en racoû-trant ſon ſoulier, tandis que le *Curia* jouiſſoit de la femme dudit Laboureur; puis, les mau-diſſons & reproches faits audit Laboureur par ſa femme, en lui remontrant fort aigrement & avec grand courroux, que c'étoit lui qui étoit la cauſe de tout le mal, d'autant que l'ayant menacé de la battre, elle ne pouvoit moins faire que de lui obéir; par quoi le Laboureur oyant l'affront que lui avoit fait le *Curia*, ſe leva de colere, & demandoit ſon épée & ſa tranche-féranche pour tuer le *Curia*; mais ſa femme l'appaiſa. Cette Farce eſt en vers de quatre-pieds, imprimée à Lyon, en 1595, *in-*8° : très-rare, on n'en connoît pas l'Auteur.

FARCE JOYEUSE ET RÉCRÉATIVE DE PONCETTE & DE L'AMOUREUX TRANSI (la), en vers de quatre pieds, par un Anonyme, imprimée à Lyon, en 1595, *in-*8°.

FARCE JOYEUSE ET PROFITABLE A CHACUN, par *P*., contenant *la ruſe méchan-ceté & obſtination d'aucunes Femmes* (la), par quatre perſonnages : le *Mari*, le *Serviteur*, la *Femme*, le *Serrurier*, en vers de quatre pieds, imprimée ſans nom de Ville & d'Imprimeur, en 1596, *in-*8°. Elle eſt aſſez plaiſante pour avoir réuſſi dans ſon temps.

FARCE DES QUIOLARS (la); elle eſt tirée de cet ancien Proverbe Normand, *y raſ-*

femble à la Quiola, *y fait dégeftes*, lequel fe met ordinairement en ufage quand on voit qu'une perfonne par fes paroles & fes actions, ou fes habits, croit cacher la baffeffe de fa naiffance, la pauvreté de fa cuifine, ou les imperfections de fon efprit; pour le divertiffement des mélancoliques, & de ceux qui font en parfaite fanté; imprimée fans date, *in-12*, Rouen, *Jean Ourfel*: très-rare, par l'anonyme, *P. D. S. J. L.*

FARCE PLAISANTE ET RÉCRÉATIVE (la), de *Guillaume*, repréfentée aux Halles, fur des treteaux, en 1617, imprimée dans la même année, *in-16*: plaifante, mais le comique du peuple: très-rare.

FARCE (la) *des Courtifans de Pluton*, ou *leur Pélerinage en fon Royaume*, ou *la Farce de Maz & des Monopoleurs*, fous le nom fuppofé de *la Valife*, c'eft le titre; non repréfentée, ni ne pouvoit l'être; imprimée en 1649, *in-4°*.

FARCE PLAISANTE ET RÉCRÉATIVE (la), fur un tour que joua un Porteur d'eau, le jour de fes noces, dans Paris, par un Anonyme, repréfentée fur des treteaux, en 1632, imprimée dans la même année, *in-8°*: très-rare.

FARCES TABARINIQUES (les), de *Tabarin*; elles ont été imprimées en 1623, *in-12*, fur l'ancienne édition, en deux fois différentes, dans le recueil des Œuvres & Fantaifies de *Tabarin*, divifées en deux parties, contenant fes rencontres, demandes & queftions facétieufes, avec leurs réponfes. Dans l'édition de 1640, *in-12*, on y trouve la Farce des *Boffus*, & plufieurs autres Farces, des queftions & Farces, non

encore vues ni imprimées, avec les rencontres
& fantaifies du Baron *de Gratelard*. Je ne parle
point ici de toutes ces Farces, non plus que de
celles de *Boſcambilles*, & d'autres Acteurs de ce
temps-là; parce qu'elle ont été imprimées avant
1557, & que j'ai déclaré que mes recherches
pour cet abrégé de l'Hiſtoire du Théatre ne com-
mençoient que de cette année-là. Les Curieux
de l'Hiſtoire détaillée & complette du Théatre
François, que j'ai faite depuis la publication de
mes Tablettes dramatiques, en 1751, n'auront
rien à deſirer ſur ce point, quand MM. les
Comédiens du Roi, auxquels j'en ai fait préſent, en 1773, jugeront à propos de la faire imprimer.

FATALE (la), ou *la Conquête du Sanglier
de Calydon*, Tragédie de *Gaillardon*, repréſentée en 1617, imprimée en 1618, *in-8°*. Elle
eſt tirée du huitieme Livre des Métamorphoſes
d'*Ovide*. Cette Piece eſt intéreſſante & ſinguliere pour le temps.

FAT PUNI (le), Comédie en un Acte, en
proſe, du Comte *de Pontdeveyle*, miſe au Théatre, le 14 Avril 1739, imprimée dans la même
année, *in-8°*. Elle fut jouée dix-ſept fois, avec
la plus brillante réuſſite. Elle fut ſuivie d'un
Divertiſſement, dont la muſique eſt de *Grandval*,
pere de l'Acteur de ce nom, que l'on regrette
encore. Cette jolie Piece, auſſi purement écrite
que charmante, eſt tirée du *Gaſcon de la Fontaine*.
Le ſujet le plus difficile à mettre au Théatre, a été
le plus agréablement exécuté. Elle eſt reſtée au
Théatre, où elle eſt toujours revue avec le même
plaiſir.

M iv

FAT (le), Comédie en cinq Actes, en vers, de M. *de Lattaignant de Benville*, Commandeur de l'Ordre de S. Lazare, repréfentée le 5 Mars 1751, non imprimée ; elle avoit été d'abord annoncée fous le titre du *Suffifant*, & fut préfentée aux Comédiens, fous celui du *Petit-Maître dupé* ; elle ne fut jouée qu'une fois, l'Auteur la retira.

FAUCON (le), ou *la Conftance*, Comédie en un Acte, en vers, par *Dauvilliers*, donnée au mois de Janvier 1718, à Munich, devant l'Electeur de Baviere, dont l'Auteur étoit Comédien.

FAUCON (le), Comédie en un Acte, en profe, de l'Abbé *Pellegrin*, jouée fous le nom de Mademoifelle *Barbier*, le premier Septembre 1719, imprimée dans la même année, *in-12* ; elle fut donnée douze fois : elle eft tirée du Roman de *Carmante* & d'un Conte de *la Fontaine*.

FAVORI (le), Tragi-Comédie, de Madame *de Villedieu*, repréfentée à Verfailles, devant le Roi, le 14 Janvier 1665, & à Paris au commencement de Juin de la même année.

FAUSSE AGNÈS (la), ou *le Poëte Campagnard*, Comédie en cinq Actes, en profe, précédée d'un Prologue, par *Deftouches*, imprimée d'abord en 1736, *in-12*, & repréfentée le 12 Mars 1759, avec beaucoup de fuccès ; imprimée dans la même année, *in-8°* ; reftée au Théatre.

FAUSSE ANTIPATHIE (la), Comédie en trois Actes, en vers, précédée d'un Prologue, de *la Chauffée*, donnée le 2 Octobre 1733, imprimée en 1734, *in-12* ; elle eut dix-neuf repréfentations & le plus grand fuccès. Elle fut interrompue après la cinquieme repréfentation, à caufe du départ des Comédiens pour Fontainebleau. A leur retour à Paris, elle fut reprife le 27 Février 1734, avec la Critique, faite par l'Auteur, & elle en eut encore quinze. Cette Piece eft la premiere de l'Auteur; elle ouvrit un nouveau genre qu'il a très-bien foutenu depuis : l'envie lui a donné celui de *Comique larmoyant*. Cette Piece eft reftée au Théatre, ainfi que prefque toutes celles de cet excellent Dramatique.

FAUSSE ANTIPATHIE (la Critique de la), Comédie en un Acte, en vers libres, par *la Chauffée*, jouée pendant les repréfentations de la Piece précédente, le 11 Mars 1734, imprimée dans la même année, *in-12*; elle fut donnée neuf fois avec affez de fuccès.

FAUSSE APPARENCE (la), Comédie en cinq Actes, en vers, de *Scarron*, non repréfentée, imprimée en 1662, *in-4°* : très-médiocre; elle ne fut imprimée qu'après la mort de l'Auteur, dans fes Œuvres.

FAUSSE CLÉLIE (la), ou *l'Inconnue*, Comédie en un Acte, en profe, par *M. N.*, donnée en fociété en 1667, non imprimée. Voyez l'*Abrégé de l'Hiftoire du Théatre*, année 1767.

FAUSSE COMTESSE (la), Comédie en un Acte, en profe, par *Dalainval*, jouée le 27 Juillet 1726, non imprimée : foible, d'un comique commun; elle ne fut jouée que cinq fois.

FAUSSE INCONSTANCE (la), Comédie en trois Actes, en vers, de l'Abbé *Pellegrin*,

repréſentée le 15 Septembre 1732, non impri‑
mée; elle n'eut que ſix repréſentations. Cette
Piece avoit déjà paru au Théatre le 29 Novembre
1770, ſous le titre du *Pere intéreſſé*, ou *des Vrais
Amis*, en cinq Actes, en vers; elle avoit été
donnée la premiere fois ſous le nom du Cheva‑
lier *Pellegrin*, frere de l'Auteur.

FAUSSE TURQUIE (la), de *Montfleury*,
Voyez *Ecole des Jaloux*.

FAUSSE VEUVE (la), de *Deſtouches*,
Voyez *Veuve*.

FAUSSE PRUDE (la). Voyez *Coquette*, de
Baron.

FAUSSES APPARENCES (les), Comédie
en un Acte, en proſe, de *Bellecourt*, jouée le
Lundi 17 Août 1761, imprimée dans la même
année, *in-8°*; elle dut ſon ſuccès au mérite
du Comédien qui l'avoit faite. Elle ne fut
point jugée, mais applaudie, & le Parterre ſe
fit honneur de ne montrer que de la reconnoiſ‑
ſance.

FAUSSES INFIDÉLITÉS (les), Comédie
en un Acte, en vers, de *M. Barthe*, miſe au
Théatre le 25 Janvier 1768; elle eut dix-huit
repréſentations & une brillante réuſſite; elle eſt
reſtée au Théatre, où elle reparoît toujours avec
le même ſuccès.

FAUSSES VÉRITÉS (les), ou *croire ce qu'on
ne voit pas, & ne pas croire ce qu'on voit*, Comédie
en un Acte, en vers, par *Douville*, repréſentée
en 1642, imprimée en 1643, *in-4°*; elle eſt tirée
de *Calderon* pere: foible, mais divertiſſante.

FAUX AMIS DÉMASQUÉS (les), Comédie
en cinq Actes, en vers, par *Autreau*, non

représentée, imprimée en 1749, *in-12*; elle n'a été connue qu'après la mort de l'Auteur.

Faux Damis (le), par *Dufresny*. Voyez *Mariage fait & rompu*.

Faux Gascon, Comédie en un Acte, en profe, de *Raifin* l'aîné, donnée après la Tragédie du *Cid*, le 28 Mai 1688, non imprimée; elle eut huit représentations. Elle n'est connue que par les regiftres de la Comédie Françoife.

Faux Généreux (le), Comédie en cinq Actes, en vers, par M. *Bret*, jouée le 18 Janvier 1758, eut cinq représentations; elle en méritoit davantage; il y a beaucoup d'intérêt & de fcenes bien liées. Elle n'est point encore imprimée. Les Italiens ont joué en 1744 une Comedie fous ce titre, qui fut changé à la feconde représentation; ils annoncèrent le *Bienfait anonyme*.

Faux honnête Homme (le), Comédie en trois Actes, en profe, par *Dufresny*, représentée le 24 Février 1703, imprimée dans la même année, *in-12*; elle n'eut que trois représentations, parce qu'elle est mal faite quoique pleine d'efprit. C'est un Vaudeville à l'occasion d'un *Fidéicommis* qui fit beaucoup de bruit alors. Voyez *Faux Sincére* (le).

Faux Indifférent (le), ou *l'Art de plaire*, Comédie par *Goves*, non représentée, imprimée en 1750, *in-8°*; elle est fort peu connue, ce qui n'en fait pas l'éloge.

Faux Justinet (le), Comédie en trois Actes, en profe, de *Dufresny*, représentée le 2 Août 1707, imprimée dans la même année, *in-12*;

elle fut jouée quinze fois : elle eſt plaiſante, l'idée en eſt finguliere & remplie d'eſprit. L'Editeur des Œuvres de *Dufreſny* s'eſt trompé, en plaçant la date de la premiere repréſentation le 2 Mars. Si l'on n'étoit pas nanti de l'autorité des regiſtres pour cette exactitude, on feroit fouvent tombé dans des méprifes ; fans la loi que je me fuis faite de ne jamais défobliger les Gens de Lettres qui écrivent dans ce genre, combien de bévues femblables n'étois-je pas fondé à relever !

FAUX MARQUIS (le), ou *Clorinde confondue*, Comédie en un Acte, en vers, par *Desbiez*, fans nom d'Auteur, fans daté d'impreſſion ; elle m'eſt inconnue.

FAUX MOSCOVITES (les), Comédie en un Acte, en vers, de *R. Poiſſon*, repréſentée au mois d'Octobre 1668, imprimée en 1669, *in*-12; elle ne dut fon fuccès qu'aux circonſtances du temps & au jeu des Acteurs ; elle eſt foible & d'un trop bas comique.

FAUX NOBLES MIS AU BILLON (les), par *Claveret*. Voyez *Ecuyer* (l').

FAUX SAVANT (le), Comédie en cinq Actes, en profe, par *du Vaure*, mife au Théatre le 21 Juin 1728, imprimée en 1749, *in*-12; elle n'eut que quatre repréſentations ; reprife le 13 Août 1749, fous le titre de l'*Amour Précepteur*, réduite en trois Actes; elle eut onze repréſentations ; fa derniere a été en 1778, fous fon premier titre, en trois Actes; elle eſt reſtée au Théatre où on la joue quelquefois.

FAUX SINCERE (le), Comédie en cinq Actes, en vers, de *Dufreſny*, repréſentée le 16 Juin 1731, imprimée dans la même année, *in*-12; elle eut quinze représentations & un brillant succès : elle est pleine d'esprit & faite d'après le plan du *Faux honnête Homme*, du même Auteur. Elle fut donnée pendant le voyage de Fontainebleau. *Montménil* y remplit parfaitement le premier Rôle; il est bien singulier que cette jolie Comédie n'ait point été reprise.

FÉDÉRIE, Tragédie, de l'Abbé *Boyer*, jouée en 1659, imprimée en 1660; *in*-12. La date du mois de la représentation est du 14 Novembre : elle n'est pas bonne, elle eut cependant quelque succès.

FÉES (les), Comédie en trois Actes, en prose, par *Dancourt*, avec trois Intermedes, précédée d'un Prologue en vers & en musique; représentée, par ordre exprès de *Monseigneur*, à Fontainebleau, le 24 Septembre 1699, imprimée dans la même année, *in*-12; pour la seconde, encore à la Cour le 8 Octobre suivant; enfin à Paris le 29 du même mois d'Octobre de la même année. Cette Piece n'eut que sept représentations, parce que, malgré sa réussite à la Cour, elle est aussi foible d'invention, que peu intéressante. On attribue encore une Piece de ce titre à *Delaunay* ; mais, malgré mes recherches, il n'a pas été possible d'en trouver la preuve.

FEINT ALCIBIADE (le), Tragi-Comédie de *Quinault*, donnée en 1658, au mois de Février, imprimée dans la même année, *in*-12 : trop romanesque & mollement écrite.

FEINT ASTROLOGUE (le), Comédie en cinq Actes, en prose, de *Thomas Corneille*, jouée à l'Hôtel de Bourgogne en 1648, imprimée en 1651, *in-12*, tirée de l'Efpagnol de *Calderon, el Aftrologo Fingido*; elle eut du fuccès. C'eft la feconde Piece de l'Auteur.

FEINT CAMPAGNARD (le), Comédie en un Acte, en vers, de *Pafferat*, non repréfentée, imprimée à Bruxelles en 1695, *in-12*, avec l'*Heureux Accident*, ou *la Maifon de Campagne*, Comédie en trois Actes, en vers, avec un Divertiffement, & la Tragédie de *Sabinus*, toutes Pieces du même Auteur qui n'ont point été mifes au Théatre.

FEINT LOURDAUT (le), par *de Brie*. Voyez *Lourdaut*.

FEINT POLONOIS (le), par *Hauteroche*. Voyez *Polonois*.

FEINTE MORT DE JODELET (la), par *Brecourt*. Voyez *Jodelet*.

FEINTE MORT DE PANCRACE (la), par *Chateauneuf*. Voyez *Pancrace*.

FEINTE PAR AMOUR (la), Comédie en trois Actes, en vers, par M. *Dorat*, mife au Théatre le 31 Juillet 1773; elle eut treize repréfentations & bien du fuccès : reftée au Théatre, où elle fait toujours plaifir.

FÉLICIE (les Charmes de), par *Montauban*. Voyez *Charmes de Félicie* (les).

FÉLICIE & LES ACTEURS DE BONNE FOI, Comédie en profe, de *Marivaux*, non repréfentée, imprimée dans le Mercure de Mars 1757 : fujet de féerie & fort allégorique.

FÉLISMENE, Tragi-Comédie d'*Alexandre Hardy*, jouée en 1613, imprimée en 1628, *in-8°*. Ce fujet eft tiré de *la Diane de Monte-*

Mayor, fur le Théatre François, ne doit rien aux plus excellents, dit l'Auteur, dans fon Argument. Voyez le quatrieme tome du *Théatre françois*, page 185. Malgré cet éloge, rien de plus médiocre que cette Piece.

FEMME D'INTRIGUES (la), Comédie en cinq Actes, en profe, par *Dancourt*, repréfentée le 30 Janvier 1692, imprimée en 1710, *in*-12 : médiocre, chargée d'incidents & d'Acteurs; elle eut cependant douze repréfentations.

FEMME DOCTEUR (la), ou *la Théologie tombée en Quenouille*, Comédie en cinq Actes, en profe, du Jéfuite *Bougeant*, non repréfentée, imprimée en 1730, *in*-12 : allégorique & critique. *Beauchamps* prétend qu'il s'en fit plus de vingt-cinq éditions dans le Royaume pendant le cours de l'année 1731, au commencement de laquelle il en parut une fous le titre d'*Arlequin Jéfuite*, édition de Londres, quoiqu'imprimée à Lyon; ce qui la fit connoître plus qu'elle n'auroit dû l'être.

FEMME FIDELLE, ou *les Apparences trompeufes*, Comédie en cinq Actes, en vers, par *Dominique*, repréfentée à Lyon, le 17 Août 1710, tirée de *Bocace*.

FEMME FIDELLE (la), Comédie en un Acte, en profe, de *Marivaux*, repréfentée devant M. le Comte *de Clermont*, dans fon Château de *Berny*, les 24 & 25 Août 1755, non imprimée.

FEMME, FILLE & VEUVE (la), Comédie en un Acte, en vers, par *Legrand*, donnée le 26 Mai 1707, imprimée dans la même année, *in*-12 : divertiffante, mais l'intrigue peu vraifemblable; elle eut cependant dix repréfentations.

FEMME INDUSTRIEUSE (la), Comédie en un Acte, en vers, de *Dorimont*, donnée en 1661, imprimée dans la même année, *in*-12 : mauvaife & d'un bas comique.

FEMME JALOUSE (la), Comédie en cinq Actes, en vers, par *Thibaut*, repréfentée à Nancy, devant Madame la Ducheffe *de Lorraine*, Régente ; imprimée dans la même Ville, en 1734, *in*-8°. Il ne faut pas confondre cette Piece avec une autre du même titre, de *Joly*, qui fut donnée le 11 Décembre 1726, au Théatre Italien, imprimée dans la même année, à Paris, *in*-8°. La premiere a été attribuée à *Defcazeaux*.

FEMME JUGE & PARTIE (la), Comédie en cinq Actes, en vers, de *Montfleury*, donnée le 2 Mars 1669, imprimée en 1670, *in*-12; reftée au Théatre, où elle fait encore plaifir. Il eft faux que cette Piece ait balancé le fuccès du *Tartufe* de *Moliere*; il eft vrai que le bruit qui couroit alors, que le Marquis *du Franc* avoit vendu fa femme à un Corfaire, attira de nombreufes affemblées à cette Comédie.

FEMME POUSSÉE A BOUT (la), Comedie en cinq Actes, en profe, de *Saint-Evremont*, non repréfentée, imprimée en 1700, *in*-16. C'eft une traduction de la Piece Angloife de ce titre : *The Proveck D. Vife*. Elle fe trouve daus le feptieme tome de la derniere édition des Œuvres de *Saint-Evremont*.

FEMME

FEMME QUI A RAISON (la) Comédie
en cinq Actes, en profe, de *Voltaire*, non repréfentée, imprimée en 1760, *in-8°*.

FEMME TÉTUE (la) , Comédie en un
Acte, en vers , de *Barquebois*, repréfentée en
Hollande , à la Haye, en 1685, imprimée fous
le nom de *Robbé*, en 1686, *in-*12 : il y a quelques
Scenes plaifantes. Son premier titre étoit le
Médecin Hollandois. Voyez *Médecin Hollandois*.
C'eft fûrement la même Piece.

FEMMES COQUETTES (les), ou *les Pipeurs*,
Comédie en cinq Actes, en vers, de *R. Poiſſon*,
jouée en 1670, imprimée en 1671, *in-*12 : mal
conftruite, d'un bas comique; reprife en 1692,
fous le fecond titre, & fous celui de *Fructus
Belli*, en 1679.

FEMMES SALÉES (les) , Farce en un
Acte, en vers , d'un Anonyme, repréfentée par
les Enfants fans Souci, en 1558, imprimée dans
la même année *in-*12, en caracteres gothiques ,
à Rouen, fous ce titre, *Difcours facétieux des
Hommes qui font faler leurs Femmes parce qu'elles
font trop douces*.

FEMMES SAVANTES (les), Comédie en
cinq Actes, en vers, de *Moliere*, repréfentée
d'abord devant le Roi, dans le mois de Février
1672, & à Saint-Cloud quelques jours après.
Le filence qu'avoit gardé Sa Majefté à la premiere repréfentation, en donna mauvaife opinion; mais ce Monarque éclairé en ayant fait
l'éloge à la feconde, les Connoiffeurs le confir-
merent à la troifieme, à Paris, qui eut lieu fur
le Théatre du Palais Royal, le 11 Mars de la
même année 1672. Elle eut alors la plus bril-

Tome I.   N

lante réuſſite, & fut miſe à l'égal du *Tartuffe* & du *Miſanthrope*. La Scene de *Triſſotin* & de *Vadius* eſt rendue d'après nature. Il étoit arrivé une querelle entre l'Abbé *Cotin* & *Ménage*, à l'occaſion d'un Sonnet du premier, que le ſecond avoit trouvé déteſtable à la lecture, ignorant qu'il fût de *Cotin*. Cette Piece eſt reſtée au Théatre, où elle fait toujours plaiſir.

FERNAND CORTEZ, de *Ferrier*. Voyez *Monteʒume*.

FESTIN DE PIERRE (le), ou *le Fils criminel*, Comédie de *Villiers*, en trois Actes, en vers, miſe au Théatre en 1659, imprimée en 1665, *in*-12. Cette Piece, la premiere traduite de l'Italien en François, réuſſit beaucoup. Dans une édition des Œuvres de *Moliere*, en 1738, *in*-4°, l'Editeur oſe ſuppoſer que cette Comédie eſt de *Moliere*, & qu'elle a été miſe en vers par *Villiers*, ce qui eſt une fauſſeté. Voyez l'avis au lecteur, de *Villiers*, qui eſt à la tête de ſa Piece, & l'épître dédicatoire. L'un & l'autre ſuffiſent pour démentir cette calomnie.

FESTIN DE PIERRE (le), ou *l'Athée foudroyé*, Tragédie en vers, par *Dorimont*, donnée d'abord à Lyon, en 1658, & à Paris, ſur le Théatre de *Mademoiſelle*, en 1661, imprimée en 1665, *in*-12. Cette Piece, à peu de choſe près, eſt la même que celle de l'article précédent, mais elle eut moins de ſuccès.

FESTIN DE PIERRE, ou *l'Athée foudroyé*, Tragi-Comédie en vers, de *Roſimont*, jouée en 1669, au Marais, imprimée en 1670, *in*-12. Elle eſt paſſable & eut quelque ſuccès. On trouve encore dans l'avis au lecteur, à la tête de cette Piece imprimée, la preuve de la faute que nous avons reprise à la fin de l'article du *Festin de Pierre*, de *Villiers*.

FESTIN DE PIERRE (le), ou *Don Juan*, Comédie en cinq Actes, en profe, par *Moliere*, mise au Théatre du Palais Royal, le 15 Février 1665, imprimée en 1682, *in-*12. Elle est tirée de l'Espagnol de *Trifo-Molina* : le croira-t-on ? Cette Piece n'eut point de succès, parce qu'elle étoit écrite en profe, & que cette innovation déplut, ce qui fit donner une préférence marquée à la Piece de *Villiers*.

FESTIN DE PIERRE (le), Comédie en cinq Actes, en vers, de *Thomas Corneille*, repréfentée le 12 Février 1677, imprimée en 1683, *in-*12. Cette Piece est précifément la même que celle de *Moliere*, en profe, mife en vers, à la différence de quelques changements peu importants, comme dans les Scenes du troifieme & du cinquieme Actes, où il a mis des Femmes, & dans le cours de cette Comédie, a adouci quelques expreffions un peu trop libres. Elle eut beaucoup de fuccès, quoique dans fa nouveauté, elle ne fût jouée que fix fois. Elle est reftée au Théatre, où elle y reparoît affez fouvent.

FÊTE D'AUTEUIL (la), Comédie en trois Actes, en vers libres, de *Boiffy*, jouée le 23 Août 1742, imprimée en 1743 ; elle fut suivie d'un Divertiffement. Elle eut dix repréfentations, & elle fut moins goûtée à fa reprife.

N ij

FÊTE INTERROMPUE (la) ; ou *le Rival de lui-même*, Comédie en trois Actes, en vers libres, par *la Chauffée*, précédée d'un Prologue, & fuivie d'un Divertiſſement, donnée le 10 Avril 1746, imprimée dans la même année, *in*-8°. Elle n'eut que quatre repréſentations, le Prologue ne fut pas joué. C'eſt une des plus foibles Pieces de cet Auteur. Voyez *Rival de lui-même.*

FÊTE DE L'HYMEN ET DE L'AMOUR, Paſtorale, en un Acte, par *Aleau*, avec un Prologue, repréſentée en ſociété, imprimée en 1718, *in*-12, dans les Œuvres de l'Auteur.

FÊTE DE VÉNUS (la), Comédie-Paſtorale héroïque en cinq Actes, en vers, de l'Abbé *Boyer*, repréſentee le 15 Février 1669, imprimée dans la même année, *in*-12. Elle fut précédée d'un Prologue en vers libres. Cette Piece dut ſon ſuccès au jeu brillant de la Demoiſelle *de Champmêlé.*

FÊTE DE VILLAGE (la), par *Dancourt.* Voyez *Bourgeoiſes de Qualité* (les).

FÊTE INTERROMPUE. Voyez *Rival de lui-même*, à la lettre R.

FÊTES DU COURS (les), Comédie en un Acte, en proſe, précédée d'un Prologue & ſuivie d'un Divertiſſement, dont la muſique eſt de *Gilliers*, par *Dancourt*, repréſentée le 5 Septembre 1714, imprimée dans la même année, *in*-12. Elle eſt vive & plaiſante, c'eſt un joli Vaudeville à l'occaſion de l'uſage de ce temps-là, d'aller ſe promener la nuit au Cours, ce qui ne contribua pas peu au ſuccès de cette

petite Comédie , qui fut jouée trente-trois
fois.

FEU D'ARTIFICE (le), ou *le nouveau
Paris* , Comédie en trois Actes, en profe.,
par un Anonyme, repréfentée par des Comédiens de Calais , dans cette Ville, au mois
de Février 1724, & à Dunkerque, en Mars
1724, imprimée à Withéal. Elle eft encore
connue fous ces titres : *la Folie Ecoffaife* ,
*l'Enlévement imaginaire par l'Amour extrava-
gant*.

FIAMETTE AMOUREUSE (la), Paftorale d'un Anonyme, donnée en 1609, imprimée dans la même année, *in-12*. C'eft une
traduction de *Bocace* avec l'Italien à côté; il
eft douteux qu'elle ait été repréfentée.

FIDELLE (la), Comédie en cinq Actes,
en profe, de *P. Larrivey*, jouée en 1597, imprimée en 1611, *in-12*; elle fut précédée
d'un Prologue : l'intrigue en eft froide & mal
développée.

FIDELLE BERGERE (la), Comédie en
cinq Actes, en vers, avec des Chœurs, précédée d'un Prologue, par *Frénicle*, repréfentée
en 1628, imprimée en 1633, *in-8°*. Elle fe
trouve dans *les Entretiens des Fideles Bergers*,
livre II, page 285.

FIDELLE ESCLAVE (la), Comédie en
cinq Actes, en vers, par *Vallée*, jouée & imprimée en 1659, *in-8°* : intéreffante pour le
temps & affez bien faite.

FIDELLE TROMPERIE (la), Tragi-
Comédie, donnée & imprimée en 1633. Elle
eft de *Gougenot*, qui l'a tirée du fujet d'*Agé-*

filan, de *Rotrou* : mal conſtruite & ennuyeuſe.

FIDÉLITÉ NUPTIALE (la), Comédie en cinq Actes, en proſe, par *Duvivier*, jouée à Anvers en 1577, imprimée dans la même année, *in*-8°. Le même Auteur a fait repréſenter dans cette Ville, une Comédie intitulée : *Abraham & Agar*, mais elle n'a pas été imprimée.

FIEVRE DE PALMERIN, Poſtorale comique, en un Acte, en vers, par le Chevalier de *Saint-Gilles*, imprimée dans *la Muſe Mouſquetaire*, à Paris.

FILANDRE, par *Rotrou*. Voyez *Filandre*, au *P*.

FILLE A LA MODE (la), Comédie en trois Actes, en proſe, de *Barbier*, repréſentée à Lyon par les Comédiens du Duc *de Villeroy* en 1707, imprimée dans la même année, *in*-12: elle n'eſt pas ſans mérite.

FILLE CAPITAINE (la), Comédie en cinq Actes, en vers, de *Montfleury*, donnée à l'Hôtel de Bourgogne en 1672, imprimée dans la même année, *in*-12; elle eſt divertiſſante, fort comique : reſtée au Théatre, où l'on deſire fort aujourd'hui ſa repriſe en

FILLE D'ARISTIDE (la), Comédie en 1780.

cinq Actes, en proſe, de Madame de *Graffigny*. Voyez *Ariſtide*.

FILLE MÉDECIN (la), Comédie en un Acte, en proſe, par un Anonyme, jouée après la Tragédie d'*Andronic*, en Mars 1697 : elle n'eut que quatre repréſentations; elle n'eſt connue que par les regiftres de la Comédie Françoife.

FILLE PRÉCEPTEUR (la), Comédie, de *Legrand*, jouée en Province & à Lyon. Voilà tout ce qu'on en fait ; ce qui prouve qu'elle n'a point été imprimée.

FILLE SUPPOSÉE (la), ou l'*Héroïne de Roman*, Comédie en cinq Actes, en vers, de *la Grange-Chancel*, mife au Théatre le 11 Mai 1713, non imprimée ; elle ne fut jouée que cinq fois ; c'eft la feule Comédie que l'Auteur ait compofée. Son peu de fuccès lui fit garder l'anonyme, & l'empêcha de la faire imprimer, & c'eft par cette conduite qu'elle fut long-temps attribuée au Duc *de la Force*. Jamais elle n'a été repréfentée fous le titre de *Fille retrouvée*, comme on l'annonce dans un de nos *Dictionnaires de Théatre*.

FILLE VALET (la), Comédie en trois Actes, en vers, par *Abeille*, Comédien, que l'on prétend avoir été neveu de l'Abbé de ce nom, donnée le 5 Septembre 1712, non imprimée : elle fut jouée fept fois ; Mademoifelle *de Nefle*, fœur aînée de *Quinault*, rendit avec tant d'applaudiffement le Rôle de *la Fille-Valet*, qu'elle obtint, à cette Piece médiocre, un demi-fuccès.

FILS DÉSAVOUÉ (le), ou *le Jugement de Théodoric*, Roi d'Italie, Poëme dramatique de *Guérin Boufcal*, joué en 1641, imprimé en 1642, *in-4°* : fujet peu propre au Théatre.

FILS DÉSINTÉRESSÉ (le), Comédie en cinq Actes, en profe, de *Saintville*, repréfentée en fociété, non imprimée. Le manufcrit étoit dans la Bibliotheque de Madame la Comtesse *de Verue*, avant sa mort.

Fils exilé (le), ou *le Martyre de Saint Clair* , Tragédie de *Mouffle* , représentée & imprimée en 1647, *in-4°*. tirée de la *Vie des Saints*, propre à être jouée dans des Couvents de Moines ou de Nones.

Fils indocile (le), Comédie du *P. de la Sante*, jouée à Paris au College des Jésuites, en Février 1727; elle n'auroit pas réussi ailleurs.

Fils ingrats (les), Comédie en cinq Actes, en vers, de *Piron*, mise au Théatre le 11 Octobre 1728, imprimée en 1729, *in-8°* : Piece originale remplie de gaieté, qui fut jouée vingt-trois fois avec le plus grand succès. On est toujours étonné qu'elle ne reparoisse plus au Théatre. Elle fut imprimée dans la même année de sa premiere représentation, *in-8°*, & dans la derniere Edition des Œuvres de l'Auteur, sous le titre de l'*Ecole des Peres*, que les Comédiens avoient refusé d'admettre, le trouvant trop commun.

Fils (le grand benêt de), Farce de *Moliere*, jouée en 1664, non imprimée.

Fils malheureux (le), Tragi-Comédie par *le Bigre*, jouée en 1650, imprimée dans la même annnée, *in-4°*. *Beauchamps* l'indique, dans ses Recherches, sous l'année où elle est ici placée. Il n'en est point parlé dans l'*Histoire du Théatre François* , à l'article de *le Bigre :* ce n'est pas la seule omission de MM. *Parfait*.

Fils naturel (le), ou *les Epreuves de*

la Vertu, Comédie-Drame, en cinq Actes, en profe, par M. *Diderot*, donnée le 26 Juillet 1771, imprimée en 1757. L'Auteur la retira après la premiere représentation.

FILS SUPPOSÉ (le), Comédie en cinq Actes, en vers, de *Scudéry*, donnée en 1636 à l'Hôtel de Bourgogne, imprimée dans la même année, *in*-8°. Le fujet forme un Roman étendu; la durée de l'action eft au moins de deux mois : le tout en eft foible.

FILS SUPPOSÉ (le), Tragédie de *Claude Boyer*, jouée en 1672, imprimée dans la même année, *in* 12. L'Auteur l'avoit fait repréfenter vingt-quatre ans auparavant, fous le titre de *Teridate* : elle eft mauvaife & fans intérêt.

FINANCIER (le), Comédie en un Acte, en profe, de *Saintfoix*, repréfentée le 20 Juillet 1761, avec la *Colonie*, le *Rival fuppofé*, le tout précédé d'un Prologue. L'Auteur la retira : imprimée dans fes Œuvres.

FINETTE, par *Dancourt*. Voyez *Famille à la Mode*.

FLATTEUR (le), Comédie en cinq Actes, en profe, de *Jean-Baptifte Rouffeau*, jouée le 24 Novembre 1696, imprimée en 1697, *in*-12; elle eut dix repréfentations : le caractere affez bien foutenu, mais le cinquieme Acte eft foible. Elle a été reprife avec affez de fuccès : *Rouffeau* l'a mife depuis en vers, & l'a affoiblie ; elle n'eft plus au Théatre.

FLATTEURS TROMPÉS (les), par *Brecourt*. Voyez *Timon*.

FLORENTIN (le), Comédie en cinq

Actes, en vers, de *la Fontaine* & de *Champ-mêlé*, mise au Théatre le 23 Juillet 1685, imprimée en 1699, *in-12*; elle eut treize représentations & beaucoup de succès. Elle est très-agréable : restée au Théatre, où elle fait toujours plaisir à ses reprises, quand les Rôles principaux sont bien rendus. Elle consiste presque toute entiere dans une Scene fort jolie entre *Hortence* & le *Jaloux*. Mademoiselle *Raisin* joua le Rôle d'*Original*, Mademoiselle *le Couvreur* y à eu depuis le plus grand succès. La perfection de son jeu redonna à cette petite Comédie tout le piquant de la nouveauté. Suivant la premiere Edition, cette Piece étoit en trois Actes, & fort différente de ce qu'elle est aujourd'hui.

FLORIMONDE, Tragi-Comédie de *Rotrou*, donnée en 1649, imprimée en 1655, *in-4°* : froide & ennuyeuse. C'est la derniere Piece de l'Auteur; elle ne fut imprimée qu'après sa mort, en 1655.

FLORINDE, Tragédie par M. *Lefevre*, mise au Théatre le 10 Novembre 1770, non imprimée. L'Auteur la retira après la premiere représentation.

FLORISE, par *P. Rousseau*. Voyez *Rivale suivante*.

FLORISE (le Ravissement de), Tragi-Comédie de *Cormeil*, représentée en 1632, imprimée en 1633, *in-8°* : sans vraisemblance, mais en des endroits fort comique; elle a été aussi attribuée à *Troterel. Beauchamps* l'indique encore avec ces deux titres : l'*Heureux Evénement des Oracles*, ou *Célidore & Célinde*.

FOIRE D'AUSBOURG (la), Comédie du Jéfuite *Colonia*, repréfentée dans les Colleges de Lyon en 1693, imprimée en 1697, *in-*12; dans la même Ville, *in-*12, avec les Tragédies fuivantes du même Auteur : *Jovien*, *Juba*, *Annibal* & *Germanicus*.

FOIRE DE BEZONS (la), Comédie en un Acte, en profe, fuivie d'un Divertiffement, par *Dancourt*, donnée le 13 Août 1695, imprimée dans la même année, *in-*12·: Vaudeville du temps qui fut beaucoup fuivi. Cette Piece fut jouée trente-trois fois. A fa reprife en 1736, au mois de Septembre, les Comédiens y ajouterent un nouveau Divertiffement qui la fit prefqu'autant réuffir que dans fa nouveauté.

FOIRE SAINT-GERMAIN (la), Comédie en un Acte, en profe, de *Dancourt*, jouée le 19 Janvier 1695, imprimée en 1696·, *in-*12: Farce affez plaifante; elle eut dix repréfentations.

FOIRE SAINT-LAURENT (la), Comédie en un Acte, en vers, fuivie d'un Divertiffement, par *Legrand*, repréfentée le 2 Septembre 1709, imprimée dans la même année, *in-*12. Cette Piece eft une Farce affez plaifante pour le temps où elle fut faite. On y parodioit le *Rat* qui montroit des curiofités à la Foire; celui-ci s'en vengea à fa maniere, en tournant en ridicule, fur fon Théatre, les plus célebres Actrices du Théatre François, à l'occafion de fes Tableaux changeants dont il fe difoit l'inventeur.

FOIX (le Duc de), Tragédie de *Voltaire*, mife au Théatre le 17 Août 1752, imprimée en 1753, *in-12*; elle eut dix repréſentations : c'eſt le même fond que celui d'*Adélaïde du Gueſclin*. Voyez *Adélaïde du Gueſclin*. Cette Piece eſt bien verſifiée ; le Rôle de *Liſois* eſt un des plus beaux du Théatre ; elle fut repriſe le 4 Décembre de la même année ,· & fut encore jouée cinq fois.

FOLIE DE SILÊNE, par un Anonyme. Voyez *Silêne*, à l'S.

FOLIE & L'AMOUR (la), Comédie en un Acte, en vers, par *Yon*, repréſentée le 2 Octobre 1754, imprimée dans la même année, *in-12*. Cette Piece eſt tirée de la quatorzieme Fable de *la Fontaine* , livre 12. Voyez l'*Anecdote* qui a rapport à cette Comédie dans l'*Année Littéraire* , tome VI, page 350 : malgré ſa chûte, on ne peut lui refuſer du mérite.

FOLIE ECOSSOISE (la), Comédie en trois Actes, en proſe, d'un Anonyme , jouée en 1724, imprimée dans la même année, *in·8°*. Cette Piece eſt encore connue ſous ces autres titres : l'*Enlévement imaginaire par l'Amour Extravagant*, & *le Feu d'Artifice*.

FOLIE DU JOUR (la), Comédie en un Acte, en vers, ſuivie d'un Divertiſſement , par *Boiſſy*, donnée le 5 Juillet 1745, imprimée dans la même année, *in-8°* : jolie ; elle eut dix repréſentations & du ſuccès.

FOLIE DU SAGE (la), Tragédie de *Triſtan*, miſe au Théatre en 1644, imprimée en 1645, *in-4°* : trop romaneſque, & point théatrale.

FOLIE PRÉCEPTEUR (la), Comédie en un Acte, en vers libres, donnée en ſociété,

par un Anonyme. Ce font des Dialogues affez
plaifants. Cette Piece fut imprimée en 1753,
fous ce titre, avec cette addition : ou *l'Art
de ne pas penfer*, bagatelle à la mode, ornée de
Vaudevilles.

Folies amoureuses (les), Comédie
en trois Actes, en vers, avec un Prologue en
vers libres, de *Regnard*, repréfentée le 15 Janvier 1704, imprimée dans la même année,
in-12; elle eut quatorze repréfentations : très-
amufante & remplie de jeu du Théatre. C'eft
une des petites Pieces qu'on joue le plus fouvent. Le perfonnage d'*Agathe* étoit le Rôle
favori & le triomphe de Mademoifelle *de Nefle*.
Le Divertiffement qui fuivit cette Comédie
dans fa nouveauté, avoit pour titre : *le Mariage
& la Folie*, mais il a été fupprimé à fes reprifes, ainfi que le Prologue.

Folies de Cardenio (les), Tragi-
Comédie, par *Pichou*, jouée en 1629, imprimée en 1634, *in-8°* : coup d'effai de l'Auteur;
elle eft tirée du Roman de *Don Quichotte* : affez
bonne pour le temps.

Folies de Cardenio (les), Comédie
en trois Actes, avec trois Intermedes, dont la
Mufique eft de *Lalande*, par *Coipel*, jouée
en 1720, imprimée en 1721, *in-8°*; elle n'eut
que quatre repréfentations; elle fut auffi repréfentée au Louvre, fur le grand Théatre des
Tuileries le 30 Décembre : le Roi danfa feul
plufieurs entrées, & les Seigneurs y figurerent;
les Acteurs de l'Opéra s'étoient unis avec les
Comédiens.

Folle Enchere (la), Comédie en un

Acte, en prose, de *Dancourt*, représentée le
30 Mai 1690, imprimée dans la même année,
in-12; elle eut neuf représentations; le dialogue
en est vif, mais l'intrigue peu vraisemblable :
elle a paru & a été imprimée sous le nom de
Dancourt, mais la tradition prétend qu'il n'a fait
que la retoucher, & qu'elle est d'un Anonyme.

FOLLE GAGEURE (la), ou *le Divertif-
sement de la Comtesse de Pembrock*, Comédie en
cinq Actes, en vers, de *Boisrobert*, jouée en
1651, imprimée en 1653, *in*-4°; quoique foible
& peu comique, elle fut jouée vingt fois : elle
est tirée de *Lopès de Vega*.

FOLLE QUERELLE (la), ou *la Critique
d'Andromaque*, Comédie en trois Actes, en
prose, de *Subligny*, représentée le 18 Mai 1668,
imprimée dans la même année, *in*-12; elle eut
le plus grand succès qu'elle dut, selon toutes les
apparences, à la nouveauté du genre, & fur-
tout à la célébrité de la Tragédie qu'elle cri-
tiquoit. Cette Comédie fut faussement attribuée
à *Moliere*; *Racine* le crut, & se brouilla avec ce
célebre Comique.

FOLLENVILLE (la Comtesse de), Comédie
en un Acte, en prose, de *Carcavi*, jouée le
11 Octobre 1720, non imprimée. Le *Parnasse
Bouffon*, Piece du même Auteur, n'a point été
représentée.

FOLLES AMOURS (les), Comédie en un
Acte, en prose, par *N.* représentée en société
en 1622, avec succès, non imprimée : le manufcrit étoit dans la Bibliotheque de M. *de Bombarde*, avant sa mort : c'étoit une plaisanterie
de Cour.

F O N D S P E R D U S, par *Dancourt.* Voyez *Notaire obligeant.*

F O N T A N G E (la), ou *les Façonneries*, Comédie par un Anonyme, non repréſentée, imprimée & jouée en Hollande, en 1693, *in-12.* *Beauchamps* indique une Piece anonyme à-peu-près de ce titre : *la Fontange bernée*, qu'il place ſous la même année : c'eſt ſans doute la même que celle-ci.

F O N T A N G E S M A L T R A I T É E S (les), ou *les Vapeurs*, Comédie en un Acte, en proſe, de *Baron*, repréſentée le 13 Mai 1689, non imprimée, fut jouée ſeize fois. Cette Piece, malgré ſon ſuccès, n'eſt connue que par les regiſtres de la Comédie Françoiſe, non plus que la *Fontange bernée* en 1694.

F O R C E D E L A M A G I E (la), Comédie d'un Anonyme, donnée en 1678; on ne ſait pas l'hiſtoire de cette Piece, ce qui prouve qu'elle n'eſt point imprimée.

F O R C E D U N A T U R E L (la), Comédie en cinq Actes, en vers, de *Deſtouches*, jouée le Mercredi 11 Février 1750, imprimée dans la même année, *in-12*; elle ne fut pas bien reçue d'abord, mais à la ſeconde repréſentation le jeu des Acteurs & ſur-tout de Mademoiſelle *Dangeville*, qui rendoit le Rôle de *Babet*, fit tant de plaiſir, qu'elle fut jouée treize fois, & qu'elle eut du ſuccès.

F O R C E D U S A N G (la), Tragi-Comédie d'*Alexandre Hardy*, miſe au Théatre de l'Hôtel de Bourgogne en 1612, imprimée en 1626, *in-8°*, tirée d'une Nouvelle de *Cervantes* du même titre : irréguliere, mais paſſable pour le temps.

FORCE DU SANG (la), ou *le Sot toujours Sot*, Comédie en trois Actes, en profe, de l'Abbé *Brueys* & de *Palaprat*, retouchée par *Dancourt*, après la mort de l'Auteur. Un ami de cet Abbé prétendant que cette Piece appartenoit à fes héritiers, fit des remontrances avant qu'on la repréfentât, pour qu'on leur accordât la part d'Auteur ; les Supérieurs déciderent que la Piece feroit jouée le même jour 21 Avril 1725 aux Théatres François & Italien, que la veuve de *Palaprat* & les héritiers de *Brueys* auroient part aux repréfentations du fecond Théatre ; elle n'eut à celui des François que quatre repréfentations, & ne fut jouée qu'une fois de plus aux Italiens. On ne doit point terminer cet article fans ajouter que cette même Comédie avoit été déjà repréfentée au mois de Juillet 1693, & qu'elle eut alors un grand fuccès. Voyez la Préface de la Piece imprimée dans les Œuvres de *Brueys* : *le Sot toujours Sot, Belle-Mere*, &c.

FOU RAISONNABLE (le), ou *le Fou de Qualité*, Comédie en un Acte, en vers, de *Raimond Poiffon*, jouée en 1664, imprimée dans la même année, *in-* 12 : affez comique, mais d'un ftyle bas ; elle eft indiquée dans le Catalogue chronologique des Comédies de *Poiffon*, fous le titre de *Fou de Qualité :* c'eft une méprife. *Maupoint*, qui ne s'eft pas donné la peine d'examiner la bévue, a fait deux Pieces de ces deux titres dans fa *Bibliotheque des Theatres*, page 145.

FOURBE PARACHEVÉ (le), Comédie en trois Actes, en profe, par *le Noble*, repréfentée
le

le 14 Février 1693, non imprimée. Le tapage fut fi grand dans le Parterre, que la Piece ne put être achevée, & que les Comédiens furent contraints de fubftituer à fa place *le Médecin malgré lui.*

FOURBES HEUREUX, Comédie de *Palaprat*, reçue par les Comédiens, fut défendue la veille du jour qu'elle devoit être repréfentée. La tradition apprend qu'un Magiftrat informé que l'Auteur l'avoit eu en vue, obtint qu'elle fût fupprimée.

FOURBERIES DE SCAPIN (les), Comédie en trois Actes, en profe, de *Moliere*, jouée le 21 Mai 1671, imprimée dans la même année, *in-12* : elle doit aujourd'hui fon fuccès à Madame *Bellecourt*. *Moliere* emprunta deux Scenes de la Comédie du *Pédant de Cirano*, de *Bergerac.* L'ufage ancien des mafques s'étoit encore confervé dans cette Piece.

FOUS DIVERTISSANTS (les), Comédie en trois Actes, en vers, fuivie d'un Divertiffement, de *Raimond Poiffon*, donnée le 14 Mai 1680, imprimée en 1681, *in-12* ; elle eut onze repréfentations : plaifante, mais baffement écrite. C'eft la derniere Piece de l'Auteur. La Scene eft aux Petites-Maifons.

FOUS (les Illuftres), Comédie en cinq Actes, en vers, par *Charles de Bez*, repréfentée en 1652 à l'Hôtel de Bourgogne, imprimée en 1653, *in-4°* : médiocre, eut peu de fuccès.

FRAGMENTS DE MOLIERE (les), ou *l'Ombre de Moliere*, Comédie en deux Actes, en profe, repréfentée à Saint-Germain-en-Laye, devant le Roi, le 2 Décembre 1666, à la fuite

Tome I. O

de *Mélicerte*, troifieme entrée du Ballet des Mufes. Cette Piece eft une efpece d'in-promptu entremêlé de fcenes récitées , de fcenes en Chants & ornées de Danfes; les parties qui fe chantent font imprimées dans les Œuvres de *Moliere*, en 1734, *in-4°*, & en 1739, *in-12*.

FRAGMENTS DE MOLIERE (les), Comédie en deux Actes, en profe, de *Champmêlé*, jouée le 6 Mai 1682; elle eut quelque fuccès quoiqu'affez foible, ce qu'on doit attribuer à la célébrité de *Moliere*.

FRAGMENTS DE MOLIERE (les), Comédie en deux Actes, en profe, précédée d'un Prologue, par *Bricourt*, donnée à l'Hôtel de Bourgogne en 1674; elle n'eut qu' une repréfentation. Cette Piece eft une efpece d'Apothéofe de *Moliere*; on la trouve imprimée dans les Œuvres de ce célebre Comique, en 1739, *in-12*.

FRANC BOURGEOIS (le), Comédie en cinq Actes, en vers, de *Valentin*, repréfentée à Munich, devant l'Électeur de Baviere, à qui elle fut dédiée, en 1706, imprimée dans la même année, *in-12*.

FRANCS-MAÇONS (les), Comédie en un Acte, en profe, de M. *Clément*, non repréfentée, imprimée en 1740, *in-12*; elle devoit être jouée aux François en 1737, mais la Police vigilante pour le bon ordre s'y oppofa.

FRANCIADE (la), Tragédie avec des Chœurs, des Paufes, des Danfes & arriere-Danfes, par *J. Godard*, mife au Théatre en 1594, imprimée dans la même année, *in-8°*. Cette Piece fe trouve dans les Œuvres de l'Auteur, dédiée au Roi Henri IV, tome II. Un Dictionnaire moderne des Théatres indique une autre Tragédie de *Franciade*, de *Groffe-Pierre*, fans date & fans autorité.

FRANCIARQUE ET DE CALIXENE (les Amoureux Brandons de), Hiftoire morale, non encore vue ni récitée, en cinq Actes, en profe, par *A. B.* non repréfentée, imprimée en 1606, *in*-12; dédiée *à tous & à nul*, Piece très-libre & d'une longueur ennuyeufe.

FRANCION, Comédie en cinq Actes, en vers, de *Gilles*, repréfentée en 1642, imprimée dans la même année, *in*-4° : mal écrite & moins comique que le Roman dont elle eft tirée.

FRANÇOIS A LONDRES (le), Comédie en un Acte, en profe, de *Boiffy*, donnée le 3 Juillet 1723, imprimée en 1727, *in*-8°; elle eut beaucoup de fuccès & fut jouée dix-fept fois de fuite: reftée au Théatre, où elle reparoît fouvent.

FRANÇOIS II, Tragédie du Préfident *Hainault*, non repréfentée, imprimée fans nom d'Auteur en 1747, *in*-8° : Piece dans un genre unique, qui n'étoit pas faite pour être mife au Théatre, mais dont l'effai fut heureux.

FRANÇOIS A FRANCFORT (le), Comédie en un Acte, en profe, d'un Anonyme, repréfentée en fociété, imprimée en 1741, *in*-12, à Londres. Le fujet eft un Aventurier Gafcon, dont l'Auteur fans doute mécontent voulut fe venger.

FRANÇOIS A L'ELECTION (le), Comédie en un Acte en profe, d'un Anonyme, non repréſentée, imprimée en 1744, *in-*12, à Geneve : ſatyrique, allégorique, & nullement bonne.

FRANÇOIS SPERA (la Tragédie de), avec des Chœurs, par *J. D. C. C.* non repréſentée, imprimée en 1608, *in-*8°. *Spera,* Juriſconſulte, abjure les erreurs du Calviniſme, s'en repent, en meurt de déſeſpoir : c'eſt le ſujet de la Piece compoſée par un Proteſtant.

FRÉDÉRIC, Roi de Sicile, Tragédie en trois Actes, par *le Brun,* devoit étre miſe en muſique pour l'Opéra ; ce qui n'eut pas lieu : non imprimée, manuſcrit.

FREGONDE, ou *le Chaſte Amour,* Tragi-Comédie d'*Alexandre Hardy,* jouée en 1621, imprimée en 1626, *in-*8° : froide & mal dialoguée.

FRERES (les), Comédie en trois Actes, en vers libres, par un Anonyme, jouée à Salins, pendant le carnaval en 1683 ; on ne l'a point vue imprimée : le dialogue en eſt vif, le comique aſſez paſſable, mais le françois en eſt trop gothique.

FRERES ENNEMIS (les), par *Racine.* Voyez *Thébaïde.*

FRERES (les deux), ou *la Prévention vaincue,* Comédie en cinq Actes, en vers, de *Moiſſy,* repréſentée le 27 Juillet 1768. L'Auteur la retira après la premiere repréſentation.

FRONTIN, *Gouverneur du Château de Vertigitilinguen,* Comédie en un Acte, en proſe, jouée le 11 Octobre 1703, après la Tragédie d'*Agamemnon,* ſans avoir été ni annoncée, ni affichée ; elle n'eut que quatre repréſentations, & l'Auteur garda l'anonyme.

GABALIS, Comédie en un Acte, en profe, par un Anonyme, ni repréfentée ni imprimée, tirée du livre portant ce titre : *des Habitants des quatre Eléments :* très-rare.

GABAONITES (les), par *la Taille.* Voyez *Famine* (la).

GABINIE, Tragédie de l'Abbé *Brueys*, donnée en 1699, imprimée dans la même année, *in*-12; elle fut jouée dix fois : tirée d'une Tragédie latine intitulée *Suzana*, par *Jourdain*, Jéfuite. Voyez l'*Hiftoire du Théatre François*, tome XIV, page 123.

GABRIELLE D'ESTRÉES, Tragédie en cinq Actes, jouée à Bordeaux & à Verfailles, & la première qui doit être jouée à la Comédie Françoife, après la reprife des *Illinois*.

GABRIELLE DE VERGY, Tragédie par *de Belloy*, jouée le 12 Juillet 1777, fuivie de l'*Ecole Amoureufe*; elle eut vingt-deux repréfentations. Madame *Veftris* y joua le Rôle principal en Actrice confommée : reftée au Théatre, où elle eft toujours autant fuivie qu'applaudie. Cette Tragédie avoit été imprimée fept ans avant, & ne fut repréfentée qu'après la mort de l'Auteur.

GAGEURE IMPRÉVUE (la), Comédie en un Acte, en profe, par M. *Sédaine*, mife au Théatre le 27 Mai 1768; elle eut onze repréfentations : reftée au Théatre, où elle eft toujours revue avec plaifir,

GAGEURE DE VILLAGE (la), Comédie en un Acte, en profe, de M. *de Scillans*, donnée le 26 Mai 1756, non imprimée; elle fut fuivie d'un Divertiffement dont la mufique eft de *Giraud*; quoiqu'elle eut affez de fuccès, l'Auteur la retira après la cinquieme repréfentation : on en trouve l'extrait dans l'*Année Littéraire* de 1756, tome III, page 348.

GALANT COUREUR (le), ou l'*Ouvrage d'un moment*, Comédie en un Acte, en profe, fuivie d'un Divertiffement, de *Quinault* le Comédien, par *le Grand*, jouée le 11 Août 1722, imprimée dans la même année, *in*-12; elle eut vingt-deux repréfentations : plaifante, & reftée au Théatre, où elle y eft fouvent jouée.

GALANT DOUBLÉ (le), Comédie en cinq Actes, en vers, de *Thomas Corneille*, repréfentée en 1660, imprimée dans la même année, *in*-12; elle eut quelque fuccès : bien intriguée, mais trop de longueur.

GALANT JARDINIER (le), Comédie en un Acte, en profe, fuivie d'un Divertiffement, mufique de *Gilliers*, par *Dancourt*, jouée le 28 Octobre 1704, imprimée en 1705, *in*-12; elle fut jouée dix-fept fois avec fuccès : le comique en eft bon, le dialogue vif; c'eft une des jolies Pieces de ce Comédien : reftée au Théatre. La tradition prétend que *Saint-Yon* y a eu part.

GALANT (le Vert), Comédie de *Dancourt*, en un Acte, en profe, avec un Divertiffement, mis en mufique par *Gilliers*; donnée le 24 Octobre 1714, imprimée dans la même année, *in*-12; elle eut neuf repréfentations.

Une aventure du temps fit le fujet de cette Piece, qui eſt médiocre.

GALANTS RIDICULES (les), par *Che-valier*. Voyez *Amours de Calotin*.

GALANTERIES DU DUC D'OSSONE (les), par *Mairet*. Voyez *Oſſone*.

GALANTES VERTUEUSES (les), Tragi-Comédie de *Desfontaines*, donnée en 1662, imprimée dans la même année, *in-12*. Elle fut compoſée ſur une hiſtoire véritable arrivée pendant le Siege de Turin.

GALATHÉE DIVINEMENT DÉLIVRÉE (la), Paſtorale, en cinq Actes, en vers, par *Fon-teny*, non repréſentée, imprimée en 1587, *in-12*, *avec les Reſſentiments du même Auteur pour ſa Céleſte*. *Fonteny* étoit Confrere de la Paſſion.

GALERIE DU PALAIS (la), ou l'*Amie rivale*, Comédie en cinq Actes, en vers, de *Corneille*, miſe au Théatre en 1634, imprimée en 1637, *in-4°*. C'eſt la quatrieme Piece de ce grand homme : irréguliere pour notre temps, mais très-bonne pour celui où elle a-paru. On lui doit d'avoir ſupprimé dans cette Comédie les Rôles de Nourrices, rendus par des Ac-teurs maſqués, habillés en femmes, & d'y avoir ſubſtitué celui de Suivante ou de Soubrette, dont on a fait uſage depuis.

GALIMATHIAS (le), Tragi - Comédie, en cinq Actes, de *Rozieres Beaulieu*, donnée en 1638, imprimée en 1639, *in-4°* : entre-lacée de penſées oppoſées, ſans objet, ſans milieu, ſans fin. Si l'intention de l'Auteur a été de remplir ſon titre, il y a parfaitement réuſſi.

GARDIEN DE SOI-MÊME (le), Comé-

die en cinq Actes, en vers, de *Scarron*, jouée
en 1655, imprimée en 1688, *in*-4°. mal faite,
point comique, ennuyeuse. Voyez *Geolier de
soi-même*.

GASCONS (les trois), Comédie en un
Acte, en prose, de *Boindin*, mise au Théatre le
4 Juin 1701, imprimée en 1702, *in*-12. Le fond
en est le même que celui des *trois Oronte*, de
Boisrobert, mais ici bien plus resserré ; elle a
été reprise plusieurs fois : bien des gens croient
que le célebre *de Lamotte* y a travaillé. *Beauchamps* fait plus, il la lui donne dans ses Recherches, en soutenant que *Boindin* n'en fut que le
prête-nom.

GASPARD DE COLIGNY, Tragédie,
par M. d'*Arnaud*, non représentée, imprimée
en 1740, *in*-8°, en trois Actes, en vers ;
elle est remplie de beautés : elle a été souvent
jouée en société, à l'Hôtel de Tonnerre, où
le sublime *le Kain* faisoit l'essai de ses talents.
Voyez *le Mauvais Riche*, du même Auteur.

GASPARD DE COLIGNY, Tragédie de
Chantelouve, non représentée, imprimée en
1574, *in*-8°, en cinq Actes, en vers, sans distinction de Scenes, contenant ce qui advint à
Paris le 24 Août 1552, avec le nom des personnages qui jouerent la Tragédie. Cette Piece
a été réimprimée depuis sur l'ancienne édition.

GASTON DE FOIX, Tragédie, avec des
Chœurs, de *C. Billard*, représentée en 1607, imprimée en 1610, *in*-8°. Le sujet de cette Piece,
qui est fort ennuyeuse, est la *Bataille de Ra-
vennes*, & la mort de *Gaston de Foix*, Duc de
Nemours.

GASTON ET BAYARD, Tragédie, par *de Belloy*, repréfentée le 24 Avril 1771. Elle eut douze repréfentations. On la rejoue très-fouvent; & en dernier lieu, le Public a faifi avidemment l'allufion que ces vers lui préfentoient :

DESTAING, cœur tout de flamme. . . . .
Toi né pour être un jour, par tes hardis exploits,
Ainfi que ton aïeul, le bouclier des Rois.

GATEAU DES ROIS (le), Comédie en un Acte, en vers, par M. *Imbert*, jouée le 6 Janvier 1775. Elle fut précédée d'un Prologue, l'Auteur la retira après la première repréfentation, quoiqu'elle eut fait plaifir.

GAZETTE DE HOLLANDE (la), Comédie en un Acte, en profe, de *Dancourt*, donnée le 24 Avril 1692, imprimée dans la même année, *in*-12 ; c'eft le même fond que celui du *Mercure Galant*, de *Bourfault*. La Scene de *Chou Chou*, qui eft la dix-huitieme, renferme une aventure de ce temps-là. Voyez l'*Hiftoire du Theatre François*, tome XIII, page 269.

GÉNÉREUSE ALLEMANDE (la), Tragédie de *Marechal*, non repréfentée, imprimée en 1631, *in*-8°. *Elle eft divifee en deux journées de cinq Actes chacune, où, fous noms empruntés & parmi d'agréables & diverfes feintes, eft repréfentée l'Hiftoire de feu M. & Madame de Ciray.* C'eft la fuite du titre.

GÉNÉREUSE INGRATITUDE (la), Tragédie-Paftorale de *Guinault*, mife au Théatre en 1654, imprimée en 1657, *in*-12.

GÉNÉREUX ENNEMIS (les), Comédie

en cinq Actes, en profe, de *Boifrobert*, repréfentée en 1654, imprimée en 1655, *in-12* :
paffable pour le temps. Elle fut jouée alternativement à l'Hôtel de Bourgogne avec les *I-
luftres Ennemis*, de *Thomas Corneille*. L'Auteur
en vola le fujet à *Scarron*, qui s'en plaignit amé-
rement.

GÉNÉREUX ENNEMIS (les), ou l'*Eco-
lier de Salamanque*, Comédie en trois Actes, en
profe, de *Scarron*, jouée en 1654 fur le Théatre
du Marais. Cette Piece eft la même que la précédente, à l'exception du nom des Acteurs &
de l'Epifode du Comte *Octavian*; *Boifrobert*,
à qui *Scarron* avoit confié fa Piece, en faifit le
fujet, & pour comble de malhonnêteté fit jouer
fa Comédie avant celle-ci, & en dit beaucoup
de mal lorfqu'elle parut. *Scarron* s'en vengea
par une Epigramme très - méprifante pour
l'Abbé de *Boifrobert*. Cette Comédie eft la
premiere où le Rôle de Crifpin ait été introduit.

GENEST (le Martyre de Saint), ou l'*Illuftre Comédien*, Tragédie de *Desfontaines*, repréfentée & imprimée en 1645, *in-4°* : affez
bien conduite, quelques beautés de détail, enfin paffable pour le temps.

GENEST (le véritable Saint), Tragédie de
Rotrou, imprimée dans le premier tome des
anciennes Pieces du *Théatre François*.

GENEVIEVE DE BRABANT (Sainte),
ou l'*Innocence reconnue*, Tragédie en cinq Actes,
en vers, avec des Chœurs, par *Cerizier*, donnée
& imprimée en 1669, *in-12* : l'Auteur étoit
Aumônier & Confeiller du Roi.

GENEVIEVE (Sainte), ou l'*Innocence reconnue*, Tragédie par *Daure*, jouée à Montargis en 1760 , imprimée dans la même Ville & la même année , *in*-12, fans nom d'Auteur, ce qui la fit attribuer à *Ceriꝫier*.

GENEVRE, Tragédie de *Claude Billard*, repréfentée en 1609, imprimée en 1610, *in*-8°, tirée de *Roland le Furieux* , de l'*Ariofte* : mauvaife en tout poïht.

GENICOURT (le Vicomte de), par un Anonyme. Voyez *Maître de Campagne*.

GÉNIE TUTÉLAIRE, Drame en trois 'Actes, en vers, mêlés de Chants & de Danfes, par le Pere *Beaumanoir*, repréfenté au College des Jéfuites d'Aix, le 5 Janvier 1756, à l'occafion de la naiffance de M. *le Comte de Provence.*

GÉNOIS (le), Comédie en un Acte , par un Anonyme, repréfentée le 6 Juin 1695, non imprimée ; elle tomba à la premiere repréfentation , & elle fut'jouée après la Tragédie d'*Iphigénie en Aulide.* Cette Piece n'eft connue que par les regiftres de la Comédie Françoife.

GENSERIC, Roi des Vandales, Tragédie de Madame *Deshoulieres*, jouée dans le mois de Janvier 1680, imprimée dans la même année, *in*-12. Elle eft foible, mal faite & eut peu de réuffite. Il parut dans ce temps-là un Sonnet anonyme qui caractérife affez bien les perfonnages de la Piece.

GENTILHOMME DE BEAUCE (le), Comédie en cinq Actes, en vers, de *Montfleury*, donnée au mois d'Août 1670, imprimée dans la même année, *in*-12. Elle parut à Verfailles, devant le Roi, le 6 Septembre fuivant. Elle eft trop médiocre pour avoir eu du fuccès.

GENTILHOMME GUESPIN (le), Comédie en un Aĉte, en vers, de *Vifé*, repréfentée en 1670, imprimée dans la même année, *in-12*. Elle eft médiocre. Les Loges, par un mouvement de contradiĉtion, la foutinrent contre le Parterre qui la huoit.

GENTILHOMME MEUNIER (le), Comédie en un Aĉte, par un Anonyme, mife au Théatre le 9 Mai 1678, après la Tragédie de *Bérénice;* elle eut neuf repréfentations. Cette Piece n'eft connue que par les regiftres de *Guénégaud,* n'ayant point été imprimée.

GEOLIER DE SOI-MÊME (le), ou *Jo-delet, Prince,* Comédie en cinq Aĉtes, en vers, de *Thomas Corneille,* repréfentée à l'Hôtel de Bourgogne en 1655, imprimée en 1657, *in-12*. C'eft ici précifément le même fujet du *Gardien de foi-même,* par *Scarron,* mais employé avec bien plus d'art; elle eut du fuccès, & eft reftée au Théatre, fous le titre de *Jodelet, Prince.* Voyez *Gardien de foi-même.*

GEORGES DANDIN, ou *le Mari confondu,* Comédie en trois Aĉtes, en profe, de *Molicre.* Elle fut jouée d'abord à Verfailles, devant le Roi, en 1668, avec des Intermedes, dont la Mufique eft de *Lully;* & à Paris, fur le Théatre du Palais Royal, fans Intermedes, le 9 Novembre de la même année. Cette Piece réuffira auffi long-temps qu'il y aura des femmes coquettes & des bourgeois trompés.

GEORGIBUS DANS LE SAC, Farce de *Molicre,* donnée le 17 Avril 1663. Voilà tout ce qu'on en peut dire, n'ayant pas été imprimée.

GERMANICUS, ou *la Princesse de Cleves*, Tragédie de *Boursault*. Les Auteurs de l'*Histoire du Théatre François* mettent sa premiere représentation en 1679, cependant le regiſtre de *Guénégaud* annonce une reprise de cette Tragédie le 13 Octobre 1673, avec sept représentations, preuve qu'elle avoit été jouée avant cette année-là. Elle fut présentée aux Comédiens en 1669, sous le titre de *Princesse de Cleves*, & refusée. L'Auteur y fit des corrections, & la donna en 1679, sous le nom de *Germanicus*; imprimée en 1690. Elle eut un grand succès; il eſt vrai que *Corneille* y contribua par l'éloge qu'il en fit à l'Académie. *Racine* en fut ſi offensé, que dès ce jour-là il se brouilla avec ce grand homme. Voyez *Princesse de Cleves*.

GERMANICUS, Tragédie du Pere *Colonia*, donnée aux Jéſuites en 1693.

GERMANICUS, Tragédie de *Pradon*, représentée le 22 Décembre 1694, non imprimée: très-froide & mal conduite. Cette Piece seroit sans doute ignorée sans l'Epigramme de *Racine*:

> Quel eſt le sort du grand *Germanicus*?
> Perſécuté par le cruel *Tibere*,
> Empoiſonné par le traître *Piſon*;
> Il ne lui manquoit plus pour derniere misere
> Que d'être chanté par *Pradon*.

Il n'eſt point fait mention de cette Tragédie dans les Recherches de *Beauchamps*.

GERVAIS (le Martyre de Saint), Poëme dramatique de *Cheffault*, non représenté, im-

primé en 1670, *in*-12. L'Auteur étoit Prêtre
de Saint Gervais ; la Piece n'en eſt pas pour cela
meilleure.

G é s i p e, ou *les deux Amis*, Tragi-Comédie
d'*Alexandre Hardy*, donnée à l'Hôtel de Bourgogne en 1622, imprimée en 1626, *in*-8° : paſſable pour le temps.

G é t a, ou l'*illuſtre Veſtale*, Tragédie, par
Pechantré, donnée le 29 Janvier 1687, imprimée dans la même année, *in*-12; elle eut
vingt-deux repréſentations avec le plus grand
ſuccès. Le fond en eſt très-intéreſſant : le quatrieme & le cinquieme Actes furent trouvés
fort beaux par les Connoiſſeurs de ce temps-là. La
bonhommie de l'Auteur penſa lui ravir ſa gloire
en cette occaſion, & le profit qu'il ſe promettoit de la réuſſite de ſa Piece. Avant que de
la lire aux Comédiens, il s'adreſſa à *Baron*, pour
que celui-ci lui en dît ſon ſentiment. Au lieu
d'en faire l'éloge, ſon ami prétendu ſuppoſa
que la Piece tomberoit. *Pechantré*, confondu, le
crut, & accepta vingt piſtoles que *Baron* lui
offrit, en lui faiſant entendre qu'il tâcheroit d'en
tirer parti par des corrections. *Champmêle*, indigné de ce marché, connoiſſant la Piece, obligea
Pechantré à la retirer des mains de *Baron*, &
prêta les deux cents francs, déjà mangés. La
Tragédie, lue, reçue & jouée, conſéquemment
à ce ſervice obligeant, *Pechantré* en retira le
meilleur parti, les repriſes de ſa Piece lui en
ayant fait encore retirer de l'argent, dont il
avoit toujours beſoin.

G i g a n t o m a c h i e (la), ou le *Combat
des Dieux avec les Géants*, Poëme dramatique

d'*Alexandre Hardy*, mis au Théatre en 1622, à l'Hôtel de Bourgogne, imprimé en 1626, *in*-8°. Cette Piece eſt une imitation de *Claudian*; elle eut du ſuccès. On étoit moins Connoiſſeur alors qu'aujourd'hui.

GILLETTE, Comédie burleſque en cinq Actes, en vers, de huit ſyllabes, de *Troterel*, donnée en 1619, imprimée en 1620, *in*-8° : plaiſante pour le temps, & d'un ſtyle naïf & intéreſſant. On apprend dans une lettre de l'Auteur, en date du 12 Août 1619, qu'il ne mit que huit jours à faire cette Piece, & que le ſujet eſt l'aventure comique d'un Gentilhomme de campagne avec ſa ſervante.

GILOTIN, *Precepteur des Muſes*, Comédie en un Acte, en vers, de *Saint-Gilles*, donnée à la Grange Bateliere, en préſence de Madame la Ducheſſe *du Maine* & de M. le Prince de *Conty*, le 6 Mars 1706. On trouve cette Piece dans *la Muſe Mouſquetaire* du même Auteur, avec une Paſtorale héroïque, intitulée, *la Fievre de Palmerin*, imprimée dans la même année.

GLORIEUX(le), Comédie en cinq Actes, en vers, de *Deſtouches*, repréſentée le 18 Janvier 1732, imprimée dans la même année, *in*-12. Elle eut trente repréſentations; c'eſt le chef-d'œuvre de l'Auteur, & peut-être de notre ſiecle. *Dufreſne* pour qui le Rôle principal avoit été créé, le rendit ſupérieurement. Cette Piece eſt reſtée au Théatre, où elle eſt toujours revue avec le même plaiſir.

GOLIATH, Tragédie de *Joachim Coignac*, imprimée en 1550 : très-rare.

GORDIANS & MAXIMINS (les), ou l'*Ambition*, Tragi-Comédie, jouée & imprimée en 1596, *in·*8°. L'Auteur de cette Piece étoit le pere du célebre *Claude Favre de Vaugelas*, si connu dans la République des Lettres par ses excellentes *Remarques sur la Langue Françoise*.

GOUTTE (la), Comédie de *Blanbeausault*, représentée en 1605, imprimée dans la même année, tirée de *Lucien :* Piece rare & peu connue.

GOUVERNANTE (la), Comédie en cinq Actes, en vers, de *la Chauffée*, mise au Théatre le 18 Février 1747, imprimée dans la même année, *in*-12 ; elle fut jouée dix-sept fois avec le plus grand succès. Le sujet est tiré d'une aventure véritable arrivée à M. *de la Faluere*, alors Conseiller au Parlement de Bretagne, & depuis Premier Président de cette Cour. Cette belle Comédie est restée au Théatre, & y restera tant que les mœurs seront respectées.

GOUVERT D'HUMANITÉ (le), Tragi-Comédie, d'*Abondance*, 1544 : très-rare & peu connue.

GRACES (les), Comédie en un Acte, en profe, de *Saintfoix*, représentée le 13 Juillet 1744, imprimée en 1745, *in*-12 ; elle n'eut que onze représentations, & en méritoit davantage. Le genre parut nouveau ; c'est un tableau charmant & digne de l'Albâne. Cette jolie Piece est restée au Théatre, mais on ne la joue pas aussi souvent que le Public le desireroit.

GRAND BENÊT DE FILS (le), par *Moliere*. Voyez *Fils* (le grand benêt de).

GRISELDE,

GRISELDE, ou *la Princeſſe de Saluces*, Comédie en cinq Actes, en vers, de Madame *de Saintonge*, jouée à Dijon, en 1714, imprimée dans la même année & la même Ville ; à Lyon en 1771, *in-12* ; ainſi que l'*Intrigue des Concerts*, Comédie en un Acte, en vers, ſuivie d'un Divertiſſement, du même Auteur.

GRISÉLIDIS, ou *la Marquiſe de Saluces*, Hiſtoire miſe par perſonnages en rimes, l'an 1595, par *J. Bonſons* : rare & peu connue.

GRISETTES (les), ou *Criſpin Chevalier*, Comédie en trois Actes, en vers, de *Champmêlé*, repréſentée en 1671, imprimée dans la même année. C'eſt la premiere de l'Auteur dans ce genre nouveau pour le comique, qui a fourni l'idée du *Chevalier à la Mode*. *Champmêlé* réduiſit quelque temps après cette Piece en un Acte, pour la rendre plus vive, & la fit imprimer en 1673, ſous le titre où elle eſt ici placée.

GRONDEUR (le), Comédie en trois Actes, en proſe, de *Brueys*, jouée le 3 Février 1691, imprimée en 1711, *in-12* ; elle fut précédée d'un Prologue intitulé *les Sifflets*, par *Palaprat*. Le caractere de cette Piece eſt très-bien ſoutenu & d'un excellent comique ; elle avoit d'abord été préſentée en cinq Actes, les Comédiens exigerent qu'elle fût réduite à trois : ce ſeroit une des meilleures Comédies depuis *Moliere*, ſi le dernier Acte répondoit aux deux premiers. On a toujours cru que *Palaprat* en étoit auſſi l'Auteur ; elle fut ſifflée à la premiere repréſentation par le Théatre, & applaudie par

Tome I. P

le Parterre : elle a eu depuis le plus grand fuccès & en a encore aujourd'hui à fes reprifes. *Raifin*, *Guérin*, *Duchemin* & *Defeffars* ont fuccefflivement & parfaitement rendu le Rôle principal.

GRONDEUSE (la), Comédie en un Acte, en profe, de *Fagand*, jouée le 11 Février 1734, non imprimée ; elle n'eut que cinq repréfentations, & n'a point été reprife.

GROS RENÉ PETIT ENFANT, Farce de *Moliere*, jouée le 27 Avril 1664, non imprimée.

GROS LOT DE MARSEILLE, par un Anonyme. Voyez *Lot de Marfeille*.

GUERRE COMIQUE (la), ou *la Défenfe de l'Ecole des Femmes*, Comédie en cinq Actes, en profe, par *la Croix*, non repréfentée, imprimée en 1664, *in-12*. Le fecond titre annonce le fujet de la Piece.

GUILLAUME TELL, Tragédie par M. *le Mierre*, mife au Théatre le 17 Décembre 1766 ; elle eut fept repréfentations : l'Auteur la retira, pour la remettre avec des corrections.

GUINGUETTE DE LA FINANCE (la), Comédie en un Acte, en profe, par un Anonyme, précédée d'un Prologue, fuivie d'un Divertiffement dont la Mufique eft de *Mouret*, repréfentée le 19 Mai 1716 ; elle n'eut que quatre repréfentations, non imprimée.

GUISIADE (la), Tragédie avec des Chœurs, de *Saint-Mathieu*, imprimée en 1589 ; elle a été réimprimée depuis peu fur l'ancienne édition.

GUISE (la double Tragédie du Duc & du Cardinal de), repréfentée à Blois le 23 &

le 24 Décembre 1588, imprimée dans la même année, *in*-4°.

GUSTAPHE, ou l'*Heureuse Ambition*, Tragi-Comédie de *Benferade*, jouée, en 1637, imprimée dans la même année, *in*-4° : mal construite & foiblement rendue.

GUSTAVE, Tragédie de *Piron*, repréfentée le 6 Février 1733, imprimée dans la même année, *in*-8°; elle eut vingt repréfentations & beaucoup de fuccès. Cette Piece eft dans un goût nouveau & chargée d'incidents : elle eft reftée au Théatre, où elle n'eft pas reprife auffi fouvent que le Public le defireroit.

GUSTAVE VASA, Tragédie de M. *de la Harpe*, jouée le 3 Mars 1766. L'Auteur la retira après la premiere repréfentation.

H A B

HABIS, Tragédie de Madame *de Gomez*, repréfentée le 17 Avril 1714, imprimée dans la même année, *in*-12; elle eut un grand fuccès dans fa nouveauté, vingt-fix repréfentations; mais à fa reprife, le 14 Mai 1732, elle fut on ne peut pas plus foible.

HAMLET, Tragédie par M. *Ducis*, donnée le 30 Septembre 1769, avec beaucoup de fuccès; elle eut douze repréfentations, & le Public en demande la reprife.

HASARDS DU JEU DE L'OMBRE, Comédie en un Acte, en profe, de l'Anonyme *M. R.* jouée en 1675, imprimée dans la même année, *in*-12 : très-peu intéreffante & foiblement dialoguée.

HECTOR, Tragédie de *Montchrétien*, jouée en 1603, imprimée en 1604, *in-8°*; elle a quelques beaux endroits pour le temps. Le Rôle principal peut fervir de modele. *Antoine Sconin* eft l'Auteur d'une Tragédie de ce titre indiquée fans format & fans nom d'Auteur, en 1675, dans les Recherches fur les Théatres. M. *Clairfontaine* en a fait auffi imprimer une en 1752, *in-*12; reçue à la Comédie Françoife, mais non repréfentée.

HECTOR, Tragédie par *Montléon*, donnée & imprimée en 1630 : très-rare.

HÉCUBE, Tragédie de *Laz. Baif*, donnée en 1537, imprimée dans la même année, *in-*4° : irréguliere, froide & rare.

HÉCUBE, Tragédie par *Bouchetel*, repréfentée en 1550, imprimée, mais l'on ignore la date & le format : très-rare.

HÉLENE D'AMSTERDAM (le Raviffement d'), Comédie, jouée à la Haye, en 1683, imprimée dans cette Ville, *avec figures*. Cette Piece eft affez comique.

HENRI-LE-GRAND, Tragédie avec des Chœurs, de *Claude Billard*, donnée en 1610, imprimée dans la même année, *in-8°*, jouée devant *Marie de Médicis*; M. le Dauphin y dit, *qu'il en fait plus que les Rois trépaffés*. Cette Tragédie eft finguliere. Voyez-en le fecond Acte.

HENRI IV (la Partie de Chaffe de), par M. *Collé*. Voyez *Partie de Chaffe* (la).

HENRIETTE, Comédie en un Acte, en profe, de *Fontenelle*, non repréfentée, imprimée en 1751, *in-*12. On la trouve dans les Œuvres de l'Auteur, avec ces Pieces : *Idalie*, *Macate*, *le Tyran*, *Abdolonime*, *le Teftament*, toutes Comédies en cinq Actes, en profe, bien dignes de ce célebre Auteur.

HÉRACLIDES (les) , Tragédie de *Brie*, repréfentée le 29 Décembre 1695, non imprimée ; mauvaife. Elle feroit ignorée fans l'épigramme de *Gacon*. Voyez *le Poëte fans fard*, édition de 1701, page 25 ; elle eut cependant fix repréfentations.

HÉRACLIDES (les), Tragédie de *Danchet*, donnée le 19 Décembre 1719, imprimée en 1751, *in*-12 : médiocre ; elle n'eut que huit repréfentations, & n'a été imprimée qu'après la mort de l'Auteur.

HÉRACLIDES (les), Tragédie par M. *de Marmontel*, donnée le 24 Mai 1752, imprimée en 1753, *in*-12, remplie de très-beaux vers ; elle fut reprife le 27 Novembre de la même année, & fut encore jouée trois fois.

HÉRACLIUS, *Empereur d'Orient*, Tragédie de *Corneille*, mife au Théatre de l'Hôtel de Bourgogne en 1647, imprimée dans la même année, *in*-4° : Piece admirable, pleine de génie, bien digne de fon célebre Auteur. Elle eut un fuccès prodigieux. A fa premiere reprife en 1724, on agita dans ce temps-là cette queftion : favoir, s'il en avoit tiré le fujet de *Don Calderon*, ou fi elle étoit de fon invention. Après bien des écrits pour éclaircir le fait, la chofe eft reftée indécife : une preuve en faveur de *Corneille* fuffit pour la réfoudre. Ce grand homme n'a jamais altéré la vérité tant qu'il a vécu : il dit dans l'examen de fa Tragédie d'*Héraclius*, que *c'est un heureux original dont il s'est fait de belles copies si-tôt qu'il a paru.* Ce peu de mots décide que si *Corneille* avoit tiré le sujet de *Don Calderon*, il l'auroit avoué avec son ingénuité ordinaire.

H E R C U L E F U R I E U X, Tragédie de *Rol. Brisset*, représentée en 1580 & en 1589, imprimée en 1590, *in-4°*, dans un Recueil qui a pour titre : *Premier Livre des Œuvres Poétiques de R. B. G. T.* Il s'en faut tout que cette Piece soit supportable. *Beauchamps* attribue encore une Tragédie d'*Hercule Oeteus*, à *Nicolas le Digne*, sous l'année 1584.

H E R C U L E, Tragédie par *J. Prévot*, mise au Théatre en 1614, imprimée dans la même année, *in-12* : foible d'invention, mal versifiée. On la trouve dans un recueil des Œuvres de l'Auteur, imprimé à Poitiers.

H E R C U L E (les Forces incomparables du Grand), ou *les Amours du Grand-Hercule*, où l'on voit artistement dépeints *son trépas*, *sa génerosité*, *malgré l'envie de Junon*, *sa marâtre*, par *Mainfray*, jouée en 1616, imprimée dans la même année, *in-8°* : passable pour ce siecle.

H E R C U L E M O U R A N T, ou *la Déjanire*, Tragédie de *Rotrou*, représentée en 1636, imprimée en 1638, *in-4°* : intéressante, mais mal conduite. On la trouve encore imprimée dans le premier volume du *Théatre François*.

H E R C U L E F U R I E U X, Tragédie par l'*Héritier Nouvellon*, donnée en 1638, imprimée en 1639, *in-4°* ; mauvaise & ennuyeuse.

H E R C U L E F U R I E U X, Tragédie de *Séneque*, traduite en prose par le Jésuite *Linage*, non repréſentée, imprimée en 1651, *in-12.* On trouve cette Piece dans un recueil des Œuvres de cet Auteur, diviſé en dix parties, formant cinq Tomes reliés, qui renferment les Tragédies ſuivantes, la *Thébaïde,* la *Médée,* l'*Œdipe,* l'*Hyppolite,* l'*Hercule mourant,* le *Thyeſte,* la *Troade,* l'*Agamemnon* & l'*Octavie.*

HERCULE, Tragédie par *la Thuillerie,* repréſentée le 7 Novembre 1681, imprimée en 1682, *in-12.* Cette Piece eut beaucoup de ſuccès; elle fut jouée quatorze fois de ſuite, & ſans l'envie des Comédiens, camarades de l'Auteur, qui l'interrompirent dans le fort de ſon ſuccès, elle l'eût été davantage. Ils publierent que *la Thuillerie* n'en étoit que le prête-nom, & que l'Abbé *Abeille* en devoit avoir l'honneur: ce que le premier a démenti dans la Préface, à la tête de ſa Piece, en avouant cependant qu'il devoit aux conſeils de cet Abbé, les beautés qui avoient occaſionné la réuſſite de ſa Tragédie.

HERCULE (là Mort d'), Tragédie de M. *Renout,* donnée le Lundi 28 Février 1757, non imprimée : malgré ſa chûte, cette Piece n'eſt pas ſans beautés. L'Auteur la retira après la premiere repréſentation, pour la retoucher.

HÉRITIER GÉNÉREUX (l'), Comédie en un Acte, en vers libres, de *Diſſon,* repréſentée à Dijon, en Décembre 1749, imprimée dans la même Ville en 1753, *in-8°.*

HÉRITIER RIDICULE (l'), ou *la Damé intéreſſée,* Comédie en cinq Actes, en vers, par *Scarron,* jouée trois fois devant le Roi en 1649, imprimée en 1650, *in-4° :* malgré ſon ſuccès, cette Piece n'eſt pas bonne, mais l'honneur d'avoir plu à la Cour, la fit reſter au Théatre,

HERMÉNÉGILDE (Saint), Tragédie, par un Anonyme, non repréſentée, imprimée, ſans date, à Rouen, *in-8°*, dans un recueil qui a pour titre : *Jeſus, Maria*, avec les Pieces ſuivantes : les *Saints-Innocents*, & le *Martyre de Saint-Sébaſtien*.

HERMÉNÉGILDE (Saint), Royal Martyr, des *Iſles-le-Bas*, donnée & imprimée à Rouen en 1700, *in-12* : bonne pour être repréſentée dans des Couvents de Moines ou de Religieuſes,

HERMÉNÉGILDE (Sainte), Tragédie en proſe, de *la Calprenede*, repréſentée en 1643, imprimée dans la même année, *in-4°*. Cette Piece n'eſt point mal faite pour le temps; elle eſt intéreſſante : c'eſt le même ſujet qu'*Ildegonde*. Voyez cette Piece, à l'I.

HERMOGÈNE (le Prince), Tragédie en cinq Actes, en vers, par *Desfontaines*, donnée en 1638, imprimée en 1639, *in-4°* : conduite ſinguliérement, mal rendue.

HÉRODE, Tragédie de l'Abbé *Nadal*, donnée le 5 Février 1709, imprimée dans la même année, *in-12* : médiocre. Elle fut cependant jouée neuf fois, parce qu'on prétendit qu'elle renfermoit des alluſions. Les vers ſuivants que *Tyrem* dit à *Hérode*, y donnerent lieu :

Eſclave d'une femme indigne de ta foi,
Jamais la vérité ne parvint juſqu'à toi.

HÉRODE (la Mort des Enfants d'), par *la Calprenede*. Voyez *Mariamne*.

HÉROÏNE (l'), Comédie en cinq Actes, en vers, par un Anonyme, mife au Théatre le 10 Septembre 1686, non imprimée; elle ne fut jouée que quatre fois : elle n'eft connue que par les regiftres de la Comédie Françoife.

HÉROS TRÈS-CHRÉTIEN (le), Tragédie par *Olry de Loriende*, donnée en 1669, imprimée dans la même année, *in*-12 : quoique foible, elle a de beaux endroits.

HESTER (la belle), Tragédie françoife en cinq Actes, de *Touftain*, jouée & imprimée fans date, à Rouen, tirée de la Bible : très-rare.

HEURE DU BERGER (l'), Paftorale en cinq Actes, en vers, par *Champmêlé*, mife au Théatre en Juillet 1672, imprimée en 1673, *in*-12 : elle eft affez bien imaginée.

HEURE DU BERGER (l'), Comédie en un Acte, en vers, de *Boizard de Ponthault*, avec un Divertiffement, repréfentée le 12 Novembre 1737, avec *le Rival Secretaire*, & *l'Accommodement imprévu*; elle eut fept repréfentations. Mademoifelle *Dangeville* qui figuroit dans l'*Heure du Berger*, y fit grand plaifir. Voyez *Rival Secretaire*, & *Accommodement imprévu*.

HEUREUSE CONSTANCE (l'), Tragédie de *Rotrou*, jouée en 1636, imprimée dans la même année, *in*-4° : irréguliere, mais paffable pour le temps.

HEUREUSEMENT, Comédie en un Acte, en vers, par M. *Rochon de Chabannes*, repréfentée le 29 Novembre 1762; elle eut beaucoup de fuccès : reftée au Théatre, où elle eft toujours revue avec plaifir.

HEUREUSE EPREUVE (l'), par *Saint-Foix*. Voyez *Julie*.

HEUREUSE RENCONTRE (l'). Voyez *Rencontre*.

HEUREUSES AVENTURES (les), Tragi-Comédie par *du Perron*, donnée & imprimée en 1633, *in-8°* : aſſez bonne pour le ſiecle.

HEUREUSES INFORTUNES (les), Tragi-Comédie par *la Brouſſe*, joueé en 1618, imprimée dans la même année, *in-12* ; elle n'eſt pas ſans mérite, mais le ſtyle en eſt lâche. Voyez *Embrion Romain*.

HEUREUX (l'), Comédie en trois Actes, en proſe, de *Saverion*, non repréſentée, imprimée en 1754, *in-8°* : Piece philoſophique très-ſinguliere. Voyez *le Mercure* de Septembre 1754, & la vingt-ſixieme feuille de l'*Année Littéraire*, même année.

HEUREUX ACCIDENT (l'), ou *la Maiſon de Campagne*, Comédie en cinq Actes, en vers, de *Paſſerat*, repréſentée en 1694, imprimée en 1695, *in-12* ; elle n'eſt pas ſans mérite.

HEUREUX DÉGUISEMENT (l'), ou *Philémon & Apollone*, *Martyres*, du P. *Manſuet*, Capucin, repréſentée aux Capucins en 1675, non imprimée. Cette Piece, en manuſcrit, eſt dédiée au Roi d'Angleterre.

HEUREUX DÉSESPÉRÉ (l'), Tragi-Comédie Paſtorale, par *C. A.* jouée en 1613, non imprimée ; elle eſt indiquée dans les *Recherches des Théatres*, ainſi que l'*Heureux Infortuné*, ſans nom d'Auteur ni ſans date.

HEUREUX ECHANGE (l'), Comédie en cinq Actes, en vers, par un Anonyme, jouée le 22 Octobre 1740, non imprimée. Elle a quelques beautés de détail, mais elle est sans invention. On en trouve l'extrait dans le *Mercure* de Novembre de la même année, page 2520. Cette Piece n'eut que deux représentations.

HEUREUX INFORTUNÉ (l'), Tragi-Comédie de *Bernier de la Brousse*, donnée en 1617, non imprimée.

HEUREUX NAUFRAGE(l'), Tragi Co-médie de *Rotrou*, représentée en 1633, imprimée dans la même année, *in-4°* : irréguliere pour le sujet, mais passable.

HEUREUX NAUFRAGE (l'), Comédie en trois Actes, en vers, par *Barbier*, jouée à Lyon, le 18 Août 1710, par la Troupe du Duc de *Villeroy*, dont l'Auteur étoit Comédien: passable pour la Province.

HEUREUX RETOUR (l'), Comédie en un Acte, en vers, de *Fagand*, mise au Théatre le 6 Novembre 1744, imprimée dans la même année, *in-8°*. Elle fut composée à l'occasion de la convalescence du Roi, & de son retour de Metz à la Cour. Il y eut des Divertissemens à la fin de la Piece, dont la Musique est de *Grandval* le pere; son succès fut brillant; elle eut quinze représentations. *Panart* a eu part à cette Comédie.

HIRZA, ou les *Illinois*, Tragédie de *M. de Sauvigny*, jouée, pour la premiere fois, le 27 Mai 1767, avec succès; elle eut d'abord quinze représentations. Le sieur *Augé*, qui joue l'emploi de Valets, parut dans le rôle d'*Hiaskar*, & le joua trois fois; elle a eu encore depuis neuf représentations, en tout vingt-quatre, reſtée au Théatre. Le Public a été étonné de ne l'avoir vu reparoître que le Samedi 22 Janvier 1780.

HISTOIRE DE LA DESTRUCTION DE TROYE, de *Lagrant*, miſe par perſonnages, de *Jacques Millet*, imprimée & jouée à Paris en 1498, *in-4°*, *avec figures*. Cette édition eſt auſſi rare que celle de Lyon, la premiere de 1485.

· HISTOIRE PASTORALE, SUR LA NAISSANCE DE N. S. J. C. Comédie en trois Actes, en vers, par *Saint-André*, jouée dans les Couvents en 1644, imprimée dans la même année, *in-16*.

HOLLANDE (le Comte de), Tragédie de *Montauban*, non repréſentée, imprimée en 1654, *in-12*. C'eſt une allégorie ſur les affaires de ce temps-là.

HOLLANDE MALADE (la), ou *la Comteſſe de Hollande*, Comédie en un Acte, en proſe, de *Poiſſon*, jouée à l'Hôtel de Bourgogne en 1672, imprimée en 1673, *in-12*. C'eſt à-peu-près le même ſujet que celui de la Tragédie de *Montauban*. Celui-ci eſt allégorique à la guerre que le Roi faiſoit alors à la Hollande.

HOLOPHERNE, Tragédie, par la Princeſſe *Partenay de Soubiſe*, repréſentée en 1574, à la Rochelle, avec ſuccès. La même Princeſſe a encore compoſé pluſieurs Pieces tragiques & comiques, qu'elle n'a jamais voulu laiſſer imprimer, quoique la tradition nous apprenne qu'elles étoient réguliérement faites, & toujours applaudies aux repréſentations.

HOLOPHERNE, Tragédie, par *Adrien d'Amboiſe*, repréſentée en 1580, im-

primée dans la même année, *in=8°*; tirée de l'Hiftoire de *Judith*: paffable pour le fiecle, mais
bien médiocre pour le ftyle; *Beauchamps* indique une Tragédie de Dom *Denis de Sainte-
Marthe*, de ce titre, fous l'année 1666.

HOMME A BONNES FORTUNES(l'),
Comédie en cinq Actes, en profe, de *Baron*,
donnée le 29 Janvier 1686, imprimée dans la
même année, *in-12*. Elle eut vingt-trois repréfentations, & le plus grand fuccès : très-agréable;
reftée au Théatre, où elle eft toujours vue
avec plaifir, quoiqu'elle foit écrite avec trop
de négligence. On a prétendu long-temps que
Baron n'en étoit que le prête-nom; & que *Subligny*, Auteur de la vie de *Henriette Sylvie*, de
Moliere, l'étoit de cette jolie Comédie, mais jufqu'ici nulles preuves n'ont fondé cette affertion.

HOMME AFFLIGÉ(l'), ou *Extrait de
l'Homme*, Tragédie latine de *Gilles Coufin*,
traduite en profe par le même Auteur, donnée
en 1661 à Lyon, imprimée dans la même Ville
& la même année, *in-8°*: paffable pour le temps.

HOMME DE FORTUNE(l'), Comédie
en cinq Actes, en vers, par la *Chauffée*, repréfentée deux fois au Château de Bellevue,
devant le Roi, par des Seigneurs & Dames de
la Cour, au mois de Janvier 1751. Elle ne
l'a pas été à Paris.

HOMME DE GUERRE(l'), Comédie
en cinq Actes, d'un Anonyme, jouée dans le
mois de Décembre 1686; elle eut fept repréfentations, non imprimée. Cette Piece n'eft
connue que par les regiftres de la Comédie
Françoife.

HOMME INDÉPENDANT (l'), par *Boiſſy*. Voyez la ** ou Comédie, ſans titre.

HOMME JUSTIFIÉ PAR LA FOI (l'), Tragédie, en cinq Actes, en vers, par *Baran*, donnée en 1554, imprimée dans la même année, *in-*12. Le titre annonce qu'elle eſt à douze perſonnages, qu'elle eſt précédée par un Prologue, & terminée par une concluſion.

HOMME PÉCHEUR (l'), Poëme dramatique, d'un Anonyme, jouée en 1529 : très-rare.

HOMME DE LA FOIRE (le petit), Comédie en un Acte, en proſe, donnée le 20 Mai 1687, non imprimée. Elle eut dix-neuf repréſentations. C'étoit ſans doute un Vaudeville du temps. Elle n'eſt connue que par les regiſtres de la Comédie Françoiſe.

HOMME PERSONNEL (l'), Comédie en cinq Actes, en vers, de *M. Barthe*, miſe au Théatre le Samedi 21 Février 1778. Elle eut huit repréſentations, & en méritoit davantage. Elle eſt remplie de beautés.

HOMME SINGULIER (l'), Comédie en cinq Actes, en vers, par *Deſtouches*, imprimée en 1747, *in-*12. Cette Piece avoit été reçue par les Comédiens, d'un commun accord, en 1746 : l'indiſpoſition d'une Actrice, jouant le principal Rôle, en ayant retardé la repréſentation, l'Auteur la retira & la fit imprimer. Le Comédien *Bellecour* l'ayant lue en 1764, après l'avoir examinée, & y avoir fait des changemens, la propoſa aux Comédiens, ſes camarades : elle fut mife au Théatre le Lundi 29 Octobre de la même année 1764. Elle eut fix repréfentations & fut très-applaudie. *Bellecour* y joua le Rôle principal.

H o m m e s (les) , Comédie - Ballet en un Acte , en profe , ornée de Chants & de Danfes, par *Saint-Foix* , repréfentée le Mercredi 27 Juin 1753, imprimée dans la même année, *in*-12 ; Piece dans un goût nouveau pour amener des Ballets liés : ingénieufe , bien écrite, remplie de traits fins & délicats. Elle fut jouée dix-fept fois, & toujours fuivie de nombreufes affemblées. Il y a long temps qu'elle n'a été reprife.

H o m m e s (les petits),ou l'*Ifle de la Raifon*, Comédie en cinq Actes, en profe , précédée d'un Prologue,par *Marivaux*,jouée le 11 Septembre 1727.; elle n'eut que quatre repréfentations, imprimée dans la même année , *in*-12. Le Roman de *Gulliver*, alors à la mode , donna l'idée & le fujet de cette Piece. Rien de plus modefte que ce qu'en dit l'Auteur, dans fa Préface.

H ô p i t a l   d e s   F o u s (l') , Comédie en cinq Actes ,. en vers, par *Charles Beys* , donnée en 1635 , imprimée en 1636, *in*-4° : très-paffable pour le temps.

H ô r a c e s (les) , Tragédie de *Daigaliers*, repréfentée en 1596 , imprimée dans la même année, *in*-12 : finguliere pour l'invention, & paffablement rendue. Dans l'édition des Œuvres de *Corneille*, en 1738, *in*-4°, l'Editeur avance que cette Piece a été imprimée en 1576. Cependant *Beauchamps* & les *Parfait* font d'accord fur l'impreſſion des Horaces de *Daigaliers* en 1596.

HORACES (les), Tragédie de *Corneille*, miſe au Théatre de l'Hôtel de Bourgogne en 1639, trois années après le *Cid*, imprimée en 1641, *in-*4°. C'eſt un chef-d'œuvre de l'Art. Le cinquieme Acte a été trouvé moins beau que les autres. Cette belle Piece a toujours été imprimée ſous le titre d'*Horace*, & non ſous celui des *Horaces*, que les Comédiens emploient ordinairement dans leurs affiches.

HYDASPE, Tragédie de *Chevreau*, repréſentée en 1645. *Beauchamps*, dans ſes Recherches, indique cette Piece ſans date.

HYLAS ET SYLVIE, Paſtorale, par M. *Rochon de Chabannes*, repréſentée le 10 Décembre 1768, imprimée en 1769, *in-*8°: elle eut dix repréſentations & du ſuccès: reſtée au Théatre, où elle eſt toujours applaudie à ſes repriſes.

HYPOCONDRIAQUE(l'), ou *le Mort Amoureux*, Tragédie de *Rotrou*, donnée en 1618, imprimée en 1631, *in-*8°: irréguliere & froide. C'eſt la premiere Piece de l'Auteur qui n'avoit que vingt ans lorſqu'il la compoſa. Outre les Pieces connues de *Rotrou*, différents Catalogues lui en attribuent encore pluſieurs, ſavoir: *Liſimene*, la *Thébaïde*, *Dom Alvare de Lune*, *Florante*, ou les *Dédains Amoureux*; l'*Illuſtre Amazone & Amarillys*: de tous ces Poëmes qui n'ont été joués ni imprimés, on ne connoît que le dernier. Voyez *Amarillys* de *Triſtan.*

HYPPOLITE,

HYPPOLITE, Tragédie, avec des Chœurs, de *Robert Garnier*, donnée en 1568, imprimée en 1571 & en 1573, *in-8°* : elle a pu fournir des idées aux Auteurs qui font venus après *Garnier*.

HYPPOLITE, Tragi-Comédie de la *Pinelliere*, jouée & imprimée en 1635, *in-8°* : médiocre, fans invention. L'Auteur affure, dans fon avis au Lecteur, qu'il n'a mis que quinze jours à la compofer.

HYPPOLITE, ou *le Garçon infenfible*, Tragédie de *Gilbert*, jouée à l'Hôtel de Bourgogne en 1646, imprimée dans la même année, *in-4°* : le fujet mal faifi & mal rendu.

HYPPOLITE DE SÉNEQUE, Tragédie, traduite par le Pere *Linage*, imprimée en 1647.

HYPPOLITE, Tragédie, par *Ségrais*, jouée en 1652, imprimée dans la même année, *in-12*. L'Auteur s'étoit d'abord propofé de la faire mettre en Mufique, mais il y renonça.

HYPPOLITE, Tragédie de *Bidard*, jouée à Lille en Flandre, par les Comédiens de M. *le Duc*, en 1675, imprimée dans la même année, *in-12* : on ne peut pas plus mauvaife.

HYPERMENESTRE, ou *Lincée*, Targédie de *Riuperoux*, jouée le premier Avril 1704, imprimée dans la même année, *in-12* ; il fe trouve dans cette Piece, au troifieme Acte, une Scene qui fut extraordinairement applaudie, & qui ne contribua pas peu à fon fuccès ; elle fut jouée douze fois. A la derniere reprife, du 18 Novembre 1720, elle n'eut point de réuffite. L'Auteur a tiré parti des *Danaïdes* de *Gombaut*, & du *Lincée* de l'Abbé *Abeille*. Voyez le fecond Volume du *Mercure* de Novembre, année 1726, pages 2746 & 2758.

HYPERMENESTRE, Tragédie, de M. *le Mierre*, repréfentée le 31 Août 1758, imprimée dans la même année, *in*-8°. Elle eut douze repréfentations & beaucoup de fuccès : reftée au Théatre, où elle eft revue fouvent. Il en a paru deux Parodies : l'une qui a pour titre *les Femmes fidelles*; & la feconde, *les Époux par chicane*.

HYPOCONDRE(l'), ou *la Femme qui ne parle point*, Comédie en cinq Actes, en vers, de *J.-B. Rouffeau*, non repréfentée, imprimée à Amfterdam, en 1751, dans le Recueil des Œuvres de l'Auteur, intitulé, *le Porte-Feuille*, &c. Cette Piece fut préfentée aux Comédiens du Roi, qui ne jugerent pas à propos de la recevoir.

HYPOCONDRE(l'), ou *le Mort Amoureux*, Tragi-Comédie de *Rotrou*, jouée avec fuccès en 1630, imprimée en 1631, *in*-4°. C'eft la troifieme Piece de cet illuftre Tragique, émule du grand *Corneille*, & prefque fon égal, par le cinquieme Acte de *Venceflas*.

HYPSICRATÉE, ou *la Magnanimité*, Tragédie du Jéfuite *Behourt*, donnée en 1597, imprimée en 1604, *in*-12. Cette Piece eft tirée de *Plutarque*, Vie de *Lucullus* : elle ne peut réuffir que dans les Colleges.

J A C

JACQUES II (le Retour de), *Roi d'An-gleterre*, Comédie par un Anonyme, indiquée par *Beauchamps*, dans fes Recherches, fous le chiffre 1694.

JALOUSE D'ELLE-MÊME (la), Comédie en cinq Actes, en vers, de *Boifrobert*, repréfentée en 1649, imprimée en 1650, *in-4°* : elle eft tirée d'un Poëme Efpagnol, de *Lopès de Vega* : affez divertiffante, mais irréguliere ; elle eut quelque fuccès.

JALOUSIE DÉBARBOUILLÉE (la), Farce de *Moliere*, jouée dans les Provinces, & depuis de temps en temps à Paris. Elle renferme un canevas informe du troifieme Acte de *Georges Dandin* ; manufcrit.

JALOUSIE DU GROS RÉNÉ (la). Il en eft de cette Piece manufcrite, comme de la précédente ; elle n'a jamais été imprimée, mais elle fut jouée pour la premiere fois à Paris, le 15 Avril 1663.

JALOUX (le), Comédie en un Acte, en profe, de Pierre *Larrivey*, précédée d'un Prologue, repréfentée en 1578, imprimée en 1597. Elle eft tirée de l'*Eunuque*, de *Térence*, & de l'*Andrienne* : le fujet bien faifi & légérement rendu pour le temps.

JALOUX (le), Comédie en cinq Actes, en vers, de M. *Bret*, donnée le Jeudi 15 Mai 1755, non imprimée. Quoiqu'elle n'ait été jouée que quatre fois, il s'y trouve des beautés de détail & des Scenes piquantes. Celle de la jeune

Q ij

perfonne à laquelle on perfuade qu'il faut que fon Amant foit jaloux pour être véritablement aimé, a paru auffi agréable que l'Epifode : le fujet de cette Piece eft tiré du Roman de *Zayde*. L'action à laquelle on a pu donner dé la vrai-femblance, dans le Roman, doit en manquer au Théatre, où il eft impoffible de lui donner toute l'étendue néceffaire ; c'eft ce qui nuifit le plus au fuccès de cette Comédie, dans laquelle Mademoifelle *Guéant* mérita les plus grands applaudiffements, & les obtint.

JALOUX (le), Comédie en cinq Actes, en vers, de *Baron*, repréfentée le 17 Décembre 1687, imprimée en 1736, *in*-12 : elle eut quatorze repréfentations, mais à la reprife du 18 Février 1710, malgré les corrections de l'Auteur, elle ne fut jouée qu'une feule fois, & ne l'a pas été depuis.

JALOUX DÉSABUSÉ (le), Comédie en cinq Actes, en vers, de *Campiftron*, donnée le 13 Décembre 1709, imprimée dans la même année, *in* 12 ; elle eft d'un bon comique, bien faite : reftée au Théatre ; elle n'eut cependant que dix repréfentations, mais c'étoit dans ce temps-là un vrai fuccès. C'eft la derniere Piece de cet Auteur qui fut donnée feule & au double pendant plufieurs jours.

JALOUX ENDORMI (le), par *Bourfault*. Voyez *Cadenas*, au C.

JALOUX HONTEUX DE L'ÊTRE (le), Comédie en cinq Actes, en profe, par *Dufrefny*, jouée le 6 Mars 1708, imprimée en 1720, *in*-12 ; elle tomba à la premiere repréfentation ; cependant elle eft pleine d'efprit, mais elle eft trop foiblement dialoguée. M. *Collé* y a fait depuis des changements qui l'ont fait remettre au Théatre, avec fuccès.

JALOUX INVISIBLE (le), Comédie en trois Actes, en vers, de *Brecourt*, donnée au mois d'Août fur le Théatre de l'Hôtel de Bourgogne en 1666, imprimée dans la même année, *in-12*; elle eft tirée de l'Efpagnol *el Zelefo inganado* : finguliere; elle dut fon fuccès au jeu des Acteurs.

JALOUX MASQUÉ (le), Comédie en trois Actes, en profe, d'un Anonyme, mife au Théatre le 16 Avril 1695, non imprimée; elle fut jouée fept fois, & elle n'eft connue que par les regiftres de la Comédie Françoife.

JALOUX SANS SUJET (le), Tragi-Comédie de *Charles Beys*, repréfentée en 1635, imprimée dans la même année, *in-4°* : foible & fans invention.

JALOUX TROMPÉ (le), Comédie en un Acte, en profe, par *Dubois*, jouée fur le Théatre de l'Opéra de Marfeille, en 1714, imprimée en cette Ville, dans la même année, *in-16* : paffable pour le temps.

JALOUX (le Sage), Tragi-Comédie en profe, d'un Anonyme, non repréfentée à Paris, imprimée en 1648, *in-4°*. On ne trouve point le nom de cette Piece dans aucun des Ecrivains du Théatre François.

JALOUX SANS JALOUSIE (le), par *Deftouches*. Voyez *Veuve*.

JANIN, ou *la Haada*, Tragi-Comédie-Paftorale, précédée d'un Prologue en vers, de

Q iij

J. *Millet*, repréſentée en 1636, imprimée dans la même année, *in-*8°; elle eſt écrite en partie en françois, & en provençal : elle fut donnéᵉ la premiere fois à Grenoble.

I B R A H I M, ou l'*Illuſtre Baſſa*, Tragi-Comédie de *Scudéry*, jouée en 1642, imprimée en 1643, *in-*4° : quoique médiocre, elle eut du ſuccès. C'eſt la concluſion du Roman de ce nom.

I D A L I E, Comédie en cinq Aĉtes, en proſe, par *Fontenelle*, non repréſentée, imprimée en 1751, *in-*12.

I D O M É N É E, Tragédie de *Crébillon*, repréſentée le 29 Décembre 1705, imprimée en 1706, *in-*12. C'eſt la premiere Piece de l'Auteur ; elle ne promettoit pas autant de génie qu'il en dé-ploya depuis dans *Rhadamiſte.* Le cinquieme Aĉte de cette Piece ayant déplu, l'Auteur en refit un autre en vingt-quatre heures, qui fut joué ſix jours après, & aſſez applaudi.

I D O M É N É E, Tragédie par M. *le Mierre*, miſe au Théatre le 13 Février 1764 ; elle fut ap-plaudie, mais l'Auteur la retira, pour y faire quelques correĉtions.

J E A N (la Décolation de Saint), ou *le Mar-tyre de Saint Jean*, Tragédie de M. *Biſſon de la Coudraye*, repréſentée dans un Couvent, à Rouen, en 1703, imprimée dans la même année, *in-*8°. *Beauchamps* indique encore une Piece ſous ce titre, par *Pedault*, & une autre par un Ano-nyme, ſans date.

J E A N N E D'A N G L E T E R R E, Tragédie donnée en 1637, imprimée en 1638, *in*-12 : médiocre, mais les caraĉteres aſſez bien ſoutenus. L'Auteur dit dans fa Préface du Comte d'*Effex*, *que fa Tragédie de* Jeanne *fut jouée & imprimée pendant fon abfence, & qu'il y a autant de fautes que de mots dans cette édition :* c'eſt fans doute de la premiere dont il prétend parler.

JEANNE D'ANGLETERRE, Tragédie par M. *de la Place*, jouée le 8 Mai 1748, non imprimée : l'Auteur la retira après la premiere repréſentation. Cette Piece eſt traduite de l'Anglois.

JEANNE D'ARC, *Pucelle d'Orléans*, Tragi-Comédie, non repréfentée, imprimée en 1611, *in*-12. Cette Piece n'eſt pas fans mérite. Elle a pour titre : *Tragédie de* Jeanne d'Arc, *dite la* Pucelle d'Orléans, *native d'Epernay, près de Vaucouleurs, en Lorraine.* Il y a lieu de penſer, par la lecture de cette Piece, qu'elle a été jouée long-temps avant la date de fon impreſſion. On trouvera à la lettre P, les autres Tragédies de *Pucelle d'Orléans*.

JEANNE, *Reine de Naples*, Tragédie de *Magnon*, repréfentée en 1656, imprimée dans la même année, *in*-4° : mauvaiſe & fans intérêt.

JEPHTÉ, ou *le Vœu*, Tragédie de *Flor. Chretien*, donnée en 1567, imprimée dans la même année, *in*-4°; elle eſt traduite du latin de *Buchanam*, & n'en eſt pas meilleure.

JEPHTÉ, Tragédie de *François Perrin*, repréfentée en 1589, manufcrit : très-rare.

JEPHTÉ, Tragédie en fept Actes, par *Brinon*, donnée en 1614, imprimée dans la même année, & en 1615, *in*-12, traduite du latin de *Buchanam*; elle eſt auſſi attribuée à *Chr. tien-des-Croix.*

JEPHTÉ, ou *la Mort de Scylla*, Tragédie de *Venel*, jouée en 1676, imprimée dans la même année, *in*-8°, par *Templé* : paſſable pour le temps.

JEPHTÉ, Tragédie en trois Actes, en vers, de l'Abbé *Boyer*, repréſentée à Saint-Cyr par les Demoiſelles de cette Maiſon Royale, en 1672, imprimée dans la même année, *in*-4° ; elle fut entremêlée de Chœurs, & eut un grand ſuccès. Elle n'a pas été jouée à Paris ; elle ſe trouve dans le quatrieme volume du *Théatre François.*

JESUS EN BETHLÉEM (*la Naiſſance de*), Tragédie-Paſtorale de *Macé* , donnée dans un Couvent de Nones en 1728, imprimée en 1729, *in*-12. Voici le titre entier qui prouve qu'elle étoit connue long-temps ayant nous : *Piece Paſtorale , avec l'Adoration des Bergers , & la Deſcente de l'Archange Saint Michel aux Lymbes , dédiée aux Ames dévotes à l'Enfant Jeſus.*

JEU DU PRINCE DES SOTS (le) & *de Mere ſotte*, Comédie de *Pierre Gringoire*, donnée ſur des treteaux en 1511, manuſcrit : très-rare.

JEUNE HOMME (le), Comédie en un Acte, d'un Anonyme, jouée le 14 Novembre 1694, non imprimée. Cette Piece fut donnée vraiſemblablement aux Comédiens ; leurs regiſtres ne marquent pas qu'on ait tiré de la recette des deux repréſentations qu'elle a eues, ce qui devoit revenir à l'Auteur pour sa part, selon l'usage.

JEUNE HOMME A L'ÉPREUVE (le), Comédie en cinq Actes, en prose, de *Destouches*, non représentée, imprimée en 1751, *in*-12. Quoiqu'il y ait bien de l'intérêt dans cette Piece, l'Auteur, toujours trop modeste, ne jugea pas à propos de la mettre au Théatre. Il y a lieu d'espérer qu'elle y paroîtra quelque jour.

JEUNE HOMME (le), Comédie en cinq Actes, en vers, de M. *Bastide*, représentée le 17 Mai 1764 : elle fut interrompue au troisieme Acte par le tapage du Parterre, & ne fut pas achevée.

JE VOUS PRENDS SANS VERT, Comédie en un Acte, en vers, avec un Divertissement, par *Champmêlé* & *la Fontaine*, jouée le premier Mai 1683, imprimée en 1699, *in*-12 ; elle eut quatorze représentations à la reprise ; elle fut suivie d'un Divertissement nouveau, Musique de *Grandval* le pere. Quoique cette Piece se trouve dans les Œuvres de *Champmêlé*, elle est toujours attribuée à *la Fontaine*.

ILIADE (l'), Tragi-Comédie, en trois Actes, de *Saint-Didier*, non représentée, imprimée en 1726 à Roterdam, à la fin du *Voyage du Parnasse*. C'est une critique assez foible de l'*Iliade* de *Lamotte*, où l'on trouve des fragments, tant de cet Ouvrage que des Poëmes de la *Pucelle*, de *Clovis* & de quelques Tragédies de *Racine* ; l'ensemble de cet ouvrage est fort au-dessous du médiocre.

ILLUSION COMIQUE (l'), Comédie en cinq Actes, en vers, de *Pierre Corneille*, repréſeņtée à l'Hôtel de Bourgogne en 1636, imprimée dans la même année, *in-*4°. L'irrégularité & la bizarrerie de cette Piece n'empêcherent pas qu'elle ne réuſsît. L'on ne connoiſſoit rien de mieux, *Moliere* n'avoit point paru.

ILLUSION GROTESQUE (l'), ou *le Feint Négromancien,* Comédie en trois Actes, de *Néel,* non repréſentée, imprimée en 1678. Cette Piece n'eſt pas connue; *Beauchamps* l'indique ſans aucun détail, *Illuſtre Baſſa* (l'), par *Scudéry.* Voyez *J. Brahion,* à l'J.

ILLUSTRE CORSAIRE (l'), Tragi-Comédie de *Mairet,* repréſentée en 1637, imprimée dans la même année, *in-*4°. Le ſujet en eſt ingénieux, mais elle eſt bien mal verſifiée.

ILLUSTRES VESTALES (les), par *Pichantré.* Voyez *Géta,* au G.

ILLUSTRES ENNEMIS (les), Comédie en cinq Actes, en vers, de *Thomas Corneille,* donnée en 1654, imprimée en 1658, *in-*12; tirée d'une intrigue eſpagnole, mais foiblement conſtruite; elle fut jouée à l'Hôtel de Bourgogne alternativement, avec la Comédie des *Généreux Ennemis,* de *Boiſrobert.*

IMPATIENT(l'), Comédie en cinq Actes, en vers, de *Boiſſy,* jouée le 16 Janvier 1724, imprimée en 1734, *in-*8°: elle fut précédée d'un Prologue, qui prévint favorablement les Juges du Parterre; mais elle ne fut jouée que cinq fois.

IMPATIENT (l'), Comédie en un Acte, en vers, de M. *de Poinſinet de Sivry,* repréſentée le 9 Juillet 1757, non imprimée, bien verfifiée, mais le caractere principal manqué; elle ne fut jouée que trois fois. On peut attendre mieux de l'Auteur qui eft rempli de talents.

IMPATIENT (l'), Comédie en un Acte, en vers libres, par M. *Lanthier*, donnée le 3 Septembre 1778. L'Auteur fe preffa trop de la retirer. Cette Piece méritoit plus de fuccès; elle fut reprife l'année fuivante, & applaudie pendant douze repréfentations.

IMPERTINENT MALGRÉ LUI (l'), ou *les Amants mal affortis*, Comédie en cinq Actes, en vers, de *Boiffy*, mife au Théatre le 14 Mai 1734, *in-8°*. L'Auteur la retira après la premiere repréfentation, pour y faire des correc- tions & changer le dénouement qui avoit déplu. Elle fut reprife le 30 du même mois; mais le coup étoit porté : elle n'eut que quatre repré- fentations.

IMPERTINENT (l'), Comédie en un Acte, en vers, par *Defmahis*, jouée le Lundi 31 Août 1750, imprimée dans la même année, *in-8°*. Elle eut quinze repréfentations. Ce coup d'effai plut; elle fut d'abord jouée fous le titre du *Billet perdu* : reftée au Théatre, où elle a été reprife depuis avec fuccès.

IMPORTANT DE COUR (l') Comédie en cinq Actes, en profe, de l'Abbé *Brueys* & de *Palaprat*, repréfentée le 15 Décembre 1693, imprimée en 1694, *in-12* : elle eut neuf repré- fentations. Cette Piece n'eft point mal faite, mais le caractere principal eft défectueux. C'eft plutôt un Chevalier d'induftrie qu'un Impor- tant. Elle a été long-temps reprife; mais elle ne l'eft plus : le regne du vieux comique eft paffé.

IMPORTUNS (les), Comédie de *Maleʒieu*, repréfentée à Sceaux, pendant le Carnaval de 1706, fur le Théatre de Madame la Ducheffe *du Maine*, ainfi que *la Tarentule* & l'*Heautontimorumenos*, Comédie, dont la derniere eft imitée de *Térence*. Ces Pieces fe trouvent dans un Recueil, intitulé : *les Divertiffements de Sceaux*, imprimé en 1706, *in*-12.

IMPROMPTU DE CAMPAGNE (l'), Comédie en un Acte, en vers, de *Poiffon* le fils, donnée le 21 Décembre 1733, imprimée en 1735, *in*-12; elle eut neuf repréfentations; elle eft auffi comique que divertiffante : reftée au Théatre.

IMPROMPTU DE CONDÉ (l'), Comédie en un Acte, en vers, de *Montfleury*, donnée en 1663, imprimée l'année fuivante, *in*-12; compofée par l'Auteur, pour venger fon pere & les Comédiens, fes camarades, du ridicule dont les avoit couverts *Moliere*, dans fon *Impromptu de Verfailles*.

IMPROMPTU DE GARNISON (l'), Comédie en un Acte, en profe, de *Dancourt*, jouée le 26 Juillet 1692, imprimée en 1693, *in*-12 : plaifante, mais d'un bas comique. Elle fut envoyée de Namur aux Comédiens, qui, ne la trouvant pas propre pour leur Théatre, chargerent *Dancourt* de la retoucher.

IMPROMPTU DE LA FOLIE (l'), Ambigu-Comique, de *Legrand*, précédé d'un Prologue, fuivi de deux Comédies en un Acte.

chacune, en profe, favoir : *les Nouveaux De-barqués*, & la *Françoife Italienne*, entremêlées de Chants & de Danfes. Le premier Intermede figuroit une revue du Régiment de la Calotte, par la Folie; les Airs font de *Quinault*, & le Ballet de *Dangeville*; elles furent mifes au Théatre le 5 Novembre 1725, imprimée en 1726, *in-12*. La fille de *Legrand*, vêtue en Arlequin; *Armand*, en Pantalon, parodierent, fi burlefquement ces deux Acteurs Italiens, qu'ils augmenterent le fuccès de cet Ambigu, dédié au Général de la Calotte.

IMPROMPTU DE LIVRY (l'), Comédie-Ballet en un Acte, en vers, de *Dancourt*, jouée en 1705, imprimée dans la même année, *in-12*: Vaudeville compofé pour le Divertiffement de *Monfeigneur*. Il fut exécuté à Livry le 12 Août, avec un Ballet & des Couplets, dont la Mufique eft de *Gilliers*.

IMPROMPTU DE NAMUR (l'), Comédie en un Acte, en profe, d'un Anonyme, repréfentée en 1696, dans le Camp des Ennemis, Piece allégorique fur la prife de cette Place.

IMPROMPTU DE NISMES (l'), Paftorale en un Acte, en vers, de *Mandajors*, donnée dans le Chateau du Marquis de *Maillebors* le 9 Décembre 1714, avec des Divertiffements, dont la Mufique eft de *Mallet*, imprimée dans la même année à Nifmes, *in-4°*.

IMPROMPTU DE SURESNE (l'), Comédie en un Acte, en profe, de *Dancourt*, avec un Divertiffement, Mufique de *Gilliers*, jouée d'abord à Surefne, par ordre de l'Electeur de *Baviere*, le 21 Mai 1713, pour une Fête qu'il donna dans ce Village; & à Paris le 24 Mai de la même année : divertiffante & bonne pour le moment.

IMPROMPTU DE VERSAILLES (l'), Comédie en un Acte, en profe, de *Moliere*, repréfentée d'abord à Verfailles, devant le Roi, le 14 Octobre 1663, imprimée en 1682, *in-12*; & à Paris., le 4 Novembre de la même année 1663. Cette petite Piece tourne plaifamment en ridicule les Comédiens de l'Hôtel de Bourgogne, & dans une Scene maltraite *Bourfault*, le nomme & le traite fans ménagement; *Moliere* avoit à fe venger de la Comédie du *Portrait du Peintre* que *Bourfault* avoit compofée contre lui; mais il pouffa trop loin fa vengeance.

IMPUISSANCE (l'), Tragédie-Paftorale en cinq Actes, en vers, par *Veronneau*, jouée en 1634, imprimée dans la même année, *in-8°* : médiocre, & beaucoup trop libre.

INCESTE SUPPOSÉ (l'), ou *Clarimene*, Tragédie de *la Caze*, repréfentée en 1639, imprimée dans la même année, *in-4°* : mauvaife & ennuyeufe. *Beauchamps* en indique une de ce titre qu'il attribue à *Alexandre Hardy*. Voyez *Lucrece*.

INCOMMODITÉS DE LA GRANDEUR (les), Drame héroïque, par le Pere *Ducerceau*, en cinq Actes, en vers, repréfenté le 10 Mai 1721, devant le Roi, fur un Théatre dreffé exprès dans la Galerie des Ambaffadeurs, aux Tuileries. La répétition s'en étoit faite deux jours auparavant au College des Jéfuites, par les petits Penfionnaires, du nombre defquels étoient les fils des Ducs *de la Trémouille*, *de Charoft*, & *de Mortemart*.

INCONNU (l'), Comédie en cinq Aĉtes, en vers, de *Thomas Corneille*, donnée en 1640, le premier Novembre, avec des Divertiffements, mêlés de Danfes & de Mufique, fur le Théatre de *Guénégaud* : elle fut jouée vingt-huit fois ; à la premiere reprife, trente-trois , au double. Les fêtes galantes qu'un grand Prince donnoit à une belle Comteffe, fournirent à l'Auteur l'idée de cette Piece, dont il traça le plan avec *Vifé*. A la reprife du 20 Août, elle eut feize repréfentations, & à celle de Février 1724, elle fut jouée au Palais des Tuileries, avec un Ballet nouveau, dans lequel le Roi & plufieurs Seigneurs de la Cour danferent. Elle fut encore reprife avec le même fuccès en 1728. On eft étonné que cette Comédie ne foit pas reprife plus fouvent.

INCONNUE (l'), ou *l'Efprit Follet*, Comédie en cinq Aĉtes, en vers, de l'Abbé *Boisrobert*, repréfentée en 1655, imprimée dans la même année, *in*-12 : comique, mais froide ; elle eft tirée, comme celle de *Thomas Corneille*, du Poëte Efpagnol *Don Calderon*. Voyez *Engagement du Hafard*.

INCONSÉQUENT (l'), ou *les Soubrettes*, Comédie en cinq Aĉtes, en profe, par M. *Laugeon*, donnée le 24 Septembre 1777. L'Auteur la retira après la premiere repréfentation, quoiqu'il dût fe flatter qu'avec quelques changements elle pouvoit réuffir ; cependant les fuccès des ouvrages de fociété ne font pas toujours confirmés au Théatre de la Nation.

INCONSTANCE (l'), par l'Abbé *Pellegrin*. Voyez *Fauffe Inconftance*, à l'F.

INCONSTANCE PUNIE (l'), ou *la Mélanie*, Tragi-Comédie de *la Croix*, jouée en 1630, imprimée dans la même année, *in*-8°; elle eft paffable pour le temps.

INCONSTANCE PUNIE (l'), Tragi-Comédie par *Dorimont*, mife au Théatre de *Mademoifelle*, rue des Quatre-Vents, en 1661, imprimée dans la même année, *in*-12 : très-foible & fans intérêt.

INCONSTANCE D'HYLAS (l'), Paftorale en cinq Actes, en vers, de *Marechal*, repréfentée en 1630, imprimée en 1635, *in*-8°; elle eft tirée de l'*Aftree*.

INCONSTANT VAINCU OU PUNI (l'), Paftorale en Chanfons, par un Anonyme, non repréfentée, imprimée en 1661 : malgré mes recherches, je n'ai trouvé aucun renfeignement fur cette Piece.

INDÉCIS (l'), Comédie en cinq Actes, en vers, par M. *Dufault*, repréfentée le 30 Juillet 1759, non imprimée. L'Auteur la retira après la premiere repréfentation, quoiqu'elle eut été affez applaudie. Voyez l'*Obfervateur Littéraire*.

INDEGONDE, Tragédie par *Montauban*, donnée en 1653, imprimée en 1654, *in*-12. Cette Piece n'eft pas fans mérite; il eft vrai qu'elle paroît calquée fur celle d'*Herménégilde* de *la Calprenede*, jouée onze années auparavant,

à

à la différence que l'Auteur l'a mise en vers, qu'il en a retranché un Rôle inutile, & qu'il en a supprimé les longueurs.

INDÉPENDANT (l'), par *Boiſſy*. Voyez *Sage étourdi*, à l'S.

INDIENNE AMOUREUSE (l'), ou l'*Heureux Naufrage*, Comédie en cinq Actes, en vers, par *du Rocher*, jouée en 1631, imprimée dans la même année, *in*-8°, tirée de l'*Arioſte*.

INDIENNE (la Jeune), Comédie en un Acte, en vers, par M. *de Chamfort*, repréſentée le 30 Avril 1764, imprimée dans la même année, *in*-8°; elle eut huit repréſentations, & fut très-applaudie : Mademoiſelle *Doligny* joua le Rôle principal à ravir. Cette Piece eſt reſtée au Théatre, & y eſt toujours revue avec le même plaiſir.

INDISCRET (l'), Comédie de *Voltaire*, en un Acte, en vers, repréſentée le 18 Août 1725, imprimée *in*-8°; elle n'eut que ſix repréſentations. La premiere Scene eſt un chef-d'œuvre pour le ſtyle, & l'on s'étonne que cette Piece ne ſoit point remiſe au Théatre.

INÉGAL (l'), Comédie en un Acte, en proſe, par *Croquet*, non repréſentée, imprimée dans le Roman des *Saturnales Françoiſes*, en 1736, *in*-12.

INÈS DE CASTRO, Tragédie par *Houdart de Lamotte*, donnée le 6 Avril 1723, imprimée dans la même année, *in*-8°; elle fut jouée trente-deux fois, avec le plus grand ſuccès: elle fut interrompue après la ſeconde repré-

Tome I.   R

fentation, par la maladie de *Baroa ;* on la reprit le 15 Mai, & l'on ne la donna que deux fois la femaine, le Mercredi & le Samedi; pour qu'elle ne fut plus interrompue , elle fut jouée ving-quatre fois pendant le cours de l'année : reftée au Théatre, où elle fait encore couler bien des larmes. Cette belle Piece excita l'envie & donna lieu à bien des critiques; on en trouve la lifte dans le *Mercure de France*, du mois d'Octobre 1723.

INFANTE SALICOQUE (l'), ou *le Héros de Roman*, Comédie en un Acte , de *Brecourt*, jouée à l'Hôtel de Bourgogne après la Tragédie de *Léandre & Héro*, de *Gilbert*, le 15 Août 1667, non imprimée : Farce affez bouffonne.

INFIDELLE CONFIDENTE (l'), Tragi-Comédie, par *Pichou*, repréfentée en 1630, imprimée en 1631, *in-8°*, tirée de l'Efpagnol: intéreffante, mais trop chargée d'événemens; elle eut un grand fuccès. L'Auteur fut affaffiné peu de jours après. Voyez *Pichou*, dans les Auteurs, ou l'Epître dédicatoire qui eft à la tête de cette Tragédie.

INFIDELLES, FIDELLES (les), Tragédie de *Caliante*, donnée en 1603. Elle eft indiquée par *Beauchamps*, dans fes Recherches, fous les lettres F, E, D, B, ou *le Pafteur Caliante*.

INGRAT (l'), Comédie en cinq Actes, en vers, de *Deftouches*, mife au Théatre le 28 Janvier 1712, imprimée dans la même année, *in-12*: bien faite & bien écrite, mais le caractere en parut trop chargé. Elle auroit eu plus de quinze repréfentations, fans la mort de Madame *la Dauphine*; elle n'en avoit eu encore que fept; mais on la reprit le 29 Octobre fuivant, elle en eut encore huit; on en defire fort la reprife.

INJUSTICE PUNIE (l'), Tragédie par *du Teil*, repréfentée en 1641, imprimée en 1642, *in-4°*; elle renferme l'Hiftoire de *Virginie enlevée par le Décemvir Appius*. Cette Piece eft foible par l'invention & par le ftyle. *Campiftron* a traité le même fujet. Voyez *Virginie*.

INNOCENCE DÉCOUVERTE (l'), Tragi-Comédie en cinq Actes, en vers, fans diftinction de Scenes, par *J. Auvray*, jouée en 1609, imprimée en 1628, *in-4°*. Cette Piece eft très finguliere pour le fujet; elle eft mal verfifiée & le comique en eft bas & bouffon.

INNOCENTS (les), Tragédie de *Marguerite de Valois*, Reine de France, jouée à fa Cour, en fociété, en 1543, non imprimée.

INNOCENTS COUPABLES (les), Comédie en cinq Actes, en vers, par *de Broffe*, donnée en 1645, imprimée dans la même année, *in-4°*; le fujet eft tiré de l'Efpagnol. L'Auteur eft le premier qui l'ait mife au Théatre. L'Abbé de *Boifrobert* l'a employé pour faire fa Comédie des *Apparences trompeufes*, & le *Sage* s'en eft fervi pour fa Piece de *Céfar Urfin*.

INNOCENT EXILÉ (l'), Tragi-Comédie en cinq Actes, en vers, d'*Urb. Chevreau*, repréfentée en 1640, imprimée dans la même année, *in*-4° : très-mauvaife, à quelques endroits près. Elle a été publiée fauffement fous le nom de *Provais*.

INNOCENT MALHEUREUX (l'), ou *la Mort de Crifpe*, Tragédie par *Grenaille*, jouée en 1639, imprimée dans la même année, *in*-4° : médiocre ; elle eft tirée du latin de *Stephonius*.

INNOCENTE INFIDÉLITÉ (l'), Tragédie de *Rotrou*, repréfentée en 1635, imprimée en 1637, *in*-4° ; elle n'eft pas fans intérêt, mais elle eft irréguliere & très-compliquée.

INO & MÉLICERTE, Tragédie de *la Grange-Chancel*, repréfentée le 10 Mars 1713, imprimée dans la même année, *in*-12, tirée de la quatrieme Fable d'*Hygin*, fur l'*Ino d'Euripide* ; elle eut dix-fept repréfentations, & fut interrompue par la maladie de Mademoifelle *de Nefle*. Sa premiere reprife eft du mois de Décembre 1730 ; la feconde, du 20 Décembre 1742, les Comédiens firent la dépenfe d'une nouvelle décoration, repréfentant la façade d'un Palais. *Vigneau*, vivant en 1557, eft l'Auteur d'une Tragédie d'*Ino*, dont il ne reftequ'une foible tradition.

INQUIET (l'), par *Fagand*. Voyez *Caracteres de Thalie*.

INSTABILITÉ DES CHOSES HUMAINES (l'), de *Blanboufaut*. Cette Piece eft peu connue, ainfi qu'une autre intitulée : *la Goutte*, du même Auteur. *Beauchamps* indique ces deux Comédies fans date, fous l'année 1605.

INTÉRESSÉ (l'), par *Robbe*. Voyez *Rapiniere*.

INTRIGUE DES CARROSSES A CINQ SOLS (l'), par *Chevalier*. Voyez *Carroffes à cinq fols*.

INTRIGUES DES FILOUS (l'), Comédie en cinq Actes, en vers, par l'*Etoile*, repréfentée & imprimée en 1647, *in-4°* : plaifante, faite pour donner l'idée d'une Piece très-comique.

INTRIGUES AMOUREUSES (les), Comédie en cinq Actes, en vers, de *Gilbert*, donnée à l'Hôtel de Bourgogne en 1667, imprimée en 1668, *in-12*; c'eft le même fujet que les Pieces, *Aimer fans favoir qui*, de *Douville*, & de *la Belle invifible*, de *Boisrobert*, mais mieux conduite, & mieux rendue : c'eft la derniere Piece de l'Auteur.

INTRIGUES DE LA LOTERIE (les), Comédie en trois Actes, en vers, de *Vifé*, jouée en 1670, fur le Théatre du Marais, imprimée dans la même année, *in-12* : fujet auffi mal imaginé que pitoyablement rendu.

INTRIGUES DE LA VIEILLE TOUR DE ROUEN (les), Comédie par *du Perche*, repréfentée en 1640, imprimée dans la même année, *in-12*. Cette Piece eft auffi rare que l'*Ambaffadeur d'Afrique*; Comédie du même Auteur. Elles étoient l'une & l'autre dans la bibliotheque de feu M. *de Bombarde*, en 1751.

INVISIBLE (la Dame), ou l'*Efprit Follet*, Comédie en cinq Actes, en vers, par *Hauteroche*, mife au Théatre le 22 Février 1684, imprimée en 1685, *in*-12; elle fut jouée d'abord sous le seul titre de l'*Invisible*. Voyez *Esprit Follet*. *Maupoint*, dans sa *Bibliotheque des Théatres*, prétend que *Thomas Corneille* en est le véritable Auteur, que *Hauteroche* n'en est que le prête-nom; cependant elle n'a jamais été imprimée dans le *Théatre* de *Corneille*.

JOCONDE, Comédie en un Acte, en prose, de *Fagand*, suivie d'un Divertissement, dont la Musique est de *Grandval* le pere, représentée le 5 Novembre 1740, imprimée en 1742, *in*-12; elle eut quatorze représentations, avec beaucoup de succès. Mademoiselle *Dangeville* joua le Rôle de *Suzon*, avec les plus grands applaudissements. Cette Piece est tirée du Conte de la Fontaine, de ce nom.

JODELET ASTROLOGUE, Comédie en cinq Actes, en vers, par *Douville*, jouée & imprimée en 1646, *in*-4° : plaisante & trèsagréable pour le siecle.

JODELET DUÉLISTE, ou *Souffleté*, ou les trois Dorothée, Comédie en cinq Actes, en vers, de *Scarron*, jouée en 1646, imprimée en 1648, *in*-4° : divertissante, mais trop intriguée. Son ancien titre étoit *les trois Dorothée*; mais l'Auteur la fit imprimer en 1651, sous celui où elle est ici placée.

JODELET (la feinte Mort de), Comédie en un Acte, en vers, de *Brecourt*, donnée & imprimée en 1660, *in*-12 : médiocre & d'un comique forcé.

JODELET MAÎTRE & VALET, Comédie en cinq Actes, en vers, de *Scarron*, repréfentée en 1645, imprimée dans la même année, *in-4°*; tirée de l'Efpagnol de *Don Juan Alvaredo*. La derniere reprife de cette Piece eft du Dimanche 16 Janvier 1780.

JODELET PRINCE, Comédie de *Thomas Corneille*. Voyez *Geolier de Joi-même*.

JODES, Comédie par *Côme de la Gambe*, récitée publiquement en 1580, devant le Roi *Charles IX*, & *Henri III*, par l'Auteur, Valet de Chambre du premier, qui a auffi compofé le *Capitaine Bonboufle*, *Roméo & Juliette*, & *Alaigre*, Comédies; *Edouard*, Tragédie, & plufieurs autres Pieces qui n'ont pas été imprimées. *Beauchamps*, tome premier, page 464.

JONATHAS, Tragédie en trois Actes, en vers libres, par *François Duché*, avec des Chœurs, repréfentée d'abord devant le Roi, à Verfailles, & à Saint-Cyr, par les Penfionnaires de cette Maifon Royale, en 1700; enfuite à Paris, les Chœurs fupprimés, le 26 Février 1714, Madame la Ducheffe *de Bourgogne* y ayant joué plufieurs fois, ainfi que dans la Tragédie d'*Abfalon*, du même Auteur. Cette Tragédie eft imprimée dans le quatrieme volume du *Théatre François*, & en 1700, *in-12*.

JONATHAS, Tragédie du Pere *Brumoy*, mife au Théatre des Jéfuites en 1740, imprimée en 1741, *in-8°*. On la trouve encore dans le quatrieme tome des Œuvres de l'Auteur, avec fa Tragédie d'*Ifaac*; fes autres Pieces de Théatre font : *le Couronnement du Jeune David*, la *Boîte de Pandore*, & le *Plutus*. On ne parle

R iv

point ici de toutes les Pieces que ce favant
Jéfuite a traduites; elles font renfermées dans
fon *Théatre des Grécs*, imprimé en trois volumes *in-4°*, en 1730, & enfuite en fix volumes
in-12.

JOSAPHAT, fils d'*Abner*, Roi des Indes,
Tragédie allégorique, de *Magnon*, mife au
Théatre en 1646, imprimée dans la même
année, *in-4°*. Cette Piece renferme l'hiftoire
du Duc d'*Épernon*, à qui elle eft dédiée. On
prétend qu'elle reffemble à *Polyeucte :* je ne fuis
point de cet avis; elle m'a paru bien foible.
Beauchamps indique dans fa Table alphabétique
une feconde Tragédie de *Jofaphat*, fous les
lettres D, L, T; elle m'eft inconnue, malgré
bien des recherches.

JOSEPH, Comédie en cinq Actes, en profe,
d'*Antoine Tiron*, donnée à Anvers, en 1564,
imprimée dans la même année, *in-12*, &
dans la même Ville; elle eft traduite du
latin de *Macropedius :* bien foible & le ftyle
lâche.

JOSEPH-LE-CHASTE, Comédie en cinq
Actes, en vers, de *Montreux*, jouée en 1600,
imprimée en 1601, *in-12*; elle fut repréfentée
fous le nom d'*Olenix du Mont facré*, anagramme
du nom de l'Auteur.

JOSEPH, Tragédie de l'Abbé *Geneft*, repréfentée d'abord cinq fois au Château de Cluny,
en 1706, & dans laquelle Madame là Ducheffe
du Maine joua le Rôle d'*Azaneth*, & *Baron*
retiré alors, celui de *Jofeph*. Cette Piece ne fut
donnée à Paris que le 19 Décembre 1710, &
imprimée en 1711, *in-8°*: elle fut trouvée froide,

avec beaucoup de défauts; on n'applaudit que la reconnoiffance de *Joseph* & de fes *freres*. Elle fut cependant jouée onze fois. *Pechantre* eft auffi l'Auteur de la Tragédie de *Joseph vendu par fes freres*, jouée au College d'Harcourt; mais la tradition ne nous apprend pas en quelle année.

Jos1as, Tragédie par Meffire *Philone*, re-préfentée en 1556, imprimée dans la même année, *in*-8°. Cette Piece eft traduite de l'ita-lien en vers françois; elle eft bien gothique. Nous avons encore une Tragédie de ce nom, fous ce titre : *Jofias*, Tragédie de Meffire *Phi-lone*, vrai miroir des chofes avenues de notre temps. Celle-ci eft imprimée en 1583, *in*-12, fans nom de Ville. On attribue encore à *Louis Defmafures*, une Piece du nom de *Jofias*, édition de Geneve, en 1556. Ce parfait rapport d'an-nées, avec la premiere, fait conjecturer que ces trois Tragédies n'en font qu'une, & que *Philone* n'eft que le prête-nom de *Defmafures*, ou celui-ci celui de *Philone*.

Josué, ou *le Sac de Jéricho*, Tragédie de *Pierre Nancel*, donnée en 1606, imprimée dans la même année, *in*-12 : c'eft la feconde de l'Au-teur. Celle-ci eft tirée du Livre de *Jofué* : elle eft paffable pour le temps.

Joueur (le), Comédie en cinq Actes, en vers, de *Regnard*, mife au Théatre le 19 Décembre 1696, imprimée en 1700, *in*-12; Piece de caractere, une des meilleures qui ait paru depuis *Moliere*; elle eut vingt-cinq repré-fentations, avec la plus brillante réuffite. *Du-frefny* prétendit que *Regnard* lui en avoit volé le fujet, & donna l'année fuivante le *Chevalier Joueur*, qui n'eut qu'une repréfentation. Je ne rapporte point ici l'anecdote prétendue de *Gacon* contre *Regnard*, en faveur de *Dufrefny*, citée par un Ecrivain moderne des Théatres, non plus que l'Epigramme de ce Poëte. L'Hiftorien ne doit point être partial; ce qui eft pofitif, c'eft que le *Joueur*, refté au Théatre, appartient toujours à *Regnard*, & qu'il n'y a pas de doute qu'il n'en jouiffe tant que la mémoire du Théatre François fubfiftera.

JOUEUR (le), par *Dufrefny*. Voyez *Chevalier Joueur*, au C.

JOUEURS (les), Comédie en cinq Actes, par un Anonyme, repréfentée le 3 Février 1683, non imprimée; elle eut huit repréfentations. Cette Piece n'eft connue que par les regiftres de la Comédie Françoife.

JOUEUSE (la), Comédie en cinq Actes, en profe, par *Dufrefny*, jouée le 22 Octobre 1709, imprimée dans la même année, *in*-12, fuivie d'un Divertiffement, Mufique de *Gilliers*. Elle n'eut que cinq repréfentations, quoiqu'elle foit pleine d'efprit ; mais elle n'a aucune conduite, elle fut mife depuis en vers, & brûlée enfulte par fes héritiers, ainfi que trois Comédies en manufcrit, intitulées, *les Vapeurs*, en un Acte; *le Superftitieux*, en cinq Actes; & *l'Epreuve*, en trois Actes.

JOUEUSE (la), Comédie en un Acte, en vers, par *la Forge*, donnée en 1664, imprimée dans la même année *in*-12; l'intrigue commune & mal rendue; la tradition parle d'une Comédie anonyme ayant pour titre, *les Joueuses.*; mais comme elle l'indique fans date, elle ne doit point être placée ici féparément.

JOVIEN, Tragédie du Jéfuite *Colonia*, jouée au College, en 1696, non imprimée.

JOURNÉES D'HÉLIE (les trois), Comédie par *Michel de Noray* : on n'a aucun renfeignement fur cette Piece, finon que l'Auteur la compofa dans fa jeuneffe avec *Amnon & Thamar*, Tragédie en trois journées, ainfi que plufieurs autres, & que toutes ont été repréfentées, par *les Enfants fans fouci*, fur leurs échafauds, felon l'ufage de ce temps-là ; & qu'aucune n'étoit encore imprimées en 1584.

JOYEUSE (la), Comédie en cinq Actes, en vers, par *Montreux*, jouée à Poitiers, en 1581, non imprimée; elle fut donnée après la Tragédie du *Jeune Cyrus*, du même Auteur; il étoit d'ufage, dans ce fiecle, de mettre une Comédie de cinq Actes après une Tragédie. Voyez *Cyrus* (le Jeune).

IPHIGÉNIE, Tragédie par *Sibilet*, jouée en 1550, imprimée dans la même année, *in*-8°, Paris, *Gilles Corrozet*; tirée du Grec d'Euripide : elle n'eft pas fans mérite pour le temps. L'Auteur la dédia à M. *Brinon*, Seigneur de *Villenes*, Confeiller au Parlement de Paris.

IPHIGÉNIE, Tragédie de *Gaumin*, jouée en 1640, non imprimée; cette Piece n'eft point connue.

IPHIGÉNIE EN AULIDE, Tragédie

par *Rotrou*, repréfentée en 1640, imprimée en 1641, *in-4°*, tirée d'*Euripide* : bien faite, mais foible de verfification. *Beauchamps*, dans fes *Recherches*, indique encore d'autres Tragédies de ce titre, entr'autres, de *la Clériere*, imprimée en 1641, *in-4°*; de *Gaumin*, de *le Clere*, & de *Coras*.

IPHIGÉNIE, Tragédie de *Racine*, donnée d'abord le 18 Août 1674, à la Cour, devant le Roi; & à Paris, le 31 Décembre, de la même année, imprimée en 1675, *in-12*. Cette belle Piece eut la plus brillante réuffite, & fit & a toujours fait l'admiration de tous les gens de goût : reftée au Théatre, où elle confirme de jour en jour la vérité des éloges qu'on donne aujourd'hui même à fon Auteur, & qui la feront paffer à la poftérité la plus reculée.

IPHIGÉNIE, Tragédie par *le Clerc*, jouée en 1675, imprimée en 1676, *in-12*. Cette Piece eft imitée de celle de *Rotrou*, du même titre, mais bien moins pathétique & nullement faite, pour avoir affecté la concurrence que l'Auteur ofe fuppofer dans fa Préface, avec celle de *Racine*. L'opinion générale de ce temps-là étoit que *Coras* avoit auffi travaillé à cette Tragédie de *le Clerc*. L'Epigramme de *Racine* le prouve : elle eft plaifante fur le débat de ces deux Auteurs, qui foutinrent féparément avoir compofé feuls cette Tragédie avant qu'elle parût, mais qui fe défendirent l'un & l'autre de l'avoir faite, lorfqu'ils la virent tomber à la premiere repréfentation.

IPHIGÉNIE EN TAURIDE, Tragédie de

Guimon de la Touche, mife au Théatre le 4 Juin 1757, imprimée en 1758, *in*-12. C'eſt la premiere Piece de l'Auteur ; elle fut jouée vingt - ſept fois : le troiſieme Aɛte ſur-tout obtint les plus grands applaudiſſements; elle fut repriſe avec des changements le 12 Décembre 1757, & le Samedi 7 Janvier 1758 : elle eſt reſtée au Théatre.

IPHIGÉNIE EN TAURIDE, Tragédie ſans nom d'Auteur ni de date, imprimée chez la Veuve *Duchefne* en 1751. Ce qu'on ſait de plus de cette Tragédie, c'eſt qu'elle avoit été préſentée aux Comédiens, qui ne jugerent pas à propos de la recevoir , & qu'elle fut attribuée à M. *de Vaubertrand*, Avocat au Parlement.

IPHIS & JANTE, Comédie en cinq Aɛtes, en vers, de *la Calprenede*, repréſentée en 1636, imprimée en 1637, *in*-4°, ſeconde Piece de l'Auteur : mal conduite, mais paſſable pour le temps. Elle eſt tirée du neuvieme Livre des *Métamorphoſes d'Ovide.*

IRENE, Tragédie par *Boiſtel*, jouée le 6 Novembre 1762; elle eut ſept repréſentations, imprimée en 1763, *in*-8°.

IRENE, Tragédie de *Voltaire*, donnée en ſa préſence le 16 Mars 1778; reçue du Public avec enthouſiaſme : il plut au célebre Auteur de la retirer après la ſeptieme repréſentation, pour y faire des changements.

IRIS, Paſtorale en cinq Aɛtes, en vers, par *Coignée de Bouron*, donnée en 1620, imprimée dans la même année, *in*-12, à Rouen; elle n'eſt pas bonne. On a attribué à *Quinault* une Tragi-Comédie de ce titre, mais elle n'eft pas connue.

IRRÉSOLU (l'), Comédie en cinq Actes, en vers, par *Deſtouches*, miſe au Théatre le 5 Janvier 1713, imprimée dans la même année, *in*-12 ; elle n'eut que ſix repréſentations, & en méritoit davantage : elle eft bien faite. L'Auteur, avant de la faire imprimer, y a fait d'heureux changements ; ils ont été applaudis aux repriſes. La Piece eft reſtée au Théatre, où elle fait toujours plaiſir.

ISAAC, Tragédie du Pere *Brumoy*, jouée avec ſuccès au College de Louis-le-Grand, le premier Juin 1740.

ISABELLE, Tragi-Comédie, par *Laval*, repréſentée en 1576, imprimée dans la même année, *in*-4° : elle eft imitée de l'*Arioſte*, & très-médiocre.

ISABELLE, Tragédie de *Montreux*, donnée en 1594, imprimée en 1595, *in*-12 : mauvaiſe & mal verſifiée.

ISIDORE, ou. *la Pudicité vengée*, Tragédie, par *Abel de Sainte-Marthe*, imprimée en. 1645. Elle eft très-rare ; on n'a point de certitude qu'elle ait été repréſentée.

ISLE DE LA RAISON (l'), par. *Marivaux*. Voyez *Hommes (les petits)*.

ISLE DÉSERTE (l'), Comédie en un Acte, en vers, de M. *Collet*, jouée le 23 Août 1758, imprimée dans la même année, *in*-8° ; elle eut onze repréſentations, & beaucoup de ſuccès : reſtée au Théatre. C'eſt une traduction libre, imitée de l'Opéra de *Métaſtaſe*.

ISLE SAUVAGE (l'), Comédie en trois Actes, en profe, de *Saint-Foix*, repréfentée le 8 Juillet 1743; la premiere repréfentation en fut tumultueufe, à peine fut-elle achevée; à la feconde elle fut écoutée; mais l'Auteur la retira brufquement après la troifieme.

ISRAEL AFFLIGÉ, Tragi-Comédie, par *Jean Vallin*, jouée à Neufchâtel, en Suiffe, en 1637, imprimée dans la même année, *in-8°*. Cette Piece eft allégorique à la Religion prétendue réformée.

ITALIE GALANTE (l'), ou *les Contes*, Comédie en trois Actes, en profe, par *Houdart de la Motte*, renfermant trois petites Pieces: les deux premieres en un Acte, la troifieme en deux, entremêlée de trois Intermedes, Mufique de *Quinault*; mife au Théatre le 11 Mai 1731. Elle eut feize repréfentations, avec la plus grande réuffite; les titres des Pieces, tirés d'autant de Contes de *la Fontaine*, font pour la premiere, *le Talifman*, la feconde, *Minutolo*, & la troifieme, *le Magnifique*, qui plut infiniment; auffi cette Piece eft-elle reftée au Théatre, où elle eft toujours revue avec le même plaifir. Voyez ces Pieces féparément à leurs lettres *Tal. Min. Mag.*

JUBA, Tragédie du Pere *Colonia*, Jéfuite, jouée au College des Jéfuites, à Paris, en 1695, avec fuccès.

JUDITH, Tragédie d'*Antoine le Devin*, jouée en 1570, après fa mort. Elle ne fut pas imprimée, non plus que celles d'*Efter* & de *Suzanne*, dont il étoit auffi l'Auteur.

J U D I T H , ou *l'Amour de la Patrie*, Tragédie, par *Gr. Bouvot*, donnée en 1649, imprimée
dans la même année , *in-*4°; dédiée à *Catherine
Bien-Aimée du Parnaſſe.* Cette Piece eſt très-
rare.

J U D I T H , Tragédie, par l'Abbé *Boyer*, repréſentée le 4 Mars 1695, imprimée dans la
même année, *in-*12. J'ai une édition de cette
Piece, de 1718 , *in* 12 ; le privilege eſt de
1716. Elle eut dix-ſept repréſentations ,
avec le plus grand ſuccès. Il n'en fut pas de
même à la repriſe, à la rentrée de Pâque.
Elle fut ſi mal reçue, que Mademoiſelle *Champmêlé*, qui y avoit été fort applaudie dans ſa nouveauté, ne put s'empêcher d'en marquer ſon
étonnement au Parterre ; une voix s'écria du
fond de la ſalle : *les ſifflets étoient alors à Verſailles aux ſermons de l'Abbé Boileau.* Il eſt
bon que l'on ſache auſſi que la Piece avoit
été imprimée pendant les vacances de Pâque.

J U D I T H , Tragédie, par l'Abbé de *Poncy
de Neuville*, repréſentée cinq fois, à Saint-
Cyr, en 1726, par les Demoiſelles de cette
Maiſon Royale, devant le Roi ; non imprimée.

J U G E D E S O I - M Ê M E (le), par *L. Fayot.*
Voyez *Amour fantaſque.*

J U G E M E N T D'A M O U R (le), Comédie,
par *Alexandre Hardy.* Cette Piece ne ſe trouve
point dans le Recueil des Œuvres de cet Auteur.

J U G E M E N T D E P A R I S , E T L E R A -
V I S S E M E N T D'H É L È N E (le) ,
Tragédie

Tragédie de *Sallebray*, donnée en 1639, imprimée dans la même année, *in*-4° : on ne peut pas plus irréguliere ; elle eut cependant une brillante réussité, à caufe des machines.

JUGEMENT DE NOTRE-SEIGNEUR, EN FAVEUR DE LA MAGDELEINE, CONTRE MARTHE, SA SŒUR (le), Tragédie de *Sainte-Colombe* : froide & foible ; donnée en 1651, imprimée dans la même année, *in*-12 ; dédiée à *Charlotte de Grammont*, Abbeſſe de Saint-Jouy, dans le Couvent de laquelle la Piece fut fans doute jouée.

JUGEMENT ÉQUITABLE DE CHARLES HARDY, DERNIER DUC DE BOURGOGNE(le), Tragédie, par *Marechal*, repréſentée en 1644, imprimée dans la même année, & en 1645, *in*-4° : aſſez bonne pour les détails, mais le ſujet peu propre au Théatre.

JUGEMENT DE JOB ET D'URANIE (le), Comédie en un Acte, en vers, de *Bertaud*, non repréſentée, imprimée en 1654, *in*-12. Cette Piece fut compoſée à l'occaſion de deux Sonnets de *Voiture* & de *Benſerade* ; elle eſt imprimée dans le Recueil de *Serey*, page 450.

JUGURTHA, Tragédie, de *Pechantré*, repréſentée le 17 Décembre 1692, non imprimée ; elle eut dix repréſentations. Cette Piece n'eſt connue que par les regiſtres de la Co. médie Françoiſe.

JUGURTHA, Tragédie de *la Grange-Chancel*, miſe au Théatre le 8 Janvier 1694, imprimée dans la même année, *in*-12, ſous le titre d'*Adherbal*, parce que *Pechantré* en avoit donné une deux ans auparavant, ſous le titre où elle eſt placée. Voyez *Adhérbal.* L'Auteur apprend dans ſa Préface qu'il étoit Page de Madame la Princeſſe *de Conty*, & n'avoit que ſeize ans lorſqu'il fit cette Tragédie, & que c'eſt au célebre *Racine* qu'il doit les premieres leçons du Théatre.

JULIE, ou l'*Heureuſe Epreuve*, Comédie en un Acte, en proſe, de *Saint-Foix*, repréſentée le 20 Octobre 1746, imprimée en 1750, *in*-12 ; elle eut neuf repréſentations pendant l'abſence de la Cour. L'intrigue en eſt aſſez jolie ; elle a été repriſe au mois de Décembre 1751, ſans ſuccès, & ne l'a pas été depuis.

JULIE, ou *le Triomphe de l'Amitié*, Comédie en trois Actes, en proſe, par M. *Marin*, donnée le 3 Mars 1762. Les deux premiers Actes furent aſſez bien reçus, mais le troiſieme déplut ; l'Auteur en compoſa un autre en vingt-quatre heures, mais la Piece n'a pas été rejouée depuis.

JULIE, ou *le bon Pere*, Comédie en trois Actes, en proſe, par M. *Denon*, miſe au Théatre le 14 Juin 1769 : elle eut dix repréſentations, & beaucoup de ſuccès : reſtée au Théatre.

JUMEAUX MARTYRS (les), ou *Marc Marcellin*, Tragédie Chrétienne, de Madame de *Saint-Balmont*, jouée dans un Couvent, en 1750, imprimée dans la même année, *in*-4°. Cette Piece fut faite en quinze jours, & miſe ſous Preſſe à l'inſu de cette Dame. Voyez l'*Avis au Lecteur.*

JUPITER ET DE SEMÉLÉ (les Amours de), Tragédie, avec des machines, par l'Abbé *Boyer*, repréſentée ſur le Théatre du Marais, au commencement de Janvier 1666, imprimée dans la même année, *in-12*; la Piece fut précédée d'un Prologue, & terminée par un Divertiffement : le fujet affez bien expofé, mais l'exécution fort médiocre.

JUPITER PRIS EN FLAGRANT-DÉLIT, Comédie, par *Defgranges*, repréfentée en fociété en 1718, c'eft tout ce qu'on en fait.

IVROGNES (les), Comédie d'un Anonyme, donnée à Cologne en 1686, imprimée à Amfterdam, en 1687, *in-8°*. C'eft une Piece burlefque dont le feul mérite eft de faire rire le Peuple.

JUSTICE D'AMOUR (la), Paftorale en vers, en cinq Actes, de *Borée*, jouée en 1624 à Lyon, imprimée dans la même Ville, en 1627, *in-8°*. C'eft le dernier Ouvrage de l'Auteur. On la trouve, avec fes autres Pieces, dans le Recueil de fes Œuvres.

JUSTE VENGEANCE (la), Tragi-Comédie en cinq Actes, en vers, par un Anonyme, donnée en 1641. Elle eut quelque fuccès, quoiqu'elle foit bien médiocre; elle eft tirée de l'exil de *Polexandre*.

L A R

LA***, par *Boiffy*. Voyez *Comédie fans titre*, au C.

LACENES (les), ou *la Conftance*, Tragédie, avec des Chœurs, de *Montchrétien*, mife au Théâtre en 1599, imprimée en 1627, *in-8°*. Cette Piece eft tirée de *Plutarque*; le caractere de *Cléomene* en est assez passable. L'ombre de *Thérinon* apparoît à ce Prince pour lui annoncer sa mort. On voit par-là que feu *Voltaire* n'est pas le premier qui ait fait parler des morts sur le Théatre.

LAGUS, *Roi d'Egypte*, Tragédie du Marquis *du Terrail*, non représentée, imprimée en 1754, *in*-12, tirée du regne de *Louis - le - Débonnaire* : cette Piece n'est pas sans mérite, mais peu propre au Théatre.

LAODAMIE, *Reine d'Epire*, Tragédie de Mademoiselle *Bernard*, jouée le 11 Février 1689, imprimée dans la même année, *in*-12. Elle eut vingt représentations, malgré sa médiocrité ; ce qui prouve que le nombre des représentations ne décide pas toujours du mérite d'une Piece de Théatre.

LAODICE, *Reine de Cappadoce*, Tragédie, par *Thomas Corneille*, donnée en 1668, imprimée dans la même année, *in*-12. Elle eut un succès médiocre. Elle est tirée du trente-septième Livre de *Justin* : elle n'a pas été rejouée depuis.

LAQUAIS (le), Comédie en cinq Actes, en prose, par *Larrivey*, représentée en 1578, imprimée en 1597, *in*-12. C'est la premiere Piece de cet ancien Poëte : elle est bien foible, & peu comique pour ce siecle.

LAQUAIS FILLE (le), Comédie en un Acte, par un Anonyme, donnée le 30 Avril 1681, après la Tragédie de *Nicomede* : elle n'eut que trois représentations. Cette Piece n'est connue que par les registres de la Comédie Françoise.

LAURE ET PÉTRARQUE, Paftorale héroïque en un Acte, donnée en 1736, imprimée en 1738, *in-12*, dans le premier tome des *Amufements du Cœur & de l'Efprit*. Cette Piece eft de l'Abbé *de Voifenon*, qui a gardé l'anonyme tant qu'il a vécu.

LAURE PERSÉCUTÉE, Tragi-Comédie dè *Rotrou*, mife au Théatre en 1637, imprimée en 1639, *in-4°* : foible par le ftyle, mais bien faite pour le temps.

LAURENT (.Saint-), Tragédie, par *Gaucher de Sainte-Marthe*, jouée & imprimée en 1499, *in-4°*, gothique. Les Catalogues en annoncent une de ce titre en 1516, fans nom d'Auteur.

LAURETTE, Comédie en deux Actes, en vers, de M. *Dudoyer*, repréfentée le 14 Septembre 1768. Le Parterre ayant été tumultueux pendant toute la repréfentation, l'Auteur ne voulut pas fans doute courir les rifques d'une feconde, & retira fa Piece, qui annonce un vrai talent.

LAURETTE, Comédie, en vers, par M.**, donnée le Lundi 2 Août 1779, après *la Surprife de l'Amour*. Malgré la critique, elle eft remplie de traits agréables & touchants. Elle n'eut que huit repréfentations : elle en méritoit davantage

LÉANDRE ET D'HÉRO (les Amours infortunées de), Tragi-Comédie de *là Selve*, jouée en 1633, imprimée dans la même année, *in-12*. Cette Piece eft tirée du Poëme épique de *Mufée* : très-finguliere pour l'invention ; elle a été jouée par les Poëtes du temps ; elle eft en vers alexandrins, à l'exception des Scenes de *Léandre & d'Héro*, qui font en vers de huit fyllabes.

LÉANDRE ET HÉRO, Tragédie de *Gabriel Gilbert*, donnée en 1667, non imprimée ; elle fut repréfentée le 15 Août à l'Hôtel de Bourgogne, avec l'*infante Salicoque*. Voyez *la Lettre de Robinet*, du 20 Août 1667.

LÉGATAIRE UNIVERSEL (le), Comédie en cinq Actes, en vers, de *Regnard*, jouée le 9 Janvier 1708, imprimée dans la même année, *in 12*: elle eut vingt repréfentations. Un fait très-connu de ce temps-là donna l'idée de cette Piece. Elle a toujours eu le même fuccès à fes reprifes : reftée au Théatre où elle eft jouée trop fouvent.

LÉGATAIRE UNIVERSEL (la Critique du), Comédie en un Acte, en profe, de *Regnard*, donnée le 19 Février 1708. Cette plaifanterie déplut au Public : elle ne fut jouée que trois fois, & ne l'a pas été depuis.

LEGS (le), Comédie en un Acte, en profe, par *Marivaux*, repréfentée le 11 Juin 1736, imprimée dans la même année, *in-12*: elle ne fut jouée que fept fois ; malgré ce petit nombre de repréfentations, on la reprend fouvent, & toujours on la revoit avec plaifir, ainfi que plufieurs autres Comédies du même Auteur qui ont eu le même fort dans leur nouveauté.

LICIDOR, ou *la Cour Bergere*, Tragédie de *Marechal*, mife au Théatre en 1638, imprimée en 1640, *in*-4° : Piece finguliere, mais foible. Elle eut cependant du fuccès; elle eft tirée du Roman de l'*Arcadie de Sidney*.

LICORIS, ou *l'Heureuse Bergere*, Tragi-Comédie, par *Gabriel de Bazire*, repréfentée en 1631, imprimée dans la même année, *in*-8°. Elle eft à neuf perfonnages, en vers de dix fyllabes. Le même Auteur a compofé, en 1627, une Paftorale, intitulée *Arlette*.

° LIDIE (la), Paftorale de *Dumas*, jouée & imprimée en 1609, *in*-8° : elle a pu réuffir dans le temps, ne manquant pas d'intérêt. Elle eft très-rare.

LIGDAMON ET LIDIAS, ou *la Reffemblance*, Tragi-Comédie de *Scudéry*, donnée en 1629, imprimée en 1631, *in*-8° : coup d'effai qui annonçoit des talents. La Piece eft tirée de l'*Aftrée* : elle eft foible, mais affez bien verfifiée. Voyez la *Préface de l'Auteur*, à la tête de fa Piece : elle eft plaifante.

LISANDRE ET CALISTE, Tragi-Comédie de *Pierre du Ryer*, jouée en 1632, imprimée dans la même année, *in*-8°. C'eft en quelque façon la premiere Piece de l'Auteur, où l'on trouve le germe des talents. Elle eft tirée du Roman de *Daudiguier*.

LISIMACHUS, Tragédie de l'Abbé *Brueys*, non repréfentée, imprimée dans le premier tome de fes Œuvres. Cette Piece fut préfentée aux Comédiens, qui refuferent de la jouer. On ne place point ici celle du Pere *Larue*, traduite du latin en françois, jouée dans fon College.

LISIMACHUS, Tragédie, par *Gilles de*

S iv

Caux, repréſentée le 13 Décembre 1737 ; imprimée dans la même année, *in*-8°. Elle n'eut que quatre repréſentations. Les ſituations ſont mal amenées, & la verſification bien foible. Il eſt vrai que cette Piece eſt poſthume. Elle n'étòit pas achevée, quand l'Auteur mourut : elle le fut par ſon fils.

L I S I M E N E (la), ou *l'Heureuſe Tromperie*, Comédie-Paſtorale en cinq Aĉtes, en vers, par *de Coſte*, jouée en 1632. Voilà tout ce qu'on ſait de cette Piece.

L I S I M E N E, ou *la Jeune Bergere*, Paſtorale de *Claude Boyer*, donnée en 1672, imprimée dans la même année, *in*-12 : foible & mal dialoguée. Il ne faut pas confondre ce *Boyer* avec l'Abbé de ce nom , comme pluſieurs Ecrivains ſur le Théatre l'ont fait juſqu'ici.

L I S I M E N E, par *Boiſrobert*, Voyez *Pirandre*.

L O R E D A N , Tragédie , en quatre Aĉtes ; miſe au Théatre le 17 Février 1776 , par M. *de Fontanelle*. L'Auteur la retira après la premiere repréſentation , quoiqu'il pût ſe flatter qu'après des correĉtions , elle eût été revue avec plus de ſuccès.

L O R I Z E L L E, ou *les Extrêmes Mouvements d'Amour*, Paſtorale, repréſentée en 1633, imprimée dans la même année, *in*-12 : Piece romaneſque & fort intriguée.

L O T D E M A R S E I L L E (le Gros), Comédie en un Aĉte, en proſe , d'un Anonyme, donnée le Jeudi 23 Septembre 1700 , non imprimée. Elle eut treize repréſentations : reprife un mois après, & jouée encore neuf fois, malgré cette réuffite, l'Auteur modefte a gardé l'anonyme, a retiré fa Piece, & ne l'a pas fait imprimer.

LOT SUPPOSÉ (le), ou *la Coquette du Village*, Comédie en trois Actes, en vers, par *Dufrefny*, repréfentée le 27 Mai 1715, imprimée en 1716, *in*-12. Elle eut treize repréfentations ; elle eft divertiffante & fpirituelle. Il y a une jolie Scene à la fin du fecond Acte qui a toujours fait plaifir à fes reprifes : reftée au Théatre.

LOTERIE (la), Comédie en un Acte, en profe, par *Dancourt*, donnée le 10 Juillet 1697, imprimée dans la même année, *in*-12. Elle eut trente & une repréfentations : c'eft un Vaudeville à l'occafion d'un frippon, qui, fous prétexte d'une Loterie, dupa les deux tiers de Paris : reftée au Théatre.

LOURDAUT (le), Comédie en un Acte, par *Debrie*, donnée le 2 Mai 1697 ; elle n'eut que trois repréfentations & ne fut pas imprimée. On trouve dans les regiftres de la Comédie, que l'Auteur avoit lu, un mois avant, aux Comédiens, une petite Piece de fa compofition, intitulée *la Mafcarade*, qui fut reçue d'une voix unanime, & ne fut pas jouée. Comme celle qui eft placée ici, fut repréfentée dans le même temps, il eft à préfumer que c'eft *la Mafcarade* dont le nom fut changé en celui du *Lourdaut*.

LOURDAUT (le feint), Comédie, par un Anonyme, jouée le 13 Mai 1678, non imprimée ; elle n'eut qu'une repréfentation après la Tragédie de *Pulchérie* : voilà tout ce qu'on en fait par les regiſtres du Théatre de *Guéné-* *gaud.*

Lu BIN, ou *le Sot vengé*, Comédie en un Aĉte, en vers de huit ſyllabes, par *Raimond Poiſſon*, jouée en 1652, imprimée en 1661, *in*-12; c'eſt la premiere Piece de l'Auteur : Farce plate qui eût peu de ſuccès; elle n'a jamais été repriſe.

LUCAS ET PERETTE, ou *le Rival utile*, Comédie en un Aĉte, en vers, de *Fagand*, jouée pendant l'abſence de la Cour le 17 Novembre 1734, non imprimée; elle n'eut que deux repréſentations; elle fut cependant terminée par un Divertiſſement très-agréable.

LUCELLE, Comédie en cinq Aĉtes, en proſe, par *Loys-le-Jars*, miſe au Théatre en 1576, imprimée dans la même année, *in*-8°; elle eſt paſſable pour le temps : la diſpoſition des Aĉtes & des Scenes à la maniere des Auteurs Grecs. *Duhamel*, pluſieurs années après, mit cette Piece en vers, & l'a donnée en 1604; elle fut alors imprimée en 1606, *in*-16, à Rouen, *Raphaël du Petitval*.

LUCIANE, ou *la Crédulité blâmable*, Tragédie-Paſtorale de *Benezin*, repréſentée en 1634, imprimée dans la même année, *in*-8°: bien faite pour le temps, & paſſable; elle eſt fort rare. Le même Auteur a mis au Théatre une autre Paſtorale intitulée *Aminthe*, mais on n'en connoît que le titre; elle ſe trouve dans une *Elégie* de *R. Bonneau*, imprimée avec *Luciane*.

LUCIDAN, ou *le Héraut d'armes*, Tragédie de *Scudéry*, donnée en 1639 : manuſcrit très-rare.

LUCRECE (la), Tragédie avec des Chants, sans distinction de Scenes, par *Nicolas Filleul*, représentée au Théatre de Rouen le 29 Septembre 1566, imprimée dans la même année, *in-4°* : mauvaise ; elle est imprimée avec les *Om.r s*, Comédie du même Auteur, jouée le même jour, imprimée sous ce titre : *Théatre de Gaillon.*

LUCRECE (la), ou l'*Adultere puni*, Tragédie d'*Alexandre Hardy*, donnée en 1616, imprimée en 1628, *in-8°* : on ne peut pas plus médiocre. Outre le nombre infini de Pieces attribuées à cet ancien Poëte, on trouve encore les titres de celles qui suivent dans un Recueil manuscrit, petit *in-folio*, contenant l'état des décorations servant au Théatre, commencé par *Laurent Mahelo*, continué par *Michel Laurent*, depuis 1603 jusqu'en 1684. Les titres des Pieces de *Hardy* sont : la *Folie de Turlupin* ; *Pandolphe*, premiere & seconde journée; *Osmin* ; *la Cinthye*, en vers ; *Leucosie*; la *Folie de Clidamont*, la *Folie d'Isabelle* ; *Parthonie*, premiere & seconde journée ; l'*Incosté supposé* ; le *Frere indiscret*, toutes Pieces jouées, mais non imprimées, ou manuscrites.

LUCRECE (la), Tragédie de *Pierre du Ryer*, représentée en 1637, imprimée en 1638, *in-8°. Sextus, un poignard à la main, veut exiger que Lucrece réponde à ses desirs ; elle s'enfuit dans la coulisse ; on entend des cris, & Lucrece reparoît en désordre :* voilà une des situations de cette Piece, qui peut donner une idée de la maniere dont les Auteurs de ce temps traitoient de semblables sujets.

LUCRECE-ROMAINE (la), Tragédie *d'Urb. Chevreau*, jouée en 1637, imprimée dans la même année, *in*-4° : tout aussi librement écrite que la précédente, mais bien plus mal conduite. On ne doit pas omettre un trait surprenant de la part de l'Auteur, qui avoit composé une *Histoire du Monde*, c'est que dans les personnages de sa Tragédie, on y trouve *Tarquin*, Empereur de Rome.

LUXEMBOURG AU LIT DE LA MORT (le Maréchal de), Tragédie d'un Anonyme, en cinq Actes, en prose, non représentée, imprimée en 1695, *in*-12. C'est une méprisable Satyre des ennemis de la France, qui, sous le prétexte de faire l'éloge de ce grand homme, fut imprimée à Cologne, avec l'apparition du Duc *de Luxembourg*, imprimée en 1695, *in*-12, autre Allégorie, en cinq Actes, en prose, imprimée dans la même année, & même sujet.

LUXURIEUX (le), Comédie en un Acte, en vers, par *Legrand*, non représentée, & ne pouvant l'être, imprimée en 1731, *in*-12: quand elle seroit mieux faite, on n'en feroit aucun cas.

LYON MARCHAND, Satyre Françoise de *Barthelemi Anneau*, sur la comparaison de Paris, Rouen, Lyon & Orléans, & sur les choses mémorables advenues depuis l'an 1524, sous Allégories & Enigmes, par personnages mystiques, jouée au College de Lyon en 1541, imprimée en 1542, *Pierre de Tours*.

LYNCÉE, Tragédie de l'Abbé *Abeille*, donnée en 1678, imprimée en 1681, *in*-8° : mauvaise, à l'exception de la quatrieme Scene du cinquieme Acte, qui fut applaudie, & qui le méritoit. Son fuccès fut très-foible. Dans l'édition qui s'en eft faite en Hollande, les fautes s'y trouvent en fi grand nombre, qu'il n'y a pas lieu de croire qu'elle s'y foit faite du gré de l'Auteur.

LYSIANASSE, Comédie en cinq Actes, en profe, de *Fontenelle*, non repréfentée, imprimée dans les Œuvres de l'Auteur en 1751, *in-*12.

LYSIS ET D'HESPÉRIE (les Amours de), Paftorale de *Pierre Quinault*, repréfentée en 1660, non imprimée. Cette Piece eft allégorique à la paix des Pyrénées & au mariage de *Louis XIV* avec *Marie-Thérefe*, *Infante d'Efgagne*. Le Cardinal *Mazarin* en donna le fujet. Madame *de Lyonne* y travailla avec *Quinault*; elle fut jouée le 9 Novembre 1660, au Louvre, avec le plus grand fuccès. L'original de cette Paftorale, qui étoit apoftillé de Madame *de Lyonne*, dans la Bibliotheque de M. *Colbert*, ne s'eft point trouvé quand le Roi a acheté les manufcrits de ce Miniftre.

M A C

MACATE, Comédie en cinq Actes, en profe, de *Fontenelle*, non repréfentée, imprimée dans les Œuvres de l'Auteur en 1751, *in*-12 : très-bien faite, ainfi que toutes celles qui font placées dans ce Recueil.

MACHABÉE (la), ou *Tragédie de la divine & heureufe victoire des Machabées fur le Roi Antiochus* : c'eft le titre en entier de cette

Piece de *J. de Virrey*, jouée d'abord en 1596, sous le nom de *Machabées*. L'Auteur l'avoit formée d'une traduction en vers qu'il avoit faite du livre des *Machabées*; il la refondit quelque temps après, & la fit représenter sous ce second titre, en 1599; elle est irréguliere, & sans distinction d'Actes ni de Scenes; elle a été imprimée à Rouen en 1603 & en 1611, *in*-12: j'en soupçonne encore deux éditions; mais je n'ai pu encore parvenir à connoître la Bibliotheque où elles sont renfermées.

MACHABÉES (les), Tragédie, de *Lamotte*, jouée le 6 Mars 1721, imprimée en 1722, *in*-8°. C'est la premiere Piece de l'Auteur, où l'on trouve bien des beautés; elle eut neuf représentations avant Pâque, & six après. La Demoiselle *Desmares*, qui y jouoit *Antigone*, s'étant retirée à la clôture, Mademoiselle *le Couvreur* la remplaça à la rentrée. *Baron* joua le rôle du jeune *Machabée*, quoiqu'il eût alors soixante-dix ans. Malgré la brillante réussite de cette Piece, elle fut reprise le 13 Novembre 1745 sans aucun succès.

MACHABÉES (les), par l'Abbé *Nadal*. Voyez *Antiochus*.

MAÇONS (les Freys), Comédie en cinq Actes, en prose, par un Anonyme, non représentée, imprimée en 1737, *in*-12; elle est assez plaisante, a été jouée en société·, & a été attribuée à *Clément*, Auteur d'une Tragédie de *Mérope*, qui n'est pas sans mérite, & des *cinq Années Littéraires*, Ouvrage excellent.

MADAME ARTHUS, Comédie en cinq Actes, en vers, de *Dancourt*, mise au Théatre le 8 Mai 1708, imprimée dans la même année, *in*-12 ; elle n'eut que cinq repréſentations : c'étoit encore beaucoup, cette Piece étant une plate imitation des *Façons du temps* & du *Tartuffe.*

MADEMOISELLE DE SAINT-TRON, Comédie ſatyrique, par un Anonyme, jouée & imprimée à la Haye en Hollande, en 1696, *in*-12. Quelque foible que ſoit cette Piece, le comique en eſt divertiſſant.

MADEMOISELLE DE SCAY, autre Comédie ſatyrique & indécente, par *Corneille de Bleſſebois*, jouée dans un Couvent, en 1676, imprimée à Calais & à la Haye, en 1684, *in*-16.

MADONTE (la), Tragédie de *P. Cottignon*, jouée en 1623, imprimée dans la même année, *in*-8° ; elle n'eſt pas ſans mérite pour le temps, tirée de l'*Aſtrée.*

MADONTE (la), Tragédie d'*Auvray*, donnée en 1630, imprimée en 1731 ; elle eſt auſſi *in*-8°, tirée de l'*Aſtrée* : médiocre & trop libre.

MAGICIENNE ÉTRANGERE (la), Tragédie de *Pierre de Sainte-Marthe*, en quatre Actes, en vers, en laquelle on voit *les tyranniques comportements, origines, entrepriſes, deſſeins, ſortileges, arrêt, mort & ſupplice, tant du Marquis d'Ancre que de Léonore Galligai ſa femme, avec l'aventureuſe rencontre de leurs funeſtes ombres, par un bon François, neveu de Rotomagus* ; c'eſt le titre en entier ; repréſentée en 1618, imprimée dans la même année, *in*-8°. Cette Piece eſt rarè comme toutes celles de ce nom ; elle eſt imprimée ſur l'ancienne édition de Rouen, dans un volume *in*-8°. imprimé en 1617, qui étoit dans le cabinet de M. le Comte *de Pont de Veyle*, avant sa mort.

MAGIE SANS MAGIE (la), Comédie en cinq Actes, en vers, de *Lambert*, représentée sur le Théatre de l'Hôtel de Bourgogne en 1660, imprimée en 1661, *in*-12 : assez comique & bonne pour le temps. Outre *les Sœurs jalouses* du même Auteur, il a fait encore *le Bien perdu* & *les Ramoneurs*, deux Comédies en un Acte, en vers.

MAGIE DE L'AMOUR (la), Comédie en un Acte, en vers libres, par *Autereau*, suivie d'un Divertissement dont la musique est de *Mouret*, donnée le 9 Mai 1735, imprimée en 1749, *in*-12. Cette jolie Piece fut mal reçue à la premiere représentation ; mais l'Auteur ayant changé le dénouement & raccourci la Piece, elle fut jouée quinze fois avec beaucoup de succès. Il étoit fort âgé quand il la composa. Elle est long-temps restée au Théatre, & on est étonné qu'elle ne soit plus jouée ; elle tiendra lieu d'une nouveauté quand elle reparoîtra au Théatre.

MAGNIFIQUE (le), Comédie, en deux Actes, en prose, de *Lamotte*, représentée le 11 Mai 1731, imprimée en 1749, *in*-12, tirée de *Bocace* & de *la Fontaine* : Piece charmante, unique dans son genre. C'est la premiere Comédie en deux Actes qui ait été donnée au Théatre François ; elle fut jouée quinze fois de suite, & elle y est restée. Voyez *Italie Galante*.

MAGNELONE (la), Tragédie de *Silvius*, représentée

repréfentée en 1673. Je ne connois pas cette Piece.

MAGUS (le Grand) , Tragédie , par *La-motte*, jouée & imprimée à Orange , en 1631 , publiée en 1656, *in*-8° : finguliere, quoique très-médiocre. Il eft inutile d'ajouter que l'Auteur de cette Piece ne doit point être confondu avec celui de la précédente , la date fuffit pour pré-ferver de cette bévue.

MAHOMET II, Tragédie de *Châteaubrun*, mife au Théatre le 13 Novembre 1714, impri-mée en 1715, *in*-12 : il y a de beaux en-droits, mais le cinquieme Acte eft défectueux; ce qui empêcha que la Piece eût un grand fuccès; elle ne fut jouée que onze fois.

MAHOMET II, Tragédie, par *la Noue*, le Comédien du Roi, repréfentée le 23 Février 1739 , imprimée dans la même année, *in*-8° ; elle eut feize repréfentations avant Pâque , & fept à la rentrée. On la trouve encore fur le Répertoire de la Cour. La cataftrophe eft en récit.

MAHOMET, ou *le Fanatifme* , Tragédie de *Voltaire*, jouée le 9 Août 1742, imprimée dans la même année, *in*-12; elle fut fufpendue après la troifieme repréfentation, par un ordre fupérieur; reprife avec le plus grand fuccès le 30 Septembre 1751 ; elle fut jouée huit fois, & fut encore interrompue par le voyage de Fontainebleau : reprife au retour de la Cour, & reftée au Théatre, où elle excite plus de terreur & d'admiration que de pitié.

MAHONOISE (la), Comédie en un Acte, en profe, de *Baco*, non repréfentée , imprimée

Tome I. T

en 1756, *in-12*, fous le titre de *Citadella*, Al-légorie-Comique fur la prife de Port Mahon par la France fur les Anglois.

MAISON DE CAMPAGNE (la), Comédie en un Acte, en profe, par *Dancourt*, donnée le 27 Août 1688, imprimée en 1708, *in-12*; elle eut vingt repréfentations ; elle eft comique & bien dialoguée : on eft furpris qu'elle ne foit plus reprife.

MAÎTRE DE CAMPAGNE (le Petit), ou *le Vicomte de Génicourt*, Comédie en un Acte, en profe, jouée le 26 Juillet 1694, imprimée en 1701, *in-12*; elle ne fut donnée que trois fois : très-médiocre, mais elle a quelques endroits plaifants. Les *Parfait*, dans leur *Hifloire du Théatre François*, ignoroient qu'elle fût imprimée.

MAÎTRE CORRIGÉ (le Petit), Comédie en un Acte, en profe, de *Marivaux*, repréfentée le 6 Novembre 1734, imprimée en 1739, *in-12*; elle ne fut jouée que deux fois. *Beauchamps* en met la premiere repréfentation en 1724.

MAÎTRE D'ECOLE, Farce de *Moliere*, jouée dans les Provinces avant fon établiffement à Paris. M. *de Bombarde* en avoit le manufcrit dans fa Bibliotheque avant fa mort.

MAÎTRE D'ÉTÉ (les Petits), Comédie en un Acte, en profe, d'un Anonyme, jouée & imprimée à Orléans, en 1696, *in-12* : on ne peut pas plus médiocre, même pour la Province.

MAÎTRE DE ROBE (le Petit), Comédie en un Acte, en profe, fuivie d'un Divertiffement, non repréfentée; la raifon en eft aifée à deviner; imprimée en 1753, avec des corrections.

Maître Dupé (le Petit), Comédie en cinq Actes, en vers, par M. ***, repréfentée le 5 Mars 1751; elle n'eut qu'une repréfentation, avoit été préfentée fous le titre du *Fat*, & affichée fous celui du *Suffifant*.

Maîtres (les Petits), Comédie en un Acte, en profe, d'un Anonyme, repréfentée en 1701. On indique une feconde Piece de ce titre, jouée en 1732, par *J. V. E.* je ne la connois pas.

Malade Imaginaire (le), Comédie-Ballet, en trois Actes, en profe, précédée d'un Prologue en vers lyriques, de *Moliere*, mife au Théâtre le 10 Février 1673, imprimée en 1674, *in-*12. C'eft une des Farces de ce célebre Comique dans laquelle on trouve des Scenes dignes de la haute Comédie. *Defpréaux* donna l'idée des vers macaroniques employés à la réception du nouveau Docteur, & *Charpentier* fit la Mufique. Elle fut interrompue le 17 Février, après la quatrieme repréfentation, par la mort de fon immortel Auteur. On la reprit le 4 Mai fuivant, & elle eut encore trente-huit repréfentations. Le Rôle de *Malade* que jouoit *Moliere*, fut remplacé par *Rofimont*.

Malade Imaginaire (le), Comédie en trois Actes, en profe, mêlée de Danfes & de Mufique, avec la maniere dont les Acteurs doivent être habillés, par un Anonyme, non repréfentée, imprimée en 1674, *in-*12, à Amfterdam. *Beauchamps* prétend que cette Piece eft différente de celle de *Moliere*, du même titre;

T ij

il fe méprend, c'eft la même, &, felon le mot propre, une contrefaction de Libraire.

MALADE SANS MALADIE (la), Comédie en cinq Actes, en profe, par *Dufrefny*, repréfentée le 27 Novembre 1699, imprimée en 1731 , *in*-12 : le tumulte fut fi grand dans le Parterre, qu'elle ne fut pas achevée ; il n'y eut que deux Actes de joués. Les Comédiens, pour fatisfaire le Public , furent obligés de donner l'*Après - Souper des Auberges. Dufrefny* qui ne voulut pas tout-à-fait perdre le fruit de fon travail, tira les meilleures Scenes de cette Piece pour les faire fervir à fa Comédie des *Vapeurs*, que fes héritiers condamnerent au feu après fa mort.

MALHEUREUX IMAGINAIRE (le), Comédie en cinq Actes, en vers , par M. *Dorat*, jouée le 7 Décembre 1776; elle eut douze repréfentations, la derniere fut le Lundi 6 Janvier 1777 : reftée au Théatre.

MANCO-CAPAC, Tragédie par M. *le Blanc*, repréfentée le 13 Juin 1763; elle eut fept repréfentations, & en méritoit davantage. Cette Piece eft tirée de l'*Hiftoire du Pérou.*

MANDRAGORE (la), Comédie en cinq Actes, en profe, de *Jean-Baptifte Rouffeau*, non repréfentée, imprimée en Hollande en 1731, *in*-12, tirée de l'Italien de *Machiavel* : foible, bien écrite, mais trop libre. On la trouve auffi imprimée à Londres, dans les Œuvres de l'Auteur.

MANDRIN (la Mort de), Tragédie de M. *de la Grange*, jouée à Metz & à Nancy, en Septembre 1755 , imprimée dans la premiere Vilîe en 1756. Cet hardi Contrebandier eſt trop connu pour ajouter rien de plus.

MANIE DES ARTS (la), ou *la Matinee à la Mode*, Comédie en un Acte, en proſe, de M. *Rochon de Chabannes*, jouée le premier Juin 1763, imprimée en 1764, *in-8°* : reſtée au Théatre, où elle fait toujours le même plaiſir

MANLIE (la Mort de), Tragédie de M. *Noguerres*, donnée à Bordeaux en 1660, imprimée dans la même année, *in-12*.

MANLIUS, Tragédie par *le Vayer de Boutigny*, jouée en 1645. Cette Piece eſt très-peu connue.

MANLIUS TORQUATUS, Tragédie de *Favre*. On n'a aucune certitude qu'elle ait été repréſentée; imprimée en 1662, *in-8°*, tirée de l'*Hiſtoire Romaine*. On trouve dans cette Piece quelques Scenes entremêlées de Stances.

MANLIUS TORQUATUS, Tragédie de Madame *de Villedieu*, donnée en 1662, imprimée dans la même année, *in-12*: foible, d'une verſification proſaïque. On dit que l'Abbé *d'Aubignac* en avoit donné le ſujet & le plan.

MANLIUS CAPITOLINUS, Tragédie par *la Foſſe d'Aubigny*, miſe au Théatre le 18 Janvier 1698, imprimée dans la même année, *in-12*, tirée de *la Conjuration de Veniſe*, de *Saint-Réal* ; c'eſt une des meilleures Pieces du Théatre François, après les chefs-d'œuvre de nos grands Maîtres de la Scene : elle eſt reſtée au Théatre ; elle fut repriſe avec ſuccès en 1751. Voyez *Veniſe ſauvée*.

MARATE, par l'Abbé *Boyer*. Voyez *De ma rate*, au D.

T iij

MARC-ANTOINE, Tragédie avec des Chœurs, de *Rob. Garnier*, représentée en 1578, imprimée dans la même année, *in*-4°. *La Chapelle* en a tiré parti pour sa Tragédie de *Cléopâtre*.

MARC-ANTOINE, ou *la Cléopâtre*, Tragédie de *J. Mairet*, représentée en 1630, imprimée en 1637, *in*-4° : bien conduite, & de la dignité dans le Dialogue, qui a dû servir de modele aux successeurs de *Mairet*.

MARC-ANTOINE, par *la Thorilliere*. Voyez *Cléopâtre*.

MARCHAND CONVERTI (le), Comédie en cinq Actes, en vers, de *Jacques Cressin*, non représentée en France, imprimée en Flandres, en 1584, *in*-16. C'est un mauvais libelle adressé aux prétendus Fideles de cette Province.

MARCHAND DE LONDRES, ou *l'Histoire de Georges de Barnevelt*, Tragédie bourgeoise, traduite de l'Anglois de M. *Lillo*, par *Clément*, imprimée en 1751, *in*-12. Ce monstre dramatique, orné de tous les agréments imaginés pour séduire sur le Théatre de Londres, lui assura le plus grand succès. La Scene ensanglantée par le meurtre le le plus affreux, le gibet, des bourreaux tous mis en action, ravirent les Anglois : ils traiterent de chef-d'œuvre ce Drame vraiment méprisable en toute autre contrée.

MARCHAND DE SMYRNE (le), Comédie en un Acte, en prose, par M. *de Champfort*, jouée le 26 Janvier 1770, imprimée dans la même année, *in*-8° : elle eut treize représentations : elle est restée au Théatre.

MARÉCHAL MÉDECIN (le), ou *les Hussards*, ou *le Médecin de Mantes*, Comédie en un Acte, en profe, donnée le 12 Mai 1696, fans nom d'Auteur; elle eut fept repréfentations, tirée des regiftres de la ComédieFrançoife, où elle eft portée fous les deux titres où elle eft ici placée.

MARÉCHAL D'ANCRE (la Mort du), par un Anonyme. Voyez *Magicienne étrangere.*

MARGUERITE DE FRANCE, Tragédie par *Gilbert*, repréfentée en 1640, imprimée en 1641, *in-4°* : foible & mal conduite.

MARGUERITE D'ANJOU, *Reine d'Angleterre*, effai tragique, en cinq Actes, en profe, d'un Anonyme, non repréfenté, imprimé en 1757, *in-12*, chez *Prault*.

MARGUERITE (Sainte), Tragédie par un Anonyme, donnée & imprimée à l'Affomption, en 1544, *in-16*.

MARI (le bon), Comédie par *Vaumorierre*, non repréfentée, imprimée en 1678, *in-12* : il en eft parlé dans le *Mercure de France* de cette année, tome III, page 84.

MARI CURIEUX (le), Comédie en un Acte, en profe, de *Dalainval*, fuivie d'un Divertiffement, repréfentée le 25 Août 1731, imprimée dans la même année, *in-12* : foible & l'intrigue commune; elle ne fut jouée que cinq fois.

MARI ÉGARÉ (le), Comédie en un Acte, en profe, par *Audierne*, donnée avec un Prologue; la *Méprife*, & la *Suivante défintéreffée*, le 14 Novembre 1739, non imprimée. Ces trois Pieces du même Auteur tomberent à la première repréfentation.

MARI ÉMANCIPÉ (le), Comédie en trois Actes, en profe, d'un Anonyme, non repréfentée, imprimée en 1758, dans une Brochure qui a pour titre, *Conte phrigion*, *Ane de Sylène*.

MARI MATOIS (le), ou *le Courtifan attrapé*, Comédie, par un Anonyme, non repréfentée, imprimée en 1633, *in*-8°. Cette Piece eft traduite de l'Efpagnol. *Beauchamps* n'en parle point dans fes *Recherches*.

MARI RETROUVÉ (le), Comédie en un Acte, en profe, de *Dancourt*, fuivie d'un Divertiffement; mife au Théatre le 29 Octobre 1698, imprimée dans la même année, *in*-12 : Vaudeville très-plaifant, à l'occafion du procès du fieur *de la Pivardiere*, rapporté dans le troifieme volume des *Caufes célebres*. Cette Piece fut jouée vingt-trois fois, & eft fouvent reprife. A celle du mois de Mars 1747, on y donna un nouveau Ballet de *Drouin*, qui jouoit encore alors la Comédie avec fuccès, & fit grand plaifir.

MARI SANS FEMME (le), Comédie en cinq Actes, en vers, de *Montfleury*, avec des Intermedes, repréfentée à l'Hôtel de Bourgogne en 1663, imprimée dans la même année, *in*-12. L'intrigue en eft romanefque, peu vraifemblable, le comique forcé, quelquefois trop libre. Elle eut cependant du fuccès, & refta au Théatre plufieurs années.

MARIAGE (le), Comédie en un Acte, en profe, du Baron *de Bielfeldt*, jouée en fociété, imprimée en 1753, *in*-12, dans les Œuvres de l'Auteur. Cette Piece eft tirée d'une Comédie Hollandoife, portant le même titre; elle n'eft pas fans mérite.

MARIAGE D'AMOUR (le), Paftorale,

en cinq Actes, en vers, précédée d'un Prologue, d'*If. du Ryer*, donnée en 1621, imprimée dans la même année, *in-12*. Cette édition eft très-rare; celle de 1631 l'eft moins, quoiqu'elle le foit beaucoup. Voyez *Amour Mariage*.

MARIAGE CLANDESTIN (le), Comédie en trois Actes, en vers libres, par M. *Lemonier*, imitée de l'Anglois du célebre Comédien *Garrick*, repréfentée le 12 Août 1775. L'Auteur la retira après la premiere repréfentation. Cette Piece n'étoit cependant pas fans beautés.

MARIAGE DE BACCHUS (le), Comédie en trois Actes, en vers libres, précédée d'un Prologue, par *Vifé*, entremêlés de Machines & de Chants; mife au Théatre du Marais le 7 Janvier 1672, imprimée dans la même année, *in-4°*. Elle eut un grand fuccès: la Mufique étoit de *Lully*; mais l'Opéra ayant fait des repréfentations en vertu de fon privilege, les fix voix accordées aux François furent réduites à deux. A la reprife de la Piece, le 4 Septembre 1685, *Lalouette* compofa de nouveaux airs pour le Chant. Ces changements diminuerent la réuffite de cette Piece.

MARIAGE DE CAMBYSE (le), par *Quinault*. Voyez *Cambyfe*.

MARIAGE DE LA RAISON AVEC L'ESPRIT (le), Comédie en un Acte, en vers, par M. *Dujardin*, jouée en fociété en 1754, imprimée dans la même année, *in-8°*. Cette Piece eft jolie, mais peu connue.

MARIAGE D'ORONDATE (le), par *Magnon*. Voyez *Orondate*, à l'O.

MARIAGE D'ORPHÉE(le), par *l'Epine*. Voyez *Orphée*.

MARIAGE D'ORPHÉE ET D'EURI-DICE, par *Chapoton*. Voyez *Orphée & Euridice*.

MARIAGE DE RIEN(le), Comédie en un Acte, en vers de huit syllabes, de *Mont-fleury*, représentée sous le nom de *Jacob*, en 1660, imprimée dans la même année, *in*-12: première Piece de l'Auteur ; reprise en 1680, sous son vrai nom.

MARIAGE FAIT ET ROMPU(le), Comédie en trois Actes, en vers, par *Du-frefny*, jouée le 14 Février 1721, imprimée dans la même année, *in*-12. Elle eut dix-neuf repréfentations, & fut très-fuivie ; elle eft pleine d'efprit & originale. Le Rôle du Gafcon parut neuf & inimitable. Le procès du *faux Caille* donna l'idée de cette Piece, compofée d'abord en cinq Actes ; les Comédiens exigerent qu'elle fût réduite à trois, & ils eurent raifon : elle eft reftée au Théatre. C'eft la derniere Piece de l'Auteur.

MARIAGE FORCÉ(le), Comédie en un Acte, en profe, par *Moliere*, représentée d'abord devant le Roi, au Louvre, les 29 & 31 Janvier 1664; & à Paris, fur le Théatre du Palais-Royal, avec des changements, & fans Divertiffements, le 15 Février de la même année, & non le 15 Novembre, comme le marquent prefque tous les Editeurs des *Œuvres de Moliere*. La premiere reprife de cette Piece fut le 8 Juillet 1672, avec la Comteffe *d'Ef-carbagnas* ; & elle fut jouée huit fois. Une aventure arrivée entre un Seigneur François (*le*

Comte de Grammont) , & les freres d'une Demoifelle Angloife, donna lieu à cette Comédie. Un Anonyme l'a mife en vers & fait
imprimer en 1676, *in* - 12. Cette édition eſt rare.

MARIAGE INTERROMPU (le), Comédie
en trois Actes, en vers, par M. *de Cailhava*,
donnée le 10 Avril 1769. Cette Piece qui étoit
fuivie, fut interrompue après la fixieme repréfentation, par une férieufe indifpofition du fieur
Préville : on en defire fort la reprife.

MARIAGE MAL ASSORTI (le), Comédie
en trois Actes, en vers, par *Sainville*, non repréfentée, en manufcrit, fans date. C'eſt ainfi
qu'en parle *Maupoint*, dans fa *Bibliotheque des
Théatres*, à l'article des Manufcrits. *Beauchamps*
indique auffi cette Piece, mais c'eſt d'après *Maupoint*.

MARIAGE PAR DÉPIT (le), Comédie
en trois Actes, en profe, de M. *Bret*, donnée
le 13 Juin 1765; le Parterre fut fi bruyant, que
les Comédiens purent à peine achever le premier Acte. L'Auteur la retira.

MARIAGE PAR LETTRES DE CHANGE (le),
Comédie en un Acte, en vers, de *Poiſſon* fils,
repréfentée le 15 Juillet 1735, imprimée dans
la même année, *in*-12; elle eut douze repréfentations : affez plaifante ; elle fut fuivie d'un
Ballet qui fut trouvé original & plut beaucoup ;
la Mufique eſt de *Grandval* le pere.

MARIAGE PRÉCIPITÉ (le), Comédie en
trois Actes, en profe, d'un Anonyme, jouée
le 20 Mars 1713, à Utrecht, pendant la tenue
du Congrès. C'eſt une Satyre affez comique
contre Madame *Defnoyers*. Elle fe trouve à la

fin du cinquieme tome de ſes *Mémoires*; imprimée en 1713, *in-12*, à Utrecht.

MARIAGE ROMPU (le), & *l'Amour malheureux*, ſuivi d'une Bâtardiſe injuſte, ou l'*Hiſtoire véritable arrivée en France*, Tragi-Comédie en cinq Actes, par un Anonyme, jouée à Beſançon, imprimée dans cette Ville en 1764, *in-8°*. Cette Piece ſeroit intéreſſante pour le ſujet, ſi elle étoit mieux faite.

MARIAGE SANS MARIAGE (le), Comédie en cinq Actes, en vers, par *Marcel*, donnée en 1671, ſur le Théatre du Marais, imprimée en 1672, *in-12* : ſujet ſingulier qui pouvoit fournir des Scenes plus intéreſſantes & plus comiques.

MARIAGE (le Triple), Comédie en un Acte, en proſe, de *Deſtouches*, ſuivie d'un Divertiſſement, dont la Muſique eſt de *Gilliers*, miſe au Théatre le 7 Juillet 1716, imprimée dans la même année, *in-12*; elle eut ſept repréſentations : plaiſante & vivement dialoguée. Elle fut faite à l'occaſion d'une aventure arrivée à Paris, entre M. *de Saint-Alauſſe*, ſa fille & ſon fils : elle a toujours été repriſe avec ſuccès. A celle du 7 Avril 1739, on la donna avec un Divertiſſement nouveau, dont la Muſique eſt de *le Grand* le pere; elle fut très-applaudie.

MARIAGES INOPINÉS (les), Comédie en cinq Actes, en proſe, de *Bénigne Caillet*, repréſentée en ſociété, manuſcrite, ſans date, indiquée par *Beauchamps*, en ſes *Recherches des Théatres*, tome II, page 542, fin de la page.

MARIAMNE (la), Tragédie, par *Alexandre Hardy*, repréſentée en 1610, à l'Hôtel de

Bourgogne, imprimée en 1625, *in-8°* : paffable pour le temps ; elle a fervi de guide à *Triflan*, & à bien d'autres Auteurs Dramatiques.

MARIAMNE (la), Tragédie de *Triflan l'Hermite*, donnée en 1636, fur le Théatre du Marais, imprimée en 1637, *in-4°*, dédiée au Duc d'*Orléans*, avec une Eftampe de *Boffe* & une Ode : premiere Piece de l'Auteur, bonne pour le temps ; elle eut un fi grand fuccès, qu'elle fit tomber la *Médée* de *Corneille* qu'on jouoit alors. A fa reprife, l'hiver fuivant, elle balança le fuccès du *Cid*, qui faifoit beaucoup de bruit alors, & coûta la vie à *Mondory*, qui rendit les fureurs d'*Hérode* avec tant de chaleur & de force, que la refpiration lui manquant, il tomba roide mort. Cette Piece, qui a confervé pendant plus d'un fiecle la réputation qu'elle s'étoit acquife dans fa nouveauté, s'eft maintenue prefqu'autant de temps au Théatre. Au refte jamais Tragédie n'a eu tant d'éditions. Voyez *Beauchamps*, Tome II, page 175 ; elle a été corrigée par *J.-B. Rouffeau*, dans l'édition de 1731, *in-12*. Outre les Pieces connues de *Triflan*, on lui attribue encore *Selim*, Tragédie repréfentée en 1645.

MARIAMNE (la), ou *la Mort des Enfants d'Hérode*, ou la fuite de *Mariamne*, Tragédie de *la Calprenede*, donnée en 1639, imprimée dans la même année, *in-4°* ; elle eut quelque fuccès & beaucoup plus de critiques. Les Ecrivains fur le Théatre indiquent une Tragédie de ce titre, fans date & fans nom d'Auteur.

MARIAMNE (Hérode &), Tragédie de *Voltaire*, donnée d'abord le 6 Mars 1724, fous le feul titre de *Mariamne*. L'Auteur la retira après la premiere repréfentation, parce que le tumulte fut fi grand au Parterre, qu'elle fut à peine entendue & achevée. Il en apprend la caufe dans fa Préface. Au moment que l'Actrice portoit la coupe à fes levres, un mauvais Plaifant du fond de la falle, s'écria *la Reine boit.* Le 10 Avril de l'année fuivante, la Piece fut reprife avec de fi heureufes corrections, qu'elle eut dix-fept repréfentations. A fa feconde reprife, le 18 Août de la même année 1725, elle fut jouée fix fois, & l'a été depuis, mais trop rarement.

MARIAMNE, Tragédie de l'Abbé *Nadal*, jouée le 15 Février 1725, imprimée dans la même année, *in*-12; elle n'eut que quatre repréfentations. Dans la Préface que l'Auteur met dans fa premiere édition, il déclame, il lance les traits les plus fatyriques & les plus piquants contre les perfonnes qui s'étoient concertées, dit-il, pour faire tomber fa Piece. Il refte peu d'exemplaires où cette Préface foit en entier; ce qu'il y avoit d'offenfant a été retranché à la feconde édition.

MARIE STUARD, Tragédie, par *Renaud*, mife au Théatre en 1639, imprimée dans la même année : *in*-4° : foible, mais elle renferme quelques beaux endroits.

MARIE STUARD, Tragédie de *Bourfault*, mife au Théatre le 7 Décembre 1683, imprimée en 1684, *in*-12 : on ne peut pas plus médiocre; elle valut cependant cent louis à l'Auteur, de la part du Duc *de Saint-Agnan*, auquel il la dédia; elle ne fut jouée que fept fois.

. MARIE STUARD, Tragédie, par un Anonyme, repréfentée le Lundi 3 Mai 1734, imprimée en 1735, *in*-8° ; elle fut jouée devant le Roi, le 4 Novembre de la même année. Quoique cette Pièce ne foit pas fans beautés, la reffemblance du dénouement avec celui du Comte d'*Effex*, de *Thomas Corneille*, indifpofa le Public contre cette Tragédie : l'Auteur le changea à la troifieme repréfentation, & elle en eut fept. A la premiere reprife, le 6 Février de l'année fuivante, il y fit encore quelques changements, mais elle ne fut jouée que deux fois.

MARIÉ ÉGARÉ (le), Comédie en un Acte, en profe, par *Audierne* ; donnée le 14 Novembre 1739, non imprimée. L'Auteur la retira après la premiere repréfentation.

MARIÉ SANS LE SAVOIR (le), Comédie en un Acte, en profe, de *Fagand*, repréfentée d'abord à Fontainebleau, le 22 Octobre 1738 ; à Paris, le 8 Janvier 1739 ; imprimée dans la même année, *in*-12 ; elle ne fut jouée que fix fois.

MARIS INFIDELES (les), ou *les Apparences trompeufes*, Comédie en trois Actes, en vers, par *Hauteroche*, donnée le 24 Janvier 1673, imprimée dans la même année, *in*-12 ; elle ne fut jouée que quatre fois ; le fond de l'intrigue de cette Piece fe trouve dans le *Gentilhomme Guefpin*, par *Vifé*. *Campiftron* a tiré parti du même fujet pour en compofer la Comédie du *Jaloux défabufé*. Voyez *Apparences trompeufes*.

MARIUS (le jeune), Tragédie de l'Abbé *Boyer*, jouée en 1669, imprimée en 1670, *in*-12 : l'expofition du fujet eft paffable, & le refte mauvais.

MARIUS, Tragédie, par *G. de Caux*, donnée le 15 Novembre 1715, imprimée en 1716,
in-12 : Piece d'invention. Le cinquieme Acte
ne réuſſit point. Elle n'eut que ſept repréſentations, & a long temps été attribuée au Préſident *Hainault*.

MARIUS ET SCYLLA, Tragédie
de *Molard*, non repréſentée, imprimée en
1716, *in*-12 : froide & ſans intérêt, mais bien
verſifiée.

MARQUIS AUTEUR (le), Comédie en
un Acte, en vers, de *Fagand*, non repréſentée,
imprimée en 1760, *in*-8°, dans le ſecond Volume des Œuvres de l'Auteur. Cette Piece fut
preſentée aux Comédiens François en 1759.
On n'a jamais ſu les motifs qui ſe ſont oppoſés
à ſa repréſentation.

MARQUIS BAILLI (le), Comédie en un
Acte, en proſe, de *Dufreſny*, repréſentée le 24
Février 1703, imprimée dans la même année,
in 12 ; elle fut jouée avec *le faux Honnête
Homme* du même Auteur ; elle n'eut que cinq
repréſentations.

MARQUIS DE L'INDUSTRIE (le), Comédie en cinq Actes, en proſe, par un Anonyme, donnée le 25 Janvier 1698, non imprimée ; elle fut interrompue par les huées du
Parterre qui empêcherent qu'elle ne fût jouée :
les Comédiens y ſubſtituerent *Criſpin, Médecin*.

MARQUIS (le faux), ou *Clorinde çonfondue*,
Comédie en un Acte, en vers, par *des Biez*,
non repréſentée ni imprimée. Cette Piece n'eſt
pas connue.

MARQUIS

MARQUIS RIDICULE (le), ou *la Comteſſe faite à la hâte*, Comédie en cinq Actes, en vers de *Scarron*, foible, mais écrite comiquement ; elle eut aſſez de ſuccès. Elle fut donnée en 1656, & imprimée dans la même année, *in-4°*.

MARQUISE IMAGINAIRE (la), Comédie en un Acte, en proſe, par un Anonyme, miſe au Théatre le 23 Septembre 1699, non imprimée ; elle fut jouée quinze fois de ſuite avec ſuccès. Il y a bien de la modeſtie à l'Auteur de ne s'être pas nommé, & de n'avoir point fait imprimer ſa Piece après une réuſſite auſſi marquée.

MARSIDIE, Tragédie de Madame de *Gomez*, non repréſentée, imprimée dans ſes Œuvres en 1724, *in-12*. Cette Piece n'eſt point portée ſur les regiſtres de la Comédie Françoiſe, comme ſemble le faire croire *Beauchamps* dans ſes *Recherches*, en annonçant qu'elle a été jouée en 1716 ; n'auroit-il pas confondu ? La *Sémiramis* de cette Dame fut en effet donnée aux François dans cette année-là.

MARTIN BRAILLARD, par *Montfleury*. Voyez *Trigaudin*.

MARTYRE DE SAINTE CATHERINE (le), Tragédie, par *Boiſſin de Gaillardon*, donnée en 1617, imprimée en 1618, *in-8°*.

MARTYRE DE SAINTE CATHERINE (le), Tragédie en proſe, de *Pujet de la Serre*, jouée & imprimée avec des eſtampes en 1643.

MARTYRE DE SAINTE CATHERINE (le), Tragédie de l'Abbé d'*Aubignac*, miſe en vers

Tome I. V

par *Desfontaines*, non repréfentée, imprimée, en 1650, *in-8°*.

MARTYRS (les Chaftes), par Mademoifelle *Cofnard*. Voyez *Chaftes Martyrs*.

MASCARADE (la), Momerie, ou muette, forte de Pantomime de ce temps-là, par *Etienne Jodelle*, exécutée à l'Hôtel de Ville de Paris, en préfence du Roi, le 17 Février 1558, imprimée dans la même année, *in-4°*.

MASCARADE DU PARNASSE (la), Comédie en un Acte, en profe, précédée d'un Prologue, & fuivie d'un Divertiffement, par *Peffelier*, jouée en fociété en 1736, imprimée en 1737, *in-8°* : coup d'effai de l'Auteur ; elle eft ingénieufe, allégorique & bien écrite. Son objet eft la critique du nouveau genre comique de *la Chauffée*, traité par l'envie, de *larmoyant*.

MASQUÉ (l'Amant), Comédie en un Acte, en profe, avec un Divertiffement, Mufique de *Gilliers*, par *Dufrefny*, donnée le 8 Août 1709, non imprimée ; elle n'eut que trois repréfentations. L'Editeur des Œuvres de l'Auteur n'en parle point dans fa Préface.

MATAMORE LE CAPITAN, par *Marechal*. Voyez *Capitan*, au C.

MATRONE (la), Comédie en cinq Actes, en profe, par le Baron *de Bielfeld*, jouée en fociété à Paris en 1752, imprimée en 1753, *in-8°* ; elle eft jolie.

MATRONE D'EPHESE (la), Comédie en un Acte, en profe, de *Lamotte*, repréfentée le 23 Septembre 1702, imprimée dans la même année, *in-12* ; elle eut neuf repréfentations : fpirituelle, réguliere, mais froide. L'Auteur garda l'anonyme jufqu'en 1730, qu'il fe nomma, en faifant imprimer dans cette même année le Recueil de fes Œuvres.

MAUBERTINE, Comédie de *Grevin*, premiere Piece de cet ancien Auteur, qu'on lui vola lorfqu'il fe difpofoit à la mettre au Théatre. La tradition porte que fon heureufe mémoire la lui fit tranfcrire ; mais on ne la trouva point dans fon Théatre imprimé en 1561, *in*-8°. Voyez *Beauchamps*, Tome premier de fes *Recherches*, page 416.

MAURICE, EMPEREUR D'ORIENT, Tragédie avec des Chœurs, de *Nicol. Romain*, repréfentée en 1606, imprimée dans la même année, *in*-12, tirée de *Nicéphore*, dix-huitieme Livre de fon *Hiftoire Eccléfiaftique* : très-rare & peu connue.

MAUSOLÉE, ou *Arthémife*, Tragédie de *Marechal*, donnée en 1639, imprimée en 1646, *in*-4°. On apprend, par l'Avis au Lecteur, qui eft à la tête de cette Piece, qu'elle étoit compofée en 1636, & qu'elle fut jouée par la Troupe Royale ; elle commence on ne peut pas plus tragiquement, & finit par un mariage.

MAUVAIS RICHE (le), Comédie en cinq Actes, en vers, par M. d'*Arnaud*, repréfentée à l'Hôtel de Tonnerre en 1749 ; c'eft dans cette Piece que *le Kain*, le plus célebre des Comédiens du Roi que la France ait jamais eu pour le tragique, débuta. Je crus entrevoir dans fon jeu le germe des grands talents, j'en rendis compte à des Connoiffeurs du meilleur ton, ils ne me crurent point : ils en voulurent juger par eux-mêmes. Ils penferent comme moi, lui obtinrent un ordre de début en 1751. Tout le monde sait qu'il a plus que justifié nos heureux pronostics.

MAUX SANS REMEDE (les) , Comédie d'un Anonyme , donnée le 11 Janvier 1669 , non imprimée. Cette Piece n'est connue que par une Lettre en vers de *Robinet* , du 12 du même mois & de la même année 1669.

MAXIMIAN, Tragédie de *Th. Corneille*, repréſentée au mois de Février 1662 ; elle eſt paſſable , & les caracteres aſſez bien ſoutenus ; imprimée en 1662, & dans le troiſieme Tome des Œuvres de l'Auteur.

MAXIMIEN , Tragédie de la *Chauſſée* , donnée le 28 Février 1738 , imprimée dans la même année, *in*-12. Cette Piece fut jouée vingt-deux fois avec un grand ſuccès. L'Auteur ne ſe fit connoître qu'après pluſieurs repréſentations ; elle en eut onze à la clôture : à la rentrée , elle fut repriſe avec le *Fat puni* , Piece nouvelle de M. le Comte de *Pont de Veyle* , & elle en eut encore autant.

MÉCHANT (le), Comédie en cinq Actes, en vers , par *Greſſet* , miſe au Théâtre le 27 Avril 1747 , imprimée dans la même année, *in*-12 ; elle fut jouée vingt-quatre fois avec la plus brillante réuſſite. On admira généralement la façon ſupérieure avec laquelle elle eſt écrite : reſtée au Théâtre , où elle fait toujours plaiſir , malgré l'Epigramme de M. *Bailly* , & tout ce que tenta l'envie pour la dénigrer.

MÉCONTENT (le Riche) , ou *le Noble imaginaire* , Comédie en cinq Actes , en vers de *Charpuſeau* , donnée à l'Hôtel de Bourgogne , en

1662, imprimée en 1677, fous le titre du *Partifan dupé*. Voyez *Riche mécontent*.

MÉCONTENTS (les), Comédie en un Acte, en vers, de la *Bruere*, repréfentée le premier Décembre 1734, imprimée en 1735, *in-12*; elle fut précédée d'un Prologue & fuivie d'un Divertiffement, dont la Mufique eft de *Mouret*, qui réuflirent beaucoup. On trouva le Vaude-ville de la fin fort agréable, & le refrein très-heureux. Cette Piece étoit d'abord en trois Actes, mais l'Auteur ayant vu que les deux derniers manquoient de chaleur, il la réduifit en un feul aux repréfentations fuivantes ; ce qui fut fort applaudi ; elle ne fut cependant jouée que neuf fois.

MÉDECIN DE CHAUDRAY (le), Comédie en un Acte, en profe, de *Dancourt*, donnée en 1698, non imprimée. Cette Piece eft un Vaudeville à l'occafion de la vogue d'un Médecin de Village que tous les environs alloient confulter. Cette Piece n'eft indiquée que par *Maupoint*, dans fa *Bibliotheque des Théatres*, page 201 ; elle n'eft point imprimée dans les Œuvres de *Dancourt*, & je ne crois pas ailleurs.

MÉDECIN DE L'ESPRIT (le), Comédie en un Acte, en profe, de *Guyot de Merville*, mife au Théatre le 14 Septembre 1739, non imprimée ; elle fut donnée avec l'*Ombre de Moliere*, l'*Ecole du Monde*, & *Efope au Parnaffe*. Cette Piece a toujours été attribuée à l'Abbé *Desfontaines*. Voyez *Moliere* (Ombre de), par *Brecourt* ; *Ecole du Monde*, de *Voifenon* ; & *Efope au Parnaffe*, de *Peffelier*.

MÉDECIN DÉROBÉ (le), Comédie en

V iij

trois Actes, en vers, par *Dorimont*, repréfentée
en 1692, imprimée dans la même année, *in*-12 :
plaifante & d'un affez bon comique ; très-rare.

MÉDECIN DE VILLAGE (le), Comédie
en un Acte, en profe, par un Anonyme, jouée
le 24 Septembre 1704, non imprimée ; elle eut
cinq repréfentations. *Maupoint*, dans fa *Bibliotheque des Théatres*, indique une Piece de ce
nom, en un Acte, en profe, dont les airs, dit-il,
font de *Gilliers*, fous-entendant fans doute,
qu'elle fut fuivie d'un Divertiffement ; il ajoute
qu'elle fut jouée à la fin d'Août 1704. Il n'eft
pas douteux que ce ne foit la même que celle-ci.
On doit être auffi perfuadé que le *Médecin de
Village*, dont parle *Beauchamps*, fous l'année
1704, fans aucun autre renfeignement, ne foit
auffi la même, que l'un & l'autre ne connoiffoient
que de nom. Ce qui eft de fait, c'eft que j'ai
pour garants les regiftres de la Comédie Françoife, qui m'ont fourni cet article.

MÉDECIN HOLLANDOIS (le), ou *la
Femme têtue*, Comédie en un Acte, par *Robbe*,
jouée le 15 Janvier 1685 ; elle n'eut que quatre
repréfentations ; tirée des regiftres de la Comédie Françoife. Il n'en eft pas parlé dans *l'Hiftoire du Théatre François*, ni ailleurs ; imprimée
en 1686, *in*-12. Cette Piece a quelques Scenes
plaifantes ; elle a été auffi attribuée à *Barquebois*.

MÉDECIN MALGRÉ LUI (le), de *Moliere*,
Comédie en trois Actes, en profe, donnée le
6 Août 1666, imprimée en 1682, *in*-12. Cette
Piece eft compofée du *Fagoteux* & de quelques
autres Farces que l'Auteur jouoit avec fa Troupe
dans les Provinces ; elle eft irréguliere, à caufe

du lieu de la Scene. Tout le monde fait qu'elle fut donnée à la quatrieme repréfentation du *Mifanthrope*, pour foutenir ce chef-d'œuvre dont on ne connoiffoit pas encore alors les beautés.

MÉDECIN PAR OCCASION (le), Comédie en cinq Actes, en vers, de *Boiffy*, jouée le 12 Mars 1745, imprimée dans la même année, *in*-8°. Le fujet en eft intéreffant & bien rendu. Voyez le *Mercure* de Mars 1745, page 164.

MÉDECIN VOLANT (le), Comédie en un Acte, en vers, de *Bourfault*, repréfentée en 1661, imprimée en 1665, *in*-12. Elle eft tirée d'un canevas italien en trois Actes, ayant pour titre *Arlequino Medico volante*. L'Auteur la compofa dans fa premiere jeuneffe; *Beauchamps* ne parle point de cette Comédie. *Moliere*, dans les Provinces, faifoit jouer une Farce de e titre.

MÉDÉE (la), Tragédie, par *J. la Perufe*, imprimée d'abord avec les Poéfies de l'Auteur, à Poitiers, *in*-4°, fans date, par les foins de *la Borderier*; réimprimée à Paris, fur cette premiere édition, en 1573, *in*-16. *Scevol de Sainte-Marthe*, étant écolier en droit, à Poitiers, acheva cette Piece que *la Perufe* avoit laiffée imparfaite; mais elle ne fut pas mife au Théatre, non plus que *la Médée* attribuée à *Claude Binet*, en 1577.

MÉDÉE (la), Tragédie de *Corneille*, mife au Théatre en 1635, imprimée en 1639, *in*-4°. Il s'y trouve des beautés dignes de fon célebre Auteur. C'eft fa premiere Tragédie réguliere après laquelle il s'éleva toujours. Voyez *Marianne*, de *Triftan l'Hermite*.

V iv

MÉDÉE (la), Tragédie du Baron *de Longe-pierre*, mife au Théatre le 13 Février 1694, imprimée dans la même année, *in-*12 : affez bien faite, le Rôle principal intéreffant. Elle fut d'abord froidement reçue, mais enfuite elle fe releva & eut treize repréfentations : on la reprit le 25 Septembre 1728, & fut encore jouée treize fois. La demoifelle *Balicourt* y joua le Rôle de *Médée*, & y fut très-applaudie. Cette Piece eft reftée au Théatre, où on la donne fouvent, & où elle eft toujours vue avec plaifir.

MÉDÉE, Tragédie en trois Actes, en vers, de M. *Clément*, donnée le 20 Février 1779. Mademoifelle *Saint-Val* l'aînée qui rendit le Rôle principal, fut très-applaudie, ainfi que le premier Acte. L'Auteur retira fa Piece après la premiere repréfentation, pour y faire des changements.

MÉDISANT (le), Comédie en cinq Actes, en vers, de *Deftouches*, repréfentée le 20 Février 1715, imprimée dans la même année, *in-*12 ; elle eut quatorze repréfentations, avec beaucoup de fuccès. A la reprife de cette Piece le 18 Janvier 1730, *Marie-Anne d'Angeville*, âgée de quatorze ans, débuta avec beaucoup d'applaudiffements dans le Rôle de la Soubrette, & annonça dès-lors les talents fupérieurs qu'elle a fait voir depuis, & qui la font encore regretter tous les jours.

MÉDISANT (le), Comédie en trois Actes, en profe, de *Croquet*, non repréfentée, imprimée en 1736, *in-*12, dans les *Saturnales Françoifes*, avec les *Effets de la Prévention*, Comédie en un Acte, en profe; le *Triomphe de l'Amitié*,

Comédie en trois Actes, en profe, & *l'Inégal*, Comédie en un Acte, en profe ; toutes Pieces de cet Auteur qu'on trouvera placées à leurs lettres, pour être inftruit du temps de leurs re- préfentations.

MÉDUS, Tragédie de *Defchamps*, jouée fans être annoncée, le 12 Janvier 1739, imprimée en 1740, *in*-12. Cette précaution, & l'anonyme que garda pendant quelques jours l'Auteur, firent attribuer la Piece à différentes perfonnes. On la trouva paffable ; mais le cinquieme Acte ayant paru défectueux, elle feroit infailliblement tom- bée, fi les Comédiens n'euffent donné pour petite Piece ; à la feconde repréfentation, *le Somnambule*, qui foutint cette Tragédie fix jours de plus. *Defchamps* avoit commencé en 1722 la Tragédie de *Licurgue*, qu'il n'avoit achevée qu'en 1731 ; il la préfenta dans ce temps-là aux Co- médiens : on ignore le motif pour lequel elle n'a pas paru au Théatre.

MÉGARE, Tragédie de *Morand*, repréfentée le 19 Octobre 1748, pendant le voyage de Fontainebleau, quoique reçue pour n'être jouée qu'après le retour. Le tumulte fut fi grand au Parterre, qu'à peine fut-elle achevée. L'Auteur la fit fufpendre à la feconde repréfentation, pour y faire des changements. Elle fut affichée pen- dant plus de quinze jours inutilement ; & les voyages continuels des Acteurs à la Cour les ayant empêchés d'apprendre les corrections, la Piece fut remife à un autre temps, & il n'en a pas été queftion depuis. On la trouve impri- mée dans les Œuvres de l'Auteur, en 1751, *in*-12, chez *Jorry*.

MÉGERE AMOUREUSE (la), Comédie en un Acte, en vers, de *Raimond Poisson*, donnée en Juin 1668, imprimée en 1669, *in*-12; Farce dans le bas comique. On la trouve imprimée à la suite du *Poëte Basque*, du même Auteur.

MÉLANIDE, Comédie en cinq Actes, en vers, de *la Chaussée*, représentée le 12 Mai 1741, imprimée dans la même année, *in*-12, tirée du Roman intitulé: *Mademoiselle Bontemps*; elle eut un grand succès pendant seize représentations; la supériorité avec laquelle cette Piece fut jouée, ne contribua pas peu à sa réussite: restée au Théatre.

MÉLÉAGRE, Tragédie du B. *Boussy*, représentée en 1582, imprimée dans la même année, *in*-12: médiocre & mal écrite; elle fut jouée & imprimée à Caën.

MÉLÉAGRE, Tragédie d'*Alexandre Hardy*, donnée en 1604, imprimée en 1624, *in*-8°: passable pour le siecle. *Méléagre* tue ses deux oncles sur le Théatre.

MÉLÉAGRE (la Fatalité de), Tragi-Comédie de *Boissin de Gaillardon*, imprimée en 1618, *in*-4°, tirée, comme les précédentes, des *Métamorphoses d'Ovide*.

MÉLÉAGRE, Tragédie de *Benserade*, jouée en 1640, imprimée en 1641, *in*-4°; elle a bien des beautés de détail, & les caracteres sont bien soutenus.

MÉLÉAGRE, Tragédie dans le goût lyrique, par *Bourfault*, devoit être représentée devant le Roi, à Marly. *Lully* s'étoit engagé d'en faire la Musique; mais le secret qui avoit été exigé

ayant tranfpiré, le projet n'eut pas lieu; imprimée en 1624, *in*-12.

MÉLÉAGRE, Tragédie de la *Grange-
Chancel*, mife au Théatre le 18 Janvier 1699,
imprimée dans la même année, *in*-12; elle eut
dix repréfentations : le Rôle de *Déjanire* paffable, mais la verfification trop négligée.

MÉLICERTE, Paftorale héroïque, en deux
Actes, en vers, de *Moliere*, placée dans la quatrieme entrée du Ballet des *Mufes*, repréfentée
devant le Roi, à Saint-Germain-en-Laye, le
2 Décembre 1666, imprimée en 1682, *in*-12.
Ce qu'on a de cette Piece, fait bien regretter
que ce grand homme ne l'ait point achevée.
Guérin le fils ofa l'entreprendre : il tranfpofa
en vers lyriques & irréguliers les deux Actes
de *Moliere* en profe, en ajouta un troifieme,
y joignit des Intermedes, & mit cette Paftorale
au Théatre le 10 Janvier 1699; la comparaifon
n'eft pas en faveur de *Guérin*.

MELISSE (la), ou *Melize*, Tragédie, par
Durocher, en cinq Actes, en vers, avec des
Chœurs, précédée d'un Prologue du *Rien* qui
fe trouve dans les Œuvres de *Brufcambille des
Lauriers*. A en juger par ce dernier renfeignement, il paroît naturel de croire que cette Piece
eft la même que celle de *Meliffe*, placée avant
Melize qui eft indiquée par *Beauchamps*, anonyme & fans date. La différence qui s'y trouve,
c'eft que l'orthographe de la premiere marque
deux ſ, qu'elle eft dénommée Tragédie ; la
feconde, Paftorale comique : du refte celle-ci
eft une feconde édition de *Meliffe*, imprimée
en 1634, *in*-8°.

MELITE , ou *les fauſſes Lettres*, Comédie en cinq Actes, en vers, de *Corneille*, donnée en 1626, imprimée en 1629, *in-4°*. C'eſt la premiere Piece de ce grand homme , âgé pour lors de dix-neuf ans ; elle eut un ſi grand ſuccès, qu'elle donna lieu à l'établiſſement d'une ſeconde Troupe de Comédiens à Paris.

MÉNECHMES (les), Comédie en cinq Actes , en vers , par *Rotrou*, repréſentée en 1632 , imprimée en 1636, *in-4°*, imitée de *Plaute* : bonne pour le temps , mais le dénouement trop précipité.

MÉNECHMES (les)., Comédie en cinq Actes, en vers , précédée d'un Prologue, de *Regnard*, donnée le 4 Décembre 1705 ; elle eſt auſſi tirée de *Plaute* : très-comique. Elle eut ſeize repréſentations ; imprimée en 1707, *in-12* : reſtée au Théatre, où elle reparoît peut-être trop ſouvent ; le Prologue a été ſupprimé aux premieres repriſes.

MENTEUR (le), Comédie en cinq Actes , en vers, de *Corneille*, repréſentée à l'Hôtel de Bourgogne en 1642, imprimée en 1644, *in-4°*. Cette Piece eut le plus grand ſuccès , & donna le vrai ton de la bonne Comédie. M. *Collé* l'a retouchée il y a quelques années , & ſes corrections ont eu le ſuffrage des Amateurs.

MENTEUR (la ſuite du), Comédie en cinq Actes, en vers, par *Corneille*, donnée en 1643, imprimée en 1646, *in-4°*. Cette Piece eſt bien inférieure à la précédente. On y trouve cependant une belle tirade ſur la ſympathie. Elle eut peu de ſuccès dans ſa nouveauté ; mais à ſa repriſe, par les Comédiens du Marais, elle fut très-suivie. Dans les Provinces, elle. eut un long succès.

MENTEURS QUI NE MENTENT POINT (les), ou les *Nicandre*, par *Bourfault*, Comédie en cinq Aâes, en vers, mife au Théatre en 1664, imprimée en 1665, *in*-12. Cette Piece fut réduite depuis en trois Aâes; jouée & imprimée avec cette réduâion; mais cette feconde édition fe trouva fi rare, que l'Editeur des *Œuvres de Bourfault* n'ayant pu la trouver, fut forcé de faire réimprimer la Piece telle qu'elle étoit alors, en cinq Aâes. Cette Comédie eft à-peu-près le même fujet que celui des *Ménechmes* de *Regnard*; mais il s'en faut bien que *Bourfault* l'ait auffi-bien rendue que l'Auteur l'a fait depuis.

MÉPRISE (la), Comédie en un Aâe, en profe, précédée d'un Prologue, par *Audierne*, jouée le 14 Novembre 1739, retirée après la premiere repréfentation, ainfi que les petites Pieces du *Mari égaré* & de *la Suivante défintéreffée* du même Auteur.

MÉPRISES (les), Comédie en un Aâe, en vers, de M. *Rouffeau*, repréfentée le 25 Avril 1754, imprimée dans la même année, *in*-12. On trouva dans cette Piece des traits ingénieux & des fituations d'un vrai comique': un peu plus de vraifemblance dans le caraâere de *Finette*, auroit rendu le fuccès plus grand; elle fut jouée dix fois avec applaudiffements.

MÉPRISES (les), ou *le Rival par reffemblance*, Comédie en cinq Aâes, en vers, de M. *Paliffot*, mife au Théatre le 7 Juin 1762: elle n'eft pas fans intérêt; l'Auteur la retira après la premiere repréſentation, pour y faire quelques changemens ; elle a été imprimée depuis ſous le titre du *Rival par reſſemblance.*

MERCIER INVENTIL (le), Comédie-Paſtorale en cinq Actes, en vers, par M. ***, jouée à Troyes en 1632, imprimée en cette Ville dans la même année.

MERCURE GALANT (le), par *Bourſault.* Voyez *Comédie ſans titre.*

MERE COQUETTE (la), ou *les Amants brouillés* , Comédie en trois Actes, en vers, de *Viſé*, repréſentée le 24 Octobre 1665, imprimée en 1666, *in*-12 ; elle eut d'abord du ſuccès, & tomba dans la ſuite. Si l'on s'en rapporte à *du Lorret*, elle fut plus ſuivie à la dix-huitieme repréſentation qu'à la premiere , & s'eſt ſoutenue plus long-temps ſur le Théatre du Palais Royal, que celle de *Quinault* du même titre, ſur celui de l'Hôtel de Bourgogne ; mais ce fait prétendu eſt conteſté avec raiſon.

MERE COQUETTE (la), Comédie en cinq Actes, en vers, par *Quinault*, jouée le 15 Octobre 1665, à l'Hôtel de Bourgogne, imprimée dans la même année, *in*-12. Cette Piece a toujours été regardée comme une des meilleures pour l'intrigue qui ſoit au Théatre ; elle eut bien plus de ſuccès à ſa repriſe que dans ſa nouveauté. On la donne aſſez ſouvent, & elle eſt toujours revue avec le même plaiſir. M. *Collé* l'a retouchée il y a pluſieurs années, & ſes corrections ont été fort applaudies. Il reſte cependant toujours à deſirer pour le dénouement.

MERE JALOUSE (la), Comédie en trois Actes, en vers, de M. *Barthe*, donnée le 23

Décembre 1771. L'Auteur la retira après la cinquieme représentation, pour y faire des changements. Elle mérite d'être reprise, étant d'un très-bon comique.

MERE RIDICULE (la), Comédie en un Acte, par un Anonyme, représentée après la Tragédie de *Bellorophon*, le 8 Mai 1684 ; elle n'eut que cinq représentations : non imprimée. Cette Piece n'est connue que par les regiftres de la Comédie Françoife.

MERLIN (les Amours de), Comédie jouée & imprimée à Rouen en 1691, *in*-12. Cette Piece est de *Rofidor*, Comédien alors dans la Troupe de cette Ville. Elle est aussi mauvaife que mal verfifiée.

MERLIN DÉSERTEUR, Comédie en un Acte, en profe, de *Dancourt*, donnée après la Tragédie de *Polyeucte*, le 28 Août 1690. Elle eut onze représentations, & fit un grand plaifir par fon plaifant comique. Il eft fingulier que cette Piece ne foit pas imprimée dans les Œuvres de l'Auteur. Cela feroit foupçonner que *Dancourt* n'en a été que le prête-nom.

MERLIN DRAGON, ou *la Dragonne*, Comédie en un Acte, en proverbes, par *Defmares*, représentée le 26 Avril 1686, imprimée en 1696, *in*-12 : foible par l'invention, mais d'un comique plaifant. Cette Piece est infailliblement la même que la *Dragonne*, ou *Merlin Dragon*, comme l'indique *Beauchamps*. On auroit dû dire à l'article *Dragonne*, où il en eft parlé, que l'année marquée pour la représentation de cette Comédie ne doit être confidérée que comme une de fes reprifes à l'armée. On doit ajouter

ici que *Desmares* eſt le premier qui ait introduit
ſur la Scene le perſonnage de *Merlin* qui, depuis, eſt venu ſi fort à la mode. Voyez *Dragonne.*

MERLIN GASCON, Comédie en un Acte,
en proſe, par *Raiſin* l'aîné, jouée le 7 Octobre
1690, non imprimée; elle eſt plaiſante, & fut
jouée treize fois avec ſuccès. A ſa repriſe, le
29 Avril de l'année ſuivante, elle eut encore
huit repréſentations.

MERLIN PEINTRE, Comédie en un Acte,
en proſe, de *la Thuillerie*, miſe au Théatre
le 20 Juillet 1687, après la Tragédie d'*Andromaque.* La Piece eſt médiocre, mais aſſez bien
intriguée.

MÉROPE, Tragédie Italienne du Marquis
de *Maffey*, traduite en François & en beaucoup
d'autres Langues, non repréſentée, imprimée
à Paris en 1710, *in-12*, & dans preſque tous
les pays étrangers. Il eſt peu de Pieces qui aient
produit un auſſi grand nombre d'éditions que
celle-ci.

MÉROPE, Tragédie de *Voltaire*, miſe au
Théatre le 20 Février 1743, imprimée en 1744,
in-8°. Cette Piece fut reçue avec tranſport
pendant quinze repréſentations de ſuite. On fit
à l'Auteur un honneur inoui juſqu'alors, dont
on a bien abuſé depuis. On demanda à le voir
à la fin de la Piece. Il étoit dans une Loge.
Il héſita de ſe montrer; mais Madame la Marquiſe *du Châtelet*, à côté de laquelle il étoit,
touchée de l'empreſſement flatteur que le Public
montroit, le lui préſenta : alors les acclama-
tions redoublerent & durerent long-temps. A
la

la reprise du 3 Février de l'année suivante, cette belle Tragédie fut encore donnée quatorze fois ; Mademoiselle *Dumesnil*, qui joua le Rôle de *Mérope*, le rendit supérieurement ; Mademoiselle *Sainval* l'aînée, qui lui a succédé, l'a rempli depuis avec les mêmes applaudissemens. Le Public ne se console pas actuellement de sa retraite.

MÉROPE, Tragédie, par M. *Clément*, non représentée, imprimée en 1749, *in*-12. On lit dans la Préface qui est en tête de cette Piece, que l'Auteur l'avoit présentée aux Comédiens avant celle de *Voltaire*. Dans celle-ci la conduite est bien différente, l'amour y regne avec art dans une Episode ; dans la premiere, il est étranger ; le pathétique du sein de la nature attendrit & remue tous les cœurs.

MÉROUE, Tragédie avec des Chœurs, par *Cl. Billard*, représentée en 1607, imprimée en 1610, *in*-8° ; elle n'est pas sans beautés, & passable pour le temps.

MÉTAMORPHOSE AMOUREUSE (la), Comédie en trois Actes, en prose, de *Legrand*, donnée le 6 Juillet 1712, imprimée dans la même année, *in*-12 ; elle eut onze représentations divertissante, mais d'un comique trop bas : restée au Théatre, où elle n'a pas reparu depuis long temps.

MÉTEMPSYCOSE DES AMOURS, ou *les Dieux Comédiens*, Comédie en trois Actes, en vers libres, avec trois Divertissemens, dont la Musique est de *Mouret*, par *Dancourt*, jouée le 17 Décembre 1717, imprimée en 1718, *in*-12 : Piece ingénieuse & dans un goût nouveau ; elle eut dix représentations : elle fut précédée d'un

Tome I. X

Prologue en vers libres qui fut affez applaudi.

MÉTEMPSYCOSE (la), Comédie en trois Actes, en vers libres, avec un Prologue entre *Momus* & *Pythagore*, par *Yon* ; mife au Théatre le 15 Mai 1752, imprimée en 1753, *in*-12. Cette Piece penfa tomber à la premiere repréfentation ; mais la perfection avec laquelle Mademoifelle *Dangeville* joua la derniere Scene, la foutint, & en fit continuer les repréfentations : à la feconde, le Prologue fut fupprimé ; & à la troifieme, elle fut réduite en un Acte. Elle fut reprife au commencement de l'année fuivante.

MÉTROMANIE (la), Comédie en cinq Actes, en vers, de *Piron*, mife au Théatre le 10 Janvier 1738, imprimée en 1741, *in*-12 : ingénieufe, charmante, & d'un bon comique toujours tiré du fond du fujet. Les Poéfies de *Desforges Maillard*, imprimées dans le *Mercure*, fous le nom de Mademoifelle *Malerais de la Vigne*, ont fourni, ou pour mieux dire, donné l'idée de cette excellente Piece. Elle fut parfaitement jouée ; *Sarrafin* fut admirable dans le Rôle du Capitoul ; elle eut vingt-trois repréfentations de fuite : reftée au Théatre, où elle eft fouvent reprife avec applaudiffement.

MEURTRE D'ABEL PAR CAÏN (le), Tragédie, par *le Coq*, fans diftinction d'Actes ni de Scenes, repréfentée en 1580, imprimée dans la même année, *in*-12. Voyez le Tome II des *Recherches des Théatres*, par *Beauchamps*, page 464, où le titre de cette Piece ancienne fe trouve en entier, ainfi que les noms des perfonnages figurants dans cette Tragédie.

MILAS, Tragi-Comédie-Paſtorale, en cinq Actes, en vers, avec des Chœurs, par *Baſſe-court*, non repréſentée, pour concourir au Prix de Poéſie accordé tous les ans dans la ville de *Douay*, le 15 d'Août, jour de la Vierge, à celui qui faiſoit le mieux des vers. Ce Prix conſiſte en une couronne & un chapeau d'argent.

MILITAIRES (l'Ecole des jeunes), Comédie en cinq Actes, en vers, du Jéſuite *du Rivet*, repréſentée au College, en 1748.

MINOS, ou l'*Empire ſouterrein*, Comédie en un Acte, en proſe, de M. *Simon*, jouée en ſociété en 1740, imprimée en 1741. Cette Piece, dit-on, n'eſt pas ſans mérite.

MIRAME, Tragi-Comédie de *Deſmarets*, repréſentée en 1639, imprimée dans la même année, *in-folio* : médiocre. L'opinion générale de ce temps-là étoit que le Cardinal *de Richelieu* y avoit travaillé. *Fontenelle* avance dans la vie de *Corneille*, que la repréſentation de cette Piece coûta à ce fameux Miniſtre 200,000 écus, & peut être plus. C'eſt par cette Tragédie que l'on fit l'ouverture du Théatre du *Palais Cardinal*; elle ne réuſſit pas ; la faute en fut rejetée ſur les Acteurs, par *Deſmarets*. On en donna une ſeconde repréſentation; mais l'on mit au Parterre une ſi nombreuſe cabale, qu'elle eut une pleine réuſſite : ce que le Cardinal attribua, dit-on, à la bonté de la Piece.

MIROIR DE L'UNION BELGIQUE (le), Tragi-Comédie par *Antoine Lancel*, repréſentée à Amſterdam en 1603, imprimée dans la même Ville, l'année ſuivante, *in-8°*. C'eſt une allégorie ſur l'état des Provinces-Unies de ce temps-là

M I R O I R D E S V E U V E S (le), Comédie par *le Heins*, jouée en 1595, imprimée l'année fuivante, *in*-4°. Voyez *Beauchamps*, dans fes *Recherches*.

M I R T I L, *Bergerie d'Ifab lle Ai driné*, par *Abradan*, donnée en 1602, imprimée dans la méme année, *in*-16 : Piece fort peu connue.

M I R T I L E T M É L I C E R T E , par *Guérin*. Voyez *Mélicerte*.

M I S A N T H R O P E (le), Comédie en cinq Actes, en vers, de *Moliere*, jouée le 4 Juin 1666, imprimée en 1667, *in*-12 : chef-d'œuvre dont les nuances étoient trop fines pour des Spectateurs accoutumés à des couleurs plus fortes. Cette belle Piece eut un foible fuccès à la premiere repréfentation ; elle en eut encore moins dans les fuivantes : après la quatrieme, l'Auteur la retira. Il la remit au Théatre un mois après, avec le *Médecin malgré lui*. Elle fut alors écoutée : on rougit d'avoir héfité à lui rendre la juftice qui lui étoit due ; elle fut trouvée inimitable : la farce qui avoit opéré cette incroyable révolution, fut retirée, & le *Mifanthrope* fut joué pendant plus de trois mois, & dans la fuite on ne fe laffa pas de revoir un Ouvrage auffi parfait.

M I S A I L L E A T A U N Y (la), attribuée à *Drouhet*, & non *Droutet*, ni *Doutet*, comme l'écrivent *Maupoint* & d'autres Ecrivains modernes. C'eft une Comédie Poitevine en cinq Actes, en vers, jouée & imprimée à Poitiers, en 1661, *in*-12, avec l'explication des mots en Poitevin, pour la fatisfaction du Lecteur. Le fujet de cette Piece eft férieux. C'eft une gageure entre un Apothicaire Proteftant & un Maréchal Catholique : le premier prétend que l'on ne peut fe fauver fans la foi ; le fecond, fans les bonnes œuvres : le Confiftoire condamna l'Apothicaire.

MISOGINE, ou *la Comédie fans Femme.*, Comédie par *Laurent de Bordeion*, non repréfentée, imprimée en 1710, *in-12*, dans une Nouvelle hiftorique, allégorique, intitulée : *Poiffon, Comédien aux Champs Elifes.* Cette Piece eft précédée d'un Prologue-Épifode, &c.

MITHRIDATE (la Mort de), Tragédie de *la Culprnede*, donnée en 1635, imprimée en 1637, *in-4°* : paffable pour le temps. C'eft le coup d'eflai de l'Auteur, qui étoit alors Cadet aux Gardes lorfqu'il la compofa; elle eut affez de fuccès. *Maupoint*, dans fa *Bibliotheque des Theatres*, indique une Tragédie de *Mithridate*, par *Scudery*, mais il s'eft mépris. *Beauchamps*, qui eft venu après lui, n'en parle point dans fes *Recherches*, ni aucun autre Hiftorien des Théatres.

. MITHRIDATE, Tragédie de *Racine*, mife au Théatre en Janvier 1673, imprimée dans la même année, *in-12*. Le caractere principal eft foutenu avec autant de force que de dignité : celui de *Monime* n'eft pas moins admirable. Cette Piece eft un des chefs-d'œuvre de fon illuftre Auteur, & c'eft une de celles qui a eu le plus conftant fuccès.

MŒURS (l'Ecole des), ou *Rofimond*, Tragi-Comédie du Jéfuite *Utonnet*, mife au Théatre du grand College de Lyon, au mois de Mai 1750, non imprimée.

MŒURS DU TEMPS (les), par *Saint-Yon.* Voyez *Façons du Temps.*

MŒURS DU TEMPS (les), Comédie

en un Acte, en profe, de M. *Saurin*, jouée le 22 Décembre 1760, imprimée en 1761; elle eut beaucoup de fuccès : reftée au Théatre, où elle fait toujours le même plaifir à fes reprifes.

MOINES (les), Comédie en trois petits Actes, en vers libres, par l'Abbé de *Villiers*, non repréfentée, imprimée en 1616, *in*-12 : il s'y trouve un Chœur de Moines, & ce qui eft de plus fingulier, c'eft que la Scene fe paffe dans les Caſernes de *Monaco*. Cette Piece eft affez plate.

MOLIERE (l'Ombre de), Comédie en un Acte, en profe, précédée d'un Prologue, par *Brecourt*, repréfentée en 1674, imprimée dans la même année, *in*-12. Voyez *Fragments de Moliere*.

MOLIERE, COMÉDIEN AUX CHAMPS ELISÉES, Comédie de *Bordelon* non repréfentée, imprimée en 1694, *in*-12; Nouvelle hiftorique, allégorique, dans laquélle fe trouve la *Loterie de Scapin*, Comédie en cinq Actes, en profe. On a encore du même Auteur, la *Baguette*, Comédie, imprimée dans une Nouvelle, intitulée : *Arlequin, Comédien aux Champs Eliſées*, des Scenes de *Clam* & de *Coram*, des *Grands* & des *Petits*, des Scenes Françoifes, & *Monfieur de Mort-en-trouſſe*, Comédie en un Acte, en profe, de *Miſogine*, ou *la Comédie fans Femme*. On attribue encore à ce même *Bordelon*, plufieurs Pieces pour le Théatre François & Italien, qui ont paru fous le nom du Comédien de *la Thuillerie*.

MOMUS APOLLON, Comédie en un Acte, en vers libres, par l'Abbé *Pélegrin*, mife au Théatre fous le nom de fon frere le Chevalier, en 1733 : elle ne réuffit pas. Je ne l'ai point trouvée infcrite dans les Regiftres de la Comédie; aucun Ecrivain du Théatre n'en a parlé.

MOMUS FABULISTE, ou *les Noces de Vulcain*, Comédie en un Acte, en profe, par *Fuzelier*, fuivie d'un Divertiffement, dont la Mufique eft de *Quinault*, mife au Théatre le 26 Septembre 1719 ; elle eut trente repréfentations & la plus belle réuffite. C'eft une critique fine & délicate des Fables de *la Motte*. L'Auteur garda l'anonyme jufqu'à la vingtieme repréfentation, malgré les applaudiffements continuels qu'on donnoit à fa Piece : la raifon qu'il en donne dans fa Préface, eft bien fenfée ; il feroit à defirer qu'un exemple auffi fage que modefte fût fouvent imité. Cette Piece a toujours été reprife avec fuccès. L'Auteur y a fait depuis plufieurs changements qui ont été applaudis. Elle a été traduite en Anglois, & a eu plus de fix éditions. Il eft bien étonnant que cette Comédie reftée au Théatre, n'y reparoiffe plus.

MOMUS PHILOSOPHE, Comédie en un Acte, en vers libres, de *Boulanger de Rivery*, non repréfentée, imprimée à Amfterdam, en 1750, *in*-12; on la trouve à Paris, chez la Veuve *Duchefne*.

MONARQUE (le), Comédie en cinq Actes, en vers de cinq pieds, précédée d'un Prologue, fans diftinction d'Actes ni de Scenes, de *F. Habert*, donnée en 1558, imprimée dans la même année, *in*-8°. C'eft une moralité plutôt qu'une Comédie.

MONDE (le), *Tragédie de la naiffance, ou création du Monde, où fe voient de belles defcriptions des animaux, poiffons, oifeaux*, &c. C'eft le titre, par *V. Touflain*, non repréfentée, imprimée fans date, *in-8°*, à Rouen, chez *Abraham Couturier*.

MONDE DES CORNUS (le), *Comédie en vers & en profe, où, par des difcours plaifants & agréables, eft amplement traité de l'origine des Cornes* : c'eft le titre, de *F. C. T. Chapuis*, fils, neveu ou coufin. Outre l'*Avare Cornu*, Comédie placée à fa lettre, *Chapuis* eft encore l'Auteur d'une Piece intitulée le *Monde Cornu*, différente de celle qui fait le fujet de cet article. Cette Piece a été imprimée, comme la précédente, fans date, fans nom de Ville ni de Libraire, avec un Avis au Lecteur.

MONDE QUI TOURNE LE DOS A CHACUN (le), Moralité, par *Jean d'Abundance*, Bafochien, imprimée à Lyon, *in-8°* : fans date, & jouée fans doute dans cette Ville.

MONSIEUR DE MORT-EN-TROUSSE, par *Bordelon*, Voyez *Moliere*, *Comédien aux Champs Elifées*.

MONTÉZUME, Tragédie de *Ferrier*, repréfentée le 14 Février 1702, non imprimée; elle n'eut que cinq repréfentations. C'eft la derniere Piece de l'Auteur : froide, & médiocre en tout point.

MONTGOMERY, Tragédie de *Gerland*, donnée en 1573 : manufcrit où font contenus, par brieves narrations, tous les troubles de France, depuis la mort de Henri II jufqu'en 1566. C'eft de *Duverdier* que l'on a tiré le titre de cette Piece manufcrite.

MONTMOUTH (le Duc de), Tragédie, par *Warnevick*, non repréfentée, imprimée à

Leyden, en Hollande, en 1702, à la fuite d'un Recueil des Œuvres de *la Fontaine*.

MORFONDU (le), Comédie en cinq Actes, en profe, de *P. Larrivey*, jouée en 1578, imprimée en 1597, *in-12* : comique & bonne pour le temps ; on n'a pu indiquer ici que la feconde édition.

MORT D'ADAM (la), Tragédie en cinq Actes, en profe, de *Clopſtock*, traduite de l'Allemand, par M. l'Abbé *Roman* ; jouée en fociété, imprimée à Paris en 1762.

MORT D'ALCIDE (la), Tragédie, par *Dancourt*, mife au Théatre le 17 Octobre 1705 ; elle eut fix repréfentations, imprimée dans la même année, *in-12*, fans nom d'Auteur ; ce qui fait préfumer que *Dancourt* n'en eſt que le prête-nom, le tragique n'étant point de fon genre, & cette Piece ne fe trouvant dans aucune des éditions des Œuvres de ce Poëte Comique. M. le Duc *de la Valliere* a, dit-on, dans fa Bibliotheque, un exemplaire de cette Tragédie.

MORT D'ALEXANDRE (la), par *Louvet*. Voyez *Alexandre*, à l'A.

MORT DE CÉSAR (la), Tragédie de *Jean Gaberot*, Prêtre du Diocèfe de Tours, imprimée en 1640, *in-12*. Je n'ai point d'autorité qui prouve qu'elle ait été repréfentée.

MORT BURLESQUE DU MAUVAIS RICHE (la), Tragédie, par *des Ifles-le-Bas*, mife au Théatre de Rouen en 1700, imprimée dans la même Ville, *in-12* : Farce d'un bas comique qui a pu réuffir dans les Provinces.

MORT VIVANT (le), Comédie en un Acte, en vers, de *Bourfault*, repréfentée en

1662, imprimée dans la même année, *in-12* : ennuyeuſe ; quoique bien écrite : l'Auteur étoit fort jeune quand il la compoſa.

MORTS VIVANTS (les), Tragi-Comédie de *Douville* , donnée en 1645 , imprimée en 1646, *in-4°* : paſſable, mais chargée de trop d'incidents, & mal verſifiée.

MOTS A LA MODE (les), Comédie en un Acte, en vers, de *Bourſault* , jouée le 19 Août 1694, imprimée dans la même année, *in-12* : une brochure portant le même titre fournit à l'Auteur l'idée de cette petite Piece ; elle plut par la critique ſur le ridicule des manieres affectées de parler de ce temps-là , ſur-tout dans la haute & riche Bourgeoiſie : elle fut jouée ſeize fois.

MOULIN DE JAVELLE (le), Comédie en un Acte , en proſe, de *Dancourt* , miſe au Théatre le 7 Juillet 1696 , imprimée dans la même année, *in-12* ; elle fut ſuivie d'un Diver-tiſſement, dont la Muſique eſt de *Gilliers* ; elle eſt très-plaiſante, & eſt écrite avec autant de gaieté que de légéreté ; elle eut vingt-huit repréſentations qui furent ſuivies : reſtée au Théatre , où elle n'a reparu depuis long temps.

MUET INSENSÉ (le), Comédie en cinq Actes , en vers de quatre pieds, par *P. le Loyer* , donnée en 1575, imprimée en 1579, *in-12*, Paris, *J. Poupy* ; & en 1676, Paris, *Langelier* : elle eſt aſſez plaiſante & bonne pour le ſiecle.

MUET (le), Comédie en cinq Actes , en proſe, par l'Abbé *Brueys* , jouée le 22 Juin 1691, imprimée dans la même année, *in-12* : cette Piece eſt tirée de l'*Eunuque de Térence*. *Palaprat* y a auffi travaillé; elle eft bien faite, écrite légérement; elle fut donnée onze fois avec fuccès, & eft reftée au Théatre, où elle reparoît rarement.

MUET PAR AMOUR (le), Comédie en un Acte, en vers, par M. *d'Aliot*, repréfentée le 20 Octobre 1751, non imprimée : cette Piece a été compofée à l'occafion de la naiffance de M. le Duc *de Bourgogne*, & n'a été jouée qu'une fois pendant le voyage de Fontainebleau.

MUSES RIVALES (les), Comédie en un acte, en vers libres, par M. *de la Harpe*, donnée le premier Février 1779 : elle eut feize repréfentations; l'Auteur garda pendant quelques jours l'anonyme. Cette Piece, qui eft une apothéofe délicate du célebre *Voltaire*, lui a fait infiniment d'honneur.

MUSTAPHA, par *Mairet*. Voyez *Soliman*.

MUSTAPHA ET ZÉANGIR, Tragédie de *Belin*, donnée le 20 Janvier 1705, imprimée dans la même année, *in-12*; elle fut jouée feize fois; elle dut fa réuffite à l'opinion répandue que Madame la Ducheffe *de Bouillon* y avoit travaillé : cette Piece eft cependant affez foible; à la reprife du 2 Mai de la même année, à peine fontint-elle une repréfentation. Cette Piece eft tirée du Roman de Mademoifelle *de Scudéry*, intitulée: *l'illuftre Baffa*.

MUSTAPHA ET ZÉANGIR, Tragédie par M. *de Champfort*, donnée le Lundi 15 Décembre 1777, fuivie de la *Métamorphofe amoureufe* : elle eut quinze repréfentations. Cette Piece eft remplie de beautés, & eut un fuccès mérité. Madame *Veftris* rendit fon Rôle avec la plus grande fupériorité ; reftée au Théatre ; on en attend une reprife avec impatience.

MUSULMAN, Comédie en un Acte, par *Fagon*, non repréfentée ; elle devoit l'être fans un obftacle imprévu. On la trouve imprimée dans les Œuvres de l'Auteur, premier volume, en 1750.

N A I

N'AILLE AU BOIS, QUI A PEUR DES FEUILLES, Comédie en un Acte, en profe, de Madame *Durand*, non reprélentée, imprimée en 1699, *in-12* : elle eft affez bien dialoguée en proverbes. Elle fe trouve dans les deux premiers tomes du *Voyage de Campagne*, de la Comteffe de *Murat*, avec les Pieces fuivantes, toutes en un Acte ; favoir : *Tel Maître, tel Va.et ; A bon Chat, bon Rat ; On ne reconnoît pas le vin au cercle; Qui court après deux Lievres, n'en prend point; Pour un plaifir, mille douleurs ; Il n'eft point de belles prifons & de laides amours ; Les jours fe fuivent & ne fe reffemblent pas ; A laver la tête d'un âne, on perd fa leffive ; Bonne renommée vaut mieux que ceinture dorée ; Oifiveté eft mere de tout vice.*

NAISSANCE DE JESUS EN BÉTHLÉEM, Piece Paftorale, avec l'*Adoration des Bergers*, & *la Defcente de l'Archange Saint Michel aux Lymbes*, dédiée aux ames dévotes & à l'Enfant Jefus, par *C.. Matey*. Cette Piece fut repréfentée par les Confreres de la Paffion en 1628, imprimée en 1629, *in-folio* ; elle eft reftée long-temps manufcrite.

NAMIR, Tragédie par M. le Marquis de

Thibouville, repréſentée le 12 Novembre 1759 : le tapage fut ſi grand au Parterre, qu'elle ne fut pas achevée. Cette Piece renfermoit cependant bien des beautés : elle eſt tirée de l'Hiſtóire des Maures ; le ſujet eſt à-peu-près le même que celui de *Zaïde*.

NANINE, Comédie en trois Actes, en vers de dix ſyllabes, par *Voltaire*, jouée le 16 Juin 1749, imprimée dans la même année, *in*-12 : touchante & comique : elle fut donnée douze fois avec ſuccès. Le ſujet eſt tiré du Roman de *Paméla*. Il n'y a que cette Piece & celle de l'*Enfant Prodigue* du même Auteur, qui, depuis *Corneille*, aient été faites en vers de dix ſyllabes. Elle eſt reſtée au Théatre, où elle eſt revue ſouvent & avec le même plaiſir.

NAPOLITAINES (les), Comédie Françoiſe, fort facétieuſe, ſur le ſujet de l'hiſtoire d'une Eſpagnole avec un Pariſien, ſous le nom de *Thierry Timophile*, Gentilhomme Picard, par *Adrien d'Amboiſe*, jouée en 1683, imprimée en 1584, *in*-8° : Piece très-rare. *La Croix du Maine* dit que le même Auteur a fait encore trois Tragédies & quatre Comédies, mais il n'en donne point les titres.

NARCISSE, ou l'*Amant de lui-même*, Comédie en un acte, en proſe, de *J.-J. Rouſſeau*, repréſentée le 18 Décembre 1752. L'Auteur la retira après la ſeconde repréſentation, l'ayant jugée lui-même bien plus ſévérement que le Public ; imprimée en 1753, *in*-8°, avec une longue Préface fort étrangere à la Piece. Voyez la quatrieme Feuille de *Fréron*, année 1753.

NATHALIE, ou *la Générosité chrétienne*, Tragédie de *Mont-Gaudier*, représentée en 1654, imprimée en 1657, *in-12* : Piece très-peu connue.

NAUFRAGE (le), ou *la Pompe funebre de Crispin*, Comédie en un Acte, en vers, de *la Fontaine*, mise au Théâtre le 14 Juin 1710, imprimée dans la même année, *in-12* ; elle eut treize représentations ; elle fut suivie d'un joli Divertissement, dont la Musique est de *Gilliers* : restée au Théâtre, où elle est reprise assez souvent.

NÉGLIGENT (le), Comédie en cinq Actes, en prose, de *Dufresny*, jouée le 27 Février 1692, précédée d'un Prologue, imprimée en 1728, *in-12* ; elle eut neuf représentations : le Dialogue en est spirituel & agréable. Elle a été reprise plusieurs fois ; il y a très-long-temps qu'elle ne l'a été.

NÉGOCIANT (le), ou *le Bienfait rendu*, Comédie en cinq Actes, en vers, par M. *Dampierre*, jouée le 22 Avril 1763, fut applaudie ; mais l'Auteur la retira pour y faire des corrections.

NÉGROMANT (le), Comédie en cinq Actes, en prose, par *J. de la Taille*, précédée d'un Prologue, donnée & imprimée en 1573, *in-8°*. Cette Piece est tirée de l'Arioste, & assez bonne pour le temps.

NÉON, Tragédie chrétienne du Jésuite *Moreau*, jouée & imprimée à Lyon, en 1705, *in-12* : médiocre ; l'édition est remplie de fautes.

NÉPHÉLOCOCUGIE (la), ou *la Nuée des*

Cocus, Comédie imitée d'*Arifophane*, fans diftinction d'Actes ni de Scenes, où fe trouvent, pour y fuppléer, *Strophes*, *Anti-frophes*, *Odes*, *Epodes*, *Syflèmes entrecoupés de Pirrheme*, *Anti-Pirrhemes*, *Aléoftrophes*, *Paufes*, *Parabazes* : c'eft le titre : par *le Loyer*, donnée & impri-mée en 1576, *in-8°*, & en 1579, *in-12*; elle a été fauffement attribuée à *P. Larrivey*.

NÉRON, Tragédie, par *Guy de Saint-Paul*, mife au Théatre du College Dupleffis, en 1574, non imprimée. On le croit encore Au-teur d'une Tragédie & d'une Paftorale de fon invention, mais on n'en dit pas les titres.

NÉRON (la Mort de), Tragédie de *Pechantré*, mife au Théatre le 11 Février 1703, imprimée dans la même année, *in-12*. C'eft le dernier Ouvrage de l'Auteur. Malgré les défauts reprochés à cette Piece, elle a quel-ques bonnes Scenes. On l'a fauffement attribuée à *Béliard*. *Beauchamps* donne encore à *Pechantré*, outre les Poëmes Dramatiques qu'on fait être de lui, *Jofeph vendu par fes freres*, & *le Sacrifice d'Abraham*, deux Tragédies qu'on a plufieurs fois repréfentées aux Colleges.

NIAIS DE SOLOGNE (le), Comédie en un Acte, en profe, de *Raifin*, l'aîné, don-née le 3 Juin 1686, après la Tragédie d'*Hé-raclius*. Elle fut jouée fix fois, non impri-mée.

NICOLAS (l'Election divine de Saint) à *l'Archevêché de Myre*, ou *Synode Epifcopal*, Tragédie en trois Actes, en vers, avec un Prologue & trois Intermedes, par *Nicolas Soret*, repréfentée dans l'Eglife de S. Antoine

de Rheims , par des Ecoliers , le 9 Mai 1624 ,
imprimée dans la même année , *in-*8° , avec
un Sommaire de la vie de ce Saint.

NICOMEDE , Tragédie de *Corneille* , mise
au Théatre en 1652 , imprimée dans la même
année , *in-*4°. Le Rôle principal est hardi. On
la reprend de temps en temps ; elle ne l'a cependant point été depuis plusieurs années.
Joly , dans son Avertissement des Poëmes
Dramatiques de *Corneille* , dit que la liberté
qui fut accordée aux Princes dans le temps
qu'on jouoit *Nicomede* , augmenta le succès de
cette Tragédie , ainsi que quelques vers qui
donnerent matiere à une application. Cette
remarque paroîtra bien singuliere , quand on
se rappellera que l'époque de la liberté de ces
Princes est de 1641 , & que cette Piece n'a
été jouée qu'onze ans après.

NIECES (les deux) , ou *la Confidente d'elle-
même* , Comédie en cinq Actes , en vers , de
Boissy , représentée , sans être annoncée , le 24
Janvier 1737 , imprimée dans la même année ,
*in-*8°. Cette Piece , écrite légérement , fut applaudie pendant dix représentations , & a été
souvent reprise depuis ; mais il paroît qu'elle
est maintenant totalement oubliée.

NIOBÉ , Tragédie de *Jacques de la Taille* ,
jouée en 1575 , non imprimée : l'Auteur mourut
à vingt ans , de la peste ; ce qui prouve qu'il
étoit bien jeune , puisqu'il composa , avant sa
mort , sept Pieces , dont nous n'avons d'imprimées que *Darie* & *Alexandre.*

NIOBÉ , ou *la fin tragique de Niobé* , ou
des Amours de son fils Tantale & d'Eriphile ,
Tragédie

Tragédie en cinq Actes, avec des Chœurs, par Freucie, donnée en 1629, imprimée en 1632, in-8°, dans le Recueil des Œuvres Poétiques de l'Auteur.

NITHÉTIS, Tragédie de Madame de Ville-dieu, représentée le 27 Avril 1663, imprimée en 1664, in-12; elle est médiocre & d'une ver-sification profaïque : la Muse Historique de Dulonet en fait cependant l'éloge.

NITHÉTIS, Tragédie par Danchet, mise au Théatre le 11 Février 1723, imprimée en 1724; elle est assez intéressante, mais bien foiblement écrite; elle eut cependant treize repréfentations, & dans fa reprise du 7 Janvier de l'année suivante, les corrections qu'il y fit, en produifirent encore douze.

NITOCRIS, Reine de Babylone; Tragédie du P. du Ryer, représentée en 1649, imprimée en 1650, in-8°. Cette Piece est fans action, elle roule uniquement fur l'incertitude où fe trouve la Reine de fuivre les mouvements de fon cœur ; elle renferme une fituation bien intéressante dans la fixieme Scene du fecond Acte.

NITOCRIS, Tragédie donnée le 10 Mars 1683; elle eut cinq repréfentations, non im-primée. Cette Piece est d'un Anonyme, & n'est connue que par les regiftres du Théatre Fran-çois.

NOBLES DE PROVINCE (les), Comédie en cinq Actes, en vers, par Hauteroche, jouée le 25 Janvier 1678, imprimée dans la même année, in-12; elle n'eut aucun fuccès : excepté quelques bonnes Scenes, elle est fort médiocre.

Tome I.   Y

NOCE PASTORALE (la), Piece en vers, en un Acte, d'un Anonyme, repréfentée en 1595, imprimée avec des Eftampes dans la même année, *in*-12, paffable pour le fiecle.

NOCE DE VILLAGE (la), Comédie en un Acte, en vers, de *Brecourt*, jouée en 1666, imprimée avec huit belles Eftampes gravées par *le Potre*, dans la même année, *in*-12; elle ne dut fon fuccès qu'au jeu des Acteurs, étant auffi médiocre que foiblement écrite.

NOCE INTERROMPUE (la), Comédie en un Acte, en profe, par *Dufrefny*, mife au Théatre le 19 Août 1699, imprimée dans la même année, *in*-12 : médiocre, mais affez comique ; elle renferme deux intrigues.

NOCES D'ANTILÉSIME (les). Voyez *Antiléfime*.

NOCES DE VAUGIRARD (les), ou *les Naïvetés champêtres*, Paftorale comique en cinq Actes, en vers, par *Difcret*, jouée en 1638, dédiée à ceux qui veulent rire ; imprimée dans la même année, *in*-8° : Piece remplie de mots à double fens & foiblement écrite.

NOISY (le Prince de), Comédie héroïque, en trois Actes, en profe, par *Daiguebere*, mife au Théatre le 4 Novembre 1730, non imprimée ; elle fut jouée fept fois : Mademoifelle *Dangeville* parut charmante dans le Rôle du petit Poiffon, & par fon jeu naturel foutint cette Piece.

NOMS CHANGÉS (les), Comédie en trois Actes, en vers, de M. *Brunet*, repréfentée le 21 Octobre 1758 ; elle eut fept repréfentations, imprimée dans la même année, *in*-8°. ; elle n'eft pas fans mérite, le fujet en eft ingénieux.

NOTAIRE OBLIGEANT (le), Comédie
en trois Actes, en profe, de *Dancourt*, donnée
le 8 Juin 1685, imprimée en 1696, *in-12*:
la Piece fut précédée d'un Prologue & entremêlée de trois Intermedes; elle fut jouée treize
fois avec fuccès, & reprife l'année fuivante
fous le titre de *Fonds perdus*; elle a d'abord été
publiée en Hollande, dans unRecueil de plufieurs
Pieces, fous le nom de *Palaprat*. Voyez *Fonds
perdus*.

NOUVEAU MARIÉ (le), Comédie en un
Acte, en vers, de *Montfleury*. Voyez *Ambigu-
Comique*.

NOUVEAU MONDE (le), Comédie en trois
Actes, en vers, de l'Abbé *Pélegrin*, mife au
Théatre le 11 Septembre 1722, imprimée en
1723, *in-12*, précédée d'un Prologue, fuivie
d'un Divertiffement, dont la Mufique eft de
Quinault; Piece en vers libres, faits avec beau-
coup de facilité & d'agrément; elle eut qua-
torze repréfentations: le fujet en eft allégorique.
L'Auteur garda long-temps l'anonyme. Cette
Piece qui plut beaucoup, fut reprife au mois de
Juin 1746, avec fuccès: le Prologue & une
Scene de Poëte furent fupprimés.

NOUVEAUTÉ (la), Comédie en un Acte,
en profe, par *le Grand*, fuivie d'un Divertiffement, jouée le 13 Janvier 1727, imprimée dans
la même année, *in-12*: jolie, & d'un comique
agréable; elle penfa tomber à la premiere repréfentation, elle en eut cependant dix-fept. La
Scene d'Opéra fans paroles plut beaucoup, &
la releva: reftée au Théatre, où elle fait toujours plaifir.

NOUVELLE TRAGI-COMIQUE (la),
Comédie en un Acte, en vers, de *Papillon*,
non représentée, imprimée en 1599, *in* 12,
avec les *Œuvres Poétiques* de l'Auteur : médiocre.
Papillon se plaint dans un Sonnet de sa façon,
de ses malheurs & des différentes occupations de
sa vie.

NOUVELLISTE (le), Comédie en trois
Actes, par M. *d'Ardenne*, représentée à Marseille, en 1701, avec succès : non imprimée.
J'en ai vu le manuscrit dans le Cabinet de Madame la Comtesse *de Verne*.

NOUVELLISTE (le), Comédie en un Acte,
en vers, par M. *d'Ardenne*, jouée en société en
1733, non imprimée.

. NOUVELLISTES (les), Comédie en trois
Actes, donnée en Février 1678, non imprimée ;
elle n'est connue que par ce qu'en dit *Visé*.
Elle a encore été représentée sur le Théatre
de l'Hôtel de Bourgogne, le 16 Octobre 1686.
On en trouve la preuve dans les registres du
Théatre François, d'où cet article est tiré. Nous
avons un manuscrit de ce titre, avec l'édition
de Province, du Pere *Foucault*, Jésuite, en 1692.

NUIT DE PARIS (une), Comédie en un
Acte, en prose, par un Anonyme, non représentée, imprimée en 1640, *in-*12 ; elle est précédée d'un Prologue : Piece négligée, quoique le
sujet fût propre à fournir d'heureuses situations.

O B S

OBSTACLE IMPRÉVU (l') ou l'*Obstacle
sans Obstacle*, Comédie en cinq Actes, en prose,

de *Deſtouches*, miſe au Théatre le 18 Octobre 1717, imprimée en 1718, *in*-12 ; elle n'eut que ſix repréſentations : repriſe, avec des corrections, le 18 Juillet 1735, & fut jouée encore cinq fois. Cette Piece renferme des Scenes bien agréables.

OCCASIONS PERDUES (les) Tragédie de *Rotrou*, repréſentée en 1631, imprimée en 1636, *in*-4° : irréguliere, mais paſſable pour le temps.

OCTAVIE, Tragédie avec des Chœurs, par *Rol. Briſſet*, jouée en 1589, imprimée en 1590, *in*-4°. : mauvaiſe Traduction de *Séneque*, mal conſtruite & foible de verſification. Les Catalogues indiquent une autre Piece de ce titre, imprimée en 1599, ſans nom d'Auteur.

ODIEUX (l') *& ſanglant Meurtre, commis par le maudit* Caïn, *en l'encontre de ſon frere* Abel, extrait du quatrieme Chapitre de la Geneſe, Tragédie-Morale à douze perſonnages ; ſavoir : *Adam*, *Eve*, *Caïn*, *Abel* ; *Calmana*, ſœur & femme d'*Abel* ; *Débora*, ſœur & Femme d'*Abe* ; l'*Ange*, le *Diable*, le *Remords de Conſcience*, le *Sang d'Abel*, le *Péché*, la *Mort* : c'eſt le titre de la Piece, par *l'h. le Coq*, ſans diſtinction d'Actes ni de Scenes, jouée & imprimée en 1580, *in*-4°.

ŒDIPE, Tragédie avec des Chœurs, de *Jean Prevôt*, donnée en 1605, imprimée en 1614, *in*-12 : elle n'eſt point du tout mal faite pour le temps.

ŒDIPE, Tragédie, par *Sainte-Marthe*, jouée en 1614, n'eſt connue que par les Catalogues.

Y iij

ŒDIPE, Tragédie de *Corneille*, repréfentée avec fuccès, le 24 Janvier 1659, imprimée dans la même année, *in-12*. La chûte de *Partharite*, en 1633, ayant dégoûté ce Poëte du Théatre, M. *Fouquet* l'engagea, fept ans après, de rentrer dans la carriere, & lui donna le fujet d'*Œdipe*; la réuffite de la Piece l'encouragea, & il y reparut avec fon éclat ordinaire.

ŒDIPE, Tragédie traduite de *Sophocle* par Madame *Dacier*, avec des Remarques, imprimée en 1692, *in-12*.

ŒDIPE, Tragédie de *Voltaire*, mife au Théatre le 18 Novembre 1718, imprimée dans la même année, *in-8°*: coup d'effai le plus admirable dont on ait jamais eu connoiffance, qui eut trente repréfentations & la plus brillante réuffite. Il fut aifé de prévoir ce que feroit un jour ce jeune Poëte: il a bien juftifié depuis l'opinion que tous les Connoiffeurs en conçurent alors. *Voltaire* n'avoit que dix-huit ans, quand il compofa cette Tragédie: le Rôle d'*Œdipe* commença la réputation de *Dufrefne*, qui étoit du même âge. Depuis cette Tragédie, celle de *Corneille* du même titre n'a été reprife que pour le début de *Sarrazin*.

ŒDIPE, Tragédie de *Folard*, Jéfuite, non repréfentée, imprimée en 1722, *in-8°*, avec une Epître au Duc *de Villeroy*, en vers marotiques. Le même Perè a fait encore une Tragédie intitulée *Thémiftocle*, & plufieurs bonnes Pieces, jouées par les Penfionnaires du College de Lyon; entr'autres celle d'*Agrippa*, très-bien faite, qui n'a cependant pas été imprimée.

ŒDIPE, Tragédie de *Lamotte*, repréſentée le 18 Mars 1726 ; elle n'eut que ſix repréſentations : elle avoit été d'abord compoſée en proſe, l'Auteur la mit en vers, pour la donner au Théatre : elle eſt raiſonnable, mais froide. L'Epiſode eſt ingénieuſe, ſans amour & plus naturelle que celle des autres Tragédies de ce titre.

ŒDIPE, Tragédie de *J. Boivin*, non repréſentée, imprimée en 1729, *in-12*, traduction de *Sophocle* en françois, les Chœurs en vers, & le reſte en proſe. On a du même Auteur la traduction des *Oiſeaux*, Comédie d'*Ariſtophane*.

ŒDIPE, Tragédie du Pere *Brumoy*, non repréſentée, imprimée en 1730, *in-4°*, dans le *Théatre des Grecs*, par l'Auteur, en trois tomes dans leſquels on trouve tous les Pieces de *Séneque*, de *Sophocle*, d'*Eſchyle*, d'*Euripide* & d'*Ariſtophane*, Tragédies, en françois, en entier, ou par extrait.

ŒDIPE ET TOUTE SA FAMILLE, Tragédie par *la Tournelle*, non repréſentée, imprimée en 1731, *in-12*. Le même Auteur en a compoſé encore trois autres du même nom ; ſavoir : *Œdipe, ou les trois Fils de Jocaſte ; Œdipe & Polybe ; Œdipe, ou l'Ombre de Layus*. Aucune de ces Tragédies n'a été repréſentée, elles ſont toutes les quatre imprimées enſemble.

ŒDIPE CHEZ ADMETE, Tragédie de M. *Ducis*, repréſentée d'abord à la Cour, par ordre de *Monſieur*, Frere du Roi, (l'Auteur eſt Officier de ſa Maiſon) le 26 Novembre 1778 ; & à Paris, le 4 Décembre ſuivant ; interrompue après la ſeptieme repréſentation, par une chûte que fit le fieur *Monvel*, jouant le Rôle de *Polinice*, à la fin du cinquieme Acte, qui fe bleffa à la jambe; continuée le 9 du même mois. Cette Piece a eu vingt repréfentations avec le plus grand fuccès, & n'a pas peu contribué à lui mériter l'honneur d'être nommé à l'Académie Françoife, à la place vacante par la mort du célebre *Voltaire*.

ŒNONE, Paftorale en cinq Actes, de *Fontenelle*, non repréfentée, imprimée dans fes Œuvres, en 1751, *in-*8°.

OLYMPIE (l'Illuftre), ou *Saint-Alexis*, Tragédie de *Desfontaines*, repréfentée en 1644, imprimée dans la même année, *in-*4°, & en 1645, *in-*12. Cette Piece n'eft bonne que pour être jouée dans les Colleges ou dans des Couvents de Nones.

OLYMPIE, Tragédie de *Voltaire*, donnée le 17 Mars 1764; elle eut dix repréfentations: reftée au Théâtre. Cette Piece avoit été imprimée, avant que d'y paroître, en 1764, *in-*8°. Le jeu fupérieur de la demoifelle *Clairon* partagea les applaudiffements qui furent donnés à cette Tragédie pendant le cours de fes repréfentations.

OMBRES (les), Paftorale en cinq Actes, en vers, de *Nicolas Filleul*, jouée devant le Roi *Charles IX*, en 1556, imprimée dans la même année, *in* 4°. Cette Piece renferme des Chœurs, & eft fans diftinction de Scenes; elle eft bien finguliere par un galimathias qui n'a aucun rapport au fond de la Piece; on la trouve encore imprimée dans le *Théâtre* de *Gaillon*, en 1566, *in-*4°.

OMPHALE ET HERCULE (les Aventures amoureuses d'), Tragi-Comédie de *Grandchamps*, représentée en 1630, imprimée en 1636, *in-4°*. Son *Combat*, sa *Perte*, son *Retour* & son *Mariage*, c'est la suite du titre : passable pour le temps. Il s'y trouve une situation bien singuliere.

OMPHALE ET HERCULE, Tragédie par *Palaprat*, jouée le 7 Mai 1694, non imprimée. L'Auteur prétend, dans sa Préface du *Grondeur*, que des contre-temps arrivés pendant le cours des premieres représentations de sa Piece, contribuerent à sa chûte ; ce qu'il y a de vrai, c'est qu'elle n'en eut que quatre.

OPÉRA (la fausse alarme de l'), Comédie en un Acte, en Profe, de M. *Abeille*, Comédien de Province, neveu de l'Abbé si connu de ce nom : représentée à Lyon le 8 Février 1708 ; elle eut quelque succès, & fut imprimée dans cette Ville, à la fin de la même année.

OPÉRA DE VILLAGE (l') Comédie en un Acte, en profe, de *Dancourt*, représentée le 2 Juin 1692, imprimée en 1693, *in-12* ; elle fut suivie d'un Divertissement dont la Musique est de *Raisin* l'aîné & de *Grandval* le pere ; elle eut vingt-six représentations avec un grand concours de Spectateurs. Elle est passable pour le Dialogue, mais l'intrigue en est commune. C'est une Satyre que l'Auteur fit contre *Pecourt*, qui, ayant le privilege de l'Opéra, fit renouveller aux Comédiens François la défense d'avoir à leurs gages des Chanteurs, Cantatrices, Danfeurs & Danfeufes.

OPÉRA INTERROMPU (l'), Comédie en trois Actes, en profe, précédée d'un Pro-

logue, de *Barbier*, repréfentée à Lyon, en Juillet 1707, imprimée dans la même année,
in-12.

OPÉRA (les), Comédie en cinq Actes, en
profe, de M. *de Saint-Evremont*, jouée en fociété
à Londres, imprimée dans la derniere édition
des Œuvres de l'Auteur, tome quatrieme.

OPÉRATEUR (l'), Comédie en un Acte,
en profe, d'un Anonyme, jouée après la Tragédie de *Cinna*, le 24 Octobre 1685, non imprimée ; elle eut fept repréfentations ; elle n'eft
connue que par les regiftres de la Comédie
Françoife.

OPÉRATEUR BARRY (l'), Comédie
en un Acte, en profe, par *Dancourt*, donnée
le 11 Octobre 1702, imprimée dans la même
année, *in*-12 ; elle eut du fuccès pendant dix-
fept repréfentations ; elle fut fuivie d'un Divertiffement, dont la Mufique eft de *Gilliers*. C'eft
un Vaudeville fur l'*Opérateur Barry*, qui étoit
fort à la mode dans ce temps-là, & dont on
difoit alors des merveilles avec l'enthoufiafme
qu'on a quelquefois raifon de reprocher au
Peuple de la Capitale.

OPINIATRE (l') Comédie en trois Actes, en vers, de l'Abbé *Brueys*, jouée le 19
Mai 1722, imprimée en 1725, *in*-12 ; le tumulte fut fi grand à la premiere repréfentation,
qu'à peine la Piece fut-elle écoutee : elle fut cependant jouée huit fois. Elle étoit en cinq
Actes quand elle fut préfentée aux Comédiens:
ils exigerent que l'Auteur la réduifît à trois.
On trouve dans le *Mercure* de Juillet de 1722
l'hiftorique de cette Comédie.

OR (tout ce qui luit n'eft pas), Comédie en trois Actes, en profe, par un Anonyme, non repréfentée, imprimée en 1713, *in*-12; à la place de Scenes, on trouve un canevas à la tête de chaque Acte, à la maniere des Pieces purement Italiennes.

ORACLE DE DELPHES (l'), Comédie en trois Actes, en vers, de *Montcrif*, jouée le 17 Décembre 1722, non imprimée; elle n'eut que quatre repréfentations : bien écrite, pleine d'efprit; elle auroit eu bien du fuccès, fans un ordre formel que les Comédiens reçurent de ne la plus jouer. On n'a jamais douté que le Préfident *Hainault* & *Fuzelier* n'aient eu part à cette Comédie, dont le fond du fujet eft tiré du Conte de *la Fontaine*, intitulé *le Mari Confeffeur*.

ORACLE (l'), Comédie en un Acte, en profe, de *Saint-Foix*, mife au Théatre le Mardi 22 Mars 1740, imprimée dans la même année, *in*-8°; elle fut jouée vingt-deux fois avec le plus grand concours de Spectateurs; elle fut interrompue par la clôture du Théatre; reprife le 2 Mai, après la rentrée; le 16, on y ajouta un Divertiffement. Mademoifelle *Gauffin* y joua fon Rôle avec une naïveté & une fineffe dont on n'avoit point eu d'exemple : reftée au Théatre, où elle fait toujours plaifir.

ORANTE, Tragi-Comédie de *Scudéry*, en cinq Actes, en vers, repréfentée en 1636, imprimée dans la même année, *in*-8° : mal conftruite & bizarrement rendue.

ORBEC, ou *Orbeche*, ORONTE, Tragédie d'*Edouard du Monin*, repréfentée en 1584, im-

primée en 1585, *in-*12 : remplie d'affectation &
de ridicule. On la trouve dans le fixieme Tome
des Œuvres de l'Auteur, intitulé *le Phénix de
Monin.*

ORESTE, Tragédie, par *le Clerc*, mife au
Théatre le 10 Octobre 1681, non imprimée.
L'on afluroit fort dans ce temps-là que *Boyer* y
avoit eu part. Le *Mercure* de Septembre de
1682, page 169, rend un compte affez détaillé
de cette Piece.

ORESTE ET PILADE, Tragédie de *la
Grange-Chancel*, repréfentée le 11 Décembre
1657, imprimée en 1698, *in*-12 ; elle fut jouée
dix fois, & elle fut interrompue à la troifieme
par la mort de la Demoifelle *Champmêlé* qui rendoit le Rôle d'*Iphigénie* ; reprife le 16 Mai 1722 ;
elle eut huit repréfentations ; la derniere eft du
25 Août 1738, mais avec peu de fuccès.

ORESTE, Tragédie de *Voltaire*, mife au
Théatre le 12 Janvier 1750, imprimée dans la
même année, *in*-12, imitée de *Sophocle.* On
trouva à la premiere repréfentation cette imitation poufée trop loin dans le cinquieme Acte ;
l'Auteur en refit un nouveau en deux jours. La
Piece fut alors mieux reçue ; mais, malgré ce
fuccès, il la retira après la neuvieme repréfentation, ayant donné fa parole à *Deflouches* de
lui livrer le Théatre, que fa Piece réufsît ou
non, pour que ce Poëte fît jouer celle de *la
Force du Naturel*, dont la deftinée lui tenoit fort
à cœur.

ORGUEIL (la Comtefe d'), Comédie en
cinq Actes, en vers, de *Thomas Corneille*, repréfentée en 1670, imprimée dans la même an-

née, *in-*12. Le ſtyle en eſt bien commun, mais le comique en eſt plaiſant.

ORGUEILLEUSE (belle), par *Deſtouches*. Voyez *Belle Orgueilleuſe*.

ORIGINAUX (les), Comédie en un Acte, en proſe, de M. *Paliſſot*, jouée à Nancy, le 26 Novembre 1755. Le Roi de Pologne, Duc de Lorraine, alors informé que cette Piece renfermoit des traits injurieux contre Madame la Marquiſe *du Châtelet & Rouſſeau de Geneve*, envoya ordre aux Comédiens de ceſſer ſur le champ les repréſentations de cette Comédie.

ORIGINAUX (les), par *Fagand*. Voyez *Caractéres de Thalie*, au C.

ORIZELLE (l'), par *Chabrol*. Voyez *Lorizelle*, à L.

OROMASES, PRINCE DE PERSE, Tragédie, par *Louis Cadet*, donnée en 1651, imprimée dans la même année, *in-*12: froide & ennuyeuſe.

ORONDATE, ou *les Amants diſcrets*, Tragédie de *Guérin Bouſcal*, jouée en 1644, imprimée en 1645, *in-*4°: mal faite & ſans intérêt.

ORONDATE ET DE STATIRA (le Mariage d'), ou *Concluſions de Caſſandre*, Tragédie de *Magnon*, repréſentée en 1648, imprimée dans la même année, *in-*4°: mauvais plan, mal rendu, la Poéſie foible.

ORONOKO, Comédie, par *du Bocage*, non repréſentée, imprimée en 1751, *in-*8°. Cette Piece eſt traduite de l'Anglois, ainſi que l'*Orpheline*, & ſe trouvent dans un Recueil intitulé *Mélanges de différentes Pieces de vers & de proſe*: Ouvrage qui a fait honneur à feu M. *du Bocage*.

ORONTE (les trois), ou *les trois Semblables*, Comédie en cinq Actes, en vers, de *Boisrobert*, jouée en 1652, à l'Hôtel de Bourgogne, imprimée en 1653, *in-4°* : mal intriguée & foible par les détails ; elle est tirée du *Conte des trois Racan*, imprimée dans le *Traité des Bons-Mots de Calliere*, page 282. Cette Piece, ou ce Conte, a pu donner lieu à la Comédie des *trois Gascons*.

OROPASTE, ou *le faux Tonaxarre*, Tragédie de l'Abbé *Boyer*, donnée en 1662, imprimée en 1663, *in-12* : médiocre & mal verfifiée.

ORPHANIS, Tragédie de M. *Blin de Saint-Maure*, mise au Théatre le 25 Septembre 1773, imprimée dans la même année, *in-8°*, eut douze représentations avec applaudissemens : restée au Théatre.

ORPHÉE (le Mariage d'), Tragédie, par *de l'Epine*, représentée en 1623, imprimée dans la même année, *in-8°*. Le sujet de cette Piece est la Descente d'*Orphée* aux Enfers, & sa mort par les *Bacchantes* : mauvaise & mal conduite.

ORPHÉE ET D'EURIDICE(le Mariage d'), ou *la grande Journée des Machines*, Tragédie de *Chapoton*, jouée en 1660, par la Troupe Royale, imprimée dans la même année, *in-4°* : médiocre ; elle ne dut son succès qu'au Spectacle : reprise en 1648, sous le second titre ; en 1662, par la Troupe du Marais.

ORPHÉE, Tragédie de *la Grange-Chancel*, avec un Prologue & des Chœurs, non représentée, imprimée dans les Œuvres de l'Auteur, en 1736, *in-12*.

ORPHELIN ANGLOIS (l'), Drame en

trois Actes, en profe, par *de Bongal*, repréfenté le 26 Janvier 1769, imprimé dans la
même année, *in - 8°*; il n'eut que cinq repréfentations.

ORPHELIN DE LA CHINE (l'), Tra-
gédie de *Voltaire*, mife au Théatre le Mercredi
20 Août 1755; imprimée dans la même année,
in-12; pleine de beautés, fortement verfifiée,
remplie d'intérêt, & conduite avec le plus grand
art. Le Rôle d'*Idamé* eft un chef-d'œuvre. Mademoifelle *Clairon* le rendit avec une fupériorité
marquée. Le coftume fut parfaitement obfervé, tant pour les décorations que pour les habits : ceux de femmes étoient fans paniers;
ee qui ne s'étoit point encore vu dans le tragique. La Piece a été interrompue après la huitieme repréfentation, par la maladie de *le Kain*;
elle fut continuée le 22 Octobre de la même
année avec un égal fuccès. Elle fut reprife
le Lundi 9 Février 1756, avec autant de réuffite
que dans fa nouveauté. Le 11 du même mois,
elle fut donnée avec *Nanine*, Comédie du même
Auteur, qui eut dans cette repréfentation le
double avantage & l'unique honneur d'être applaudi dans les deux genres. Cette Tragédie a
été jouée à Fontainebleau le 9 Octobre 1755.
Le fuffrage de la Cour a confirmé celui du Public de Paris.

ORPHELINE LÉGUÉE (l'), Comédie en
trois Actes, en vers libres, de M. *Saurin*,
jouée le 6 Novembre 1765; elle eut cinq repréfentations, imprimée dans la même année :
Piece très-agréable; reftée au Théatre.

ORPHELINE (l'), Comédie traduite de

l'Anglois, par *du Bocage*, non repréfentée, imprimée en 1751 , *in* 12.

ORPHISE, ou *la Beauté perfécutée*, Tragédie, par *Desfontaines* , repréfentée en 1637, imprimée en 1638 : mal faite & fans invention.

OSARPHIS, ou *Moïfe*, Tragédie, par l'Abbé *Nadal*, préfentée aux Comédiens en 1727, apprife & prète à étre jouée, mais détendue avant la premiere repréfentation , fans que les motifs aient été pénétrés jufqu'ici ; imprimée avec des corrections fans doute en 1736 , *in*-8°.

OSMAN (la mort du Grand), Tragédie de *Triftan l'Hermite*, jouée en 1656 , imprimée dans la meme année , *in*-12. *Quinault*, éleve de cet ancien Poëte, fe chargea, par reconnoiffance à la mort de fon bienfaicteur , de faire repréfenter fa Piece. Il fit de fon mieux, mais elle eut peu de fuccès.

OSAUREUS, ou *le nouvel Abailard*, Comédie en deux Actes, en profe, de M. *Cailleau*, non repréfentée, imprimée en 1761 , *in*-12, Critique du Roman de *Julie* de J.-J. *Rouffeau*, dont le titre eft l'*Anagramme*.

OSSONE (les Galanteries du Duc d'), Comédie en cinq Actes, en vers, de *Mairet*, donnée en 1627, imprimée en 1636, *in*-4° : Piece finguliere, qui renferme plufieurs Scenes intéreffantes, mais trop libre pour le Théatre épuré de ce fiecle.

OSTORIUS, Tragédie de l'Abbé de *Pure*, repréfentée en 1659 , à l'Hôtel de Bourgogne , imprimée dans la même année, *in*-12 : trèsfoible & digne de la cenfure de *Defpréaux* ; le
même

même Abbé eft aufli l'Auteur d'une Comédie qui a pour titre *les Précieuſes*.

OTHON, Tragédie de *Corneille*, miſe au Théatre de Fontainebleau, au mois de Juillet 1664, & à celui de l'Hôtel de Bourgogne à Paris, le 6 Novembre de la même année, imprimée en 1665, *in-12* : Piece admirable. Il eft bien furprenant qu'elle ne paroiſſe plus au Théatre. Le Maréchal *de Grammont*, aïeul du dernier Maréchal de ce nom, difoit à l'occaſion de cette Piece, en fortant de la repréſentation, *Corneille eft le Bréviaire des Rois*; & M. de *Louvois* prétendoit qu'*il auroit fallu un Parterre de Miniſtres d'Etat pour juger du mérite de cette belle Tragédie*. Le célebre Poëte a peint dans cette Piece la corruption de la Cour des Empereurs du même pinceau qu'il a tracé les vertus de la République : aufli cette Tragédie eft une de celles qui a coûté le plus de travail à ce grand homme ; il refit le troifieme Acte jufqu'à trois fois : ce qui a dû lui coûter douze cents vers de plus.

OTHON (la Mort d'), Tragédie, par *Belin*, jouée le 5 Janvier 1699, non imprimée ; elle ne fut donnée que trois fois. Cette Piece n'eft connue que par les regiſtres de la Comédie Françoiſe.

OVIDE (les Amours d'), Paſtorale héroïque de *Gilbert*, précédée d'un Prologue, repréſentée le premier Juin 1663, à l'Hôtel de Bourgogne, imprimée dans la même année, *in-12* : quoique fans action, elle eut un grand fuccès à caufe des machines qui plurent beaucoup au Public.

Z

PAL

PALÉMON, Fable bocagere en cinq Actes, en vers, par *Frenicle*, donnée en 1632, imprimée dans la même année, *in-8°* : intéressante & passable pour le temps.

PALENE SACRIFIÉE, Tragédie de *Boisrobert*, jouée en 1640, imprimée dans la même année, *in-4°* : froide, mal faite, & qui n'eut aucun succès. La tradition attribue une Tragédie du même titre à un Anonyme, mais sans date & sans autorité.

PALINICE, ou *Cireinice & Florize*, Tragédie de *Raissiguyer*, donnée en 1634, imprimée dans la même année, *in-8°* : médiocre, mais intéressante ; elle est tirée de *l'Astrée*.

PAMÉLA, Comédie en cinq Actes, en vers, de *Nivelle de la Chaussée*, représentée le 6 Décembre 1743, non imprimée : le tapage fut si grand au Parterre qu'elle ne fut pas achevée, & que l'Auteur la retira après la premiere représentation.

PANCRACE (la feinte Mort de), Comédie en un Acte, en profe, de *Châteauneuf*, jouée par les Comédiens de M. *le Prince* en 1663, imprimée dans la même année *in-12* ; elle ne réussit pas.

PANDORE, Comédie en un Acte, en profe, de *Saint-Foix*, mise au Théatre le 15 Juin 1721, imprimée en 1750, *in-12*. C'est la premiere Piece de l'Auteur qui fut fuivie d'un Divertissement, dont la Musique est de *Quinault*, l'aîné : elle fut interrompue, après la seconde représentation, par l'indifposition de la Demoifelle *Quinault*, l'aînée; continuée le 18 Juillet fuivant, & fut encore jouée huit fois.

PANDORE (la Boîte de); Comédie en un Acte, en vers, précédée d'un Prologue, par *Poiſſon*, le fils, repréſentée le 20 Mars 1729, imprimée dans la même année, *in-12.* La Scene du tranſport au cerveau eſt plaiſante; la Piece ne fut cependant jouée que trois fois, & n'a pas été repriſe depuis.

PANDORE (la Boîte de), ou *la Curioſité punie*, Comédie en cinq Actes, en vers libres, du Jéſuite *Brumoy*, donnée dans ſon College; elle eſt imprimée dans le quatrieme volume de ſes Œuvres.

PANDOSTE, ou *la Princeſſe malheureuſe*; Tragédie de *Pujet de la Serre*, en deux parties, en proſe, donnée en 1631, imprimée dans la même année, *in-8°*: cette Piece eſt en deux journées, très-médiocre & fort ennuyeuſe.

PANÉGYRIQUE DE L'ECOLE DES FEMMES (le), Dialogues comiques en un Acte, en proſe, par un Anonyme, ſur les Œuvres de *Moliere*, imprimés à Paris, en 1664, *in-12.*

PAN ET DORIS, d'*Aiguebert*. Voyez *Spectacles* (les trois).

PANIERS (les), Comédie en un Acte, en proſe, par *Legrand*, repréſentée d'abord à Chantilly, le 5 Novembre 1722; & à Paris, le 25 Février 1723, imprimée dans la même année, *in-12.* L'excès de grandeur où furent portés dans ce temps-là les Paniers, fort à la mode, donna lieu à cette Piece qui n'eut cependant que ſept repréſentations. Voyez *Ballet des vingt-quatre heures*.

PANTAGRUEL, Comédie en trois Actes, en profe, donnée en 1654, non imprimée; elle étoit manufcrite dans le cabinet de feu M. *de Bombarde*.

PANTHÉE, *Princeffe traveftie*, Tragi-Comédie de *Sainvelle*, jouée en 1673, non imprimée, non plus que fes autres Tragédies & Comédies, placées à leurs lettres.

PANTHÉE, Tragédie de *J. Guerfaint*, jouée, en 1570, fous le nom de Mademoifelle *Defroches*, Maîtreffe de l'Auteur, imprimée en 1571: froide & mauvaife. C'eft à Poitiers où cette Piece fut repréfentée & imprimée.

PANTHÉE, Tragédie d'*Alexandre Hardy*, donnée à l'Hôtel de Bourgogne, en 1604, imprimée en 1624, *in*-8° ; elle n'eft point mauvaife pour le temps.

PANTHÉE, Tragédie avec des Chœurs, par *Claude Billard de Courgenay*, repréfentée en 1608, imprimée en 1610, *in*-8° : mauvais plan & mal rendu.

PANTHÉE, ou *l'Amour conjugal*, Tragédie par *Dorouviere*, donnée en 1608, imprimée dans la même année, *in*-12 ; elle eft foible & remplie de faux brillants.

PANTHÉE, Tragédie par *Durval*, repréfentée en 1636, imprimée en 1637, *in*-4° : elle eft tirée de *Xenophon* : mal conftruite & ennuyeufe. Outre les Pieces connues de cet Auteur, on lui attribue encore une Comédie, intitulée la *Prife de Marfilly*, tirée de l'*Aftrée*.

PANTHÉE, Tragédie de *Triftan l'Hermite*, mife au Théatre en 1638, imprimée en 1639, *in*-4° ; elle eut un foible fuccès, quoiqu'elle

ne foit pas fans mérite & qu'il s'y trouve quelquefois de beaux vers.

PANURGE, Comédie en cinq Actes, de
Montauban, jouée fur le Théatre de *Guénégaud*,
en 1674, non imprimée, quoiqu'elle eut, felon
les regiftres de ce Théatre, douze repréfentations ; à la reprife du 21 Octobre 1683, elle
n'en eut que deux. *Beauchamps* indique une
Piece de ce titre, intitulée les *Aventures de
Panurge*, fans date : c'eft fûrement le *Panurge*
de cet article.

PAPE MALADE (le), Comédie, non
repréfentée, & ne pouvant l'être, imprimée
en 1561, *in-8°* ; réimprimée en 1584, *in-16*,
à Geneve, fous ce titre : *Comédie du Pape malade
tirant fur fa fin, traduite du Vulgaire Arabique,
en bon Roman & intelligible*, par *Trafibule*. C'eft
un Libelle compofé par les premiers Proteftants
& par *Grangier*.

PAPIRE, ou *le Dictateur Romain*, Tragédie de *Marechal*, repréfentée en 1645, imprimée en 1648, *in-4°* : foible & fans intérêt;
elle eut cependant quelque fuccès.

PARADIS, DE L'ENFER ET DU PURGA-
TOIRE (les Comédies du), par *Dante*, mifes
en rimes françoifes, imprimées en 1596 & en
1597 : écrites plus en Poëme Epique que Dramatique.

PARASITE (le), Comédie en cinq Actes,
en vers, de *Triftan l'Hermite*, repréfentée au
Louvre & à l'Hôtel de Bourgogne en 1654,
imprimée dans la même année, *in-4°* : divertiffante ; elle fut jouée devant le Roi, avec beaucoup de fuccès, & eft long-temps reftée au Théatre.

Z iij

PARESSEUX (le), Comédie en cinq Actes, en vers, par *de Launay*, représentée le 28 Avril 1731, imprimée en 1733, *in-8°*; elle n'eut que quatre représentations; le caractere est mal soutenu : ce qui rendit la Piece froide & insipide; l'Auteur cependant ne manquoit pas d'esprit.

PARIS (Comédie en réjouissance de), Poëme-Drame, représentée en 1559, imprimée dans la même année, *in 8°*, par *Jacques du Boys*, composée *à l'occasion des Mariages du Roi d'Espagne & du Prince de Piémont avec Elisabeth & Marguerite de France, à la fin duquel les Princesses chanterent des Epithalames du même Auteur* : c'est la suite du titre.

PARIS ET D'ŒNONE (la Mort de), Tragédie par *la Taille de Bondaroy*, représentée en 1556, imprimée en 1557, *in-4°* : très-rare. Je ne connois pas cette Piece, non plus que celle de *Montreux*, du même titre, que la tradition nous indique.

PARISIEN (le), Comédie en cinq Actes, en vers, de *Champmêlé*, donnée le 7 Février 1682, après la *Zélonide* de l'Abbé *Genest*, imprimée en 1683, *in-12*; elle eut treize représentations; le Rôle d'une Actrice, tout Italien, joué par la veuve de *Moliere*, contribua à son succès. La Piece est plaisante, assez bien intriguée; elle est long-temps restée au Théâtre.

PARISIENNE (la), Comédie en un Acte, en prose, de *Dancourt*, mise au Théâtre, le 13 Juin 1691, imprimée dans la même année, *in-12*. Le sujet peu décent, mais le Dialogue vif & comique; elle fut jouée neuf fois, & est long-temps restée au Théâtre.

PARNASSE BOUFFON (le), Comédie en
un Acte , en profe, de l'Abbé *Cafcari* , non repréfentée , manufcrite ; en 1720 , elle étoit chez
le Comte *de Pont de Veyle.*

PAROS , Tragédie de M. *Mailhol*, donnée le
Jeudi 21 Janvier 1754 , imprimée dans la même
année , *in*-12 ; elle eut huit repréfentations. On
a applaudi à l'effai d'un jeune Auteur qui a fait
concevoir de l'efpérance.

PARTHENIE , Tragédie de *Balth. Baro* ,
jouée en 1641, imprimée en 1642, *in*-4°. Le fujet
eft de l'invention de l'Auteur : médiocre , mais
il fe trouve des Scenes qui méritent d'être lues.

PARTIE DE CHASSE DE HENRI IV (la),
Comédie en trois Actes , en profe, mife enfin
au Théatre, par M. *Collé*, le 16 Novembre 1774.
Cette charmante Piece fut reçue avec tranfport ;
elle eut vingt-fix repréfentations de fuite avec
les mêmes applaudiffements ; malgré fes fréquentes repréfentations , elle fait toujours le
même plaifir ; le fieur *Brifard* y joue le Rôle principal, avec cette fupériorité qui lui eft naturelle.
Le fieur *Préville*, qui a rendu jufqu'ici celui de *Mi-
chaut* , y enchante jufqu'à ceux qui fe prétendent
les plus difficiles. Dans la derniere reprife de
cette Piece à la Cour , cet habile Comédien a
fait une chûte qui l'a retenu long - temps à la
chambre , & privé le Public d'un Acteur qui
lui eft auffi cher qu'à ceux qui fe piquent de
l'aimer le plus. Cette Comédie étoit imprimée
& jouée en Province depuis plufieurs années ,
avant fes repréfentations à Paris.

PASIPHAÉ , Tragédie de *Théophile* , jouée
en 1627 , imprimée en 1628, *in*-12 : remplie

de beautés, mais un peu gothiques, qui lui méri‑
terent beaucoup de fuccès.

Pasithée, Tragédie de *P. Troterel*, en
cinq Actes, repréfentée en 1624, imprimée dans
la même année, *in-16*. La Fable en eft mal
imaginée, & la conduite pitoyable.

Passetemps d'Amour (le), Paftorale, par
le Loyer, donnée en 1576, imprimée dans la même
année, *in-12* : plaifante & paffable pour le temps.

Passions égarées (les), ou *le Roman
du Temps*, Tragédie de *Richemont-Bauchereau*,
donnée en 1632, imprimée dans la même année,
in 8° : mal conftruite, embrouillée & froide.

Passions (le Triomphe des cinq), Tra‑
gédie de *Gabriel Gilbert*, en trois Actes, en
vers, & non de *Gillet*, auquel bien des Ecri‑
vains l'attribuent ; jouée en 1642, imprimée
dans la même année, *in-4°*. Les cinq Paffions
font : l'*Orgueil*, l'*Ambition*, l'*Amour*, la *Jaloufie*,
& la *Haine*. On ne peut rien de plus médiocre
que cette Piece, elle eut cependant du fuccès.

Pasteur (le beau), Paftourelle de *J. Fon‑
teny*, repréfentée en 1587, imprimée en 1615,
in-12 : paffable pour le temps. On trouve cette
Piece dans un Recueil intitulé *les Ebats Poé‑
tiques*, ou *le Bocage d'Amour*.

Pasteur fidele (le), Comédie, par
Giraud, donnée en 1623, imprimée dans la
même année, *in - 12*, chez *Claude Framoify*.
Cette Piece, indiquée dans les Catalogues, eft
traduite de l'Italien *Glatigny* ; elle eft finguliere
& intéreffante pour le temps.

Pastor-Fido, Paftorale héroïque de
l'Abbé *Pélegrin*, en trois Actes, en vers libres,

mife au Théatre le 7 Septembre 1726, imprimée dans la même année, *in*-8° : affez bien faite, mais un peu froide ; elle eft imitée du *Guarini* : on admira la maniere dont la *fameufe penfée de l'Auteur Italien* eft rendue dans un feul vers ;

Dieux, changez la nature, ou révoquez la loi.

PASTORALE A QUATRE PERSONNAGES (la), par *Bounin*, jouée en 1551, imprimée dans la même année, *in*-4°, & en 1561, *in*-12 ; elle n'eft point mauvaife pour le fiecle.

PASTORALE (la), Eglogue fur la Naiffance de M. *le Dauphin* & de *Madame*, par *Cl. Garnier*, déclamée à la Cour, en 1604, imprimée dans la même année, *in*-8°. Ce Poëme eft médiocre. Le même Auteur a compofé une Paftorale fur la Naiffance du Duc *de Guife* en 1615, neuf années auparavant.

PASTORALE, Tragédie de *Menard*, repréfentée en 1613, imprimée dans la même année, *in*-12 : paffable pour le temps ; on la trouve dans un Recueil des Poéfies de l'Auteur, dédié au Maréchal *d'Ancre*.

PASTORALE (la grande), Tragi-Comédie, dont les trois premiers Actes font attribués au Cardinal *de Richelieu*. Ce Poëme ne fut point imprimé, voyez-en la raifon finguliere qu'en donne *Peliffon* dans fon *Hiftoire de l'Académie Françoife*.

PASTORALE SAINTE (la), par *Charles Herfaint*, repréfentée en 1635, imprimée dans la même année, *in*-8°. C'eft une Paraphrafe du *Cantique des Cantiques*, fuivant le fon de la lettre, en cinq Actes, en profe ; le principal perſonnage eſt *Salomon* , ſous le nom du *Pacifique*. Le même Auteur , Prédicateur & Chancelier de la Cathédrale de Metz , a encore publié , avec la Piece précédente , une ſeconde Paſtorale ou Paraphraſe allégorique du *Cantique des Cantiques* , en cinq Actes , en proſe ; le premier Perſonnage eſt le *Verbe Eternel* ; & le ſecond , l'*Egliſe*. Ces deux Paſtorales ſont fort rares.

PASTORALE SACRÉE (la) , en cinq Actes , en vers , de l'Abbé *Cotin* , ou Paraphraſe du *Cantique des Cantiques* , à la *lettre* , imprimée en 1662 , *in*-12 , déclamée dans un Couvent de Religieuſes , à Paſſy.

PASTORALE SUR LA NAISSANCE DE JESUS-CHRIST , par *Saint-André* , jouée dans un Couvent de Religieuſes en 1644. Le manuſcrit eſt très-rare.

PASTORALE (la) , par *Moliere*. Voyez *Fragments de Moliere*.

PATELIN, par *Brueys*. Voyez *Avocat Patelin*.

PAUL (la Converſion de Saint) , ou *la Grace triomphante* , Tragi-Comédie de *Villemot* , repréſentée en 1655 , imprimée dans la même année , *in*-12 : foible & mal dialoguée.

PAULINE, ou *la Prude* , Comédie en un Acte , en vers , par un Anonyme , non repréſentée , mais qui méritoit de l'être.

PAUSANIAS , Tragédie de *Quinault* , donnée le 16 Novembre 1668 , imprimée en 1697 , *in*-12 : froide & trop doucereuſe. Il n'eſt pas vrai que cette Piece ſoit la derniere de l'Auteur , comme l'annonce *Bocheron* , dans l'édition des Œuvres de ce Poëte , en 1715 , *in*-12, ni que le grand succès de cette Tragédie, comme il le dit, ait vengé *Quinault* de la chûte de *Bellerophon* ; c'est tout le contraire ; *Paufanias* ne fut jouée que deux fois, & *Bellerophon*, donnée en 1670, le fut plus de quinze : la preuve qu'on en peut donner, c'est que celle-ci est restée plus de trente ans au Théatre. Voyez *Bellerophon*.

P A U V R E   R I C H E (le), Comédie en trois Actes, en prose, suivie d'une Farce, par un Anonyme, jouée à Valenciennes, en 1714, imprimée dans la même Ville & dans la même année, *in*-12.

P A U V R E T É (le Combat de Fortune & de), par *J. de la Taille*, Comédie donnée en 1578, imprimée dans la même année, *in*-8°. *Maupoint* parle de cette Piece, & la donne à *J. de la Taille de Bondaroy*, auquel il attribue encore, ainsi qu'à *Jacques* son frere, *la Mort de Pâris & Œnone*.

P A Y S A N   P A R V E N U (le), ou *les Coups de l'Amour*, Comédie en trois Actes, en prose, par *Dorville*, jouée en société avec succès en 1739, imprimée sans date, *in*-12, à Bordeaux. Cette Piece est tirée des Romans de *Marivaux*, & de la Payfanne parvenue du Chevalier de *Mouhy*.

P E A U   D E   B E U F (la), ou *le Remede universel pour faire une bonne Femme d'une mauvaife*, Comédie en François & en Allemand, dédiée aux Maris intéressés, & divisée en deux parties : la premiere représente la femme dans toute sa méchançeté ; la seconde, le Mari maître de la maison, pleinement vengé : c'est le titre. Cette

Piece eſt d'un Anonyme ; elle a été jouée en ſociété, & imprimée en 1710, *in-12*, à Valenciennes.

PÉCHEURS ILLUSTRES (les), Tragédie de *Marcaſſus*, repréſentée en 1648, imprimée dans la même année, *in-4°*, avec un argument & d'autres Poéſies : rien de plus médiocre.

PÉDAGOGUE AMOUREUX(le), Comédie en cinq Actes, en vers, de *Chevalier*, donnée en 1665, ſur le Théatre du Marais, imprimée dans la même année, *in-12* : plaiſante dans quelques Scenes, du reſte bien médiocre.

PÉDANT JOUÉ (le), Comédie en cinq Actes, en proſe & en vers, de *Cirano de Bergerac*, jouée en 1654, imprimée dans la même année, *in-4°* : fort ſinguliere ; elle eut un grand ſuccès ; *Moliere* en a tiré deux Scenes que l'on trouve dans *les Fourberies de Scapin*.

PEINTRE (le), Comédie en un Acte, en proſe, de *Naquet*, jouée au Temple en 1760, imprimée dans la même année, *in-12*. Cette petite Piece n'eſt pas ſans mérite ; elle annonce des talents pour le Théatre.

PÉLERINE AMOUREUSE (la), ou *l'Angélique*, Tragédie de *Rotrou*, repréſentée en 1634, imprimée en 1637, *in-4°* : froide & ennuyeuſe.

PÉLOPÉE, Tragédie de l'Abbé *Pélegrin*, donnée le 18 Juillet 1733, imprimée dans la même année, *in-8°* ; elle eut ſeize repréſentations. Cette Piece eſt une des meilleures de l'Auteur ; elle fut jouée ſous le nom du Chevalier *Pélegrin*, ſon frere : reſtée long-temps au Théatre.

PÉNÉLOPE, Tragédie de l'Abbé *Geneſt*,

jouée en Janvier 1684, fur le Théatre de *Gué-négaud* ; imprimée en 1703, *in-12* : intéreſſante. La reconnoiſſance d'*Ulyſſe* & de *Pénélope* bien amenée ; elle ne fut cependant jouée que huit fois, mais à ſa premiere repriſe, au mois d'Août 1722, on lui rendit la juſtice qu'elle méritoit ; elle eut un grand ſuccès, & fut jugée digne de reſter au Théatre, où elle a été pendant long temps.

PÉNITENTE (la belle), Tragédie traduite de l'Anglois de *Rowe*, par M. *de la Place*, non repréſentée, imprimée en 1746, *in-8°*, dans le *Théatre Anglois* de l'Auteur.

PERE DE FAMILLE (le), Drame en cinq Actes, en proſe, par M. *Diderot*, mis au Théatre le 18 Février 1761, imprimé en 1758, *in-8°* ; il eut le plus grand ſuccès, & en a toujours eu à ſes repriſes : reſté au Théatre.

PERE DÉSABUSÉ (le), Comédie en cinq Actes, en proſe, de M. *Cerou*, repréſentée le 10 Juillet 1758 ; elle n'eut que trois repréſen-tations, & n'eſt point imprimée. Voyez le *Mercure* d'Août, même année ; elle fut jugée trop ſévérement.

PERE INTÉRESSÉ (le). Voyez *Fauſſe Inconſtance*.

PERE PRUDENT ET ÉQUITABLE (le), Comédie en un Acte, en proſe, de *Marivaux*, non repréſentée, compoſée à l'occaſion d'un défi fait à l'Auteur à Limoges : coup d'eſſai qui annonçoit des talents qu'il a bien juſtifiés depuis ; imprimée en 1712, *in-8°*.

PERFIDIE D'AMAN, *Mignon & Favori d'Aſſuérus*, Tragédie en cinq Actes, en vers, par un Anonyme, donnée en 1617, imprimée dans la même année, *in - 12.* Cette Piece est allégorique à l'histoire & à la mort du Maréchal *d'Ancre*; il s'y trouve des endroits passables : la Scene d'*Aman* & du Bourreau est très-singuliere; elle eut un grand succès.

PERSÉE ET DÉMÉTRIUS, Tragédie de *Thomas Corneille,* jouée en 1660, imprimée en 1666, *in-*12 : toute médiocre qu'est cette Piece, elle renferme bien des beautés.

PERSÉENE (la), ou *la Délivrance d'Andromede*, Tragédie de *Boissin* de *Gaillardon*, donnée en 1618, imprimée dans la même année, *in-*8° : tirée du quatrieme & du cinquieme Livre des *Métamorphoses d'Ovide*. Cette Piece est bien foible & gauchement conduite.

PERSÉLIDE, ou *la Constance d'Amour*, Tragédie, par un Anonyme, représentée en 1646, imprimée dans la même année, *in-*4° : mauvaise & ennuyeuse.

PERSIDE, ou *la suite d'Ibrahim Bassa*, Tragédie de *Desfontaines*, jouée en 1644, imprimée dans la même année, *in-*4° : passable pour le temps. *Mainfray* a traité le même sujet, sous le titre de la *Rhodienne.* Voyez *Rhodienne.*

PERSIFFLER (le), Tragédie burlesque de *Grandval* le pere, représentée à la Barriere-Blanche, chez Mademoiselle *Dumesnil*, en 1747 : son vrai mérite est d'être très-courte. Elle ne contient que huit pages d'impression, l'Epître dédicatoire comprise; imprimée en 1747, *in* 12.

PERSIFFLEUR (le), Comédie en trois Actes, en vers, de M. *de Sauvigny*, donnée le

8 Février 1771 ; elle eut onze repréſentations & beaucoup de ſuccès. Le comique en eſt délicat & piquant : reſtée au Théatre , où l'on en deſire fort la repriſe.

PERTHARITE , *Roi des Lombards* , Tragédie de *Corneille* , miſe au Théatre en 1653, imprimée en 1634, *in*-12 ; elle n'eut que deux repréſentations. Malgré ces défauts, cette Piece renferme des endroits dignes de ſon Auteur : entr'autres l'expoſition du ſujet qui en eſt très-belle. Tout le monde ſait que le peu de ſuccès qu'eut cette Tragédie , dégoûta long-temps *Corneille* du Théatie.

PÉRUVIENNE (la), Comédie en cinq Actes , en vers libres, de *Boiſſy* , repréſentée le 5 Juin 1748 , non imprimée , tirée des *Lettres Péruviennes* de Madame de *Graffigny* , fort à la mode alors ; mais l'intrigue de ce Roman s'étant trouvée, dans cette Piece, différente , elle tomba à la premiere repréſentation.

. PESTE DE LA PESTE, ou *le Jugement Divin* , Tragédie en cinq Actes , en vers , par *du Monin* , non repréſentée , imprimée en 1584, *in*-4°. Cette Piece renferme des Chœurs en vers de pluſieurs meſures , avec un Prologue en proſe. C'eſt une trop plate Allégorie ſur le Jugement dernier.

PETIT-MAÎTRE SURÁNNÉ (le), Comédie en trois Actes, en proſe, d'un Jéſuite anonyme, jouée au College de Lyon, le 13 Juin 1756. L'Auteur apprenant qu'un Magiſtrat ſe croyant offenſé par une application , faiſoit des recherches pour apprendre ſon nom , ne fit point imprimer ſa Piece.

PETITS (les grands & les), Comédie en un Acte, en profe, d'un Anonyme, jouée en fociété, à Paris, en 1708, imprimée dans la même année, *in-8°*.

PHAÉTON, Bergerie tragique de *Jean Bellaud*, repréfentée en 1574, imprimée dans la même année, *in-4°* : foible. C'eft une Allégorie aux guerres de ce temps-là.

PHAÉTON (le Trébuchement de), Tragédie d'un Anonyme, jouée en 1622, imprimée en 1624, *in-8°*, tirée du premier Livre des *Métamorphofes d'Ovide* : finguliere, mais foiblement écrite; elle fe trouve dans l'ancien Recueil intitulé *le Théatre François*.

PHAÉTON (la Chûte de), Tragédie de *Triftan l'Hermite*, donnée en 1639, imprimée dans la même année, *in-4°* ; elle n'eft pas fans mérite pour le fiecle. *Quinault* en a tiré parti pour fon Opéra de ce nom.

PHAÉTON, Comédie en cinq Actes, en vers libres, de *Bourfault*, mife au Théatre le 28 Décembre 1691, imprimée en 1693, *in-12*. L'Auteur avoit travaillé cette Piece avec foin, & s'en promettoit, ainfi que les Comédiens, une réuffite égale à celle d'*Éfope à la Cour*; mais le Public n'en jugea pas auffi favorablement; elle ne fut donnée que neuf fois.

PHALANTE, Tragédie d'un Anonyme, jouée en 1610, imprimée dans la même année, *in-16*. Cette Piece n'eft connue que par un Prologue que *Brufcambille des Lauriers* prononça avant la repréfentation de cette Tragédie.

PHALANTE, Tragédie de la *Calprenede*, repréfentée en 1641, imprimée en 1642, *in-4°*.

Les

Les situations en font bien peu vraisemblables & singulieres.

PHAARTE, ou *le Triomphe des vrais Amants*, Tragédie avec des Chœurs, d'*Alexandre Hardy*, donnée en 1623, imprimée en 1626, *in*-8° : elle est écrite on ne peut pas plus foiblement, mais intéressante en plusieurs endroits.

PHAARTE, Tragédie par *Campistron*, donnée le 26 Décembre 1686, non imprimée ; elle n'eut que trois représentations : elle est tirée de l'*Histoire des Parthes*, *livre 15*, des *Antiquités Judaïques*. Cette Piece fut défendue par ordre de la Cour, après la troisieme représentation, & pensa faire des affaires à l'Auteur.

PHANTÔME (le), Tragi - Comédie de *Nicole*, donnée en 1656, imprimée dans la même année, *in*-12 : singuliere & très - plaisante pour le temps.

PHARAMOND, ou *le Triomphe des Héros*, Tragédie de *la Poujade*, jouée en 1672, imprimée dans la même année, *in* - 8°. Cette Piece est tirée du Roman de ce nom par la *Calprenede*, oncle de l'Auteur ; elle est bien rare. La premiere édition est celle de Bordeaux.

PHARAMOND, Tragédie de *Cahuzac*, mise au Théâtre le 14 Août 1736, imprimée dans la même année, *in*-12 ; elle eut onze représentations. On applaudit à ce coup d'essai. Quoique le nom de la Piece soit très-connu, le sujet est d'invention. Le Rôle de *Venderic*, qui est aussi-bien fait que soutenu, fut très-bien rendu, & fit beaucoup d'honneur à l'Auteur & au Comédien.

PHARAMOND, Tragédie, par M. de *la Harpe*, représentée le 14 Août 1765 ; le tapage

Tome I. A a

fut fi grand au Parterre , aux deux premieres repréfentations , que l'Auteur jugeant la cabale trop nombreufe , prit le parti de retirer fa Piece , & ne voulut point s'expofer à une troifieme repréfentation.

P H A R A O N , Tragédie en cinq Actes , avec des Chœurs , par *Chantelouve*, donnée en 1576 , imprimée dans la même année , *in-8°* : pour l'invention , finguliere ; elle a été auffi imprimée à Libourne en Guyenne.

P H A R A O N (la Déroute du) , Comédie en un Acte , en profe , avec un Divertiffement , par *Dancourt* , non repréfentée , imprimée en 1718 , *in-12*. C'eft la derniere Piece de l'Auteur : elle avoit été reçue par fes camarades ; une difpute qui s'éleva fur des corrections exigées , empêcha qu'elle ne fût jouée. C'eft la même que la *Défolation des Joueufes*, que *Dancourt* a retouchée. Voyez *Défolation des Joueufes*.

P H A S A , Comédie en un Acte , en profe de Madame de *Graffigny* , repréfentée à Berny , chez le Comte *de Clermont* , Prince du Sang , en 1753 ; elle ne l'a point été à Paris.

P H E D R E E T H Y P P O L I T E , Tragédie de *Racine* , mife au Théatre le premier Janvier 1677 , imprimée dans la même année , *in-12* : chef-d'œuvre admirable. Une cabale formée par des perfonnes de diftinction , penfa faire tomber cette excellente Piece à la feptieme repréfentation. C'eft la derniere que *Racine* ait faite pour le Théatre , & la premiere que les Comédiens du Roi ont donnée au Palais des Tuileries , où le Roi les a placés quand ils ont quitté leur Théatre du Fauxbourg Saint Germain ; où ils retourneront lorfque la nouvelle Salle qu'on leur bâtit actuellement (année 1779, près du Luxembourg, rue de Condé) fera achevée. Voyez *Hyppolite* à l'H, pour les autres Pieces de ce titre.

PHEDRE, Tragédie de *Pradon* ; jouée le 31. Janvier 1677, imprimée dans la même année, *in-*12 : quoique très-médiocre, en comparaifon de celle de *Racine*, elle eut un grand fuccès, par la cabale dont il vient d'être fait mention dans l'article précédent. Mais fi la brigue obtint à cette Piece feize repréfentations dans fa nouveauté, elle n'en eut que trois à fa reprife du 4 Mai de la même année 1677, tandis que dans celles de *Phedre* de *Racine*, les recettes ont été prefque toujours en augmentant. Le fujet de *Phedre* & *d'Hyppolite* a été traité par *Euripide* ; par le jeune *Séneque*, & depuis, dans notre langue, par trois anciens Auteurs, *Garnier*, *la Pinchere* & *Gilbert*. Voyez *Hyppolite* : c'eft fous ce titre que ces Tragédies ont été traitées.

PHILANDRE, Tragi-Comédie de *Charles Navieres*, donnée en 1584. Cette Piece n'eft connue que par la tradition, encore eft - elle bien incertaine.

PHILANDRE ET DE MARISÉE (les Amours de), Tragi-Comédie en cinq Actes, en vers, de *Gilbert Giboin*, jouée en 1619, imprimée dans la même année, *in-*12 : affez intéreffante, mais très-mal verfifiée : imprimée à Lyon, en 1619, *in-*8°, dédiée au Marquis *d'Urfé*.

PHILANDRE, Comédie en cinq Actes, en vers, par *Rotrou*, donnée en 1635, imprimée en 1637, *in-*4°; elle eft auffi froide qu'ennuyeufe.

PHILANIRE, *Femme d'Hyppolite*, Tragédie

Aa ij

de *Cl. Rouillet*, non repréſentée, imprimée en 1563, *in*-12, & en 1577, *in*-8°; elle eſt en cinq Actes, en vers libres, avec des Chœurs : elle n'eſt point mauvaiſe pour le temps. Le ſujet eſt tiré d'une hiſtoire qui arriva alors. L'Auteur l'avoit d'abord compoſée en latin. La *Philanire* indiquée par *Beauchamps*, ſous l'année 1577, eſt la même que celle-ci.

PHILANTHROPE (le), ou *l'Ami de tout le Monde*, Comédie en un Acte, en proſe, par *l'Egleſiere*, jouée ſur le Théatre du Palais Royal, le 24 Janvier 1663, non imprimée.

PHILANTHROPE, ou *l'Ami de tout le Monde*, Comédie en un Acte, en proſe, par *Legrand*, miſe au Théatre le 19 Février 1724, imprimée dans la même année, *in*-12; elle eut dix-ſept repréſentations. Elle étoit d'abord en trois Actes, & a été réduite en un, avec l'addition d'un Divertiſſement, dont la Muſique eſt de *Quinault*. Elle eſt long-temps reſtée au Théatre. C'eſt une Piece de Scenes détachées, dont quelques-unes ſont d'un bon comique.

PHILINE (la), ou *l'Amour contraire*, Tragédie-Paſtorale de *la Morelle* ; repréſentée en 1630, imprimée dans la même année, *in*-12 : foible, l'intrigue commune, & mal verſifiée. Elle eut cependant quelque ſuccès.

PHILIPPE DE MACÉDOINE, Tragédie par M. *Félix-Marie* ***, miſe au Théatre de Berlin, en 1751, imprimée dans la même année, *in*-12, ſans nom d'Imprimeur, de 164 pages. Cette Piece eſt remplie de contradictions & de défauts.

PHILIS (la), Paſtorale de *Chevalier*, jouée en 1609, imprimée dans la même année, *in*-12;

elle fut précédée d'un Prologue , duquel la Mort eft le perfonnage : finguliere , mais foible.

PHILIS DE SCIRE , Paftorale en cinq Actes , en vers , par *Ducros* , donnée en 1629 , imprimée en 1630 , *in-8₀* , traduite de *Bonarelli* : très-foible. L'Auteur annonce dans l'Avertiffement de la feconde édition , en 1647 , *in-12* , qu'elle eft fort différente de la premiere , ayant fupprimé les longueurs , & ajouté de nouvelles beautés à fa Tragédie.

PHILIS DE SCIRE (la) , de *Pichon* , jouée en 1630 , imprimée en 1631 , *in-8°*. C'eft une Comédie-Paftorale , en cinq Actes , en vers : affez paffable pour le temps , & le dernier Ouvrage de cet Auteur. Voyez *Rofiléon*.

PHILIS DE SCIRE (la) , par l'Anonyme *A. B. D. S.* , repréfentée en 1667 , imprimée dans la même année , *in-16* , Paftorale traduite de l'Italien en François : fort rare.

PHILIS DE SCIRE (la) , Paftoralé de l'Abbé de *Torche* , non repréfentée , imprimée en 1669 , *in-12*. C'eft une traduction en vers libres de *Bonarelli* : paffable pour le temps.

PHILISTÉE (la) , Paftorale en cinq Actes , en vers , de *Pierre Troterel* , non repréfentée , imprimée en 1627 , *in-16* : médiocre , mais intéreffante.

PHILOCLÉE ET THÉLÉPHONTE , Tragédie de *Gabriel Gilbert* , donnée en 1642 , imprimée dans la même année , *in-12* : le fujet bien choifi ; elle renferme de beaux endroits.

PHILOCTETE , Tragédie de *Châteaubrun* , mife au Théatre le premier Mars 1755 ; elle eut fept repréfentations , & ne fut interrompue qu'à la clôture. Elle eut beaucoup de fuccès, l'action eft fimple ; & l'on conçoit à peine qu'elle ait pu fuffire à fournir cinq Actes. Le fujet confifte à déterminer *Philoctete* à quitter l'afyle où il s'eft retiré, qu'il ne veut point abandonner, fans quoi la ville de Troye ne peut être renverfée. Les Grecs réuffiront-ils, ou ne réuffiront-ils pas ? Voilà fur quoi roule toute la Piece, qui a été jouée fupérieurement. Elle eut dans fa nouveauté, & à fa reprife, douze repréfentations.

PHILOSOPHE A LA MODE (le), Drame comique du Jéfuite *du Cereeau*, joué dans fon College, non imprimé.

PHILOSOPHE MARIÉ (le), ou *le Mari honteux de l'être*, Comédie en cinq Actes, en vers, de *Deftouches*, jouée le 15 Février 1727, imprimée dans la même année, *in-8°* ; elle eut trente-fix repréfentations avec le plus brillant fuccès. C'eft la Piece de l'Auteur que l'on joue le plus fouvent. Elle a été traduite en Anglois par *Kelly*, & repréfentée à Londres, en 1733, avec autant de réuffite qu'à Paris : reftée au Théatre.

PHILOSOPHE SANS LE SAVOIR (le), Comédie en cinq Actes, en profe, par M. *de Sédaine*, mife au Théatre le 2 Décembre 1765, imprimée dans la même année, *in-8°* ; elle eut vingt-huit repréfentations & la plus brillante réuffite : reftée au Théatre, où elle eft toujours applaudie à fes reprifes.

PHILOSOPHES AMOUREUX (les), Comédie en cinq Actes, en vers, de *Deftouches*, donnée le 26 Septembre 1729, imprimée en

1730, *in*-12 ; l'Auteur la retira après la premiere repréſentation, pour y faire des corrections.

PHILOSOPHES (les) , Comédie en trois Actes . en vers, d'un Anonyme, non repréſentée , jouée & imprimée à la Haye en Hollande , en 1742, *in*-8°.

PHILOSOPHES (les), Comédie en cinq Actes , en vers , de M. *Paliſſot* , donnée le 2 Mai 1760 , non imprimée. Cette Piece eut le plus grand ſuccès , & fit le plus grand bruit. La critique furieuſe fit gémir les Preſſes pendant trois mois conſécutifs.

PHILOSOPHES MANQUÉS (les), Comédie en un Acte , en proſe , de M. *Caillot*, non repréſentée , imprimée en 1760, *in*-12.

PHILOSOPHES DE BOIS (les), Comédie en un Acte , en vers , par M. *Poinſinet de Sivry* , ſous le nom de *Cadet Beaupré* , non repréſentée , imprimée en 1760, *in*-12.

PHILOXENE, Tragédie d'*Antoine Duverdier*, jouée & imprimée à Lyon , en 1567, *in*-8°. Cette Piece eſt peu connue & très-rare.

PHOCION, Tragédie de *Campiſtron* , miſe au Théatre le 16 Novembre 1688, imprimée en 1690 , *in*-12 : elle eut onze repréſentations ; elle eſt tirée des *Vies de Plutarque* : elle eſt froide , triſte , vuide d'action, mais réguliere. Elle fut repriſe ſans ſuccès en 1691.

PIERRE LE CRUEL, Tragédie par *de Belloy* , donnée le 20 Mai 1772 , non imprimée. L'Auteur la retira après la premiere repréſentation : imprimée en 1773 ; repréſentée depuis à Rouen & dans les Provinces avec ſuccès.

PIERRE LE GRAND, Tragédie, par M. *Do-rat*, représentée le Mercredi premier Décembre 1779. Les trois premiers Actes furent applaudis généralement. On trouva des longueurs aux deux derniers, que l'Auteur retrancha à la seconde représentation, ce qui fut fort approuvé. Les sieurs *Brisard*, *Molé*, *Monvel*, & la Demoiselle *Saint-Val*, cadette, jouerent supérieurement les Rôles du *Czar*, de *Menfikoff*, d'*Amilkar* & d'*Amekis*. Voyez le *Journal de Paris*, n°. 336, page 369, année 1779. Cet article a été imprimé à la quatrieme représentation de cette Tragédie.

PIERRE PHILOSOPHALE (la), Comédie en cinq Actes, en profe, de *Thomas Corneille*, représentée le 13 Février 1681, imprimée dans la même année, in-4° : à la place des Scenes, il se trouve à la tête de chaque Acte un canevas qui donne aux Acteurs l'intelligence du sujet & du jeu : elle n'eut que deux représentations. *Gueulette* a fait une Collection d'anciennes Pieces, dans laquelle il se trouve une Comédie de ce titre, par un Anonyme, sous la même année 1681 : c'est vraisemblablement la même que celle-ci, dont les canevas ont été remplis par l'Anonyme.

PIERRE PHILOSOPHALE (la), Comédie, par un Anonyme, en 1681 ; dans le *Recueil des Pieces rares manufcrites de Gueulette*, copiées de sa main.

PIGMALION, Comédie en un Acte, en profe, de M. *Poinfinet de Sivry*, donnée le 12 Décembre 1760, retirée après la premiere représentation ; non imprimée.

PIGMALION, Scene lyrique de *J. J.*

Rousseau, Musique de *Coigner*, donnée pour petite Piece, après *Adélaïde du Guesclin*, le 30 Octobre 1775. La Demoiselle *Raucourt*, alors Comédienne du Roi, y parut en Statue. Cette Scene eut huit représentations : restée au Théatre, où elle fait toujours plaisir à ses reprises : à la rentrée de l'année 1779, cette Actrice a reparu dans cette Scene lyrique en Statue, qui fut donnée après la Tragédie de *Britannicus*.

PIGMÉES, Tragédie, par un Anonyme, représentée sur le Théatre du Marais en 1676; imprimée dans la même année, *in-4°*, avec le Programme, des vers, & de la Musique qui y fut chantée. Cette Piece étoit entremêlée de Ballets, de machines & de Divertissements.

PILOT BOUFFY, Tragédie burlesque par un Anonyme, jouée en société, à Paris, en 1756; imprimée dans la même année, *in-12*.

PIRAME ET THISBÉ, Tragédie de *Théophile*, mise au Théatre de l'Hôtel de Bourgogne en 1617, imprimée en 1621, *in-12* : la meilleure pour la conduite qui eut paru jusqu'à ce temps; elle eut beaucoup de réussite, & fut reprise en 1656. L'édition des Œuvres de ce Poëte, la plus correcte, est celle de 1656, *in-12*.

PIRAME ET THISBÉ, Tragédie de *Pujet de la Serre*, représentée en 1630, imprimée dans la même année, *in-12*. Le même Auteur a donné à l'Opéra une Tragédie de ce titre, dont la Musique est de *Rebel*, le fils, & de *Francœur*, le cadet.

PIRAME ET THISBÉ, Tragédie de *Prudon*, représentée dans le mois de Janvier

1674 , imprimée dans la même année , *in-12 :* il s'y trouve quelques Scenes touchantes ; les ennemis de *Racine* la firent valoir ; & c'eſt à cet eſprit de cabale que l'on doit attribuer la réuſſite de cette Piece. Elle fut remiſe , en 1709 , ſans aucun ſuccès.

P I R A M E E T T H I S B É , Tragédie de *la Grange - Chancel* , non repréſentée : elle ſe trouve dans le quatrième volume de la derniere édition de ſes Œuvres.

P I R A N D R E E T L I S I M E N E , ou *la belle Liſimene* , ou *l'heureuſe Tromperie* , Tragédie par *Boiſrobert* , repréſentée en 1633 , imprimée en 1634 , *in-4°* ; elle eſt pleine de pointes & de jeux de mots, avec une verſification ampoulée : elle n'eut point de ſuccès.

P I R É N I E , ou *la Paſtorale amoureuſe* , par *Belle-Foreſt* , donnée en 1570 , imprimée en 1574 , *in-4°* ; elle eſt ſinguliere & paſſable pour le temps.

P I R R H E , Tragédie en un Acte , en vers, avec des Chœurs, par *Jean Heudon* , jouée en 1598 , imprimée dans la même année , à Rouen, *in-12* ; elle eſt très-ſinguliere & paſſable pour le ſiecle.

P I R R H U S , Tragédie de *P. Volant* , repréſentée en 1584 : on n'a aucune certitude qu'elle ait été imprimée.

P I R R H U S , *Roi d'Epire* , Tragédie de *Thomas Corneille* , miſe au Théatre de l'Hôtel de Bourgogne , en 1661, imprimée dans la même année , *in-12* ; elle eſt médiocre , ce n'eſt pas trop en dire.

P I R R H U S , *Roi d'Epire* , Tragédie de

Crébillon, repréfentée le 29 Avril 1726 , imprimée en 1728 , *in-8°*; elle eut feize repréfentations avec le plus grand concours de Spectateurs : reftée au Théatre , où elle a toujours été fuivie à toutes fes reprifes.

RIRRHUS, de *Morand.* Voyez *Téglis*, au T.

PYTHIAS ET DAMON, ou *le Triomphe de l'Amitié*, Comédie , en vers, de *Samuel Chappuzeau* , jouée fur le Théatre du Marais, en 1656.

PLACE ROYALE (la), ou *l'Amoureux Extravagant* , Comédie de *Claveret*, donnée , en 1635, à Forges, devant le Roi; imprimée dans la même année , *in-4°* : dans cette ville , elle réuffit affez à la Cour , mais elle ne fut pas repréfentée à Paris.

PLACE ROYALE (la), Comédie en cinq Aftes, en vers, de *Corneille*, mife au Théatre en 1635 , imprimée dans la même année , *in-4°* ; elle fit le plus grand plaifir , eut le fuccès le plus brillant, & fut alors trouvée fort au-deffus de tout ce qui avoit paru dans le genre comique jufqu'alors : cependant l'unité d'action n'y eft pas obfervée.

PLAIDEURS (les), Comédie en trois Aftes , en vers , de *Racine* , repréfentée en 1668 , imprimée dans la même année , *in-12*; elle ne réuffit pas: à la feconde repréfentation, les Comédiens n'oferent en hafarder une troifieme ; mais trois femaines après , l'ayant donnée à la Cour , le Roi s'en étant fort amufé, ils la reprirent à leur retour à Paris , & elle eut un grand fuccès : elle eft plaifante & finguliérement

écrite. On a toujours cru que *Defpréaux* &
l'Avocat *Mauvillain* y avoient eu beaucoup de
part.

PLAIDEUSE (la belle), de *Boifrobert.*
Voyez *belle Plaideufe.*

·PLAINTES DU PALAIS (les), ou *la
chicane des Plaideurs*, Comédie en trois Actes,
en vers, de *Jacques Denis*, jouée en fociété
en 1679, imprimée dans la même année, *in-*12;
elle fut préfentée aux Comédiens qui ne jugerent
pas à propos de la recevoir.

PLAISIR (le), Comédie en un Acte, en
vers, de l'Abbé *Marchadier*, repréfentée le
5 Août 1747, imprimée dans la même année,
*in-*8°; Piece de Scenes détachées, donnée avec les
Confidences réciproques, & la *Rivale fuivante* :
plaifante, joliment écrite. Elle eut fix repréfentations ; on fe promettoit beaucoup de ce coup
d'effai, mais l'Auteur mourut peu de temps
après.

. ·PLAISIR ET LA SAGESSE, Comédie,
par un Anonyme, non achevée, imprimée dans le
huitieme Tome de la *Bigarrure*, en 1751. C'eft
une allégorie fur les affaires de ce temps-là.

PLUSIEURS QUI N'ONT POINT DE
CONSCIENCE, Moralité, par l'*Abundance*; repréfentée fur des treteaux, en 1544, manufcrite.

. PLUTUS, Comédie de *Ronfard*, repréfentée
au College de Coquerel, à Paris, en 1539.
C'eft une traduction d'une Piece d'*Ariftophane*,
en rimes françoifes. La tradition affure que c'eft
la premiere Comédie qui s'eft jouée en France,
& qui donna l'idée à *Jodelle* d'en hafarder dans ce
goût.

PLUTUS, Comédie en un Acte, en vers, par
Legrand, jouée le premier Février 1720, imprimée dans la même année, *in·*12. Elle eut seize repréfentations; on retrancha après la premiere, le
Divertiffement dont les couplets rouloient fur le
fyftême du jour qui faifoit tant de bruit alors;
cette Piece eft à Scenes épifodiques, mais bien
foible : elle ne dut fon fuccès qu'aux circonftances du temps.

PLUTUS, Tragédie du Jéfuite *Brumoy*,
jouée dans fon College, imprimée dans le quatrieme Tome de fes Œuvres.

POETE BASQUE (le), Comédie en un
Acte, en vers, de *Raimond Poiffon*, donnée
dans le mois de Juin 1668, imprimée en 1669,
in-12 : médiocre &baffement écrite. Voyez *Me-
gere amoureufe.*

POETES (les), Comédie, en un Acte,
en vers, d'un Anonyme, repréfentée devant le
Roi, le 21 Décembre 1666, à Saint-Germain-
en-Laye, par les Comédiens de l'Hôtel de Bourgogne, dans la fixieme entrée du Ballet *des Mufes*
de *Benferade* ; elle fut fùivie d'une Mafcarade Efpagnole, qui faifoit partie de cette petite Piece.

POINT D'HONNEUR, Comédie du Jé-
fuite *du Cerceau*, repréfentée dans fon College,
non imprimée.

POINT D'HONNEUR (le), Comédie en
cinq Actes, en profe, par *le Sage*, mife au Théatre, le 3 Février 1702, imprimée en 1739.
Elle ne fut jouée que deux fois; tirée d'une
Piece Efpagnole, intitulée *no ay amigo para ar-
nigo de Don Francifco de Roxas.* L'intrigue eft
à-peu-près la même que celle que *Scarron* a em-

ployée pour la Comédie de *Jodelet Duéliste,*
le Sage réduifit fa Pièce en trois Actes, y ajouta
un Prologue, intitulé *Arlequin Prologue*; on la
donna au Théatre Italien, le 10 Avril 1725,
où elle n'eut auffi que deux repréfentations.

POISSON COMÉDIEN AUX CHAMPS
ÉLYSÉES, Comédie en cinq Actes, en profe,
fans rôle de femmes, par *Bordelon*, non repréfentée, imprimée en 1710 : peu intéreffante.

POLICANDRE ÉT DE BASOLIE (les
Aventures de), Tragédie de *Vieuget*, donnée
en 1632, imprimée dans la même année, *in-12* :
auffi ennuyeufe que mal écrite.

POLICRATE, Comédie héroïque de l'Abbé
Boyer, mife au Théatre le 19 Janvier 1670,
imprimée dans la même année, *in-12* : mal faite,
pleine de contradictions & de fauffes penfées.
Elle eut cependant du fuccès; *Robinet* en fait un
grand éloge dans fa lettre en vers, du 25 Janvier de la même année. Outre les Pieces que l'on
connoît de l'Abbé *Boyer*, on lui attribue encore
l'heureux *Policlete*, Tragédie qui n'a été ni jouée,
ni imprimée.

POLICRITE (la Belle), ou la *Mort du*
grand Promedon, ou l'*Exil de Nérée*, Tragédie
de *Gillet*, jouée en 1639, par la Troupe Royale,
imprimée en 1643, *in-4°*. L'Auteur n'avoit que
vingt ans lorfqu'il compofa cette Piece : paffable
pour le temps, & dans plufieurs endroits bien
verfifiée. Les deux vers fuivants en font foi :

> Et celui qui fe fie au nombre des foldats,
> Voit bien fouvent la palme, & ne l'emporte pas.

POLICRITE, Tragédie par l'Abbé *Boyer*,

Jouée à l'Hôtel de Bourgogne, le 10 Janvier 1661, imprimée en 1662, *in-12*, très-foible, malgré l'éloge qu'en fait *Duloret*, dans fa *Muſe Hiſtorique*, du 14 Janvier de la même année.

POLIDORE, Tragédie de l'Abbé *Pélegrin*, repréſentée le 6 Novembre 1705, imprimée en 1706, *in-12*; elle eut quatorze repréſentations; c'eſt la premiere de l'Auteur : devoit-on s'attendre à tant de ſuccès, la Piece étant médiocre & d'une verſification auſſi commune ?

POLIEUCTE, Tragédie fainte de *Corneille*, jouée à l'Hôtel de Bourgogne, en 1640, imprimée en 1642, *in-4°* : admirable. L'Auteur avant de lire fa Piece aux Comédiens, voulut favoir ce qu'on en penſoit à l'Hôtel de Rambouillet ; elle y fut généralement condamnée ; il en fut découragé au point que le Public fut à la veille d'être privé pour jamais de ce chef-d'œuvre, heureuſement que le vieux Comédien *Laroque*, qui la connoiſſoit, engagea ſes camarades à en demander la lecture ; elle ſe fit ; & la Comédie aſſemblée prouva dans cette occaſion qu'elle ſe connoiſſoit mieux en vrais talents que tous les merveilleux de l'Hôtel de Rambouillet.

POLIMNESTOR, Tragédie par l'Abbé *Geneſt*, donnée le 12 Décembre 1696, non imprimée, n'eut que cinq repréſentations. Cette Piece n'eſt connue que par les regiſtres du Théatre François. *Beauchamps* l'indique ſous le titre de *Polimneſtre*, dans ſa *Table Aphabétique des Pieces*, mais ſous renvoi, & n'en parle point dans ſon article de l'Abbé *Geneſt*. Pour *Maupoint*, il ne la connoiſſoit pas.

POLITICH-WOULDEBE (Sir), Comédie

en cinq Actes, en profe, de *Saint-Évremont*, non repréfentée, imprimée dans le premier Tome des Œuvres de l'Auteur, en 1605, *in-4°*, à Londres. Cette Piece eft dans le goût anglois.

POLIXENE, Tragédie en cinq Actes, en vers par le Jéfuite *Behourt*, repréfentée au College des Bons-Enfants, à Rouen, le 7 Septembre 1597, imprimée en 1598, *in-12*, tirée du premier livre des *Hiftoires Tragiques* de *Boiïeau* : auffi froide qu'ennuyeufe.

POLIXENE, Tragédie avec des Chœurs, de *Billard de Courgenay*, donnée en 1607, imprimée en 1610, *in-8°* : on ne peut pas plus mauvaife.

POLIXENE, Tragédie de *Moliere* le Tragique, qu'il ne faut pas confondre avec *Moliere* le célebre Comique, jouée en 1620. *Beauchamps* cite cet Auteur fans parler de cette Piece. *Maupoint* l'indique comme très-bonne, & fouvent jouée à la Cour ; mais il eft le feul des Ecrivains qui en parle. Voyez *Moliere* le Tragique, dans le *Dictionnaire des Auteurs*.

POLIXENE, Tragédie par *Lafoffe*, repréfentée le 3 Février 1696, imprimée dans la même année, *in-12* ; elle eut dix-fept repréfentations avec beaucoup de fuccès : coup d'effai de l'Auteur, qui annonça de grands talents. M. *le Dauphin* honora de fa préfence cette Piece, à fa feconde repréfentation, & fit donner aux Comédiens cent louis valant alors 1400 liv. Elle a été reprife depuis en 1718, mais avec bien moins de fuccès.

POLIXENE, d'*Aigulbere*. Voyez *Spectacles* (les trois), à l'S.

POLONOIS

POLONOIS (le Feint), ou la *Veuve impertinente*, Comédie en trois Actes, en prose, de
Hauteroche, non représentée, imprimée en 1686,
in-12 : mauvaise. Elle a été jouée en Province,
pendant quelques années ; elle est aussi imprimée
dans les Œuvres de l'Auteur.

POMPE FUNEBRE (les), ou *Damon &
Cloris*, par *Dalibray*, donnée en 1634, imprimée dans la même année, *in*-8°, Tragédie de
l'Italien de *Céfar Crémonio* : mal écrite, ayant
cependant des endroits passables pour le temps.

POMPE FUNEBRE DE CRISPIN, par
Lafont. Voyez *Naufrage*.

POMPÉE (la Mort de), Tragédie de
Chaulmier, jouée en 1638, imprimée dans la
même année, *in*-4°. Tout ce qui est passable
dans cette Piece, est imité de *Lucain* ; le reste
est mauvais.

POMPÉE (la Mort de), Tragédie de
Corneille, représentée en 1641, imprimée dans
la même année, *in*-4°, & dans le troisieme
Tome des Œuvres de l'Auteur. Cette Piece est
parfaitement belle, pleine d'élévation, &
digne de ce grand homme. Le caractere de
Cornélie est admirable. Il est bien singulier
qu'étant restée au Théatre, elle n'y reparoisse plus.

POMPEÏA, Tragédie de *Campiftron*, non
représentée, imprimée en 1750, *in*-12, dans
la nouvelle édition des Œuvres de l'Auteur :
intéressante, renfermant de grandes beautés.
Dubac, neveu de *Campiftron*, voulut la mettre
au Théatre ; mais la mort de Mademoiselle *le
Couvreur* qui survint dans ce temps-là, le fit
renoncer à ce projet.

Tome I.   B b

POPULACE ÉMUE (la), Comédie en cinq Actes, en vers, de *Rieuffet*, non représentée, imprimée en 1714, *in-12*. Cette Piece fut compofée à l'occafion d'une fédition arrivée à *Gironne*.

PORCIE (la), Tragédie avec des Chœurs, *repréfentant les Guerres civiles de Rome*, par *Robert Garnier*, donnée en 1578, imprimée dans la même année, *in-4°*; elle eut le plus grand fuccès. Elle traite des guerres civiles de Rome. C'eft la premiere Piece de cet ancien Poëte : elle eft affez paffable pour le temps. C'eft le premier Dramatique qui ait obfervé la coupe mafculine & féminine des rimes.

PORCIE ROMAINE (la), Tragédie de l'Abbé *Boyer*, jouée en 1646, imprimée dans la même année, *in-4°* : coup d'effai de l'Auteur bien médiocre ; elle eut cependant une brillante réuffite.

PORT DE MER (le), Comédie en un Acte, en profe, par *Boindin*, repréfentée le 29 Mai 1704, imprimée dans la même année, *in-12*; elle eut dix-neuf repréfentations. On n'a jamais douté que *Lamotte*, intime ami de l'Auteur, n'y ait auffi travaillé : quoi qu'il en foit, elle eft plaifante, & le comique en eft bon ; reftée au Théatre, où elle reparoît affez fouvent.

PORTRAIT DU PEINTRE (le), ou la *Contre-Critique de l'Ecole des Femmes*, Comédie en un Acte, en vers, de *Bourfault*, mife au Théatre de l'Hôtel de Bourgogne en 1663, imprimée dans la même année, *in-12* : médiocre, foiblement dialoguée. C'eft une efpece de Satyre contre *Moliere*, qui s'en vengea vivement dans son *Impromptu de Verfailles*, où l'Auteur trouva le châtiment d'avoir ofé attaquer un ennemi fi célebre.

PORTUGAIS INFORTUNÉS (les), *Tragédie avec des Chœurs & un Prologue*, de *Ch. Defcroix*, repréfentée en 1608, imprimée dans la même année, *in-12*, *tirée de l'Hiftoire tragique d'Emmanuel Sofe & d'Eléonore fon époufe, qui périrent, avec fix cents perfonnes de leur fuite, en revenant d'un pays étranger, dans leur patrie.* Cette Piece eft affez intéreffante, & a dû avoir du fuccès.

PORUS, *Roi des Indes*, ou *la Généroſité d'Alexandre*, Tragédie, donnée fur le Theatre du Marais en 1647, imprimée en 1648, *in-4°*. L'hiftoire y eft entiérement défigurée, & la Piece eft médiocre.

POT-DE-CHAMBRE CASSÉ (le), par *Grandval* le pere, non repréfentée, imprimée en 1749, *in-8°*, Tragédie pour rire, *ou* Comédie pour pleurer ; Piece burlefque & critique, en un Acte, en vers, qui n'étoit point faite pour être jouée. Elle a été attribuée à *Gaubier*, & la Préface à la tête de cette Comédie eft *de Morand*, Auteur de plufieurs Tragédies.

POURCEAUGNAC, (M. de), Comédie-Ballet, en trois Actes, en profe, de *Moliere*, mife au Théatre du Palais Royal le 15 Novembre 1669, imprimée en 1682, *in-12* : Farce dans laquelle il y a des Scenes dignes de la haute Comédie. Elle fut d'abord repréfentée à Chambord, devant le Roi, au mois d'Octobre

de la même année, où elle eut un grand fuccès.
Le célebre *Lully* compofa la Mufique du Divertiffement, dans laquelle il danfa & joua du
violon. C'eft à la repréfentation de cette Comédie à Paris que la Troupe de *Moliere* prit
le titre de Comédiens du Roi.

POUVOIR DE LA SYMPATHIE (le),
Comédie en trois Actes, en vers, de *Boiſſy*,
donnée le 5 Juillet 1738, imprimée dans la
même année, *in-8°*; elle n'eut que quatre repréfentations; mais, malgré fon peu de fuccès,
il s'y trouve des Scenes bien dialoguées.

PRÉCIEUSES RIDICULES (les), Comédie en un Acte, en profe, de *Moliere*, mife
au Théatre le 18 Novembre 1659, imprimée
en 1660, *in-12*; elle eut un fuccès furprenant,
& fut jouée pendant quatre mois de fuite.
L'affluence des Spectateurs fut fi grande, que
les Comédiens prirent le double du prix ordinaire, dès la feconde repréfentation. Elle contribua à corriger le ridicule qui étoit en regne ;
& quoiqu'aujourd'hui il n'exifte plus, & que la
Piece foit fans objet, elle eft fouvent reprife,
& toujours revue avec plaifir. Cette Piece avoit
paru en Province, avant qu'elle fût jouée à
Paris. C'eft la premiere qu'il ait fait imprimer.

PRÉCIEUSES (les véritables), Comédie
en un Acte, en profe, de *Somaife*, non repréfentée, imprimée en 1660, *in-12*. C'eft
une mauvaife Satyre qui tomba bientôt dans
l'oubli. L'Auteur, dans fa Préface, reproche à
Moliere d'avoir copié les *Précieufes* de l'Abbé
de Pure, le *Médecin volant*, & d'autres Pieces
jouées fur le Théatre Italien. Il parut dans la

même année deux autres Comédies du même nom & du même Auteur ; l'une en un Acte, en vers burlefques, intitulée *le Procès des Précieufes Ridicules* de *Moliere*, mife en vers, imprimée en 1660, *in-*12 : ces deux Pieces font fort mal faites, la derniere, on ne peut pas plus mal verfifiée, & l'on retrouve dans la Préface les mêmes reproches que *Somaife* a faits à *Moliere* dans celle qui eft à la tête de fa Comédie des *veritables Précieufes.* Voyez *Oforius.*

PRÉJUGÉ A LA MODE (le), Comédie en cinq Actes, en vers, par *la Chauffée*, mife au Théâtre le 5 Février 1735, imprimée dans la même année, *in-*12 : Piece de caractere & d'intrigue, qui attira de nombreufes affemblées ; elle eut une brillante réuffite. L'Auteur la retira cependant après la vingtieme repréfentation, par égard pour les Auteurs qui attendoient avec impatience leur tour. Le 16 Mars de la même année, elle fut reprife avec *la Pupille*, au profit de la Demoifelle *Gauffin*, ruinée à demi par un incendie qui lui fit perdre tout fon mobilier, le 19 Février. La recette fut confidérable à cette repréfentation, toutes les places ayant été hauffées d'un tiers, & le Parterre mis au double, ce qui ne s'étoit jamais fait. La premiere reprife de cette Comédie a eu lieu le 18 Octobre de la même année avec autant de réuffite que dans fa nouveauté. Reftée au Théâtre.

PRÉJUGÉ DÉTRUIT (le), Comédie en un Acte, en vers, de M. *Gazon d'Ourxigné*, non repréfentée, imprimée en 1747, *in-*12, & en 1754.

Bb iij

PRÉJUGÉ VAINCU (le), Comédie en un Acte, en profe de *Marivaux*, repréfentée le 6 Août 1746, imprimée en 1747, *in-8°* ; elle fut jouée fept fois avec fuccès. L'Auteur garda l'anonyme ; mais il fut reconnu au ftyle & au ton fpirituel du Dialogue. La Demoifelle *Dangeville* y joua fupérieurement. Reftée au Théatre, où elle eft toujours revue avec plaifir.

PRÉSOMPTION A LA MODE (la), Comédie en cinq Actes, en vers, par M. *Cailhava*, donnée le 3 Août 1763. L'Auteur jugea à propos de la retirer après la premiere repréfentation, quoiqu'elle eût été bien accueillie dans de jolies tirades.

PRÉSOMPTION PUNIE (la), Comédie par un Anonyme, non repréfentée, imprimée en 1743, *in-12*, allégorique aux affaires du temps : jouée & imprimée à Prague ; elle l'a été auffi à la Haye en Hollande les années fuivantes.

PRÉTENDUE VEUVE (la), ou *l'Epoux Magicien*, Comédie en cinq Actes, en vers, de M. *Defcazeaux*, imprimée en 1737, *in-8°* ; même fujet que celui du *Tambour nocturne*. C'eft une tradition de l'Anglois de M. *Adiffon*.

PRÉVENTION RIDICULE (la), ou *la Caverne de Montelezinos*, Comédie en trois Actes, en profe, d'un Anonyme, non repréfentée, imprimée en 1735, en Hollande, dans les *Mémoires politiques, amufants & fatyriques* de *Moreau de Brazey*, Tome III.

PRIAM, *Roi de Troyes*, Tragédie avec des Chœurs, de *François Bertrand*, repréfentée en 1600, imprimée dans la même année

& en 1601 , *in*-12. Cette Piece contient toute l'hiftoire dé la guerre de Troyes. Le plan en eft mal fait & mal rendu.

PRINCE CORSAIRE (le) , Tragi-Comédie de *Scarron* , en cinq Actes , en vers , donnée en 1661 , imprimée en 1662, *in*-12 ; elle fut repréfentée en fociété à Paffy. C'eft la derniere Piece de l'Auteur.

PRINCE DÉGUISÉ (le) , Tragi-Comédie avec des Chœurs de *Scudéry* , jouée en 1635 , imprimée dans la même année , *in*-8°. Cette Piece eft fans conduite , & on ne peut plus mal verfifiée.

PRINCE FUGITIF (le) , Poëme dramatique de *Balth. Baro* , mis au Théatre en 1648 , imprimé en 1649 , *in*-4° : paffable pour le temps. Il eut de la réuffite.

PRINCE GÉNÉREUX (le) ou *le Triomphe de l'Amour* ; Comédie en trois Actes , en vers , par *Dominique* , donnée à Grenoble , le 15 Décembre 1710.

PRINCE JALOUX (le) , par *Moliere.* Voyez *Dom Garcie de Navarre*.

PRINCE DE NOISY (le) , par *d'Aiguebert.* Voyez *Noify* , à l'N.

PRINCE RÉTABLI (le) , Tragi-Comédie de *Guérin Boufcal* , jouée en 1647 , imprimée dans la même annee , *in*-4° : l'une des meilleures de l'Auteur.

PRINCESSE , ou l'*Heureufe Bergere* , Páftorale en trois Actes , en vers , de *Bafire* , donnée en 1627. Voyez *Licoris*.

PRINCESSE DE CLEVES , Tragédie de *Bourfault* , précédée d'un Prologue , repréfen-

Bb iv

tée le 20 Décembre 1678, non imprimée : auſſi médiocre que le Roman dont elle eſt tirée eſt agréable. Voyez *Germanicus*.

PRINCESSE D'ELIDE (la), ou *les Plai-ſirs de l'Iſle enchantée*, Comédie en cinq Actes, en vers & en proſe, avec Prologue & Divertiſſement, dont la Muſique eſt de *Lully*, par *Moliere*, repréſentée d'abord à Verſailles, devant le Roi, le 8 Mai 1664, & ſur le Théatre du Palais Royal, le 9 Novembre de la même année. Le premier Acte & la premiere Scene du ſecond ſont en vers, & le reſte de la Comédie en proſe; elle eſt tirée d'une Piece Eſpagnole qui a pour titre : *el Desden con el Deſden* ; & cette imitation, entre les mains de *Moliere*, eſt devenue un excellent original. Le caractere de la Princeſſe *Elide* eſt puiſé dans le ſentiment & dans la belle nature. L'on ne peut rien de plus ingénieux & de plus adroit que les moyens que ce célebre Auteur a employés pour mettre en action tous les perſonnages de ſa Piece. A la derniere repriſe du 27 Décembre 1756, elle reparut en vers : un Anonyme ayant oſé corriger *Moliere*, on en fut indigné, & perſonne ne ſe trouva à la ſeconde repréſentation.

PRINCESSE DE NAVARRE, Comédie-Ballet, en cinq Actes, en vers, précédée d'un Prologue de *Voltaire*, donnée à Verſailles, le 25 Février 1715, ſur un Théatre conſtruit exprès. La Muſique du Divertiſſement, par le célebre *Rameau*. Voyez l'*Abrégé de l'Hiſtoire du Théatre*, où l'on trouve ce que ce célebre Poëte dit à cette occaſion.

PRINTEMPS (le), Comédie en un Acte,

en vers, par M. *Dupuis*, non repréſentée, imprimée en 1747, *in*-12; elle eſt foible, cependant elle renferme des endroits paſſables.

PRIX DE L'ARQUEBUSE (le), Comédie en un Acte, en proſe, avec un Divertiſſement, dont la Muſique eſt de *Grandval* le pere, par *Dancourt*, repréſentée le premier Octobre 1717, imprimée dans la même année, *in*-12: quoique médiocre, il s'y trouve des Scenes vivement dialoguées; elle fut faite à l'occaſion du Prix de l'Arquebuſe fondé à Meaux, qui ſe tire tous les ans dans cette Ville. Cette Piece fut jouée neuf fois.

PROCÈS DE LA FEMME JUGE ET PARTIE (le), Comédie en un Acte, en vers, de *Montfleury*, donnée en 1669, imprimée dans la même année, *in*-12: très-médiocre. L'Auteur penſa qu'en faiſant lui-même la critique de ſa Piece, il en impoſeroit aux Cenſeurs: il ſe trompa; les Critiques prirent au pied de la lettre tout ce qu'il en dit de fâcheux.

PROCÈS DES COMÉDIENS (le), ou *l'Ombre de Dominique*, Comédie en un Acte, en proſe, par *Dominique* le fils, jouée à Lyon en 1713, avec ſuccès. Je n'ai point vu cette Piece imprimée.

PROCÈS DES SENS (le), Comédie en un Acte, en vers, de *Fuzelier*, jouée le 16 Juin 1732, imprimée dans la même année, *in*-8°. C'eſt une critique adroite & fine du *Ballet des Sens*, qui étoit alors dans ſa nouveauté. Mademoiſelle *Dangeville* y parut en Amour, avec ſes graces ordinaires. Cette Piece réuſſit beaucoup ; elle fut donnée vingt & une fois.

PROCHRIS, ou *la Jaloufie infortunée*, Tragi-Comédie d'*Alexandre Hardy*, jouée à l'Hôtel de Bourgogne, en 1605, imprimée en 1624, *in*-8° : intéreffante, mais très-mal conduite.

PROCUREUR ARBITRE (le), Comédie en un Acte, en vers, de *Philippe Poiffon*, mife au Théatre, le 25 Février 1728, imprimée dans la même année, *in*-12 : Piece de Scenes détachées, parmi lefquelles il s'en trouve de fort jolies: reftée au Théatre, & toujours reprife avec fuccès.

PROGNÉ, Tragédie de *Jacques de la Taille*, jouée en 1558, non imprimée. L'Auteur, qui n'avoit que vingt ans, mourut de la pefte en 1562.

PROMENADE DE SAINT-SEVERIN (la), ou *le Banquier dupé*, Comédie, par *Petit*, jouée & imprimée à Bordeaux, en 1722, *in*-12.

PROMENADE DE STRASBOURG (la), ou l'*Arbre verd*, Comédie, par un Anonyme, repréfentée par les Comédiens du Duc *de Lorraine*, à Strasbourg, en 1705, imprimée dans la même année dans cette Ville, *in*-12 : mal faite, mais comique.

PROMENADES DU COURS ET DES CHAMPS ÉLISÉES (les), Comédie en un Acte, en profe, par un Anonyme, jouée en fociété, à Paris, imprimée fans date, *in*-12. Cette Piece m'eft inconnue.

PROSERPINE (le Raviffement de), Tragédie d'*Alexandre Hardy*, donnée en 1611, imprimée en 1626, *in*-4° : médiocre. Les Dieux parlent dans cette Piece un langage bien fingulier.

PROSERPINE (le Raviſſement de), Tragédie de *Claveret*, miſe au Théatre du Marais, en 1639, imprimée dans la même année, *in-4°* : froide & ennuyeuſe. *La Scene eſt au Ciel, en Sicile, aux Enfers, & où l'imagination du Lecteur ſe peut repréſenter une certaine unité de lieu ; les concevant comme une ligne perpendiculaire tirée du Ciel aux Enfers.* Voyez *Beauchamps*, Tome II de ſes *Recherches*, page 170. On attribue au même Auteur, outre ſes Pieces connues, deux autres Comédies intitulées, *le Roman du Marais* & *la Viſite différée*, deſquelles il eſt parlé dans ſon Privilege de l'*Eſprit fort*.

PROVERBE IMPRÉVU (le), ou *le Souper Gaſcon*, Comédie en un Acte, en vers, par un Anonyme ; jouée à Amſterdam, en 1770, imprimée dans la même année & dans la même Ville, *in-12* : l'Epigraphe, *Riſus & Mores*. Cette Piece eſt jolie & bien écrite.

PROVERBES (la Comédie des), Comédie de M. *D.*, jouée en 1698. La tradition n'apprend pas ſi elle a été imprimée.

PROVERBES (la Cour des), Comédie en trois Actes, en proſe, par *Adrien Montluc*, Prince *de Chabannes*, repréſentée en 1616, à l'Hôtel de Bourgogne, imprimée en 1717, *in-12* ; la derniere, en 1734, *in-12* : une des plus comiques de ce temps-là, qui a dû être fort ſuivie. Il s'en eſt fait un grand nombre d'éditions.

PROVENÇALE (la), Comédie en un Acte, en proſe, d'un Anonyme, donnée le 17 Octobre 1705, non imprimée, &c. Je n'ai point trouvé cette Piece inscrite sur les registres du Théatre François, ni dans aucun des Historiens du Théatre. A force de recherches, j'ai découvert que cette petite Comédie, qui avoit été refusée aux François, fut mise en Musique & placée à l'une des reprises des *Fêtes de Thalie*, dans une des entrées, à la place de la *Vénus coquette* qui n'avoit pas réussi.

PROVINCIAL A PARIS, ou *le Pouvoir de l'Amour & de la Raison*, Comédie en cinq Actes, en vers, par *Moissy*. Cette Piece fut lue aux Comédiens François & reçue, mais l'Auteur impatient, s'étant piqué de ce qu'ils en retardoient la représentation, la retira, la réduisit en trois Actes, & la donna aux Italiens, où elle fut jouée le 4 Mai 1730, & eut quinze représentations.

PROVINCIAUX DÉTROMPÉS (les), Comédie en trois Actes, en vers, par un Anonyme, jouée en Province, en 1769, imprimée en 1770, *in-8°*. Je ne connois pas cette Piece.

PRUDE (la), ou *la Gardeuse de Cassette*, Comédie en cinq Actes, en vers de dix syllabes, de *Voltaire*, imitée d'une Piece Angloise, non représentée; elle est imprimée dans la derniere édition des Œuvres de ce célebre Poëte: elle réussiroit à coup sûr au Théatre, en y faisant quelques changements.

PRUDE DU TEMPS (la), ou *les Saturnales*, Comédie en cinq Actes, en vers, de *Palaprat*, mise au Théatre le 7 Janvier 1693, imprimée treize années après, *in-12*; elle manque de simplicité & d'action, mais elle est

noblement écrite & bien verſifiéè : le premier
Acte fut fort applaudi ; au commencement du
ſecond , le Parterre fit paroître de l'humeur :
ce qui fit que le reſte de la Piece ne fut pas
écouté.

PSICHÉ, Tragi-Comédie-Ballet en cinq
Actes , en vers libres , précédée d'un Prologue ,
de *Moliere*, d'abord repréſentée devant le Roi ,
au Palais des Tuileries , dans la Salle des
Machines , pendant le Carnaval de 1670 , &
ſur le Théatre du Palais Royal , le 11 Novembre
1672 : j'ai ſuivi , pour cette ſeconde date , les
regiſtres de la Comédie Françoiſe , plus ſûrs
que ceux des Editeurs des Œuvres de *Corneille* ,
qui placent fauſſement cette repréſentation à
Paris , le 24 Juillet 1671. Cette Tragédie eſt
l'ouvrage de deux grands hommes. *Moliere* ,
étant preſſé par les ordres du Roi , ne put mettre
en vers que le premier Acte & les deux premieres
Scenes du ſecond & du troiſieme Acte ; *Corneille* fit le reſte. La déclaration d'amour, toujours trouvée ſi belle , eſt de ce célebre Poëte
qui avoit alors ſoixante ans. *Quinault* compoſa
les paroles chantantes , à la réſerve de la plainte
italienne , qui eſt de *Lully* , ainſi que la Muſique
de la Piece : ſa premiere repriſe , avec tous ſes
agréments , fut le premier Juin 1703. *Baron*
fils joua le Rôle de l'*Amour*, & la Demoiſelle
Deſmares, celui de *Pſiché* ; le tout avec la plus
brillante réuſſite.

PSICHÉ DE VILLAGE (la), Comédie
en cinq Actes , en proſe , de *Guérin Detriché* ,
repréſentée le 19 Mai 1705, non imprimée ;
elle fut précédée d'un Prologue , & ſuivie d'un

Divertiſſement, dont la Muſique eſt de *Gilliers*; elle fut imprimée chez *Ballard*. L'Auteur de cette Piece avoit épouſé la veuve de *Moliere* : c'eſt le même Comédien dont il a éte parlé à l'article de *Mélicerte*. Il ne fut pas heureux, ſa Comédie ne fut jouée qu'une ſeule fois.

PTOLOMÉE, Tragédie de *Charenton* : on auroit dû placer cette Piece, qui n'eſt connue que par les Catalogues, ſous l'année 1662, à l'article de *la Mort de Balthaʒar*, Piece imprimée du même Auteur.

PUCELLE DE DON REMY, autrement dit d'*Orléans* (Hiſtoire de la), *nouvellement départie par Actes, & repréſentée par Perſonnages, avec Chœurs des Enfants & Filles de France, & un avant-Jeu en vers, & des Epodes chantées en Muſique :* c'eſt le titre, par le Jéſuite *Fronton du Duc*, né en Lorraine ; donnée en 1581, imprimée dans la même année, in-4°. *Barnet* avoue dans la Préface, qu'il n'eſt que le Reviſeur & l'Editeur de cette Piece ; ce qui annonce qu'elle eſt d'un Anonyme : on prétend cependant qu'elle eſt du Jéſuite qui vient d'être nommé, & que ce Poëme a été imprimé à Nancy.

PUCELLE D'ORLÉANS (la), Tragédie de *Benſerade*, repréſentée en 1640, imprimée dans la même année, *in-4°* ; elle renferme quelques endroits paſſables & intéreſſants. *Chappuʒeau*, dans ſon *Théatre François*, l'attribue à la *Ménardiere* ; *Boyer*, dans ſa *Bibliotheque univerſelle*, nomme *Benſerade*, & il étoit fondé.

PUCELLE D'ORLÉANS (la), Tragédie, en proſe, par l'Abbé *Daubignac*, non repréſentée, imprimée en 1642, *in-4°* : elle eſt traitée felon l'hiftoire & les regles les plus exactes du Théatre ; mais elle n'en eft pasmeilleure.

PUCELLES (les deux), Tragi-Comédie de *J. Rotrou*, jouée en 1630, imprimée en 1639, *in*-12 : elle eft irréguliere, mais affez intéreffante, ce qui lui procura du fuccès. *Quinault* a tiré le plus grand parti de cette Piece dans fa Comédie des *deux Rivales*.

PUDICITÉ (la), par *Sainte-Marthe.*Voyez *Ifidore*.

PULCHÉRIE, Comédie héroïque en cinq Actes, en vers, de *Corneille*, mife au Théatre du Marais, le 25 Novembre 1672, imprimée en 1673, *in*-12. La Piece débute par des vers admirables, mais l'enfemble n'y répond pas ; le cinquieme Acte eft cependant bien fait & rempli d'intérêt. On prétend que l'Auteur s'eft peint dans le Rôle de *Martian* ; il fut obligé de donner fa Piece aux Comédiens du Marais, quoiqu'ils ne jouiffent point d'une réputation fupérieure ; mais ceux de l'Hôtel de Bourgogne tenoient pour *Racine* ; & fa confiance, par cette raifon, lui faifoit éviter de tomber entre leurs mains.

PUPILLE (la), Comédie en un Acte, en profe, de *Fagand*, repréfentée le 5 Juillet 1734, imprimée dans la même année, *in*-8° : elle eut le plus grand fuccès & vingt-trois repréfentations ; les applaudiffements furent partagés entre l'Auteur & l'Acteur, qui rendirent fupérieurement leur Rôle : l'on oubliera difficilement le naturel, les graces & la fenfibilité avec lefquelles Mademoifelle *Gauffin* joua

le fien. La Piece fut terminée par un Divertiffement, dont la Mufique eft du célebre *Moret*;
elle eft reftée au Théatre, où elle fait toujours
le même plaifir.

PURGATOIRE (les Comédies du Paradis,
de l'Enfer & du), par l'Abbé *Balth. Grangier*,
traduites du *Dantes*, mifes en rimes françoifes;
imprimées en 1596 & en 1597, en trois volumes *in*-12. C'eft un Poëme épique, & non un
Ouvrage dramatique.

PYGMALION, Scene lyrique de *Jean-
Jacques Rouffeau*, Mufique de M. *Coignet*, mife
au Théatre, pour petite Piece, le 30 Octobre
1775. Le fieur *de la Rive* rendit fupérieurement
le Rôle: la Demoifelle *Raucourt*, actuellement
au Théatre en 1780, y parut en Statue, où elle
reçut auffi beaucoup d'applaudiffements pendant
huit repréfentations. Cette Scene eft reftée au
Théatre où elle eft toujours revue avec plaifir.

Q U A

QUAKERS (les), ou *les Trembleurs*,
Comédie en un Acte, en profe, par un Anonyme, non repréfentée, imprimée en 1732,
in-12; allégorique aux affaires du temps: on y
trouve des Scenes auffi originales que fin-
gulieres.

QUARTIER D'HIVER (le), Comédie
en un Acte, en profe, de *Nicolas Grandval*,
entremélee de Mufique & de Danfes, repréfentée à Rouen en 1696, imprimée dans cette
ville en 1697, *in*-12. La Piece fit plaifir & elle
eut du fuçcès.

QUARTIER

'QUARTIER D'HIVER (le), Comédie en un Acte, en vers, de MM. *Bret*, *Daucour* & de *Villaret*, jouée le 4 Décembre 1744, imprimée en 1745, *in*-12 ; elle eut sept représentations, & fut trouvée très-agréable. Je n'avois point nommé les deux Auteurs qui ont eu part à cette Piece, dans la premiere édition de cet Ouvrage, ignorant s'ils trouveroient bon qu'ils fuffent connus ; mais ayant trouvé leurs noms dans les Ouvrages qui ont paru depuis, j'ai penfé qu'ils ne l'avoient point défapprouvé, puifqu'ils ne m'ont pas fait l'honneur de m'en parler.

QUATRE MÉDECINS (les), par *Moliere.* Voyez *Amour Médecin*, à l'A.

QUIPROQUO (le), ou *le Valet étourdi*, Comédie en trois Actes, en profe, de *Rofimont*, donnée, en 1663, fur le Théatre du Marais, imprimée dans la même année, *in*-12 : plaifante & comique ; elle eut de la réuffite, & a été fouvent reprife.

QUIPROQUO (le), Comédie en un Acte, en profe, de l'Abbé *Brueys*, non repréfentée, imprimée en 1737, *in*-12 : elle est paffable ; elle fut faite fur une aventure de *Quiproquo*, arrivée en Province, dont l'Auteur fut témoin oculaire.

QUIPROQUO (le), Comédie en trois Actes, en vers, de M. *de Morandel*, jouée le premier Octobre 1743, non imprimée ; elle fut jugée trop févérement.

QUIXAIRE (la belle), Tragédie de *Gillet*, repréfentée fur le Théatre du Marais, en 1639, imprimée en 1640, *in*-4° : coup d'effai d'un jeune homme de vingt ans , qui annonça du talent. Cette Piece eft tirée des *Nouvelles* de *Michel Cervantes.*

R A D

R A D E G O N D E , *Ducheffe de Bourgogne* , Tragédie par *du Souhait* , repréfentée en 1599, imprimée dans la .même année , *in*-12 ; de l'invention de l'Auteur , ainfi que trois Paftorales allégoriques , intitulées *les diverfes Loix d'Amour* , *Beauté & Amour* , *les Souhaits d'Amour* ; mais toutes ces Piecés font froides & ennuyeufes.

R A G O T I N , ou *le Roman comique* , Comédie en trois Actes , en vers, de *la Fontaine* , repréfentée en 1684 , imprimée à Leyden, en 1716 , *in*-12 ; tirée du Roman de ce nom, de *Scarron* ; mais l'Auteur y a mal imité la bonne plaifanterie de fon modele ; elle fut cependant jouée neuf fois.

R A J E U N I S S E M E N T I N U T I L E (le), Comédie en trois Actes, en vers , par *la Grange* , donnée le 27 Septembre 1733 , imprimée dans la même année , *in*-12 ; elle eut fept repréfentations. Cette Piece remplie d'agréments, entremêlée de trois Divertiffements , penfa tomber à la premiere repréfentation , par un tumulte occafionné par des applications relatives à l'allégorie. La jolie Fable de *Moncrif* donna à l'Auteur l'idée de cette Comédie.

R A I L L E U R (le), ou *les Railleurs de la Cour* , Comédie . en un Acte , en profe , de *Marechal*, mife au Théatre de l'Hôtel de Bour-

gogne , en 1636 ; imprimée aux Tuileries ,
en 1638 , *in-4°* : plaifante. , mais mal intriguée.

R A M O N E T (lou) , ou *lou Payfan Age-*
ne{ , Paftorale en langue d'Ayen., de *J. J. D. C.*
non repréfentée , imprimée en 1617 , *in-*12.
C'eft une Farce affez plaifante. *Beauchamps* en
indique une du même titre qu'il attribue à
Couflel de Prade , imprimée en 1701 , *in-*12 ,
avec les fuivantes : *Capiote* , *Grifoulet* & *lou*
Miramondo ; les deux premieres font en Li-
moufin.

R A M O N N E U R (le) , Comédie en cinq
Actes , en profe , de *Breton de la Fond* , im-
primée en 1592. *Beauchamps* apprend que cette
Piece étoit connue de *Duverdier.*

R A M O N N E U R S (les) , Comédie en cinq
Actes , en profe , par *le Breton*. La date de
1592 , comme la précédente , & le même nom
d'Auteur ne me font pas douter que ces deux
Pieces ne different que du *le* au *les* , & qu'elles
n'en font qu'une. Le même Auteur a fait encore quatre Poëmes Dramatiques qui n'ont été
ni joués , ni imprimés. , mais qui font en manufcrit : ce font *Tullie* , *Charite* , ou *l'Epoleme* ,
tirée de l'*Ane d'or d'Apulée* , *Didon* & *Do-*
rothée.

R A M O N N E U R S (les) , Comédie en cinq
Actes , en profe , par un Anonyme , repréfentée à l'Hôtel de Bourgogne , en 1620, manufcrite ; elle eft divertiffante, d'un bon comique ,
mais trop libre pour le Théatre.

R A M O N N E U R S (les) , Comédie en
un Acte , en vers , de *Clambert* , donnée à

l'Hôtel de Bourgogne , en 1658 , imprimée en 1661 , *in*-12 : foible & mal verfifiée.

RAMONNEURS (les) , Comédie en un Acte , en vers , de *Villiers* , jouée en 1662 , imprimée dans la même année , *in*-12 : bien plus paffable que les précédentes du même nom ; elle eft tirée de celle de l'Anonyme , en cinq Actes , manufcrite , repréfentée en 1620. L'Auteur a fupprimé les Epifodes , a adouci les expreffions trop libres , & l'a réduite en un Acte.

RANCUNE OFFICIEUSE (la) , Comédie en un Acte , en vers , de *la Chauffée* , jouée à Berny , chez le Comte *de Clermont* , Prince du Sang , le 19 Novembre 1754 , imprimée dans les Œuvres de l'Auteur.

RAPIERE (la) , Comédie en un Acte , en profe , par *R.* jouée en fociété , en 1673. Cette Piece eft de l'Auteur de la Piece intitulée *les Hafards du jeu de l'Ombre* , donnée en 1675.

RAPINIERE (la) , ou l'*Intéreffé* , Comédie en cinq Actes , en vers , fous l'anagramme de *Barquebois* , repréfentée le 4 Décembre 1682 , imprimée en 1683 ; le comique paffable dut fon fuccès aux allufions qu'on crut y trouver ; elle eut dix-huit repréfentations , malgré la forte cabale liguée pour la faire tomber. Le vrai nom de l'Auteur de cette Piece eft *Jac. Robbé*.

RASOIR DES ORNEMENTS MONDAINS (le petit) , Tragédie de *Bofquier* , non repréfentée , imprimée à Mons , tirée du Cabinet de feu M. *de Bombarde.* L'Auteur de cette Piece finguliere

étoit Minime de Saint Omer , très - savant &
Professeur de Théologie à Ath. Il a fait plusieurs autres Ouvrages estimés des Savants.

RAVISSEMENT DE CÉPHALE (le),
Tragi-Comédie , précédée d'un Prologue , entremêlée de Danses , ornée de machines , par
N. Chretien des Croix , jouée à Florence , aux
noces royales du Souverain , en 1608 , imprimée à Rouen , en 1609 , *in-12.*

RAVISSEMENT DE L'HÉLENE D'AMSTERDAM,
Comédie , jouée dans cette Ville , en 1683 ,
imprimée avec des Estampes , en Hollande, l'année suivante. On ignore le nom de l'Auteur.

REBELLES (les) , Tragédie en quatre
Actes , en vers , dédiée à la Reine , par l'A-
nonyme *P. D. B.* mise au Théâtre en 1622 ,
imprimée dans la même année , *in-8°* ; *où , sous
les noms feints , on voit leurs conspirations , machines , monopoles , assemblées , intrigues découvertes
& rebellion* : c'est la suite du titre. Cette Piece
est singuliere , & point mauvaise pour le temps.
Il y en a une seconde de ce titre , imprimée
en 1628 , *in-8°* , à la différence qu'on y désigne
par des parenthèses , les sieges de la Rochelle
& de Montauban. C'est sans doute une réim-
pression de la Tragédie qui est le sujet de cet
article.

REBELLION DES GRENOUILLES
CONTRE JUPITER (la) , Tragi-Comédie
en quatre Actes , en vers , avec un argument ,
par un Anonyme , imprimée sans date , *in-8°.*
Cette Piece est très-rare. On la soupçonne imprimée en 1622 , *in-4°.*

RÉCONCILIATION NORMANDE (la) ,

ou *le Procès de Famille* , Comédie en cinq Actes , de *Dufresny* , représentée le 7 Mars 1719 , imprimée dans la même année , *in*-12 : divertissante , remplie de saillies , mais l'intrigue embrouillée & décousue ; il s'y trouve cependant des Scenes charmantes. Son premier titre dans sa nouveauté étoit le second ; restée au Théatre , où elle fait toujours plaisir. Outre les Pieces de l'Auteur portées dans ce *Dictionnaire* , les suivantes , qui n'ont été ni représentées , ni imprimées , font partie de ses Ouvrages : *le Portrait* , en un Acte ; *les Domino* , en un Acte ; *le Valet Maître* , en cinq Actes , en vers. Voyez *Joueuse* , à l'*J.*

RÉCONCILIATION (la Nouvelle) , Comédie en un Acte , en prose , par M. *Prevost* , jouée à Luneville avec succès le 11 Octobre 1758 , imprimée en 1759 , *in*-12.

RECONNUE (la) , Comédie en cinq Actes , en vers de quatre pieds , de *Remi Belleau* , donnée en 1564 , imprimée en 1585 , *in*-12 : Piece singuliere faite sur une histoire du temps.

RÉCRÉATIFS (les Amours) , Comédie très-élégante , en laquelle font contenues celles d'*Erostrate* , fils de *Philogone* & de la belle *Polimnesle* , fille de *Damon* , imprimée en vers françois , à Paris , en 1545 , *in*-4°.

RÉFORME DU ROYAUME D'AMOUR (la) , Pastorale contenant quatre Intermedes en prose , par *Dalibray* , jouée en 1634 , imprimée dans la même année , *in*-8°. Les titres de ces Intermedes font la *Jalousie* , les *Pleurs* , les *Soupirs* & le *Cachot*.

REFUS (l'Heureux) , Comédie en un Acte ,

en profe, par M. *Drigas*, jouée en fociété à Lyon, imprimée dans cette Ville, en 1765, *in*-12; elle n'eft pas fans mérite.

RÉGALS DES COUSINS ET DES COUSINES (les), Comédie en un Acte, en vers, de *Brecourt*, donnée, dit M. *de Léry*, dans fon *Dictionndire*, en 1674. Ce ne peut être que de *Maupoint* qu'il ait tiré cet article, dont aucun Ecrivain du Théatre n'a parlé.

RÉGULUS, Tragédie de *Baubreuil*, donnée à Limoges, en 1582, imprimée dans cette Ville & dans la même année, *in*-12, tirée du quatrieme Livre de *Paul Orofe*, chap. 7 & 8, & du fecond Livre d'*Eutrope* : médiocre & mal verfifiée.

RÉGULUS, Tragédie de *Pradon*, mife au Théatre le 4 Janvier 1688, imprimée en 1700, *in*-12; elle eut vingt-huit repréfentations & le plus grand fuccès. L'expofition du fujet en eft bien faite, le quatrieme Acte intéreffant, & le dernier paffable. Elle fut reprife le 25 Juin de la même année, & fut encore jouée quatre fois. Elle a refté au Théatre pendant plufieurs années.

RÉGULUS, Tragédie du Jéfuite *la Sante*, jouée au College de Louis-le-Grand, le 7 Août 1737; elle eut beaucoup de fuccès.

RÉGULUS, Tragédie de M. *Dorat*, en trois Actes, en vers, repréfentée le 31 Juillet 1773; elle eut du fuccès, & fut jouée treize fois. Cette Piece avoit été imprimée avant fes repréfentations.

REINE (le Triomphe de Sainte), Tragédie, par *Dargicourt*, indiquée dans les anciens Catalogues, fous l'année 1691.

REINE D'ALISE (le Martyre de Sainte),
de *Charles Ternet*, jouée en 1682, imprimée
dans la même année, *in-8°* : bonne pour être
repréfentée dans des Couvents.

REINE (Sainte), ou *la Victoire fpirituelle
de 'la glorieufe Sainte Reine*, *remportée fur le
Tyran Alibre*, Tragédie Sainte en trois Actes :
c'eft le titre. Cette Piece eft de *Blaifebois* ; elle
a été jouée & imprimée à Autun, en 1686,
in-4°,

REINE D'ALISE (le Martyre de Sainte),
Tragédie d'un Anonyme, imprimée en 1687,
in-8°. L'Auteur étoit un Religieux de l'Abbaye
de Flavigny, à Châtillon-fur-Seine. Cette Piece
fut réimprimée en 1722, *in-8°*.

RÉJOUISSANCES DES HARANGERES
DES HALLES DE PARIS (les), Farce en
profe, d'un Anonyme, entre *Pernelle Barbe* &
Lambin, fur la réçonçiliation des Princes, en
1614, *in-8°*.

RÉJOUISSANCES PUBLIQUES (les), ou
le *Gratis*, Comédie en un Acte, en profe, par
les Comédiens du Roi *G. L. T. L. A.*, repréfentée le 18 Septembre 1729, non imprimée,
avec un Divertiffement, dont la Mufique eft de
Grandval le pere, à l'occafion de la Naiffance
de M. *le Dauphin*.

RENAUD ET ARMIDE, Comédie en
un Acte, en profe, de *Dancourt*, repréfentée
le 31 Juillet 1686, imprimée en 1697, *in-12*:
foible, mais affez bien écrite.

RENCONTRE (la), Comédie de *Jodelle*,
repréfentée à Paris, à l'Hôtel de Rheims, devant le Roi *Henri II*, en 1552. Voici ce que

Pasquier rapporte à l'occasion de cette Piece, qui n'a été imprimée qu'en 1574, *in-4°* : « La
» *Rencontre*, ainsi appellée, parce qu'au gros
» de la mêlange, tous les personnages s'étoient
» trouvés pêle-mêle casuellement dans une
» maison, démêlée par la clôture du jeu ». Elle
n'a point été imprimée. Voyez *Beauchamps*,
Tome I, page 404 ; & *Eugene*, dans ce
Dictionnaire, à l'*E*.

R E N C O N T R E   I M P R É V U E (la), Comédie en un Acte, en prose, de *l'Affichard*,
donnée le 14 Octobre 1735, non imprimée ; elle ne fut jouée qu'une fois, avec les
Acteurs déplacés, du même Auteur, & fut
précédée d'un Prologue. Voyez *Acteurs déplacés*.

R E N C O N T R E (l'heureuse), Comédie
en un Acte, en prose, par les Dames *Roset*
& *Chaumont*, jouée le 7 Mars 1771 ; elle eut
cinq représentations, non imprimée.

R E N D E Z - V O U S (le), Comédie en un
Acte, d'un Anonyme, jouée le 18 Mai 1683,
après la Tragédie d'*Othon*. Cette Piece n'eut
que deux représentations, & n'est connue que
par les registres du Théatre François.

R E N D E Z - V O U S (le), ou l'*Amour supposé*,
Comédie en un Acte, en vers, de *Fagand*,
représentée le 27 Mai 1733, imprimée dans la
même année, *in-8°* ; elle eut douze représentations. C'est la premiere Piece de l'Auteur :
l'intrigue en est jolie ; elle eut du succès, &
est restée au Théatre.

R E N D E Z - V O U S   D E S   T U I L E R I E S (le),
Comédie en cinq Actes, en vers, par *Raissi-*

guyer, donnée en 1635. Je ne l'ai point trouvée imprimée.

RENDEZ-VOUS DES TUILERIES (le),
ou *le Coquet trompé*, Comédie en trois Actes,
en profe, précédée d'un Prologue, par *Baron*,
jouée le 3 Mars 1685, imprimée en 1686, *in*12 ;
elle eut dix repréfentations. Elle n'a point d'intrigue, mais les caractères en font originaux,
plaifants, & le dialogue vif & comique.

RENNIO ET ALINDE, ou *les Amants fans
le favoir*, Comédie de M. *de la Place*, repréfentée en fociété, en 1760 & 1761, imprimée
dans le *Mercure de France* de Septembre de
l'année 1763 : très-agréable. Elle eft imitée d'une
Piece Angloife intitulée *Edgar & Emmeline*.

REPENTIR AMOUREUX (le), Eglogue
en cinq Actes, en vers & en profe, avec un
Prologue, par *Roll. Dujardin*, donnée en 1590,
manufcrite, traduite de l'Italien, dédiée à la
Maîtreffe de l'Auteur. Elle fut d'abord repréfentée à Tours. J'ai vu cette Piece manufcrite
dans le Cabinet de feu M. *de Bombarde*. On a
encore de *Dujardin* une Comédie intitulée
les Aveugles d'Épicure.

REPENTIR (le), Comédie en un Acte,
en vers, de l'Anonyme. *M. L. D. S. F.*, non
repréfentée, imprimée en 1751, *in*-8° : bien des
Amateurs la connoiffent & en difent du bien.

RÉPÉTITION (la), Comédie en un Acte,
en profe, de *Baron*, jouée, fans être annoncée
ni affichée, le 10 Juillet 1689, non imprimée :
elle eut onze repréfentations, & n'eft connue
que par les regiftres du Théatre François.

RÉPÉTITION INTERROMPUE (la),

Comédie en un Acte, en profe, par *Ciferon de Rival*, frere d'un homme de Lettres, auffi eftimable qu'éclairé ; repréfentée en fociété, à Lyon, en 1749, non imprimée.

RÉSOLUTION PERNICIEUSE (la), Tragédie, de *Charpentier*, en cinq Actes, en vers & en profe, non repréfentée ni imprimée. *Beauchamps* nous apprend qu'elle étoit dans le Cabinet de feu M. *de Bombarde* : je l'y ai vue en manufcrit, non achevée.

RESSOURCE ET LE CAPRICE (la), Prologue en vers, de *Mafcrier*, compofé pour une reprife de la *Sœur ridicule* ; donné le premier Octobre 1727, imprimé en 1732, *in*-12 : elle ne réuffit pas, & ne parut qu'une feule fois. Voyez *Sœur ridicule*, de *Montfleury*.

RETOUR DU BON TEMPS (le), Poëme dramatique, fans diftinction d'Actes ni de Scenes, par un Anonyme (le Comte *de Mouchy*), exécuté, avec un Ballet, à l'entrée de M. *le Prince* à Dijon, le 3 Octobre 1632 ; imprimé dans la même Ville & dans la même année.

RETOUR DE CLIMENE (le), Paftorale en un Acte, en vers, par *Fontenelle*, imprimée dans la derniere édition de fes Œuvres, Tome X.

RETOUR DE L'OMBRE DE MOLIERE (le), Prologue par l'Abbé *de Voifenon*, repréfenté, avant *l'Ecole du Monde*, le 21 Novembre 1739, imprimé en 1740 *in*-8° : on le trouva bien écrit ; il fut donné fix fois. Voyez *Ecole du Monde*.

RETOUR DE JACQUES II, ROI D'ANGLE-

TERRE, A PARIS (le), Comédie en un Acte, en profe, d'un Anonyme, non repréfentée, imprimée à Cologne, en 1694, *in-12*; à Paris, en 1696, *in-12*: Piece allégorique à l'Hiftoire de ce Roi.

RETOUR DES OFFICIERS (le), Comédie en un Acte, en profe, avec un Divertiffement, dont la Mufique eft de *Gilliers*, par *Dancourt*, mife au Théatre le 19 Octobre 1697, imprimée dans la même année, *in-12*: elle eft bien foible d'intrigue, mais fort plaifante; elle eft-reftée affez long temps au Théatre.

RETOUR IMPRÉVU (le), Comédie en un Acte, en profe, de *Regnard*, repréfentée le 11 Février 1700, imprimée dans la même année, *in-12*; elle eft tirée de *Moftellaria* de *Plaute*: divertiffante & d'un bon comique. P. *Larrivey* a fait ufage de ce fujet dans fa Comédie *des Efprits*; & *Montfleury* l'a employé pour le premier Acte de fon *Comédien Poëte*. Outre les Pieces connues de *Regnard*, il eft encore l'Auteur d'une Tragédie intitulée *Sapor*, qui avoit été reçue par les Comédiens, & qui n'a pas été achevée ni repréfentée, mais qui eft imprimée dans fes Œuvres en 1731, *in-12*, avec *les Souhaits*, Comédie en un Acte, en vers, qui n'a pas non plus été jouée.

RETOUR SUR SOI-MÊME (le), par la *Chauffée*. Voyez *Ecole de la Jeuneffe*, à l'E.

RETRAITE DES AMANTS (la), ou *le Débauché converti*, Tragi-Comédie, précédée d'un Prologue & d'un Epilogue à la maniere des Anciens, par *Sainville*, non repréfentée: manufcrit très-rare; il étoit dans le

Cabinet de Madame la Comtesse de *Verne*, avant sa mort.

RÉVEIL D'EPIMÉNIDE (le), Comédie en trois Actes, en vers, & Prologue de *Philippe Poisson*, représentée le 7 Janvier 1735, imprimée dans la même année, *in-12* : elle est froide & bien foiblement écrite. Le Président *Hainault* a composé une Comédie sous ce titre ; elle est imprimée dans le premier Tome des *Mémoires de la Société Royale des Sciences & des Belles-Lettres de Nancy*, en 1755, *in-8°*.

RÉUNION DES AMOURS (la), Comédie héroïque en un Acte, en prose, par *Marivaux*, mise au Théatre le 5 Novembre 1731, imprimée en 1733, *in-12* : allégorie spirituelle. Les Demoiselles *Gauffin* & *Dangeville* y jouerent à ravir les Rôles des *deux Amours*. Cette Piece fut jouée neuf fois.

RÉVOLUTION DU PORTUGAL, ou *les Lufitains*, Tragédie par M. *Sixte*, représentée à Berlin, imprimée, sans nom d'Imprimeur, dans cette Ville, en 1753, *in-12* de 108 pages ; elle est tirée des *Révolutions du Portugal*, de l'Abbé *de Vertot* : la Poésie aussi mauvaise que la Piece, nulle action ; tout se passe en harangues, en récits, & tous les personnages font des conjurés, il n'en est aucun d'Espagnols.

RHADAMISTE ET ZÉNOBIE, Tragédie de *Crébillon*, représentée le 12 Janvier 1711, imprimée dans la même année, *in-12* : elle eut trente représentations. La réussite de cette Piece fut si brillante, qu'il en fut imprimé deux éditions huit jours après ; & deux autres dans le cours de cette même année : elle fut reprife le 15 Mai fuivant avec un égal fuccès ; elle eft tirée du Roman de *Bérénice*, que l'on a toujours cru du même Auteur, il eft fi rare qu'on ne le trouve plus. Cette Tragédie eft reftée au Théatre ; il y a quelques années qu'on ne la jouoit plus fi fouvent ; les Amateurs du Théatre en foupçonnoient la raifon, elle n'exifte plus : depuis quelques mois, elle a été reprife plufieurs fois.

RHODES SUBJUGUÉE, Tragédie de *Borée*, non repréfentée, imprimée en 1627, *in*-8°. : c'eft la premiere Piece de l'Auteur ; elle contient l'Hiftoire du Siege de Rhodes par le Duc *de Savoie*. Il s'en faut tout que cet effai foit un chef-d'œuvre.

RHODIANE (la), ou *la Cruauté de Soliman*, Tragédie par *Mainfray*, donnée en 1620, imprimée en 1621, *in*-16 : elle eft mal conduite & foiblement verfifiée. Voyez *Perfide*.

RICHARD MINUTOLO, Comédie en un Acte, en profe, par *Houdart de la Motte*, jouée le 11 Mai 1726, avec *le Talifman* & *le Magnifique* : elle eft très-foible. Voyez *Italie galante*.

RICHE IMAGINAIRE (le), Comédie du Jéfuite *du Cerceau*, jouée dans fon College, non imprimée.

RICHE MÉCONTENT (le), ou *le Noble imaginaire*, Comédie en cinq Actes, en vers, de *Chappuzeau*, donnée à l'Hôtel de Bourgogne en 1682, imprimée dans la même année, *in*-12 ; la même que *le Partifan dupé*, du même Auteur, imprimée fous ce titre en 1677 : elle eft mal

. faite, & peu divertiſſante. Outre les Pieces connues de ce Poëte, on lui attribue encore une Tragédie ſans date, intitulée *Ametʒar*, ou les *Amis ennemis.*

RICHE (le Pauvre), Comédie en trois Actes, en proſe, d'un Anonyme, repréſentée en 1714, imprimée dans la même année, *in-8°*, à Valenciennes, où elle a été jouée pour la premiere fois.

RICHE (la Mort burleſque du mauvais), Tragédie hiſtorique à dix - huit perſonnages, par *Des - Iſles - le - Bas*, jouée & imprimée à Rouen, en 1700, *in-12*.

RICHE VILAIN, par *Chappuʒeau.* Voyez *Dame d'intrigue.*

RICHELIEU (le Cardinal), Tragi - Comédie en cinq Actes, en proſe, d'un Anonyme, non repréſentée, imprimée ſans date, *in-4°*: mauvais libelle allégorique, ainſi que deux autres Comédies, au nom de ce grand homme, enfantées par l'envie & la malignité.

RIDICULES (les Amants), par *Legrand.* Voyez *Amants ridicules.*

RIVAL APRÈS SA MORT (le), Comédie. Les Catalogues indiquent cette Piece ſous ce titre, & une ſeconde ſous celui de *Rival encore après ſa mort.* Toutes les deux imprimées en 1658, *in-8°*; ce qui annonce qu'il n'y en a qu'une, & qu'elle eſt très-rare, puiſque juſqu'ici l'on n'en ſait pas davantage, malgré tant de recherches & de ſoins.

RIVAL DE SON MAÎTRE (le), Comédie en cinq Actes, d'un Anonyme, repréſentée le 25 Avril 1687, non imprimée; elle eut fept repréfentations. Voilà tout ce que les regiftres du Théatre François nous en apprennent.

RIVAL DE LUI-MÊME (le), ou *la Fête interrompue*, Comédie, par *la Chauffée*, en un Acte, en vers, jouée le 20 Avril 1746, imprimée dans la même année, *in-12* ; elle n'eut que quatre repréfentations : cependant elle a des endroits très-agréables, & elle eft bien conduite ; elle eft imprimée avec un Prologue dont les Comédiens n'ont pas fait ufage. Cette Piece eft tirée d'une des Lettres Turques de feu *Saint-Foix* ; elle mérite d'être reprife.

RIVAL ENCORE APRÈS SA MORT (le), Comédie par un Anonyme, donnée en 1658, imprimée dans la même année, *in-8°*. Je ne l'ai point trouvée portée fur les regiftres du Théatre François : très-rare.

RIVAL (l'Ombre de fon), Comédie en un Acte, en vers libres, de *Cronier*, donnée à la Haye en Hollande, en 1680, imprimée en 1681, *in-12*. Cette Piece à fa premiere repréfentation fut entremêlée de Chants & de Danfes.

RIVAL SECRETAIRE (le), Comédie en un Acte, en vers, avec un Prologue, par M. *P. Rouffeau*, jouée le 12 Novembre 1737, imprimée en 1738, *in-8°* ; elle fut repréfentée avec l'*Accommodement imprévu* & *l'Heure du Berger* ; elle eut fix repréfentations & le Prologue fut fort applaudi. L'Auteur ayant gardé l'Anonyme, elle fut attribuée à MM. *Parmentier de Pontault*, *de Boyffard* & *Deshayes*.

RIVAL SUPPOSÉ (le), Comédie en un Acte, en profe, de *Saint-Foix*, mife au

Théatre

Théatre le 15 Octobre 1749, imprimée en 1750, *in*-12 ; elle fut donnée avec la *Colonie*, du même Auteur ; mais toute bien écrite qu'elle eſt, l'Auteur la retira, après la premiere re‑préſentation.

RIVALE D'ELLE-MÊME (la), par *Boiſſy*. Voyez *Amant de ſa Femme*.

RIVALE SUIVANTE (la), Comédie en un Acte, en vers, de M. P. *Rouſſeau*, repréſentée le 5 Août 1747, imprimée dans la même année, *in*-8° : elle eut ſix repréſentations, & fut donnée avec les *Confidences réciproques* & *le Plaiſir*. C'eſt la premiere Piece de l'Auteur.

RIVALES (les), Comédie en cinq Actes, en vers, par *Quinault*, jouée en 1653, imprimée en 1661, *in* 12 ; quoique médiocre, elle eut un grand ſuccès. C'eſt la premiere Piece qui a donné lieu à l'uſage par lequel les Auteurs ont part aux repréſentations de leurs Ouvrages, dans leur nouveauté. Les Comédiens avant ce temps les achetoient, & les payoient à proportion de la réputation de celui qui les préſentoit. Ils avoient accordé cent écus pour les *Rivales* de *Quinault*, parce qu'ils croyoient cette Comédie de *Triſtan*. Celui-ci leur ayant avoué quelques jours après qu'elle étoit d'un jeune homme, ils ſe rétracterent & n'en voulurent payer que cinquante. *Triſtan*, qui s'intéreſſoit pour *Quinault*, ne put ſe ré‑ſoudre à la donner à un prix auſſi médiocre. Il leur propoſa d'accorder à l'Auteur le neu‑vieme de la recette, tant qu'on joueroit de ſuite la Piece ; le marché fut accepté ; & depuis ce temps cet ufage s'eft confervé.

RIVAUX AMIS (les), Comédie en cinq Actes, en vers, de *Boifrobert*, repréfentée en 1638, fous le nom de *Jean Beaudouin*; imprimée dans la même année, *in-8°* : chargée de trop d'événements ; elle n'eut pas de fuccès.

RIVAUX INDISCRETS (les), Comédie en trois Actes, en vers, par *du Béry*, jouée en fociété à la Haye, en 1738, imprimée dans la même ville, *in-12*, chez *Vandole*.

RIVAUX (les véritables Freres), Tragi-Comédie d'*Urbain Chevreau*, donnée par la Troupe Royale le 4 Août 1641, imprimée dans la même année, *in-4°* : ennuyeufe. Outre les Pieces imprimées de l'Auteur, il a fait encore la Tragédie d'*Hidafpe*, mais on n'a aucune certitude qu'elle ait été imprimée.

RIVAUX (les trois Freres), Comédie en un Acte, en vers, par *Lafond*, repréfentée le Vendredi 4 Août 1713, imprimée dans la même année, *in-12* : plaifante, d'un bon comique ; reftée au Théatre, où elle eft peut-être jouée un peu trop fouvent.

RIVAUX D'EUX-MÊMES (les), Comédie en un Acte, en profe, par un Anonyme, donnée le 27 Août 1714, non imprimée ; elle fut jouée après la Tragédie des *Coups de l'Amour & de Fortune*, & n'eut que trois repréfentations.

RIVAUX (les trois), Comédie en cinq Actes, en vers, d'un Anonyme, jouée le 4 Février 1743 ; elle eut fix repréfentations, non imprimée ; elle fut attribuée au Médecin

Collet & à M. *Saurin*. J'en connois l'Auteur ; mais ne s'étant pas fait connoître, nul Ecrivain ne l'ayant nommé, il convient que je garde le silence.

RODOGUNE, *Princeſſe des Parthes*, Tragédie de *Corneille*, miſe au Théatre de l'Hôtel de Bourgogne, en 1644, imprimée dans la même année, *in-4°* : l'un des chef-d'œuvres de *Corneille* qui eut la plus brillante réuſſite, & qui en aura tant que le Théatre ſera à la mode. Le cinquieme Acte eſt de la plus grande beauté ; c'étoit de tous ſes Ouvrages celui pour lequel ce grand homme avoit le plus de prédilection, Elle eſt reſtée au Théatre, où elle fait toujours l'admiration des Connoiſſeurs.

RODOGUNE, Tragédie par *G. Gilbert*, repréſentée en 1644, imprimée en 1647, *in-4°* : mauvaiſe imitation des quatre premiers Actes de la précédente, occaſionnée par l'infidélité d'un ami de *Corneille*, à qui ce grand homme avoit lu ſa Tragédie : malheureuſement pour *Gilbert*, la mémoire manqua au cinquieme Acte à celui qui l'avoit d'abord ſi bien ſervi pour les quatre premiers ; ce qui fit qu'étant forcé de recourir à ſon propre génie, le dernier parut trop déteſtable, pour qu'on fît grace aux beautés d'emprunt de ceux que le Public avoit d'abord tant applaudis.

RODOMONTADE (la), Tragédie de *Bauter*, donnée en 1605, imprimée dans la même année, *in-8o*, tirée de l'*Arioſte* : on ne peut pas plus foible ; elle a été imprimée avec la *Mort de Roger*, Tragédie du même Auteur, qui ſert de ſuite à la *Rodomontade*, & avec *les Amours de Catherine Scelles* , fa Maîtreſſe , qui avoit la voix admirable , & jouoit parfaitement du luth , ſous le nom de *Mèligloſſe*. Ces Pieces ont été réimprimées depuis en 1719 & 1720 , *in-8°* , à Troyes en Champagne.

RODOMONTADE (la) , Tragédie par un Anonyme , jouée en 1613 , imprimée dans la même année , *in-8°*. Cette Piece eſt peu connue & fort rare.

RODOPE , Comédie-Ballet en trois Actes , en vers , précédée d'un Prologue , par *Autreau* , non repréſentée , imprimée en 1735 , *in-12.* Elle étoit deſtinée pour l'Opéra , ce qui n'eut pas lieu.

ROGER (la Mort de) , Tragédie de *Bauter* , repréſentée en 1605 , imprimée dans la même année , *in-8°* , avec cinq anciennes Pieces dans un vieux Recueil du Théatre -François , en 1724 ; ſous le nom de *Mèligloſſe* , anagramme de *Bauter*.

ROLAND LE FURIEUX , Tragédie de *Mairet* , repréſentée en 1635 , imprimée en 1640 , *in-4°* ; tirée de l'*Arioſte* , où ſe trouve l'Epiſode de *Zerbin* & d'*Iſabelle* : romaneſque , & foiblement verſifiée ; il s'y trouve cependant quelques endroits paſſables.

ROMÉO ET JULIETTE , Tragédie de *la Gambe* , dit *Châteauvieux* , jouée en 1580. Cette Piece eſt à peine connue ; aucunes de de celles de cet Auteur n'ont été imprimées.

ROMÉO ET JULIETTE , Tragédie de M. *Ducis* , miſe au Théatre le 22 Juillet 1772 ; elle fut jouée dix-neuf fois avec le plus grand ſuccès : reſtée au Théatre , où l'on en attendoit la reprise avec impatience ; elle le fut enfin le 31 Octobre 1777, suivie du *Tuteur*, avec la plus brillante réussite.

ROMAN DU MARAIS (le), Comédie de *Claveret*, non représentée, imprimée en 1631: très-rare.

ROME SAUVÉE, Tragédie de *Voltaire*, représentée le 24 Février 1752 ; elle fut jouée onze fois avec succès. On trouva dans cette Piece une grandeur & une force dignes du célebre Auteur de la *Henriade* & de *Mahomet*. On assure qu'elle doit être reprise incessamment avec des corrections. On a sur-tout admiré dans cette Tragédie, la vérité avec laquelle il a peint les temps & les personnages du siecle dans lequel l'action s'est passée. Elle avoit été représentée en 1750, à Sceaux, chez Madame la Duchesse *du Maine*, le 22 Juin, & dans laquelle l'Auteur joua le Rôle de *Cicéron*, où il reçut, ainsi que cette belle Piece, des applaudissements réitérés & justement mérités, d'une assemblée brillante, composée de personnes de goût.

ROMULUS, Tragédie de *Lamotte*, jouée le 8 Janvier 1722, imprimée dans la même année, *in-8°* ; elle eut vingt-&-une représentations & beaucoup de succès. Avant que cette Piece eût été mise au Théatre, on n'étoit dans l'usage de donner une petite Piece après une grande, qu'après la huitieme ou dixieme représentation. Aucun Auteur jusques-là n'avoit osé y contrevenir, dans la crainte de faire penser qu'il se défioit de son Ouvrage. *Lamotte*, plus hardi, en fit jouer une après sa Tragédie dès le premier jour, & depuis ce temps-là fon exemple a toujours été fuivi.

ROQUE-FEUILLE, ou *le Docteur extravagant*, Farce de *Nanteuil.* Voyez *Docteur extravagant.* Outre les Pieces de ce Comédien de la Reine, placées à leurs lettres, dans ce *Dictionnaire*, il eft encore l'Auteur des *Brouilleries nocturnes*, & du *Campagnard dupé*, Comédies jouées, mais non imprimées.

ROSÉIDE, Comédie en cinq Actes, en vers, de M. *Dorat*, donnée le 2 Octobre 1779, fuivie de la *Sérénade* ; elle eft très-bien faite ; interrompue à la huitieme repréfentation, par l'indifpofition d'un Acteur. Elle fera reprife inceffamment.

ROSÉLIE, ou le *Dom Guillot*, Comédie en cinq Actes, en vers, par *Dorimont*, repréfentée en 1661, imprimée dans la même année, *in*-12 ; d'autres Ecrivains portent la date en 1641, mais ils fe font mépris : médiocre, mais affez bien intriguée.

ROSEMONDE, Tragédie de *Balth. Baro*, donnée en 1649, imprimée en 1652, *in*-4° : tous les perfonnages y font horreur, & la Piece eft auffi mauvaife qu'elle eft noire.

ROSILÉON (les Aventures de), Paftorale en cinq Actes, en vers, par *Pichou*, repréfentée en 1629, tirée de l'*Aftrée.* On trouve un grand éloge de cette Piece dans la Préface que le Médecin *Ifnard*, ami de l'Auteur, a mife à la tête de fa *Philis de Scyre*, de *Pichou.* Quoiqu'on n'ait aucune certitude que la Paftorale qui fait la matiere de cet article, ait été imprimée, il femble fous-entendu, par le compte que rend

Ifnard dans la Préface qu'on vient de citer, qu'elle l'étoit de fon temps.

ROXANE, Tragédie de *Defmarets*, jouée en 1639, imprimée en 1640, *in-4°* : foible en tout point. La tradition apprend que l'Auteur de cette Piece, dévoué au Cardinal *de Richelieu*, n'en étoit que le prête-nom, & que l'Eminence l'avoit compofée. Elle ajoute que l'Abbé d'*Aubignac*, qui l'ignoroit, ayant lancé une critique amere contre cette Tragédie, le Cardinal, pour l'en punir, l'empêcha, par fon crédit, d'être admis à l'Académie Françoife, où il avoit parole d'être nommé à la première place vacante.

ROXANE (la Mort de), Tragédie, par l'Anonyme *J. M. S.*, donnée en 1647, imprimée en 1648, *in-4°*. Cette Piece eut du fuccès; elle eft tirée du dernier Livre de *Quint-Curce* : médiocre, mais le cinquieme Acte eft intéreffant & bien écrit.

ROXELANE, Tragédie, par *Defmares*, mife au Théâtre en 1643, imprimée dans la même année, *in-8°*. Le Rôle de *Roxelane* a de la dignité & eft bien foutenu. L'Auteur de cette Piece, qui eut beaucoup de fuccès, étoit Secretaire des Commandements de M. *le Prince*; ce qui y contribua peut-être autant que le mérite de la Tragédie, qui eft affez foible.

ROY FRANC-ARBITRE (Tragédie du), *nouvellement traduite de l'Italien en François* : c'eft le titre. Voyez *Tragédie*, au T.

ROY DE COCAGNE (le), par *Legrand*. Voyez *Cocagne*, au C.

ROYALES COUCHES (les), Eglogues à

plufieurs perfonnages, de *Cl. Garnier*, mife au Théatre en 1604, imprimée dans la même année, *in-*8°. Cette Piece fut compofée pour célébrer la Naiffance de M. *le Dauphin* & de *Madame*.

ROYAUTÉ (la), Tragédie, par un Anonyme, jouée fur le Théatre de la France, par le Cardinal *Mazarin*; ou plutôt, Argument de cette Tragédie imaginaire en cinq Actes : c'eft le titre de ce Libelle allégorique au miniftere de cette Eminence; non repréfentée, imprimée en 1651, *in-*4°.

RUE MERCIERE (la), ou *les Maris dupés*, Comédie en un Acte, en vers, par *Legrand*, repréfentée à Lyon, en 1694, imprimée en 1695, *in - 12*, dans le premier Tome de fon *Théatre. La Répétition de Théfée*, & *la Fille Précepteur*, Comédies du même Auteur, ont été auffi jouées dans cette Ville, mais non imprimées.

RUE SAINT-DENIS (la), Comédie en un Acte, en profe, de *Champmêlé*, jouée le 17 Juin 1682, imprimée dans la même année, *in-*12 : foible, remplie de quolibets & de mauvaifes pointes; elle fut cependant jouée huit fois.

RUPTURE (la), ou *le Mal-entendu*, Comédie en un Acte, de Madame *Delorme*, repréfentée le 23 Novembre 1766, non imprimée. La Dame Auteur retira fa Piece après la premiere repréfentation; elle fe preffa trop, elle en auroit eu plufieurs.

RUSE INUTILE (la), Comédie en un Acte, en vers, de M. *Pierre Rouffeau*, donnée le 6 Octobre 1749 , imprimée dans la même année, *in*-12. Cette Piece fut jouée avec succès pendant le Voyage de Fontainebleau : ce qui fit qu'elle n'eut que sept représentations.

. Ruses d'Amour (les), Comédie en trois Actes , en vers , par *Poisson* le fils, mise au Théatre le 30 Avril 1736 , imprimée dans la même année, *in*-12 : médiocre, l'intrigue commune ; elle fut d'abord mal reçue; l'Auteur y ayant fait quelques changements & des corrections , le Public, plus indulgent, y applaudit, & elle fut jouée dix fois avec succès. La derniere reprise de cette Piece, sans être annoncée, est du Dimanche 3 Janvier 1780, précédée du *Mercure Galant*; elle a été revue avec plaisir.

S A B

Sabinus, Tragédie de *Passerat*, non représentée, imprimée à Bruxelles, avec les autres Pieces de l'Auteur, en 1695, *in*-12. Voyez *Feint Campagnard* (le).

Sabinus et Eponine , Tragédie de *H. Richer*, donnée le 29 Décembre 1734, imprimée en 1735, *in*-8°. La premiere représentation en fut si tumultueuse, que l'Auteur fut obligé de la retirer pour y faire des corrections, & elle fut reprise huit jours après. Le jeu des Acteurs & quelques beaux endroits soutinrent cette Piece pendant huit représentations.

Sac de Carthage (le), Tragédie en prose de *Laferre*, représentée à l'Hôtel de Bourgogne, en 1642, imprimée dans la même année, *in*-4° : l'une des plus passables de l'Auteur.

SACRIFICE D'ABRAHAM (le), Tragédie de *Beʒe*, donnée en 1550, imprimée en 1552, *in*-8° ; elle eſt ſéparée en pauſes, avec des Chœurs, précédée d'un Prologue & d'un Epilogue. Le ſujet en eſt grand & fortement rendu.

SACRIFICE D'ABRAHAM (le), Tragédie d'un Anonyme, non repréſentée, imprimée à Troyes, en 1637, *in*-8°.

SACRIFICE D'ABRAHAM (le), Tragédie en trois Actes, en vers, par *Dumoret*, repréſentée à Touloufe, en 1699, imprimée dans la même année, *in*-12 : bonne pour être jouée dans des Couvents.

SACRIFICE D'ABRAHAM (le), Tragédie de *Pechantré*, donnée au College d'Harcourt, en 1703; c'eſt tout ce qu'on en fait.

SAGE ÉTOURDI (le), Comédie en trois Actes, en vers, de *Boiſſy*, jouée le 25 Septembre 1745, imprimée dans la même année, *in*-12; elle n'eut que ſept repréſentations : au dire des Connoiſſeurs, elle en méritoit davantage. Cette Piece avoit été déjà miſe au Théâtre le 3 Mars 1741, ſans aucun ſuccès, ſous le titre de *l'Indépendant*; l'Auteur voulant en tirer parti, y fit quelques changements, & la redonna ſous le nouveau nom où elle eſt ici placée ; ce qui lui valut ſix repréſentations de plus.

SAGE JALOUX (le), Tragi-Comédie en profe, par un Anonyme, repréſentée & imprimée en 1648.

SAGE VISIONNAIRE (le), Comédie d'un Anonyme *L. B. D. G.*, jouée en 1647.

SAINT ALEXIS, ou *l'Illuſtre Olympe*, Tragédie, par *Desfontaines*, miſe au Théâtre en

1645, imprimée dans la même année, *in-4°* : mauvaise, merveilleuse, mais chargée de trop d'événements.

SAINT CLOUD, Tragédie avec des Chœurs, par *Jean Heudon*, jouée en 1579 ; elle est aussi indiquée sous le nom de *Saint Clovaud*.

SAINT CRISTOPHE, Tragédie, par *Chevalet*, jouée dans un Couvent, en 1530, imprimée en 1730, *in-4°*.

SAINT DÉNICHÉ (le), ou *la Banqueroute des Marchands de Miracles*, Tragédie allégorique, par un Anonyme, non représentée, imprimée en 1732, *in-12* : fort rare.

SAINT EUSTACHE, par *Boiffin-Gaillardon*. Voyez *Euftache*, à l'E.

SAINT EUSTACHE, par *Desfontaines*. Voyez *Euftache*, ibid.

SAINT EUSTACHE, par *Balth. Baro*. Voyez *Euftache*, ibid.

SAINT GERVAIS (le Martyre de), Tragédie, par *François Chevreau*, donnée & imprimée en 1637, *in-4°*.

SAINT GERVAIS, Tragédie, par l'Abbé *Cheffaut*, habitué de cette Paroisse, représentée en 1670, imprimée en 1673, *in-8°*. Voyez *Gervais*.

SAINTE AGNÈS, Tragédie, par *Troterel*, donnée & imprimée en 1618.

SAINTE ALDEGONDE, Tragédie, par *Jean d'Ennetieres*, en 1645, *in-8°*.

SAINTE BARBE, Tragédie sans nom d'Auteur, jouée en 1534, imprimée en 1735, *in-4°*.

SAINTE CLOTILDE, deux Tragédies ;

l'une de *Prevôt*; la feconde, de l'Abbé *Abeille*. Voyez *Clotilde*.

SAINTE DOROTHÉE, deux Tragédies de ce titre, par *Leville* & *Rampale*. Voyez *Dorothée*.

SAINTE ELIZABETH, Tragédie par *Leville*. Voyez *Elizabeth*.

SAINTE GENEVIEVE, Tragédie de *Cerifiers*. Voyez *Genevieve*.

SAINTE GENEVIEVE, Tragédie, par un Religieux de cette Abbaye. Voyez *Genevieve*.

SAINTE GENEVIEVE, Tragédie, par *Daure*. Voyez *Genevieve*.

SAINTE REINE, Tragédie, par *Milotet*. Voyez *Charriot de Triomphe*.

SAINTS AMANTS (les), ou *le Martyre de Sainte Juftine & de Saint Cyprien*, Tragédie, par *Caillet Benigne*, indiquée par les Catalogues, fous l'année 1700, *in*-8°.

SALINIERES (les), Comédie en un Acte, en profe, de *Dominique*, jouée en Province, en 1713, imprimée dans la même année, *in*-12, fous le titre de *la Promenade des Foffés* : très-médiocre.

SALMÉE (la), Paftorale comique, ou Fable bocagere, en cinq Actes, en vers, de *N. Romain*, repréfentée en 1502, imprimée dans la même année, *in*-8°. Cette Piece fut compofée à l'occafion de la naiffance du Prince *de Vaudemont*, & fut jouée & imprimée à Pont-à-Mouffon.

SALUSTIE, Tragédie de M. *Guyot de Merville*, mife au Théatre de Lyon, au mois de Mars 1755; elle ne réuffit pas.

SAMSON LE FORT (Tragédie nouvelle de), en quatre Actes, contenant fes victoires, fa prife par la trahifon de fon époufe *Dalila*, c'eft le titre , par *Ville-Touflaint*. On fait qu'elle a été imprimée fans date , *in-8°* , & en 1620 , mais on n'a aucune certitude de l'année , ni qu'elle ait été jouée à Paris.

SANCHO-PANÇA (le Gouvernement de), Comédie en cinq Actes , en vers , de *Guérin Boufcal* , donnée en 1641 , imprimée dans la même année , *in-8°* : mauvaife , à quelques Scenes près ; elle eut cependant affez de fuccès.

SANCHO-PANÇA , Comédie en trois Actes , en profe , par *Dufrefny* , repréfentée le 27 Janvier 1694; non imprimée , parce que les Comédiens en perdirent l'unique copie. Un des Acteurs repréfentant *le Duc* , à la fin de la Piece , dit : *Je commence à être las de Sancho* ; *& moi auffi* , s'écria quelqu'un du fond du Parterre : plaifanterie qui fit que la Piece ne fut jouée que cinq fois.

SANCHO-PANÇA , Comédie en trois Actes , en profe , par *Bellavoine* , repréfentée fur le Théatre de la veuve *Maurice* avec beaucoup de fuccès , le 15 Février 1705 , non imprimée.

SANCHO-PANÇA , Comédie en cinq Actes , en vers , de *Dancourt* , jouée en 1712 , imprimée en 1713 , *in-12* ; elle fut fuivie d'un Divertiffement dont la Mufique eft de *Gilliers* ; elle eft tirée de la Comédie du même titre , de *Guérin* , dont il vient d'être parlé ; mais elle eft bien plus froide. La Piece n'ayant eu que fix repréfentations , l'Auteur la retira pour y faire des corrections , & ne la fit imprimer que l'année fuivante , *in-12*.

SAPOR, par *Regnard.* Voyez *Retour imprévu.*

SATYRE DES SATYRES (la), Comédie en un Acte, en vers, de *Bourfault*, non repréſentée, imprimée en 1669, *in-12. Defpréaux* ayant été averti qu'il étoit joué dans cette Piece, s'en alarma, & eut le crédit d'en empêcher la repréſentation ; mais il n'eut pas celui d'en faire défendre l'impreſſion. On trouve dans la Préface, à la tête de cette Piece, les motifs de la cenſure de l'Auteur contre *Defpréaux.*

SATYRES CHRÉTIENNES DE LA CUISINE PAPALE (les), par un Anonyme, non repréſentée, imprimée en 1560, *in-4º* : Farce & mauvais Libelle entre M. *Friquandouille*, Frere *Thibault* & Mᵉ. *Nicaiſe.*

SATYRES (la Vengeance des), Paſtorale en cinq Actes, en vers, précédée d'un Prologue, par *If. du Ryer.* Cette Piece avoit été d'abord imprimée en trois Actes, en 1609, ſans Prologue & ſans remerciement, & étoit fort différente de celle qui fait le ſujet de cet article.

SAUL LE FURIEUX, Tragédie de *Jean de la Taille de Bondaroy*, donnée en 1562, imprimée dans la même année, *in-8º* ; tirée de la Bible ; faite *ſelon l'Art & à la mode des vieux Poëtes tragiques, avec un Traité de la Tragédie* : c'eſt le titre. Malgré ce qu'en diſent quelques Critiques, je trouve de la force & de la chaleur dans quelques endroits de ce Poëme. Outre les Pieces connues de *Jean de la Taille*, *Maupoint* lui en attribue encore une, intitulée *lè Prince néceſſaire*, ſous l'année 1568 ; mais *Beauchamps* ſe taît, & ſon ſilence forme un doute fondé.

SAUL, Tragédie de *Cl. Billard de Courge-nay*, donnée en 1608, imprimée en 1610, *in-8º* : froide & ennuyeuſe. Malgré les éloges outrés que ſe donne l'Auteur, dans l'*Avis au Lecteur*, qui eſt à la tête du Recueil dans lequel cette Piece eſt imprimée, il ne faut pas omettre qu'elle fut donnée avec des Chœurs. La tradition apprend qu'elle eut beaucoup de ſuccès.

SAUL, Tragédie de *P. du Ryer*, repréſentée en 1639, imprimée en 1642, *in-4º*. Cette Piece n'eſt pas ſans mérite, a des beautés de détail, & n'eſt point mal verſifiée. L'Ombre de *Samuel* apparoît ſur la Scene à *Saül* ; ce qui dément l'opinion de tant d'Enthouſiaſtes qui ſoutiennent que *Voltaire* a le premier mis des Ombres ſur le Théatre.

SAUL, Tragédie de l'Abbé *Nadal*, miſe au Théatre le 12 Février 1705, imprimée dans la même année, *in-12*. L'expoſition du ſujet de cette Piece eſt trop chargée. Mademoiſelle *Deſmares*, qui jouoit *la Pythoniſſe*, contribua par ſa figure & par ſon jeu à l'eſpece de ſuccès qu'eut cette Tragédie dans ſa nouveauté. Elle fut repriſe le 14 Avril 1751 ; & quoique Mademoiſelle *de Balicourt* y jouât ſupérieurement le même Rôle de *la Pythoniſſe*, la Piece n'eut aucune réuſſite. On trouve dans le *Mercure* d'Avril de l'année de cette repriſe une lettre aſſez curieuſe ſur ce ſujet.

SAUVAGE HORS DE CONDITION (le),

Tragédie en un Acte, en vers, par un Anonyme, imprimée fans date, ni nom de Ville ni d'Imprimeur. C'eſt une critique de l'*Héloïſe de J.-J. Rouſſeau* : très-mauvaiſe. La *France Littéraire* n'en a point parlé.

S A V A N T (le faux) , par *Duvaur.* Voyez *Faux Savant* , *Amour Précepteur.*

S C É D A S E , ou l'*Hoſpitalité violée* , Tragédie d'*Alexandre Hardy*, repréſentée en 1604, imprimée en 1624, *in*-8°, tirée de *Plutarque*, *Vie de Pélopidas.* Deux jeunes gens de Sparte s'introduiſent chez *Scédaſe* , ſous prétexte d'hoſpitalité , pendant ſon abſence. Au premier coup-d'œil des deux filles de la maiſon , ils conçoivent des deſirs criminels, de les violer ; pour ne pas être convaincus , ils les égorgent & s'enfuient. *Scédaſe* de retour trouvant ſes filles nageant dans leur ſang , en meurt de douleur : voilà le ſujet de cette Piece rendu , trop librement.

S C E N E   F R A N Ç O I S E (la) , *contenant deux Tragédies & trois Comédies accommodées ſur les Hiſtoires de notre temps :* c'eſt le titre. Ces Pieces ne ſont point connues, elles ſont indiquées ſous l'année 1584.

S C É V O L E , Tragédie de *Pierre du Ryer*, donnée en 1646, imprimée en 1647 : très-bien faite pour le temps, & regardée alors comme le chef-d'œuvre de l'Auteur. Elle eut un ſuccès prodigieux à l'Hôtel de Bourgogne , & en eut encore beaucoup à ſa repriſe qui ſe fit au mois de Juillet 1721.

S C I P I O N   L'A F R I Q U A I N , Tragédie de *Deſmarets*, donnée en 1639, imprimée dans la même année, *in*-12. Elle n'eſt pas ſans mérite

&

& fans invention, mais la verfification en eft dure & le dénouement forcé.

SCIPION L'AFRIQUAIN, ou *le Sac de Carthage*, Tragédie, par *Pujet de la Serre*, jouée en 1642, imprimée dans la même année : fans intérêt & mal verfifiée.

SCIPION L'AFRIQUAIN, Tragédie de *Pradon*, repréfentée le 22 Février 1697, imprimée dans la même année, *in-12* ; elle eut du fuccès, malgré fa médiocrité, à caufe de quelques beaux endroits qui plurent beaucoup.

SCYLLA, par *Buffier*. Voyez *Damocle*.

SCYTHES (les), Tragédie de *Voltaire*, mife au Théatre le 28 Mars 1767. A la quatrieme repréfentation, l'Auteur la retira pour y faire des corrections.

SECRET RÉVÉLÉ (le), Comédie en un Acte, en profe, de l'Abbé *Brueys*, repréfentée le 13 Septembre 1690, imprimée dans la même année, *in-12*. Elle fut jouée douze fois. Un conte fait à l'Auteur & à *Palaprat*, par *Raifin* le cadet, d'un Chartier qui s'étoit enivré de dépit de ce que le vin qu'il conduifoit fe perdoit, donna le fujet de cette Piece. Elle ne dut fa réuffite qu'au jeu de *Raifin*.

SÉDÉCIE, ou *les Juives*, Tragédie avec des Chœurs, de *Rob. Garnier*, donnée en 1583, imprimée dans la même année, *in-8°*. Cette Piece qui eft foible, a cependant quelques endroits frappés avec chaleur. C'eft la derniere Tragédie de cette ancien Poëte.

SÉJAN (la Mort de), Tragédie de *Chopin*, non repréfentée, imprimée en 1755, *in-12*,

Tome I. E e

à Berlin ; & à Paris, chez *Duchefne*, rue Saint-Jacques.

SÉJANUS, Tragédie de *Magnon*, donnée en 1646, imprimée en 1647, *in 4°* : froide, ennuyeufe, comme une partie des Pieces de cet ancien Ecrivain.

SÉLEUCUS, Tragi-Comédie héroïque de *Montauban*, repréfentée en 1652, imprimée en 1664, *in*-12 : irréguliere & d'un bas comique, malgré le genre fi contraire.

SÉLIDAURE, ou *l'Amante victorieufe*, Tragédie de l'Anonyme *P. L. M.* jouée en 1638, imprimée en 1639, *in*-8°. Paris, chez *Pierre Lamy*; dédiée à la Reine, avec un argument.

SÉLIM (le Grand), ou *le Couronnement*, Tragédie par *le Vayer*, donnée en 1643, imprimée dans la même année, *in*-4° : paffable pour le temps. On attribue au même Auteur une Tragédie de *Manlius*, en 1645, mais elle eft peu connue.

SÉLIM, par *Triftan*. Voyez *Mariamne*.

SEMBLABLE A SOI-MÊME, par *Montfleury*. Voyez *Ambigu-Comique*.

SÉMIRAMIS (la véritable), Tragédie, par *Desfontaines*, repréfentée en 1647, imprimée dans la même année, *in*-4°. C'eft la derniere Piece de l'Auteur, dans laquelle, malgré les défauts, on trouve de beaux endroits.

SÉMIRAMIS, Tragédie de *Gabriel Gilbert*, jouée en 1647, par la Troupe Royale, imprimée dans la même année, *in*-4°; elle eut un grand fuccès : bonne pour le temps; elle a pu fervir de guide aux Ecrivains venus après l'Auteur.

SÉMIRAMIS, Tragédie de Madame *de*

Gomez, mife au Théatre le premier Février 1716, imprimée en 1724, *in*-12; elle n'eut que trois repréfentations. *Lefevre*, qui dans ce temps-là faifoit le *Mercure*, dans le compte qu'il rendit de cette Piece, hafarda des plaifanteries que tout le monde défapprouva; ce qui lui attira une jufte mercuriale du Miniftre de Paris.

S É M I R A M I S, Tragédie de *Crébillon*, mife au Théatre le 10 Avril 1717, imprimée dans la même année, *in*-12; elle eut fept repréfentations. Malgré toutes les critiques qui parurent alors contre cette Piece, il s'y trouve des beautés dignes de fon célebre Auteur.

S É M I R A M I S, Tragédie de *Voltaire*, donnée le 29 Août 1748, imprimée en 1749, *in*-8°; eut vingt & une repréfentations & du fuccès; reprife le 12 Mars de l'année fuivante & jouée jufqu'à la clôture: reftée au Théatre, où elle eft toujours revue avec admiration, malgré la fingularité du fpectacle contre lequel la cabale tenta en vain de révolter le Public. Un Connoiffeur, homme de goût, dit, à la fin de cette Piece, à des Amateurs qui lui en demanderent fon fentiment: « après l'avoir écoutée avec toute » l'attention qu'elle mérite, je me fuis rappellé le » Peintre de l'antiquité, qui ne pouvant exprimer » les charmes d'*Hélène*, orna fon portrait de dra- » peries où il n'épargna ni l'or ni les diamants; » ce qui fit dire qu'il l'avoit fait riche, ne l'ayant » pu faire belle ».

S É M I R A M I S (la petite), Comédie de *Montigny*, non repréfentée, imprimée en 1749, *in*-12: Piece critique & plaifante.

S E N N A C H E R I B, Tragédie, par *Des-*

mahis, non repréſentée, manuſcrite ; elle étoit dans la Bibliotheque de feu M. *de Bombarde.* L'Auteur, ſelon la tradition, la fit préſenter aux Comédiens par un de ſes amis, dont il ne fut pas nommé ; piqué du refus, il ne voulut point la faire imprimer. C'étoit ſa premiere Piece.

SÉNEQUE (la Mort de), Tragédie de *Triſtan l'Hermite*, jouée en 1644, imprimée dans la même année, *in-*4° : très-bien faite pour le temps, le caractere principal bien ſoutenu ; ce qu'il y a cependant de ſingulier, c'eſt que *Séneque* qui devroit être le Héros de la Tragédie, n'y joue qu'un rôle épiſodique. Outre les Pieces connues de l'Auteur, on lui attribue encore une Tragédie de *Sélim* en 1645.

SÉRÉNADE (la), Comédie en un Acte, en proſe, de *Regnard*, repréſentée le 3 Juillet 1694, imprimée en 1696, *in-*12 ; elle eut dix-ſept repréſentations, & fut ſuivie d'un Divertiſſement dont la Muſique eſt de l'Auteur, retouchée par *Gilliers* : très-plaiſante, le comique un peu bouffon. C'eſt la premiere Piece que *Regnard* ait donnée aux François ; elle eſt reſtée au Théatre, où elle fait toujours plaiſir à ſes repriſes. Elle a été fauſſement attribuée à *Palaprat*, dans l'édition faite à la Haye en Hollande, dans la même année.

SERMENTS INDISCRETS (les), Comédie en cinq Actes, en proſe, de *Marivaux*, miſe au Théatre, le 8 Juin 1732, imprimée dans la même année, *in-*12 : on ne peut pas plus ſpirituelle. La premiere repréſentation en fut ſi tumultueuſe, que le cinquieme Acte fut à peine écouté ; elle reprit les jours ſuivants, mais elle

fut interrompue, après la neuvieme repréſentation, par l'indiſpoſition d'une Actrice ; continuée le 7 Mars 1738, avec ſuccès : reſtée au
Théatre.

SERTORIUS, Tragédie de *Corneille*, miſe
au Théatre du Marais, le 25 Février 1662, imprimée dans la même *in-12* : pleine de grandeur
& de politique, mais foible d'intérêt ; cependant
elle eut le plus grand ſuccès. Elle fut repriſe en
1718, après un intervalle de vingt ans. On a
rendu depuis ce moment à cette Piece la juſtice
qui lui eſt due.

SÉSOSTRIS, Tragédie de *Longepierre*, repréſentée le 21 Décembre 1669, non imprimée ;
elle eſt foible, ſans intérêt & le ſujet mal
rendu. Tout parent que je ſuis de l'Aute r,
je dois me taire, ou être juſte. Elle ne fut
jouée que deux fois. Cette Piece fut attribuée
à *Montfort*, parce qu'on ne ſavoit pas le nom
de l'Auteur. *Racine* lança une Epigramme contre
la Piece, quoiqu'il dût ſavoir gré à *Longe-
pierre* d'une ſorte de préférence qu'il lui avoit
donnée dans le parallele que *Maupoint* avoit
fait de *Corneille* & de *Racine*.

SÉSOSTRIS, Tragédie d'un Anonyme,
ſans doute Jéſuite, repréſentée à Paris, au
College de Louis-le-Grand, dans le mois de
Septembre 1748. Je ne crois pas cette Piece
imprimée.

SÉTHOS, Tragédie de *Tannevault*, non
repréſentée, imprimée en 1739, *in-8°* ; elle eſt
tirée du Roman de ce nom, de l'Abbé *Terraſſon.*
Elle eſt bien faite ; l'édition a eu un prompt
débit.

E e iij

SICHEM LE RAVISSEUR, Tragédie de *François Perrin*, donnée en 1589, imprimée dans la même année, *in*-12. Elle eſt tirée du vingt-quatrieme Chapitre de la Geneſe; mêlée de Chœurs, d'Odes & de Chanſons.

SICHEM LE RAVISSEUR, Tragédie, par *Duhamel*, jouée en 1586, imprimée en 1600, *in*-12; elle n'eſt pas mauvaiſe pour le temps. Le Rôle de *Sichem* eſt intéreſſant & bien ſoutenu.

SICILIEN (le), ou *l'Amour Peintre*, Comédie en un Acte, en proſe, de *Moliere*, miſe d'abord au Théatre de Saint-Germain-en-Laye, en Janvier 1667, devant le Roi, dans le *Ballet des Muſes*; & à Paris, ſur le Théatre du Palais Royal, le 10 Juin de la même année. La fineſſe du Dialogue & une vive peinture de l'amour font le mérite principal de cette petite Piece. Le dénouement a quelque reſſemblance avec celui de *l'Ecole des Maris*. La Muſique du Divertiſſement eſt de *Lully*.

SIDERE, Paſtourelle en cinq Actes, en proſe & en vers, avec des Chœurs, par *Bouchet d'Ambillon*, repréſentée en 1609, imprimée dans la même année, *in*-8° : c'eſt une allégorie où, ſous les noms de *Cléon* & de *Florilée*, l'Auteur fait ſa cour au Roi & à la Reine.

SIDERE, Tragi-Comédie, par *Alexandre Hardy*. Voyez *Doriſe*.

SIDNEY, Comédie en trois Actes, en vers, de *Greſſet*, donnée le 3 Mai 1745, imprimée dans la même année, *in*-12 ; elle eut onze repréſentations. On rendit juſtice à la æebuté du ſtyle ; mais l'extrême ſingularité du fujet empêcha la Piece d'avoir un plus grand fuccès.

SIDONIE (la), Tragi-Comédie héroïque par *Mairet*, repréfentée en 1537, imprimée en 1643, *in-4°* : bien foible & peu intéreffante. Indépendamment des Pieces connues de l'Auteur, on lui attribue encore la Tragédie intitulée *la Mort d'Hercule*.

SIEGE DE CALAIS (le), Tragédie par *de Belloy*, mife au Théatre le 13 Février 1765 ; elle eut dix-neuf repréfentations & la plus brillante réuffite ; reftée au Théatre. Voyez à la fin de l'*Abrégé de l'Hiftoire du Théatre*, année 1765, ce qui a rapport à cette intéreffante Tragédie.

SIFFLETS (les), petite Piece en vers libres, en un Acte, de *Palaprat*, donnée le 3 Février 1691, imprimée en 1711, *in-12*; elle fut compofée dans la vue de fervir de Prologue à la Comédie du *Grondeur*, & par-là de faire Spectacle entier : l'Auteur fe méprit, elle ne réuffit pas. Voyez *Grondeur* (le).

SIGISMOND, *Duc de Varfan*, Tragédie de *Gillet*, repréfentée en 1646, imprimée dans la même année, *in-4°* : froide & ennuyeufe.

SILANUS, Tragédie de *Prade*. Voyez *Victime d'Etat*.

SILENE (la Folie de), Paftorale comique en cinq Actes, en vers, par un Anonyme, jouée en 1623, imprimée en 1625, *in-8°* : mauvaife ; on la trouve dans l'ancien Recueil intitulé *le Théatre François*.

SYLVANIRE, (la), ou *la Morte vive*, Tragédie en quatre Actes, avec une Préface, en forme de

Poétique, *en vers libres*, *un Prologue & des Chœurs*, par *J. Mairet*, repréſentée en 1625 à l'Hôtel de Bourgogne, imprimée en 1631, *in-4°*, tirée de l'*Aſtrée* de *d'Urfé* : réguliere, mais froide. L'édition de cette Piece eſt parfaitement belle : l'on y voit à la tête le Portrait de l'Auteur, & à chaque Acte des Eſtampes de *Michel* l'ainé, célebre Graveur de ce temps-là.

S Y L V A N I R E (la), Tragi-Comédie-Paſtorale en cinq Actes, en vers libres & ſans rimes, d'*Honoré d'Urfé*, non repréſentée, imprimée en 1627, *in-8°*. Cette Piece eſt faite à l'imitation des Italiens ; la ſeule du célebre Auteur de l'*Aſtrée*.

S I L V I E (la), Tragi-Comédie-Paſtorale de *Mairet*, jouée en 1621, imprimée en 1629, *in-8°* : parfaitement bien faite pour le temps. Elle jouit pendant quatre ans de la plus grande réputation, mais la premiere repréſentation du *Cid* la fit évanouir ; *Mairet* en conçut une haine ſi grande contre le célebre *Corneille*, qu'il devint ſon plus mortel ennemi.

S I L V I E, ou *la Tragédie Bourgeoiſe*, Comédie en un Acte, d'un Anonyme, repréſentée le 17 Août 1741, avec *la Belle Orgueilleuſe* & *le Bal de Paſſy* ; imprimée en 1742, *in-12*, tirée du Roman des *Illuſtres Françoiſes* ; elle n'eut que deux repréſentations.

S I N O R I S, *fils de Tamerlan*, Tragédie par le Jéſuite *Badon*, repréſentée à ſon College à Toulouſe, en 1756, imprimée dans la même année, *in-12*.

S I R P O L I T I C K W O U L-B E, Comédie en

un Acte, en profe, de *Saint-Evremont*, jouée en fociété à Londres, en 1702, imprimée en 1705, dans le fecond Tome de la derniere édition des Œuvres de l'Auteur. Cette Piece eft jolie, mais traitée à la maniere des Anglois. La tradition apprend que MM. *de Buckingham* & *d'Aubigny* eurent beaucoup de part à cette Comédie.

S O C R A T E, Drame en cinq Actes, en profe, de *Voltaire*, non repréfenté, imprimé en 1761, *in*-12, dans le dix-huitieme Tome des Œuvres de ce grand Poëte, édition de Geneve.

S O C R A T E (la Mort de), Tragédie de M. *de Sauvigny*, mife au Théatre le 9 Mai 1763; elle eut neuf repréfentations, & fut très-applaudie; imprimée dans la même année, *in*-8°. Cette Piece renferme de grandes beautés, on en defire la reprife.

S œ U R (la), Comédie en cinq Actes, en vers, par *Rotrou*, repréfentée en 1645, imprimée en 1647, *in*-4°: paffable, mais de la vieille intrigue; réimprimée dans la même année, *in*-12, fous le titre de *la Sœur généreuse*.

S œ U R G É N É R E U S E (la), Tragi-Comédie, par *Claude Boyer*, jouée en 1646, imprimée en 1647, *in*-4°: auffi mal faite que mal imaginée. Un Ecrivain moderne indique une Piece de ce titre, par l'Anonyme *O. B.*; c'eft la même que celle-ci.

S œ U R R I D I C U L E (la), Comédie en quatre Actes, en vers, de *Montfleury*, donnée en 1673, imprimée en 1674, *in*-12. Cette Piece eft la même que celle du *Comédien Poëte*, à laquelle *Thomas Corneille* a auſſi part , excepté que le premier Acte qui donnoit à la Piece le titre de *Comédien Poëte* , a été retranché , ne tenant qu'indirectement aux quatre ſuivants. Cet Acte a été imprimé ſéparément à Troyes , en 1698 , *in-*12 , ſous le titre du *Garçon inſenſible* ; & les quatre derniers Actes du *Comédien Poëte* ont été remis au Théatre le premier Octobre 1732 , ſous celui de la *Sœur ridicule* , & ont été imprimés à Caen , en 1700 , *in-*12 , ſous ce titre : *les Amants infortunés & contents.* Voyez *Comédien Poëte.* A la repriſe , on y a ajouté un Prologue intitulé *le Caprice & la Reſſource.* Voyez *Reſſource & le Caprice* (la).

Sœur valeureuse(la) , ou *l'Aveugle Amante* , Comédie de *Marechal* , donnée en 1633 , imprimée en 1635 , *in-*8° : mauvaiſe , ſans intérêt.

Sœurs (les deux) , Parodie critique de la Tragédie d'*Ariane* , de *Thomas Corneille* , par *Charleville* , repréſentée à Toulouſe , en 1720 , imprimée en 1729 , *in-*8°. Cette Piece eſt peu connue , & ne mérite pas de l'être. L'Auteur a eu raiſon de garder l'anonyme.

Sœurs (les deux) , Comédie en deux Actes , en proſe , par M. *Bret* , donnée le 20 Novembre 1767 : l'Auteur la retira après la premiere repréſentation , pour la réduire en un Acte , & la remettre au Théatre.

Sœurs jalouses(les) , ou *l'Echarpe & le Bracelet* , Comédie en cinq Actes , en vers , par *Lambert* , donnée en 1658 , imprimée en 1661 , *in-*12. Cette Piece eſt tirée de l'Eſpagnol : les incidents fans vraifemblance , mais affez bien mis en action.

SŒURS RIVALES (les) , Comédie en un Acte , en vers , de *Quinault* , jouée le 26 Juillet 1696 , après la Tragédie d'*Héraclius* , non imprimée. Cette Piece n'eſt connue que par les regiſtres du Théatre François. L'Auteur a gardé long-temps l'anonyme.

SOIRÉES D'ÉTÉ (les) Comédie en trois Actes , en profe , de *Barbier* , jouée à Lyon , le 4 Octobre 1710 , imprimée dans la même année , *in*-12. Les trois premieres Scenes de cette Piece font en vers , & le reſte en profe.

SOLDAT (le bon) , Comédie en un Acte , en vers , de *R. Poiſſon* , mife au Théatre le 10 Octobre 1678 , imprimée dans la même année , *in*-12 , tirée des *Fous divertiſſants* , du même Auteur : plaifante & comique ; elle n'eut cependant que deux repréfentations. *Dancourt* l'a corrigée ; à fa reprife elle a réuſſi , & eſt reſtée au Théatre.

SOLDAT POLTRON (le) , ou *Guillot poltron* , ou *le Soldat malgré lui* , ou *l'Epreuve amoureufe* , Comédie en un Acte , en vers de huit fyllabes , par *Rofimont* , donnée en 1668 , fur le Théatre du Marais , imprimée dans la même année , *in*-12 : très-médiocre. On eſt fondé de nommer pour Auteur de cette Piece *Rofimont* , & non *Chevalier* , à qui elle avoit été attribuée mal-à-propos.

SOLEIL (les Amours du) , Comédie en cinq Actes , en vers , entremêlée de Mufique & de machines , avec un Prologue en vers libres , par *Vifé* , jouée le 7 Janvier 1670 ,

imprimée dans la même année , *in-12*. Elle eſt
tirée du quatrieme Livre des *Métamorphoſes
d'Ovide*. Le ſujet triſte , foiblement rendu ;
elle fut cependant jouée trois mois de ſuite ,
& autant à ſa repriſe , à cauſe de la magnifi-
cence du Spectacle. Il y avoit huit changements de décorations , cinq en l'air , & vingt-
quatre vols.

SOLIMAN , Tragi-Comédie par *Dalibray*,
miſe au Théatre en 1637, imprimée dans la
même année , *in·4°* ; elle eut du ſuccès. Cette
Piece eſt en partie traduite & en partie imitée
de la Comédie Italienne du même titre , par
le Comte *Bonarelly* ; mais le dénouement eſt
de l'invention de l'Auteur. La Piece eſt mal
verſifiée , cependant elle n'eſt pas ſans beautés.

SOLIMAN (le Grand & dernier) , ou *la
Mort de Muſtapha* , Tragédie de *J. Mairet* ,
donnée en 1630, par la Troupe Royale , imprimée en 1639 , *in-4°*. *Roxelane* , femme de
Soliman , qui ignore à qui *Muſtapha* doit le
jour , fait entendre à ſon époux que ce jeune
Prince conſpire contre ſa perſonne. *Soliman* ,
irrité & ſéduit par ce faux témoignage , or-
donne la mort de *Muſtapha* ; mais à peine eſt-il
exécuté , que *Roxelane* & *Soliman* apprennent
que c'eſt leur fils qui leur a été enlevé dès
ſon bas-âge. Voyez *Muſtapha* , de *Mairet*.

SOLIMAN , ou *l'Eſclave généreuſe* , Tragédie de *Jacquelin* , jouée en 1652 , imprimée
en 1653 , *in-4°* : médiocre , mais il s'y trouve
des Scenes intéreſſantes & aſſez bien verſifiées.
Les Catalogues indiquent encore une Tragédie
de ce titre en 1640.

SOLIMAN, Tragédie de l'Abbé *Abeille*, mise au Théâtre de *Guénegaud*, le 11 Octobre 1680, sous le nom de la *Thuillerie*, imprimée en 1681, *in*-12 ; elle eut douze représentations & beaucoup de succès. C'est le même sujet qu'*Ibrahim* , ou *l'Illustre Bassa*, de *Scudéry*, mais rendu foiblement. Cette Piece est la premiere qui ait été jouée depuis la réunion des deux Troupes. Elle a été reprise en 1681, avec assez de réussite , & est restée au Théatre pendant plusieurs années. Je ne dois pas omettre que les Connoisseurs de ce siecle-là ont toujours soutenu que cette Tragédie de *Soliman* étoit du P. *Larue* , & que l'Abbé *Abeille* n'en étoit que le prête-nom.

SOLTANE (la), Tragédie de *Gabr. Bounnyn*, donnée en 1560, imprimée en 1561, *in*-4°, tirée de l'Histoire de *Soliman* : même sujet que celui de la Piece précédente. L'Auteur est le premier qui ait osé mettre sur la Scene un événement de son temps. Cette Piece est extraordinairement mauvaise ; les Turcs y jurent par *Jupiter* & par les Divinités des Sauvages du nouveau monde.

SOMNAMBULE (le), Comédie en un Acte, en profe, de *Sallé*, mise au Théatre le 19 Janvier 1739, imprimée dans la même année, *in*-8°. Le Rôle principal est très-plaisant, il fut parfaitement rendu par *Monménil*, fils de *le Sage*; *Bellecour*, que l'on vient de perdre, le jouoit avec autant de finesse. Cette jolie Piece fut donnée pour la premiere fois à la seconde représentation de la Tragédie de *Medus* : restée au Théatre. Voyez *Medus*. Elle a été mal-à-propos attribuée au Comte *de Pont de Veyle*.

SONGES DES HOMMES ÉVEILLÉS (les), Comédie en cinq Actes, en vers, par *Debroffe* le jeune, repréfentée en 1646, imprimée dans la même année, *in-4°* : la fable bien imaginée, & d'un comique plaifant. Un Amant pénétré de la perte d'une Maîtreffe qu'il aimoit tendrement, & qu'il a vu engloutie fous les eaux, dans un naufrage, en conferve une mélancolie qui le mine peu-à-peu ; un ami, pour le diftraire & le furprendre agréablement, l'entraîne à une Comédie jouée en fociété. L'Amant reconnoît dans une des Actrices cette chere Maîtreffe tant pleurée, & croit rêver. Il apprend enfin qu'elle a eu le bonheur d'échapper à la tempête, il l'époufe : voilà le fujet de la Piece.

SOPHONISBE (la), Tragédie en profe, les Chœurs en vers, de *Melin de Saint-Gelais*, repréfentée en 1559, imprimée en 1560, *in-8°*, traduite de l'Italien de *Georges Triffino*, fans autre-diftinction d'Actes que par des paufes ; elle fut repréfentée à Blois, devant le Roi *Henri II* & fa Cour, après la mort de l'Auteur. C'eft la premiere Tragédie en profe où les Chœurs foient en vers de plufieurs mefures ; elle a quelques endroits qui méritent d'être remarqués.

SOPHONISBE (la), Tragédie de *Cl. Mermet*, jouée en 1583, imprimée à Lyon en 1585, *in-8°*, traduite, comme la précédente, de l'Italien de *Georges Triffino*, & fans autre diftinction d'Actes que par des paufes. Elle eft paffable pour le temps.

SOPHONISBE (la), Tragédie de *Mondot*, donnée en 1584, non imprimée. Cette Piece, que *Beauchamps* indique dans fes *Recherches*, a pour titre, *Tragédie sur la Mort de Sophonisbe de Carthage, fille d'Asdrubal, & femme de Siphax, Roi de Numidie.*

SOPHONISBE (la), Tragédie avec des Chœurs, par *Montchretien*, repréfentée en 1596, imprimée dans la même année, *in*-12. Cette Piece eft très-rare. C'eft le premier Ouvrage de l'Auteur. Il l'a remife depuis au Théatre, avec des corrections & des changements, fous le titre de *la Carthaginoife*, ou de *la Liberté.* Elle n'eft pas bonne, même pour le fiecle.

SOPHONISBE, Tragédie, par *Nicolas Montreux*, jouée à Paris, en 1600, imprimée à Rouen, en 1601, *in*-8° : foible & mal verfifiée.

SOPHONISBE, Tragédie de *Mairet*, mife au Théatre en 1629, imprimée en 1655, *in*-4° ; la premiere de ce fiecle où la regle des vingt-quatre heures ait été obfervée. Cette Piece eut une brillante réuffite. La fierté romaine y parut peinte avec grandeur, la verfification plus châtiée qu'elle ne l'étoit dans ce temps-là, & la belle Scene entre *Scipion Lélius* & *Mafiniffe*, en firent la réputation ; elle s'établit même au point que *Corneille* héfita de travailler fur le même fujet, & qu'après l'avoir fait, il eut le chagrin de voir donner la préférence à la *Sophonisbe* de *Mairet. Voltaire*, prévenu du mérite fupérieur de cette Piece, crut devoir la mettre en état d'être reprife avec le fuccès qu'elle méritoit, en fuppléant à la vétufté de la langue, & elle fut donnée avec le plus grand fuccès, le 15 Janvier 1774 ; elle eut quatorze repréfentations les plus nombreufes & les plus brillantes.

SOPHONISBE (la), Tragédie de *Corneille*, jouée le 18 Janvier *1663*, à l'Hôtel de Bourgogne, imprimée en 1664, *in*-12 : trop médiocre pour une plume aussi célèbre que celle de ce grand homme. Il nous apprend lui-même dans sa Préface le peu de réussite de sa Tragédie.

SOPHONISBE (la), Tragédie, par *la Grange-Chancel*, donnée le 19 Novembre 1716, non imprimée ; elle ne fut jouée que quatre fois : on en trouve la critique dans le *Recueil* de l'Abbé *Archambaut*, Tome I, page 153 ; & dans le *Mercure* de Janvier 1717, page 244.

SOPHONISBE, Tragédie de *Mairet*, retouchée par *Voltaire*, mise au Théâtre le 15 Janvier 1774 ; elle eut quatorze représentations. Voyez *Sophonisbe* de *Corneille*.

SOPHRONIE, Tragédie d'un Anonyme, non représentée, imprimée à Troyes en Champagne, en 1619, *in*-8° : très-rare ; j'en connois une édition sans date, *in*-12, imprimée à Rouen.

SOSIES (les), Comédie en cinq Actes, en vers, par *Rotrou*, donnée en 1636, imprimée en 1638, *in*-4°, tirée de *Plaute* : très-belle pour le temps ; elle eut un grand succès. *Moliere* en a tiré un grand parti, & par le choix habile qu'il a fait de ce qu'il a trouvé de meilleur dans l'original & dans la copie, il en a fait le chef-d'œuvre de sa Comédie d'*Amphitrion*.

SOTTISE, Farce à huit personnages, de *Jean Michel*, représentée en 1508, par les Enfants *Sans-Souci*. Cette Farce est long temps restée au Théatre.

SOT

SOT TOUJOURS SOT (le), ou *le Marquis Payſan*, Comédie en un Acte, en profe, de *Brueys*, repréſentée le 3 Juillet 1693, imprimée en 1725, *in*-12; elle fut jouée dix fois avec ſuccès. Elle eſt tirée preſque en entier de *Criſpin Gentilhomme*, Comédie de *Montfleury*, à l'exception d'un Rôle d'Intriguant, qui eſt de l'invention de l'Auteur. Voyez *Force du Sang* & *Belle-Mere*.

SOUBRETTES (les), Comédie en cinq Actes, en profe, de M. *Laugeon*, ſuivie de la *Sérénade*, donnée le 24 Septembre 1777. L'Auteur la retira; il fut trop modeſte, elle méritoit du ſuccès.

SOUHAÏTS (les), Comédie en un Acte, en profe, par Mademoiſelle * * *, repréſentée en 1741, à L. R. par une Société de gens aimables & diſtingués; imprimée en 1742, *in*-8°. Un défi entre l'Anonyme & un Amant, fut ce qui donna lieu à cette Piece.

SOUHAÏTS POUR LE ROI (les); Comédie en un Acte, en vers, de MM. *Valois*, *Dorville* & *Dubois*, Comédiens du Roi, jouée le 3 Août 1745, imprimée en 1750, *in*-12; elle n'eut que trois repréſentations, & en méritoit davantage, à caufe du patriotiſme des Auteurs.

SOUHAÏTS (les), Comédie en un Acte, en vers, par *Regnard*, non repréſentée, dans le dernier Tome de ſes Œuvres.

SOUHAÏTS D'AMOUR (les), Paſtorale allégorique en trois Actes, en vers, par *du Souhait*, repréſentée en 1599, non imprimée. Je ne connois pas cette Piece.

Tome I. F f

SOUPÇONS SUR LES APPARENCES (les),
Comédie héroïque en cinq Actes, en vers, par
Douville, repréſentée en 1650, imprimée dans
la même année, *in*-4° : très-foible ; ce qui a
fait long-temps douter qu'elle fût de cet Auteur
qui avoit du génie & connoiſſoit le Théatre.

SOUPÉ MAL APPRÊTÉ (le), Comédie en
un Acte, en vers, de *Hauteroche*, repréſentée
le 15 Juillet 1669, à l'Hôtel de Bourgogne,
imprimée en 1670, *in*-12 : divertiſſante ; reſtée
au Théatre : il y a long temps qu'elle n'y a été
remiſe.

SOUPER (le), Comédie en trois Actes,
en proſe, par un Anonyme, donnée le Lundi
8 Juillet 1754. L'idée de cette Piece étoit des
plus heureuſes ; malgré la chûte qu'elle a eſſuyée,
on ne doit pas ſe perſuader qu'elle ſoit ſans mérite ; des portraits trop outrés, trop rebattus,
entre la Cour, la Robe & la Finance, ont déplu.
Elle a été attribuée à deux perſonnes de diſtinction qui l'ont déſavouée, par des lettres imprimées dans le *Mercure* & dans l'*Année Littéraire*. Il ſuffit que l'Auteur veuille conſerver
l'anonyme, pour que je n'en diſe pas davantage,
& que je garde le ſilence.

SOURD (le), Comédie en un Acte, en
vers de quatre pieds, par *J. Deſmarets*, non repréſentée, manuſcrite : plaiſante. Le manuſcrit
de cette Piece eſt dans la Bibliotheque du Roi.
Le même Auteur avoit fort avancé une Tragédie intitulée *Annibal*, & une Comédie ayant
pour titre *le Charmeur charmé* ; mais ſon éloigne-
ment pour le Théatre l'empêcha d'achever ces
Pieces.

SPARTACUS, Tragédie de M. *Saurin*, donnée le Mercredi 23 Février 1760; elle eut neuf représentations; reprise au mois de Mars avec les mêmes applaudissements.

SPECTACLES (les trois), première Piece de *Daigueberre*, jouée le 7 Juillet 1729, imprimée dans la même année, *in-8°.* Elle renferme les trois genres du Théatre liés par un Prologue en profe & en vers. La Tragédie a pour titre *Polixene*; la Comédie, l'*Avare amoureux*, en profe; & la Paftorale *Pan & Doris*, avec un Ballet & des Chœurs, dont la Mufique eft de *Mouret*. Mademoifelle *le Couvreur* chanta le Rôle de *Doris*. Cette Piece fut applaudie, mais il n'y a que la petite Comédie de l'*Avare amoureux* qui foit reftée au Théatre.

STATIRA, Tragédie de *Pradon*, repréfentée à l'Hôtel de Bourgogne fur la fin de Décembre 1679, imprimée en 1680, *in-12* : très-foible, les caracteres en font romanefques & mal foutenus. Ce fujet avoit été déjà mis au Théatre par *Magnon*, en 1648, fous le titre du *Mariage d'Orondate & de Statira*.

STATUE (la), Comédie en un Acte, en profe, par M. le Chevalier *de Laurès*, donnée à Berny, devant M. le Comte *de Clermont*, Prince du Sang, le 24 & le 25 Août 1753; non imprimée, mais qui mérite de l'être, & d'être repréfentée à Paris.

STILICON, Tragédie de *Thomas Corneille*, repréfentée le 17 Janvier 1660, à l'Hôtel de Bourgogne, imprimée dans la même année, *in-12* : bien conduite, les caracteres foutenus, mais foible de verfification; elle eut un grand fuccès & eft reftée long-temps au Théatre.

STRATONICE, ou *la Malade d'Amour*, Tragédie par *de Broffes* le jeune , donnée en 1644, imprimée en 1645, *in-4°* : mal conçue & fans intérêt.

STRATONICE (la nouvelle) , Tragédie de *Dufayol*, jouée en 1657 , imprimée dans la même année, *in-12*: foible & mal écrite.

STRATONICE, Tragi-Comédie de *Quinault*, mife au Théatre le 2 Janvier 1660 , imprimée dans la même année , *in-12* , tirée de l'*Hiftoire*: l'une des plus foibles Pieces de l'Auteur. *Thomas Corneille* a employé ce fujet dans fa Tragédie d'*Antiochus ; la Grange-Chancel* s'en eft fervi pour fa Comédie intitulée *les Jeux Olympiques*; & *Cahuzac* en a tiré parti pour fon *Ballet héroïque des Fêtes de Polymnie* , repréfenté à l'Opéra le 12 Octobre 1745.

SUBTILITÉ DE FANFRELUCHE ET DE GAUDICHON (la), Tragi-Comédie en cinq Actes , en vers, par un Anonyme : incertaine pour la repréfentation , imprimée fans date, *in-8°* , à Rouen , vers l'année 1622. Elle eft plaifante , facétieufe , & n'eft guere connue ; *Le Diable emporte Gaudichon* : on doit juger par ce trait, de l'ancienneté de la Piece.

SUIVANTE (la), Comédie en cinq Actes, en vers , de *Corneille* , repréfentée en 1634, imprimée dans la même année, *in-4°*. C'eft la cinquieme Piece de ce célebre Auteur , qui a dû paroître bonne dans fon temps.

SUIVANTE DÉSINTÉRESSÉE (la) , Comédie en un Acte , en profe , avec un Prologue , par *Audierne*, donnée le 14 Novembre

1739, avec *la Méprise* & *le Mari égaré*, non imprimée. Cette Piece ne réussit pas.

SUIVANTE GÉNÉREUSE (la), Comédie en cinq Actes, en vers, par un Anonyme, jouée le 21 Mai 1759. Cette Piece est imitée de *Goldoni*; elle n'eut pas le succès dont l'Auteur s'étoit flatté.

SULTANE (la), Tragédie par *Gabriel Bounnin*, jouée en 1560, imprimée en 1561; elle est tirée de l'*Histoire de Soliman*. L'Auteur connoissoit si peu le Costume Turc, qu'il fait jurer un des personnages musulmans par *Jupiter*.

SUPERSTITIEUX (le), Comédie en cinq Actes, en vers, par *Dufresny* : la mort empêcha ce Poëte de l'achever; ses héritiers trop scrupuleux la jeterent au feu lorsqu'elle leur tomba dans les mains.

SUPPOSÉS (les), Comédie de *Loys Ariosto*, traduite en prose françoise par *de Mesmes*, jouée en société, imprimée en 1552, *in-4*ª.

SURENA, *Général des Parthes*, Tragédie de *Corneille*, mise au Théâtre en 1674, imprimée en 1675, *in-12*; tirée de *Plutarque* & d'*Appien Alexandrin*. C'est la derniere Piece de cet inimitable Auteur, & qui se ressent de sa décadence, quoiqu'il y ait des beautés du premier ordre, & qu'on y reconnoisse le ton d'un grand Maître.

SUREY (le Duc de), Comédie en cinq Actes, en vers, de *Boissy*, représentée le 18 Mai 1746, imprimée dans la même année, *in-8°*; elle eut dix représentations avec succès;

à la seconde, un Acteur s'avança sur la Scene, pour prévenir le Public que cette Piece avoit d'abord été donnée aux Italiens, au mois de Janvier 1746, sous le titre du *Comte de Neuilly*. Voyez le *Mercure* de Juin, année 1736, premier volume, page 155.

SURPRISE DE L'AMOUR (la), Comédie en trois Actes, en prose, de *Marivaux*, donnée le 31 Décembre 1727, imprimée en 1728, *in-*12. Cette Piece, toute intéressante qu'elle est, tomba à la seconde représentation, se releva pour en avoir quatorze, & resta au Théatre. Madame *Grandval*, par son jeu supérieur & naturel, ne contribua pas peu au succès de cette Piece.

SUZANNE, Tragédie par *Ant. le Devin*, représentée en 1570 : incertaine. Les Tragédies de *Judith* & d'*Esther* du même Auteur, ne sont pas plus connues que celle-ci.

SUZANNE, Tragédie par *Oriet*, donnée en 1581, imprimée dans la même année, *in-*4°. On n'a aucune certitude que cette Piece ait été mise au Théatre.

SUZANNE, ou *la Chasteté*, Tragédie en cinq Actes, en vers, avec des Chœurs, par *Antoine Montchretien*, jouée en 1627, imprimée dans la même année, *in-*8°. Il n'est point parlé de cette Piece dans l'*Histoire du Théatre François*, à l'article de *Montchretien*.

Je ne place point ici la *Suzanne* de *Duchat*, indiquée sans autorité par *Beauchamps*.

SYLVANIRE, ou *les Amants réunis*, Pastorale héroïque en trois Actes, en vers, précédée d'un Prologue, jouée par les Comédiens de Valenciennes, le 16 Février 1717, imprimée dans la même année à Mons, *in-8°*. Cette Piece fut repréſentée avec ſuccès , en ſociété , dans ces deux Villes ; elle fut entre-mêlée de Muſique & de Danſes. M. *Macort*, qui en eſt l'Auteur , ne fut connu qu'après les repréſentations.

TAL

T A B A R I N (les Fantaiſies de), Re-cueil général des *Œuvres* de ce *Farceur*, impri-mé en 1640 , *in-12*. Voyez *Farces Tabari-niques*.

T A B L E A U D E L A C O U R (le), Comédie en cinq Aĉtes , en proſe , de M. le Baron *de Bielfield* , jouée en ſociété , en 1752 , impri-mée en 1753 , *in-12*. Les repréſentations firent le plus grand plaiſir.

T A I L L E - B R A S, par *Antoine Baſt*. Voyez *Brave* (le).

T A L E N T S I N U T I L E S (les), Comédie en trois Aĉtes , en vers , par M. *Radonvilliers* , donnée aux Jéſuites , le premier Juin 1740. Cette critique des mœurs de la Jeuneſſe auroit dû être plus connue , les jeunes gens s'en ſeroient bien trouvés.

T A L E S T R I S, *Reine des Amazones* , Tra-gédie par *Lenoble* , non repréſentée. Cette Piece fut lue trois fois dans différents temps aux Comédiens , qui finirent par la refuſer.

T A L I S M A N (le), Comédie en un Aĉte, en proſe , avec un Divertiſſement , par *Lamotte*, miſe au Théatre le 26 Mars 1726 ; elle n'eut que trois repréſentations. C'eſt le Conte de l'*Oraiſon de Saint Julien*, qu'on n'a pas oſé donner d'abord ſous ce titre ; elle fut jouée ſeule à la ſuite de l'*Œdipe* du même Auteur, enſuite repréſentée avec les deux autres Pieces de *Minutolo* & du *Magnifique*. Voyez *Italie Galante*.

TAMBOUR NOCTURNE (le), Comédie en cinq Aĉtes, en proſe, de *Deſtouches*, imprimée en 1736, *in*-12, jouée d'abord dans les Provinces, & à Paris, pour la premiere fois, le 16 Oĉtobre 1762, avec ſuccès, imprimée en 1744, *in*-12 ; imitation d'une Comédie angloiſe d'*Adiſſon* : on y trouve une prétendue licence de Poéſie ſinguliere ; c'eſt de faire rimer le dernier vers d'un Aĉte avec le premier vers de l'Aĉte ſuivant. *Deſcazeaux* a mis cette Piece en vers, & l'a fait imprimer.

TAMERLAN (le grand), ou *la Mort de Bajazet*, Tragédie de *Magnon*, donnée en 1647, imprimée en 1648, chez *Touſſaint Quinet*, *in*-4° : foible, ennuyeuſe ; elle reſſemble aſſez à celle de *Porus*, de l'Abbé *Boyer*, repréſentée dans la même année.

TAMERLAN, ou *la Mort de Bajazet*, Tragédie de *Pradon*, jouée en 1675, imprimée en 1676, *in*·12 : foible, mais aſſez bien conduite, les caraĉteres ſoutenus ; elle eut quelque ſuccès. *Dutillet* aſſure dans ſon *Parnaſſe François*, qu'elle eut un grand ſuccès, & qu'on diſoit alors : *L'heureux Tamerlan du malheureux Pradon* ; elle fut repriſe le 26 Novembre 1677 avec réuſſite.

TANCREDE, Tragédie en cinq Aĉtes, en

vers croifés, de *Voltaire*, repréfentée le 3 Septembre 1760.; elle eut treize repréfentations avec une brillante réuffite ; reftée au Théatre., où elle fait toujours le même plaifir ; reprife le 26 Janvier 1761, avec le même fuccès ; jouée depuis, fort fouvent.

TARENTULE (la), Comédie en un Acte, en profe, avec un Divertiffement, par M. *de C*. ; mife au Théatre le 2 Novembre 1745, elle tomba à la feconde repréfentation : auffi mauvaife qu'ennuyeufe. *Malezieu* eft l'Auteur d'une Piece de ce titre, repréfentée devant Madame la Ducheffe *du Maine*, en 1706.

TARQUIN, Tragédie de *Pradon*, donnée en 1682, le 9 Janvier ; elle n'eut que quatre repréfentations, & ne fut pas imprimée. Elle n'eft connue que par les regiftres du Théatre François. *Pierre du Ryer* eft l'Auteur d'une Tragédie de ce titre, que l'on prétend avoir été jouée en 1656. Ce qui eft certain, c'eft qu'elle n'eft pas imprimée.

TARQUIN (le nouveau), Comédie en trois Actes, en vers & en profe, par un Anonyme, non repréfentée : efpece d'Opéra-Comique allégorique ; imprimée en Hollande en 1730, *in-12*.

TARTUFFE (le), ou l'*Impofteur*, Comédie en cinq Actes, en vers, dont les trois premiers furent d'abord joués à la fuite des *Fêtes de Verfailles*, à la fixieme journée, le 12 Mai 1664, devant le Roi, la Reine & toute la Cour ; à Paris, fur le Théatre du Palais Royal, le 5 Août 1667 ; défendue le lendemain par le Parlement ; reprife le 5 Février

1669, & continuée pendant trois mois de fuite avec le plus grand fuccès. C'eft un des chef-d'œuvres de l'Auteur.

TARTUFFE (la Critique du), Comédie en un Acte, en vers, avec une Lettre fatyrique contre *Moliere*, par un Anonyme, non repréfentée, imprimée en 1670, *in*-12 : on ne peut pas plus mauvaife.

TÉGLIS, Tragédie de *Morand*, donnée le 19 Septembre 1735, imprimée dans la même année, *in*-8º ; elle avoit été d'abord repréfentée à l'Arfenal, le 7 Avril 1734, avec un Prologue, devant Madame la Ducheffe *du Maine*, fous le nom de *Pirrhus* & de *Téglis*. Elle eut à Paris onze repréfentations, & fut jugée favorablement par les Connoiffeurs.

TÉLÉMAQUE A TYR, Tragédie, par un Confeiller au Parlement de Bretagne, imprimée à Berlin, en 1752 : Piece déteftable, de cinq ou fix mille vers, dont les monologues en grand nombre font de trois cents ou trois cents cinquante au moins. Quoique cette Tragédie doive être connue par l'impreffion, je doute qu'elle le foit même des Amateurs.

TÉLÉMAQUE A TYR, Tragédie de M. *Felix*, Auteur de *Philippe de Macédoine*, repréfentée à Berlin, en 1752, imprimée dans la même année & la même Ville, fans nom d'Imprimeur. La Piece eft de 140 pages. L'Auteur, ou le Libraire, a oublié de mettre l'état des perfonnages, felon l'ufage, à la tête de la Piece. On y fupplée ici par les principaux : *Pygmalion*, Roi de Tyr ; *Balthazar*, fils de ce Monarque ; *Télémaque*, *Narbal*, la Reine *Af-*

trabé, *Joaʒar* fon amant, · *Claʒamene*, Seigneur Tyrien, & plufieurs autres Seigneurs Phéniciens. Cette Piece eft d'une longueur infoutenable.

TÉLÉPHONTE, Tragédie, par *Gilbert*, donnée en 1642, imprimée dans la même année. Voyez *Philoclée*. La tradition affure que le Cardinal *de Richelieu* y a travaillé.

TÉLÉPHONTE, Tragédie, par *la Chapelle*, mife au Théatre le 26 Décembre 1682, imprimée en 1683, *in-12*; elle eut onze repréfentations. Cette Piece eft tirée de *Philoclée* & de *Téléphonte*, de *Gabriel Gilbert*; mais celle-ci eft bien meilleure & plus réguliere : le merveilleux y domine & en fait le mérite principal.

TÉLÉSIS, Tragédie Chinoife, en cinq Actes, en profe, d'un Anonyme, non repréfentée, imprimée en 1752, *in-12*, avec un Prologue dans lequel l'Auteur prétend que les Tragédies doivent être écrites préférablement en profe. Cette Piece eft fuppofée imprimée à *Pékin*, où il n'y a cependant point d'Imprimerie.

TEMPÉRAMENT (le), Tragi-Parade, en un Acte, de *Grandval* le pere, jouée en fociété libre, imprimée en 1756, *in-12*, fuppofée traduite de l'Egyptien. Comment fe peut-il qu'on ait joué & permis l'impreffion d'une Piece auffi indécente ?

TEMPLE DE LA PARESSE (le), ou *le Triomphe du Travail*, Comédie en trois Actes, en vers libres, avec Prologue & Divertiffement, par *Lefort*, non repréfentée, imprimée en 1753, *in-12*. Cette Piece avoit été préfentée aux Comédiens François long-temps auparavant, ils exigerent de la réduire en un ; mais n'ayant pas été contents des corrections, l'Auteur la retira.

TEMPS PASSÉ (le), Comédie en un Acte, en profe, par *Legrand*. Voyez *Triomphe du Temps*.

TÉRÉE, Tragédie de *Guis*, jouée en fociété avec fuccès, imprimée en 1753, *in-12*.

TÉRÉE, Tragédie de M. *le Mierre*, repréfentée le Lundi 25 Mai 1761. L'Auteur comprenant par le tapage du Parterre, qu'il y avoit cabale contre fa Piece, la retira après la premiere repréfentation.

TÉRÉE ET PHILOMELE, Tragédie de M. *Renout*, jouée le 3 Juin 1773 ; l'Auteur la retira après la premiere repréfentation.

TESTAMENT (le), Comédie en cinq Actes, en profe, de *Fontenelle*, non repréfentée, imprimée dans le huitieme Tome de fes Œuvres en 1751.

THALIE CORRIGÉE, Comédie en un Acte, en vers libres, par M. *le Beau de Schone*, repréfentée par des Amateurs, fur le Théatre de Nifmes, fous le titre de *Prologue*, en Mars 1752 ; elle eut un grand fuccès, & parut parfemée de traits délicats & critiques fur le genre larmoyant ; imprimée en 1752, *in-12*.

THÉAGENE ET CHARICLÉE, Tragédie en huit journées, d'*Alexandre Hardy*, donnée à l'Hôtel de Bourgogne, en 1601, imprimée dans la même année, & en 1623, *in-8°* : elle contient tout le Roman d'*Héliodore*. Quoiqu'elle foit médiocre, elle renferme des penfées ingénieufes & des traits délicats.

Théagene, Tragédie de *Gabriel Gilbert*, donnée le 14 Juillet 1662, non imprimée: quoique foible à beaucoup d'égards, elle eut cependant quelque fuccès.

Théagene et Chariclée, Tragédie de M. *Dorat*, mife au Théatre le 2 Mars 1763. Malgré toutes les repréfentations que l'on fit à l'Auteur pour qu'on la continuât, il la retira après la premiere repréfentation.

Théandre (la Mort de), ou *la fanglante Tragédie de la Mort & Paffion de Notre-Seigneur Jefus-Chrift*, jouée & imprimée à Caën & à Paris, fans date; par l'Abbé· *Chevillard*, d'Orléans; repréfentée en 1692, imprimée dans la même année, *in-12*. Dans une autre édition de 1694, *in-12*, de Rouen, l'on y trouve *le Maffacre des Innocents*, *un Dialogue & des Cantiques fpirituels* au nombre de fix.

Théatre a la mode (le), Comédie en trois Actes, en vers, par M. *Grevé*, repréfentée d'abord par les Comédiens de Bordeaux, en 1767, & l'année fuivante, par ceux de Lyon; imprimée en cette Ville, dans la même année, *in-8°*. Cette Piece eft bien médiocre.

Théatre renversé (le), Comédie par *Dupefelier*, repréfentée en 1629, imprimée dans la même année, *in-8°*, à la fuite de la *Comédie de la Comédie*, du même Auteur, & féparément, à Lyon, en 1630, *in-12*.

Thébaïde (la), Tragédie, fans diftinction d'Actes ni de Scenes, par *Robelin*, jouée à Pont-à-Mouffon, en 1584, imprimée dans la même année, *in-8°*. Cette Piece n'eft point mauvaife pour le temps.

THÉBAÏDE (la), Tragédie de l'Abbé *Boyer*, donnée en 1660, non imprimée; elle fut fifflée à la premiere repréfentation, quoiqu'un Plaifant du Parterre ait rapporté ironiquement qu'il avoit manqué d'y étouffer, & qu'il étoit mort plus de trente perfonnes.

THÉBAÏBE (la), ou *les Freres-ennemis*, la premiere Tragédie de *Racine*, âgé de vingt-quatre ans & cinq mois, mife au Théatre du Palais Royal le 20 Juin 1664, imprimée dans la même année, *in*-12. Ce fut *Moliere* qui donna le plan de cette Piece à ce jeune Poëte. La Scene du troifieme Acte eft très-bien faite, & le combat des deux freres bien rendu. Les Amateurs font furpris que cette Tragédie foit-retirée du Théatre.

THÉLAMIRE, Tragédie, par Mademoifelle *Denife Lebrun*, mife au Théatre le 6 Juillet 1739, imprimée dans la même année, *in*-8° : Piece d'invention. Le véritable Auteur garda toujours l'anonyme; mais cette Dame ne vivant plus, on me faura gré de la faire connoître, quand ce ne feroit que pour démentir deux jeunes gens de ce temps-là qui fe l'étoient appropriée, fous le prétexte qu'elle avoit été préfentée aux Comédiens, fous le titre de *Polixene*. Voyez la *Préface* de cette Tragédie, imprimée, comme il eft dit, en 1739, *in*-8°.

THÉMICIDÉ, Allégorie comique & maligne, contre *la Magiftrature* en un Acte, en fept Scenes, en vers, non repréfentée, imprimée en 1749, *in*-8°, fous le nom d'un Libraire de la Haye, fans nom d'Auteur. Cet Ouvrage eft un Libelle qui ne mérite pas d'être lu : l'Auteur y fait parler les animaux , & remonter la Juſtice au Ciel.

THÉMISTOCLE, Tragédie du *P. du Ryer*, repréſentée en 1648, ſur le Théatre du Marais, imprimée dans la même année, *in*-4° : paſſable ; elle eut du ſuccès , malgré tous ſes défauts. En 1728 , le *P. Folard* fit jouer une Tragédie de ce titre, de ſa compoſition , dans le College des Jéſuites de Lyon ; elle a été auſſi imprimée dans cette ₒVille & dans la même année , *in*-12.

THÉOCRIS , Tragédie-Paſtorale en cinq Aĉtes, en vers , par *Troterel*, donnée en 1610, imprimée dans la même année , *in*-12 : foible , mais paſſable pour le temps , malgré ſes défauts.

THÉODAT , Tragédie de *Th. Corneille* , repréſentée à l'Hôtel de Bourgogne , le 22 Novembre 1670, repriſe & imprimée en 1672, *in*-12 : même ſujet qu'*Amalaſonte*, de *Quinault* , mais ici bien mieux traité ; cependant la Piece tomba , quoiqu'elle ne fût pas une des plus médiocres de l'Auteur.

THÉODORE, *Vierge & Martyre*, Tragédie de *Corneille* , donnée en 1645 , imprimée en 1646, *in*-4° ; elle eut peu de ſuccès : le ſujet ne parut point théatral ; il s'y trouve cependant des beautés dignes de ſon grand Auteur.

THÉODORE, *Reine de Hongrie* , Tragédie de *Boiſrobert* , repréſentée en 1657 , imprimée en 1658 , *in*-12 : médiocre ; elle eſt tirée de *l'Inceſte ſuppoſé*, par *la Caſe*. Outre les Pieces connues de cet Auteur , on lui attribue encore les Tragédies d'*Alphrede* & de *Périandre*. Les

Catalogues indiquent auffi une Tragédie de ce titre, à *Gombaut* ; mais nulle autorité ne m'engage à la placer ici.

THÉSÉE, ou *le Prince reconnu*, Tragédie en profe, de *Pujet de la Serre*, donnée en 1644, imprimée dans la même année, *in*-4° : galimathias, où il eft difficile de rien comprendre, & fans obfervation de regles.

THÉSÉE, Tragédie de *la Foffe d'Aubigny*, mife au Théatre le 5 Janvier 1700, imprimée dans la même année, *in*-12 ; elle eft foible en général, mais a de beaux endroits, entr'autres la fixieme Scene du cinquieme Acte. Elle eut vingt-trois repréfentations, & s'eft confervée long-temps au Théatre ; mais il y a bien des années qu'elle n'y a reparu.

THÉSÉUS ET DE DÉJANIRE (les Amours de), Tragédie avec un Prologue de *Duvivier*, repréfentée en 1577, imprimée dans la même année, *in*-8°. Cette Piéce affez mauvaife, fut jouée pour la premiere fois à Anvers.

THIESTE (le), Tragédie avec des Chœurs, de *Roland Briffet*, donnée en 1584, imprimée en 1589 & en 1590, *in*-4° : froide, mauvaife imitation de *Séneque*.

THYESTE (le), Tragédie, par *Monléon*, jouée en 1633, imprimée dans la même année, *in*-8° : affreufe. C'eft une imitation chargée de celle de *Séneque* ; elle eft bien rare cependant. Il s'en fit une feconde édition en 1638, *in*-4°, chez *Pierre Guillemot*. Outre l'*Amphitrite*, derniere Piéce de cet Auteur, portée à fa lettre, *Maupoint* lui attribue encore une Tragédie d'*Hector* en 1630. Les Catalogues indiquent encore

core une Piece de ce titre, *à Montauban*, mais elle n'eſt pas connue.

THOMAS MORUS, ou *le Triomphe de la Foi*, Tragédie en proſe, de *Pujet de la Serre*, repréſentée en 1642, imprimée dans la même année, *in-4°* : foible & ennuyeuſe, comme preſque toutes les Pieces de cet Ecrivain. Elle eſt imprimée avec un Portrait de la Ducheſſe d'*Aiguillon*, à laquelle elle eſt dédiée ; le Portrait eſt de *Picart*, célebre Graveur de ce temps-là ; troiſieme édition de 1657, *in-12*, chez *Louis Aubry*.

THUILERIES (la grande Comédie des), ou *la grande Paſtorale*, précédée d'un Prologue intitulé *les Thuileries*, par les cinq Auteurs, miſe au Théatre du Palais Cardinal, le 16 Avril 1635, ſous les yeux de *Gaſton de France*, Duc *d'Orléans*. Elle fut imprimée en 1638, *in-4°*, & compoſée ſur le plan qu'en donna le Cardinal *de Richelieu*, qui y travailla auſſi avec *Corneille*, *Rotrou*, *de l'Etoile*, *Boiſrobert* & *Colletet*. Cette Piece fut ſoutenue par un ſpectacle magnifique, & elle en avoit beſoin. On trouve dans *Beauchamps* trois Pieces placées à l'article du Cardinal *de Richelieu*, Tome II, pages 191 & 192 ; mais comme ce ſont des Satyres contre ce grand Miniſtre, j'en ſupprime les titres.

TIBERE, Tragédie du Préſident *Dupuis*, repréſentée le 13 Décembre 1726, imprimée en 1727, *in-8°* ; elle n'eut que trois repréſentations. L'Abbé *Pélegrin* voulut bien en être le prête-nom.

TIGRANE, Tragédie de l'Abbé *Boyer*, donnée le 31 Décembre 1660, non imprimée.

La *Muse hiſtorique* de *Duloret*, du premier Janvier 1661, en fait un grand éloge, & nous apprend qu'elle fut défendue, ſans nous en dire le motif.

TIMANDRE, Paſtorale, par *A. G.*, repréſentée au College de Louis-le-Grand, à l'honneur de *Philippe de France*, Duc *d'Anjou*, en 1701, imprimée à Amſterdam, dans la même année, *in*-12.

TIMOCLÉE, ou *la juſte Vengeance*, Tragédie d'*Alexandre Hardy*, jouée en 1625, imprimée en 1628, *in*-8°. La cinquieme Scene du quatrieme Acte mérite d'être lue ; elle donne bien l'idée des Pieces de ce temps-là.

TIMOCLÉE, ou *la Généroſité d'Alexandre*, Tragédie, pàr *Morel*, repréſentée en 1658, imprimée dans la même année, *in*-12. Cette Piece eſt tirée de *Plutarque & de Diodore de Sicile* ; elle eſt fort rare. Elle a des endroits paſſables.

TIMOCRATE, Tragédie de *Th. Corneille*, repréſentée en 1656, ſur le Théatre du Marais, imprimée en 1657, *in*-12, tirée de l'Hiſtoire d'*Alcamene* du Roman de *Cléopâtre*. Il n'y a point de Pieces au Théatre, depuis qu'on y en joue, qui ait eu un ſuccès auſſi prodigieux que cette Tragédie ; elle fut jouée quatre-vingt fois de ſuite, ſans que le Public s'en laſſât. Les Comédiens, après trois mois entiers, ſe déterminerent à le prévenir ſur la néceſſité de la retirer, parce qu'ils oublioient tous leurs Rôles. Ce qu'il y a de ſingúlier, c'eſt que, malgré cette réuſſite, cette Piece n'a jamais été repriſe.

TIMOLÉON (le Grand), Tragi-Comédie

de *Saint-Germain*, donnée en 1641, imprimée dans la même année, *in-4°*. Il s'y trouve des fituations affez heureufes, & la Poéfie n'eft point mauvaife pour le temps.

TIMOLÉON, Tragédie de M. *de la Harpe*, jouée le premier Août 1764; l'Auteur la retira après la quatrieme repréfentation, pour y faire d'heureux changements. Elle fut jugée bien févérement.

TIMON, Comédie en un Acte, en profe, de *Brecourt*, mife au Théatre le 13 Août 1684, imprimée en 1685, *in-12*; elle eut dix-fept repréfentations avec fuccès. Elle eft tirée du Dialogue de *Lucien*, intitulé du même nom. *Brecourt* a fuivi pas à pas, dans cette Piece, l'Auteur Grec. Il n'y a de fon invention que la Scene où paroît la Maîtreffe de *Timon*, & le dénouement dut fon fuccès à l'Auteur, qui joua le Rôle principal avec force. Cette Comédie a été réimprimée fous le titre des *Flatteurs trompés*, ou *l'Ennemi des Faux Amis*.

TINDARIDES (les), Tragédie de *Danchet*, repréfentée le 16 Décembre 1703, imprimée en 1708, *in-12*. Le fujet en eft beau, bien conduit, mais traité froidement; cette Piece eut cependant treize repréfentations.

TYR ET SIDON, Tragi-Comédie avec des Chœurs, par *Dancheres*, donnée en 1608, imprimée dans la même année, *in-12*; on la trouve dans les *Mélanges Poétiques* de l'Auteur, intitulés *les Amours d'Anne* : c'étoit fa Maîtreffe, dont le nom de famille étoit de *Montaud*.

TYR ET SIDON, Tragi-Comédie en deux journées, en cinq Actes, en vers, par *Sche-*

landre, jouée en 1628, imprimée dans la même année, *in*-12; la premiere journée répréfente les funeftes fuccès des amours de *Léonte* & de *Philofine*; & la feconde, les divers empêchements & l'heureux fuccès de *Bélcar* & de *Méliane*. Ces journées font chacune en cinq Actes en vers.

TYRAN (le), Comédie en cinq Actes, en profe, de *Fontenelle*, imprimée dans fes Œuvres en 1751, *in*-12.

TIRCIS ET URANIE, ou *la Chafteté invincible*, Bergerie en cinq Actes, en profe, avec des Chœurs en vers, par *de Crofilles*, repréfentée en 1633, imprimée dans la même année, *in*-8°. On attribue encore au même Auteur une Comédie intitulée *Clytie*, qu'on ne connoît pas, qui pourroit bien être la même que cette Bergerie.

TIRCIS (les Aventures de), Comédie, par *Millet*; elle eft indiquée dans les *Recherches des Théatres*, fans date. Elle a eté jouée en 1636, imprimée en 1639, *in*-12 : paffable pour le temps, mais très-rare.

TIRIDATE, Tragédie de l'Abbé *Boyer*, jouée fur le Théatre du Marais, en 1648, imprimée dans la même année, *in*-12; reprife en 1671, fous le titre du *Fils fuppofé*. Voyez *Fils fuppofé*.

TIRIDATE, Tragédie de *Campiftron*, mife au Théatre le 12 Février 1691, imprimée dans la même année, *in* - 8°; elle fut jouée vingt-cinq fois avec la plus brillante réuffite. Cette Piece eft tirée du fecond Livre des *Rois*, chapitre 13, qui renferme l'amour inceftueux

d'*Amnon* pour fa. fœur *Thamar*. L'Auteur a faifi
ce fujet intéreffant ; mais par refpeĉt pour la
Religion, en fe fervant des caraĉteres qui lui
convenoient, il a changé les noms. A la reprife
du mois d'Oĉtobre 1727, qui eut le plus grand
fuccès , Mademoifelle *le Couvreur* & les Actrices jouant dans la Tragédie, fe fervirent du
coftume des robes de la Cour avec les queues
traînantes. Cette innovation fut extraordinairement applaudie , & augmenta le nombre des
repréfentations.

T I T A P O U F , ou *le Voleur.*, Comédie en
un Aĉte , en profe , de Mademoifelle *Lon-
champs* , donnée le 4 Novembre 1687 ; elle eut
trois repréfentations ; non imprimee : mauvaife
& fans aucun trait comique. La Demoifelle
Auteur étoit fœur de la Demoifelle *Raifin*, &
Souffleufe de la Comédie Françoife.

T I T E E T B É R É N I C E , par *Corneille.*
Voyez *Bérénice.*

T I T E E T T I T U S , ou *les Bérénice*,
Comédie en trois Aĉtes, en profe , d'un Anonyme , jouée & imprimée à Utrecht , en 1773,
in-12. C'eft une critique des *Bérénice* de *Corneille* & de *Racine*, qui eft auffi plate que mal
faite.

T I T U S , Tragédie par *de Belloy* , donnée
le 28 Février 1759 : l'Auteur la retira après la
premiere repréfentation.

T O B I E , Tragédie par *le Breton de la Fond* ,
donnée en 1570 : la tradition n'en apprend rien
de plus. Je ne l'ai pas vue imprimée. Le manufcrit étoit dans le Cabinet de M. *de Bombarde*,
avant fa mort.

TOBIE, Tragi-Comédie, par *de Guerfains*, repréfentée en 1679, imprimée dans la même année, *in*-4°, & en 1504, fous le nom de Mademoifelle *des Roches*, Maîtreffe de l'Auteur. Cette Piece eft très-médiocre.

TOBIE, Tragi-Comédie de *Jacques Ouin*, donnée en 1597, imprimée en 1606, *in*-12 & *in*-16; tirée de l'Ecriture-Sainte : elle eft froide & ennuyeufe.

TOISON D'OR (la), Tragédie en cinq Actes, en vers, par *Corneille*, mife au Théatre du Marais, au mois de Février 1661, imprimée dans la même année, *in*-12 ; elle eut trente repréfentations. Elle avoit été compofée exprès pour une fuperbe Fête que le Marquis *de Sourdis* donna à fon Château de Neubourg, en Normandie, au commencement de l'année 1660, en réjouiffance du Mariage du feu Roi *Louis XIV* avec l'Infante d'Efpagne, *Marie d'Autriche*, & de la Paix que cette alliance affuroit à toute l'Europe. A la fin de l'année 1664, elle fut remife au Théatre, avec la même réuffite ; le 9 Juillet 1683, on la reprit, avec un Prologue de *la Chapelle*. Il y avoit tout lieu de fe flatter d'un très-grand fuccès ; mais à peine achevoit-on le Prologue, à la dixieme repréfentation, le 10 Juillet, que les Comédiens interrompirent leur Spectacle, informés que la Reine venoit de mourir, & ils firent rendre l'argent à la porte. Le mérite de cette Tragédie confiftoit dans l'art avec lequel les machines étoient amenées.

TOMYRE VICTORIEUSE, Tragédie de *Borée*, repréfentée en 1627, imprimée dans la même année, *in-8°* : peu d'intérêt, foiblement verfifiée.

TOMYRIS, *Reine des Scythes*, Tragédie de Mademoiſelle *Barbier*, donnée le 23 Novembre 1706, imprimée en 1707, *in-12* ; elle fut jouée ſix fois : très-foible, tous les caracteres ſont manqués. Quoique cette Piece ait été miſe au Théatre & imprimée ſous le nom de Mademoiſelle *Barbier*, il eſt de fait qu'elle eſt de l'Abbé *Pélegrin*.

TONTINE (la), Comédie en un Aéte, en proſe, par *le Sage*, repréſentée le 20 Février 1731, imprimée en 1739, *in-8°*. C'eſt un Vaudeville aſſez foible, auſſi n'eut-il que cinq repréſentations. Cette Piece étoit reçue dès l'année 1708 ; des raiſons d'Etat ne permirent pas à l'Auteur de la mettre au Théatre.

TORISMOND DU TASSE (le), Tragédie, par *Dalibray*, donnée en 1636, imprimée dans la même année, *in-4°* : froide, embrouillée, ennuyeuſe & d'une longueur inſoutenable.

TORQUATUS, Tragédie de *Marechal*, jouée en 1645 ; *Beauchamps* l'indique ſans renvoi, dans ſa *Liſte alphabétique* des Pieces ; mais dans celle des Auteurs, il ne met point cette Tragédie au nombre de celles de *Marechal*.

TOUT POUR AMOUR, ou *le Monde bien perdu*, Tragédie traduite de l'Anglois, par l'Abbé *Prevôt*, non repréſentée, imprimée en 1735, *in-12* : très-ſinguliere. Elle eſt tirée de l'Hiſtoire d'*Antoine* & de *Cléopâtre*.

TRAGÉDIE DU ROI FRANC-ARBITRE, Poëme dramatique d'un Anonyme, jouée en

1557 , imprimée en 1558 , *in-8°* , tirée de l'Italien. Cette Piece mérite d'être connue.

TRAGÉDIE DE LA NAISSANCE OU CRÉATION DU MONDE (la), où se voient de belles descriptions des animaux , oiseaux , poissons, par *Villefontaine* , jouée & imprimée à Rouen , sans date. On a du même Auteur la Tragédie de *Samson le fort*, contenant ses victoires , sa prise par la trahison de son épouse *Dalila* , jouée & imprimée aussi sans date.

TRAGÉDIE FRANÇOISE (la) , par *Jean Breton* , donnée en 1561 , imprimée dans la même année , *in-8°*. Cette Piece est à huit personnages , *traitant l'amour d'un Serviteur envers sa Maîtresse , & de ce qu'il advint :* c'est le titre. Un mari surprend son valet avec sa femme ; le Maître le conduit au Prévôt, le domestique meurt pendant qu'il l'interroge. Le Valet est pendu sur le Théatre : voilà le sujet de la Piece.

TRAGÉDIE DE FRANÇOIS SPERA (la) , par un Anonyme. Voyez *François Spera.*

TRAGÉDIE EN PROSE (la), en cinq Actes, par un Anonyme. Cette Piece est écrite du style le plus bizarre, son objet est de peindre le caractere national , c'est-à-dire, l'amour des François pour leur Souverain. L'idée d'avoir amené *Childeric* sur la Scene à l'Assemblée où l'on devoit élire un autre Souverain , est la plus heureuse ; du reste , cette Tragédie est aussi ennuyeuse que mauvaise.

TRAGÉDIE EN PROSE, Comédie en un Acte , en prose , par *du Castre d'Auvigny* , mise au Théatre le 9 Mai 1730 , pendant le Voyage de Fontainebleau ; imprimée dans la même année , *in*-12. Elle fut jouée onze fois avec fuccès ; elle fut précédée d'un Prologue & fuivie d'un Divertiffement , dont les Vaudevilles étoient auffi en profe. La Scene eft dans le Foyer de la Comédie , & le fujet : *la verfification eft indifpenfable pour la Tragédie.* Cette Piece a été fauffement attribuée à *d'Auvigny.*

TRAGÉDIE DE GASPARD DE COLIGNY (la), *Amiral de France* , en cinq Actes , en vers , avec des Chœurs , fans diftinction de Scenes, de *Chantelouve* , donnée & imprimée en 1574. Le fujet renferme ce qui fe paffa à Paris , à la cruelle journée de la Saint - Barthelemy , en l'année 1572. Voyez *Gafpard de Coligny.*

TRAGÉDIE SAINTE (la) , ou *autrement* , *les Evangiles de J. C.* par *François Davenes* , non repréfentée , imprimée en 1652 , *in*-12 , divifée en trois Théatres. L'Auteur étoit fanatique , & fut mis deux fois en prifon.

TRAGÉDIE SAINTE (la) , ou *autrement* , *les Evangiles de J. C.* par l'Anonyme *T. D. P.* , non repréfentée , imprimée en 1660 , *in*-12 ; feconde édition.

TRAGI-COMÉDIE FRANÇOISE DE L'HOMME JUSTIFIÉ PAR LA FOI, à douze perfonnages , par *Henri de Baran* , en cinq Actes , en vers , précédée d'un Prologue , terminée par une conclufion ; repréfentée à l'Hôtel de Bourgogne , en 1554 , imprimée dans la même année , *in*-16. Cette Piece eft toute myftique , allégorique & théologique.

TRAGI-COMÉDIE DES ENFANTS DE TURLUPIN. Voyez *Turlupin.*

TRAHISON D'ARBIRAN (la), Tragi-Comédie avec un Prologue, de *Douville*, repréfentée en 1637, imprimée en 1638, *in-4°* : irréguliere, mais paffable, & elle eut quelque fuccès.

TRAHISON PUNIE (la), Comédie en cinq Actes, en vers, de *Dancourt*, jouée le 28 Novembre 1707, imprimée en 1708, *in-12*, chez *Ribou*. Elle fut jouée fept fois ; elle eft tirée de l'Efpagnol de la *Traicion hufca el Cafligo de D. Franc de Rojas*, déjà traitée par *le Sage*, fous le titre de *D. Felix de Mendoce*, ou *le Traître puni*. Malgré fon peu de réuffite, elle a de beaux endroits, entr'autres le Rôle de *D. André* en eft fort bien fait. Elle a été reprife au mois de Novembre 1733. Mademoifelle *Dangeville* remplit le Rôle que jouoit Mademoifelle *Defmares*, dans fa nouveauté ; elle le rendit fupérieurement.

TRAÎTRE PUNI (le), Comédie en cinq Actes, en profe, par *le Sage*, imprimée en 1700, *in-12*. C'eft la traduction efpagnole de *D. François de Rojas*. *Dancourt* en a tiré parti pour *la Trahifon punie*.

TRAPOLIN (les Amours de), & *la Comédie de la Comédie*. Cette feconde Piece, faifant le fecond titre, n'eft, à proprement parler, que le Prologue des *Amours de Trapolin*, par *Dorimont*, repréfentée en 1661, imprimée en 1662, *in-12*. Ce font les Comédiens de *Mademoifelle* qui ont joué ces deux Pieces fans fuccès, fur leur Théatre, rue des Quatre-Vents, Fauxbourg Saint-Germain.

TRASIBULE PHÉNICE, Comédie traduite du vulgaire arabique en bon Roman intelligible, jouée & imprimée à Rouen , en 1561, *in-8°* : Piece très-mauvaife pour le fiecle même.

TRASIBULE , Tragi - Comédie de *Mont-fleury* , repréfentée en 1653, imprimée en 1653 & en 1664, *in-12.* *Trafibule* confpire pour chaffer *Diomede*, ufurpateur du trône de fon pere ; afin d'agir plus fûrement, il feint d'avoir l'efprit aliéné. C'eft le fujet de la Piece, qui eft foible , & n'eut pas de fuccès.

TRAVAUX D'ULISSE (les) , Tragédie, par *Durval* , donnée en 1631, imprimée dans la même année, *in-8°* ; tirée de l'*Odyffée d'Homere* : bien foible. Elle fut cependant repréfentée devant le Roi, à Fontainebleau, & l'Auteur dit dans fa Préface qu'elle fut fort applaudie.

TRAVERSES D'AMOUR (les étranges & merveilleufes) , Tragédie de *Rol. Briffet* , jouée en 1605, imprimée dans la même annee, *in-4°* : mauvaife & fans aucun intérêt.

TRÉBUCHEMENT DE PHAÉTON (le), par un Anonyme. Voyez *Phaéton.*

TREMBLEMENT DE TERRE DE LISBONNE (le), Tragédie du fieur *André*, Perruquier, imprimée en 1756, *in-8°* ; cette Piece ne mérite pas un plus long article.

TRÉSORIERE (la), Comédie en cinq Actes, en vers de quatre pieds, par *Jacques Grevin* , repréfentée après le Prologue des *Veaux*, le 5 Février 1558, imprimée en 1561, *in-8°*. C'eft une efpece de Satyre qui a dû réuffir dans ce temps-là. Outre les Pieces connues de cet Auteur, il avoit encore compofé une Comédie intitulée *la Maubertine*, qu'il perdit ;

mais fa mémoire étant heureufe, il la refit &
la mit enfuite au Théatre comme une Piece
nouvelle.

TRIBUNAL D'AMOUR (le), Comédie
en un Acte, en vers, à Scenes épifodiques,
de M. *Landoux*, donnée pendant l'abfence de la
Cour le Lundi 14 Octobre 1750, imprimée en
1751, *in-8°*; elle ne fut jouée qu'une fois.

TRIGAUDIN, ou *Martin Braillard*, Comédie en un Acte, en vers, de *Montfleury*,
jouée le 26 Janvier 1674, imprimée dans la
même année, *in-12*; elle eut neuf repréfentations; tirée d'une Hiftoire galante inférée dans
le *Mercure*, année 1672, Tome IV, fous le
titre de la *Femme aux deux Maris*. Cette Piece
eft fort plaifante, mais trop libre pour le Théatre
François.

TRIOMPHE D'AMOUR (le), Paftorale
d'*Alexandre Hardy*, repréfentée en 1623, fur
le Théatre de l'Hôtel de Bourgogne, imprimée
en 1626. C'eft la derniere Piece de l'Auteur,
& l'une de fes plus foibles.

TRIOMPHE DE L'AMITIÉ, Comédie
en trois Actes, en profe, par *Croquet*, jouée en
fociété, imprimée dans les *Saturnales* de l'Auteur, en 1636, *in-12*.

TRIOMPHE DE JESUS-CHRIST (le),
Tragédie apocalyptique de *Jean Bienvenu*, jouée
à Geneve, en 1562, imprimée dans la même
année, *in-4°*, traduite par *Jacques Toxus* en
rimes françoifes.

TRIOMPHE DE LA LIGUE (le), Tra-
gédie, par *R. Jean Hervé*, non repréfentée,
imprimée en 1607, *in-8°*, attribuée fauffement

à *P. Mathieu.* Elle a été imprimée à Leyde en Hollande.

TRIOMPHE DE LA LIGUE (le), Tragédie de *Gaillard*, donnée à Geneve, en 1608, imprimée en 1636, *in*-8°, fur les troubles civils de ce temps-là.

TRIOMPHE DE LA RAISON (le), Comédie héroïque en trois Actes, en profe, précédée d'un Prologue & fuivie d'un Divertiffement, par *Ch. Coypel ;* compofée pour une Féte que Mademoifelle *de Clermont* donna à la Reine le 17 Juillet 1730, dans le Labyrinthe de Verfailles. Quoique cette Piece ait été applaudie par la Cour, elle n'a point encore été jouée à Paris.

TRIOMPHE DE L'HIVER (le), Comédie en un Acte, en profe, d'un Anonyme, jouée le 29 Novembre 1694, non imprimée. Elle n'eft connue que par les regiftres du Théatre François.

TRIOMPHE DES CINQ PASSIONS (le), par *Gilbert.* Voyez *Paffions.*

TRIOMPHE D'ESCULAPE (le), Comédie en un Acte, en vers libres, avec un Divertiffement, par le fieur *Drouin*, frere du Comédien du Roi, de ce nom, (retiré), donnée le 7 Septembre 1730, à Lyon, imprimée dans la même Ville, *in*-12. Cette Piece fut compofée à l'occafion de la Convalefcence de M. *le Dauphin.*

TRIOMPHE DES DAMES (le), par *Legrand.* Voyez *Amazones modernes.*

TRIOMPHE DES DAMES (le), par *Thomas Corneille.* Voyez *Dames.*

TRIOMPHE DU TEMPS (le), Comédie

en trois Actes, en profe, avec un Divertiffement & un Prologue, dont la jolie Mufique eft
de *Quinault*, par *Legrand*; repréfentée le 18
Octobre 1724. Elle eut quatorze repréfentations & un grand fuccès ; elle eft tirée des
Amants ridicules, Comédie non imprimée du
même Auteur. Le premier Acte eft *le Temps*
paffé, le fecond *le préfent* & le troifieme *le futur.*
Il n'y a que *le Temps paffé* qui foit refté au
Théatre. Voyez *Amants ridicules.*

T R I U M V I R A T (le), Tragédie de *Cré-*
billon, mife au Théatre le Lundi 23 Décembre
1754. Elle fut jouée dix fois. On n'a pas eu
befoin, pour donner des applaudiffements à
cette Piece, de fe rappeller le grand âge dont
l'Auteur fait mention dans fa Préface ; on y a
reconnu celui d'*Atrée*, d'*Electre* & de *Rhada-*
mifte. La cataftrophe eft très-belle. La foule
qui embarraffoit le Théatre à la premiere repréfentation, empêcha le grand effet qu'elle a
produit aux fuivantes.

T R I U M V I R A T (le), Tragédie de *Vol-*
taire, repréfentée le 5 Juillet 1764, fous le
titre des *Triumvirs*; l'Auteur la retira après la
premiere repréfentation, pour y faire des corrections.

T R O A D E (la), ou *la Deftruction de Troyes,*
Tragédie avec des Chœurs, de *Rob. Garnier,*
mife au Théatre en 1579, imprimée dans la
même année, *in-8°* : foible & mal conduite.

T R O A D E (la), Tragédie de *Sallebray*,
donnée en 1640, imprimée dans la même année
& en 1641, *in-4°* : irréguliere & froide.

T R O A D E (la), Tragédie de *Pradon,*

repréſentée le 17 Janvier 1670, imprimée en 1680, *in*-12 : l'une des plus paſſables de l'Auteur. Le Rôle d'*Andromaque* fut fort applaudi; du reſte, la duplicité d'action, & preſque tous les caracteres manqués.

TROMPERIES (les), Comédie en cinq Actes, en proſe, de *Pierre Larrivey*, repréſentée en 1597, imprimée en 1611, *in* - 12. C'eſt la neuvieme Piece de l'Auteur, & la meilleure de ſes trois dernieres.

TROMPEUR PUNI (le), ou *l'Hiſtoire Septentrionale*, Tragi - Comédie de *Scudéry*, donnée en 1631, imprimée dans la même année, *in*-12, & en 1633, *in*-8°, chez *Antoine Sommaville*. Cette Piece eſt tirée du Roman de l'*Aſtrée* & de *Polexandre*. Quoiqu'irréguliere par l'unité du lieu & par l'unité d'action, elle eut du ſuccès, & une partie des Poëtes de ce temps-là en firent l'éloge.

TROMPEURS TROMPÉS (les), ou *les Femmes vertueuſes*, Comédie en un Acte, en vers, de *Roſimont*, jouée en 1670, ſur le Théatre du Marais, imprimée en 1671, *in*-12 : paſſable & d'un aſſez bon comique.

TRON (Mademoiſelle de Saint-) Comédie d'un Anonyme, repréſentée à la Haye, en 1695, imprimée en 1696, *in*-12. C'eſt une Piece ſatyrique, fort mauvaiſe.

TROPHÉE DE FIDÉLITÉ (le), Comédie-Paſtorale en trois Actes, en vers, par un Anonyme, repréſentée à Lyon, en 1630, imprimée en 1632 : très-rare. Feu M. *de Bombarde* l'avoit dans ſa Bibliotheque. Cette Piece eſt dédiée aux Beaux-Eſprits.

TROYENNES (les), Tragédie de *Chateaubrun*, mife au Théatre le 11 Mars 1754,
eut neuf repréfentations ; reprife le 20 Novembre de la même année & fut' jouée cinq
fois. Cette Piece vraiment tragique eft remplie
de grands traits, de fituations intéreffantes , &
dans laquelle on admire une heureufe imitatation des Poëtes Grecs & Latins. Les Critiques ont prétendu qu'elle peche par l'unité
d'action ; on peut leur répondre qu'elle eft une ,
toutes les parties fe réuniffent dans le cœur
d'*Hécube*. La premiere repréfentation a éte tumultueufe ; mais l'Auteur ayant retranché quelques longueurs dans les fuivantes, elle a toujours été applaudie jufqu'à la clôture du Théatre
par de brillantes & de nombreufes Affemblées.

TURCARET , Comédie en cinq Actes , en
profe, par *le Sage*, mife au Théatre le 14 Février 1709 , imprimée dans la même année ,
in-12 ; elle fut jouée neuf fois : très-comique
& très-divertiffante. Le ftyle en eft vif & léger.
Elle eft reftée au Théatre , où on la revoit
toujours avec le même plaifir. Le grand froid
qu'il fit alors empêcha qu'elle n'eût le nombre
de repréfentations qu'elle méritoit ; dans les
premieres , on jouoit un Prologue d'une feule
Scene , entre *Dom Cléophas* & *le Diable boiteux* ; & la Piece finie, les Acteurs du Prologue
reparoiffoient & achevoient leur Dialogue. Aux
reprifes , ce Prologue fut fupprimé. Cette Comédie avoit été préfentée l'année précédente ,
aux Comédiens , fous le titre des *Etrennes* ,
pour être jouée le premier Janvier. Elle fut
refufée , l'ufage étant alors de ne point jouer
de

de Pieces nouvelles depuis la Saint - Martin jufqu'à Pâque. *Le Sage* prit fon parti , changea le titre , & la mit au Théatre l'année fuivante , en cinq Actes,

TURLUPIN (Tragédie des Enfants malheureux de nature de), où l'on voit les fortunes dudit *Turlupin* , le mariage d'entre lui & la *Boulonoife* , & autres mille plaifantes joyeufetés qui trompent la morne oifiveté ; en quatre Actes , en vers de cinq pieds , par *Ville-Touftain* , imprimée fans date , *in-8°* , vers l'année 1622.

TURNE , Tragédie avec des Chœurs , par J. *Prevôt* , jouée en 1614 , imprimée dans la même année , *in-12* : médiocre , mais n'ayant rien de choquant dans le Dialogue.

TURNE DE VIRGILE (le), Tragédie de *Broffe* , donnée en 1646 , imprimée en 1648, *in-4°* , tirée de l'*Enéide* : très-médiocre. On baiffoit une toile au troifieme Acte , pour que la Scene ne parût pas enfanglantée.

TUTEUR (le) , Comédie en un Acte , en profe , par *Dancourt* , repréfentée le 13 Juillet 1695 , imprimée dans la même année , *in-12* ; elle fut jouée feize fois avec fuccès , tirée du Conte de *la Fontaine* , *le Cocu battu & content*. Elle eft d'un comique vif & plaifant : reftée au Théatre.

TUTEUR DUPÉ (le) , Comédie en cinq Actes , en profe , de M. *de Cailhava* , mife au Théatre le 30 Septembre 1765 ; elle fut jouée huit fois avec les plus grands applaudiffements : le comique en eft excellent ; reftée au Théatre , où elle eft toujours vue avec le même plaifir.

Elle méritoit le plus grand fuccès ; le fujet eft tiré d'une Comédie angloife. Elle n'eft point imprimée comme elle a été repréfentée.

TUTEURS (les), Comédie en deux Actes, en vers, de M. *Paliffot*, donnée le Lundi 2 Septembre 1754 ; elle eut neuf repréfentations, imprimée dans la même année, *in*-12. Voyez l'*Année Littéraire*, Tome VII, p. 270. Cette petite Piece prouve les talents de l'Auteur pour la verfification & le bon comique. Elle a été reprife le 5 Novembre de la même année, & eut encore trois repréfentations.

V A C

VACANCES (les), Comédie en un Acte, en profe, de *Dancourt*, repréfentée le 31 Octobre 1696, imprimée en 1697, *in*-12 ; elle eut quatorze repréfentations : vive, d'un comique plaifant & bien écrite ; reftée au Théatre, où elle fait toujours plaifir, quoiqu'on la donne bien fouvent.

VALENTINIEN (la Mort de), Tragédie de *Gillet*, donnée en 1648, imprimée dans la même année, *in*-4°, tirée de l'*Aftrée* : mal faite & bizarre. La mort fubite d'un des perfonnages fait le dénouement de la Piece.

VALÉRIEN, Tragédie de *Rieuperoux*, repréfentée le 22 Novembre 1690, non imprimée. Cette Piece ne fut jouée qu'une fois. Elle n'eft connue que par les regiftres du Théatre François.

VALET ASTROLOGUE (le), Comédie en un Acte, en profe, de *Grandval* le pere, repréfentée à Rouen, en 1597, imprimée dans la même année, *in-12*, dans cette Ville : le cɔmique plaifant.

VALET AUTEUR (le), Comédie en un Aĉte, en profe, par les fieurs *Jacques* & *Suleon*, jouée à Lyon, le 18 Septembre 1751, non imprimée : Piece on ne peut pas plus mauvaife.

VALET ÉTOURDI (le), par *Rofimont*. Voyez *Quiproquo*.

VALET MAÎTRE (le), Comédie en trois Aĉtes, en vers de *Moiffy*, jouée le 6 Oĉtobre 1751, imprimée dans la même année, *in-12*. Elle fut dédiée à M. *le Dauphin*, & donnée fix fois pendant le Voyage de Fontainebleau. On ne parle point ici d'une Comédie de ce titre, par *Dufrefny*, qui fut brûlée par les héritiers de ce Poëte, après fa mort.

VALETS MAÎTRES DE LA MAISON (les), Comédie en un Aĉte, en profe, de M. *Rochon de Chabannes*, jouée le 11 Février 1768; elle eut onze repréfentations, fit grand plaifir, & eſt reſtée au Théatre.

VALETS RIVAUX (les), par *Rofimont*. Voyez *Duel Fantafque*.

VANDA, *Reine de Pologne*, Tragédie de *Linaut*, mife au Théatre le 17 Mai 1747, imprimée en 1750, *in-12*; elle n'eut que cinq repréfentations : romanefque & foiblement écrite.

VAPEURS (les), par *Baron*. Voyez *Fontanges maltraitées*.

VARRON, Tragédie du P. *Dupuis*, repréfentée le 14 Novembre 1687, non imprimée; elle fut jouée fept fois. Après la quatrieme repréfentation , l'Auteur la retira pour y faire des corrections, qui ne lui en valurent néanmoins que trois à fa reprife, le 7 Décembre de la même année.

VARON, Tragédie de M. le Vicomte *de Grave*, donnée le 20 Décembre 1751, fous le titre de *Zoraïde*, imprimée en 1752; elle eut feize repréfentations; elle fut trouvée bien conduite, les fituations parurent intéreffantes, & le dénouement inattendu. Il eût été à defirer que la verfification eût été plus foignée. Cependant, malgré fon fuccès, elle n'a pas été reprife depuis.

VARVICK, Tragédie de *Cahuzac*, repréfentée le 28 Novembre 1742, non imprimée. L'Auteur la retira après la premiere repréfentation, pour y faire des changements. Quoique le premier Acte eût été fort applaudi, le vers qui fuit déplut beaucoup :

Tranfporter l'Angleterre au milieu de la France.

VARVICK (le Comte de), Tragédie, par M. *de la Harpe*, donnée le 7 Novembre 1763, imprimée dans la même année, *in*-8°; elle eut quinze repréfentations fuivies avec fuccès ; reftée au Théatre.

VASSAL GÉNÉREUX (le), Tragi-Comédie de *Scudéry*, repréfentée en 1632, imprimée en 1635, *in*-8° : le fujet intéreffant, mais trop foiblement rendu. Elle eut cependant quelque fuccès.

VASTHI RÉPUDIÉE, Tragédie de *Pierre Mathieu*, jouée en 1685, imprimée dans la même année, *in*-12. C'eft à-peu-près le même fujet que l'*Efther* du même Auteur.

VEAU PERDU (le), Comédie en un Acte,
en profe, de *la Fontaine*, repréfentée le 22
Août 1689, fous le nom de *Champmêlé*, non
imprimée, fut jouée quinze fois, & eut bien du
fuccès ; elle eft tirée des deux Contes de l'Auteur qui ont pour titre *la Gageure des trois Co-
meres*, & *le Villageois cherchant fon Veau*. Elle
fut interrompue après la fixieme repréfentation,
parce que *la Thorilliere*, qui jouoit le Rôle du
jeune Innocent, fe bleffa à la jambe ; on la reprit le 8 Avril 1690, & elle en eut encore neuf.

VENCESLAS, Tragédie de *Rotrou*, mife
au Théatre en 1647, imprimée en 1648, *in-*4°.
Cette Piece eut un grand fuccès & le méritoit :
elle a pu fervir de modele pour les grandes
beautés de la Tragédie, auxquelles le temps
n'a rien fait perdre. Le Rôle de *Ladiflas* eft
tout neuf, & fuffiroit pour faire juger du mérite de l'Auteur. *Baron* finit par ce Rôle à fa
premiere fortie du Théatre, & par celui de
Venceflas à la feconde ; à l'une des reprifes
de cette belle Tragédie, le 30 Avril 1759,
elle reparut avec des corrections de M. *de
Marmontel*, qui ont été imprimées dans une
nouvelle édition de cette Piece, dans la même
année. Elle a été reprife depuis telle qu'elle
étoit avant les changements.

VENDANGES (les), Comédie en cinq
Actes, en vers, par *Pierre du Ryer*, donnée
en 1635, imprimée en 1636, *in-*4° ; elle eft
mauvaife, & d'un comique plat & bas.

VENDANGES (les), Comédie en un
Acte, en profe, de *Dancourt*, avec un Divertiffement, Mufique de *Grandval*, le pere, jouée

le 3 Septembre 1694, imprimée en 1695, *in*-12 : elle eut onze repréfentations ; elle eft foible d'intrigue, mais renferme des Scenes écrites avec chaleur.

VENDANGES (les), Comédie un un Acte, en vers, de *Regnard*, non achevée, imprimée dans fes Œuvres en 1731, *in*-12 ; elle eft comique & plaifante. Il eft fingulier qu'il ne foit pas venu dans l'idée à quelques Ecrivains du Théatre de l'achever & de la mettre au Théatre : en cas de réuffite, il eût partagé les applaudiffements ; avantage plus flatteur que le produit du dix-huitieme.

VENDANGES DE SURENE (les), Comédie en un Acte, en profe, avec un Divertiffement, Mufique de *Gilliers*, par *Dancourt*, jouée le 15 Octobre 1695, imprimée dans la même année *in*-12 : elle eft très-divertiffante, mais dans le bas comique ; elle fut cependant jouée trente - fept fois ; reftée au Théatre où elle eft toujours revue avec plaifir.

VENGEANCE DE L'AMOUR (la), Comédie en cinq Actes, en vers, de *Jolly*, mife au Théatre le 4 Décembre 1721, non imprimée. Quoique cette Piece n'ait point réuffi, les Connoiffeurs y ont trouvé beaucoup de beautés de détail.

VENGEANCE (la jufte), Tragi-Comédie par un Anonyme, donnée en 1641, imprimée dans la même année, *in*-4°. Cette Piece eft tirée de l'*Exil de Polexandre* : elle eft médiocre & foible de verfification.

VENGEANCE DES SATYRES (la), par *du Ryer*. Voyez *Satyres*.

VENGEANCE DES MARQUIS, (la),
ou *Réponse à l'Impromptu de Versailles*, Comédie
en un Acte, en profe, par *Villiers*, mife au
Théatre le 13 Décembre 1663. Cette Satyre
trop piquante déplut, parce que la critique
tomboit plus fur *Moliere* que fur fa Piece.

VENGEANCE TROMPÉE (la), Comédie
en un Acte, en profe, avec un Divertiffement
de *Morand*, repréfentée à Arles le 15 Septembre 1742, & depuis dans les Provinces;
imprimée dans fes Œuvres, en 1751, *in-12*,
chez *Jorry*.

VENISE SAUVÉE, Tragédie de M. *de
la Place*, mife au Théatre en 1746, imprimée
en 1747, *in-12* : elle eft tirée de la Piece Angloife d'*Orvay*; elle eft bien faite, & eut quinze
repréfentations avec beaucoup de fuccès. C'eft
le même fujet que celui que *la Foſſe*, dans fa
Tragédie, a déguifé fous le nom de *Manlius.*
Roſ-ly harangua le Parterre avant que de commencer la Piece, pour prévenir le Public fur
la fingularité du genre auquel l'Auteur a confervé le caractere anglois ; ce que *la Foſſe*, à
ce qu'on prétend, n'avoit ofé faire. Voyez
Manlius, de *la Foſſe*.

VÉNUS ET D'ADONIS (les Amours de),
Tragédie par *Vifé*, donnée le 2 Mars 1670,
imprimée dans la même année, *in-12* : elle
fut précédée d'un Prologue en vers libres, &
ne dut fon fuccès à caufe de fa médiocrité,
qu'aux machines & à fon fpectacle. Elle fut reprife
le 3 Septembre 1685, & n'eut que fix repréfentations.

VERT-GALANT (le), Comédie en un

Acte, en profe, de *Dancourt*, jouée le 24 Octobre 1714, imprimée dans la même année, *in*-12 : elle eut neuf repréfentations. Une aventure du temps donna l'idée de cette Piece qui eft affez médiocre.

VÉRITABLE SAINT-GENEST (le), Tragédie de *Rotrou*, repréfentée en 1646, imprimée en 1647, *in*-4° : Piece finguliere, dans laquelle on trouva bien des beautés. Elle eft tirée de l'Hiftoire de trois Comédiens qui abjurerent leurs erreurs, après avoir joué les Myfteres de la Religion, & qui fouffrirent le Martyre pour cette fainte raifon.

VÉRITABLES FRERES RIVAUX (les), par *Chevreau*. Voyez *Rivaux*.

VERTUEUSES GALANTES (les), par *Desfontaines*. Voyez *Galantes vertueufes*.

VEUVAGE (le double), Comédie en trois Actes, en profe, par *Dufrefny*, avec un Prologue & un Divertiffement, mife au Théatre le 8 Mars 1702, imprimée dans la même année, *in*-12, Elle eut dix repréfentations : pleine d'efprit. Il y a du chant dans plufieurs Scenes, dont la Mufique eft de l'Auteur ; la Piece eft tombée par une critique de l'Opéra, qui réuffit beaucoup.

VEUVAGE TROMPEUR (le), Comédie en trois Actes, en vers, par M. *de la Place*, donnée le 7 Mai 1777, précédée du *Cid* ; remife en deux Actes, le 19 du même mois, à la troifieme repréfentation ; elle n'en eut que cinq, & en méritoit davantage.

VEUVE (la), Comédie en cinq Actes, en profe, de *Pierre Larrivey*, donnée en 1578, imprimée en 1579, *in*-12 : plaifante pour le temps, le comique en eft affez bon.

VEUVE (la), ou *le Traître puni*, Comédie en cinq Aftes , en vers , de *Corneille* , jouée en 1633, imprimée en 1634, *in*-4°; elle eut une grande réuffite , quoiqu'elle ne fût pas réguliere.

VEUVE (la) , Comédie en un Afte , en profe, par *Champmêlé*, jouée le 30 Juillet 1699, fans fuccès. C'eft cependant une plaifanterie fur ce que la Demoifelle *Raifin*, qui aimoit beaucoup fon mari , ne put le pleurer lorfqu'il mourut.

VEUVE (la), Comédie en un Afte , en Profe, de M. *Collé*, repréfentée le 29 Décembre 1770. L'Auteur, trop modefte, la retira après la premiere repréfentation.

VEUVE A LA MODE (la) , Comédie en un Afte, en vers, de *Vifé*, repréfentée le 9 Mai 1667, imprimée en 1668 , *in*-12 : le comique bas , mais plaifant ; elle eut beaucoup de fuccès. *Dancourt* en a tiré parti dans fa Comédie du *Diable boiteux*. Elle fut reprife l'hiver fuivant, & elle n'eut aucune réuffite : ce qui parut fingulier , après en avoir tant eu dans fa nouveauté.

VEUVE (la fauffe), ou *le Jaloux fans Jaloufie*, Comédie en un Afte , en profe , par *Deflouches*, repréfentée le 20 Juillet 1715 , non imprimée. Cette Piece fut précédée d'*Andronic*. Pendant les repréfentations de cette Tragédie , le Parterre ne ceffant de rire à caufe de la mauvaife diftribution des Rôles , *Legrand*, après avoir annoncé à la fin de la Piece , *le Joueur* & *le*

Grondeur, pour le lendemain, ajouta : *Messieurs,
je souhaite que la petite Piece que nous allons vous
donner, vous fasse autant rire que vous l'avez fait
à la grande.* Voyez le *Mercure Galant*, Juillet
1715, pages 278 & 281.

VEUVE (la prétendue), ou *l'Epoux Magicien*, Comédie en cinq Actes, en vers, par
Descazeaux, non représentée, imprimée en
1737, *in-8°*. Cette Piece est traduite de l'Anglois. Voyez *Tambour nocturne*.

VEUVE DE PYGMALION (la), Comédie
en un Acte, en profe, par un Anonyme, non
représentée, imprimée en 1748, *in-12*. Cette
Piece est imprimée dans *les Amusemens des
Fées*.

VEUVE DE MALABAR (la), Tragédie,
par M. *Lemierre*, représentée le 30 Juillet 1770;
elle eut six représentations : restée au Théatre,
où elle doit incessamment reparoître avec des
corrections.

VEUVE EN PUISSANCE DE MARI (la),
Comédie en trois Actes, entremélée de deux
Divertissemens intitulés *les Caprices de l'Amour*,
& *la Dupe de foi-même*, par Madame *la Grange*,
représentée à Rouen, en 1732, imprimée dans
la même Ville & dans la même année, *in-12*.

VEUVE IMPERTINENTE (la), par *Hauteroche*. Voyez *Polonois* (le feint).

VEUVE RUSÉE (la), Comédie Italienne
de M. *Goldini*, traduite par M. *Bonnel*, dit
Valquier, imprimée en 1761, *in-8°*. Elle est
fort jolie, & d'un bon comique.

VICTIME D'ÉTAT (la), ou *la Mort de
Plautius Sylvanus*, Tragédie de *Prade*, non re-

préfentée, imprimée en 1649, *in-4°* : foible, mais l'Auteur n'avoit que dix-fept ans lorfqu'il la compofa. Elle eft imprimée avec une Eftampe de *Vignon*, fameux Graveur de ce temps-là.

VIE DE L'HOMME (la), ou *la Zoantropie*, Tragi-Comédie morale, par *François Auffray*, repréfentée en 1613, imprimée en 1615, *in-8°*. C'eft une moralité bonne pour le temps. Voyez *Zoantropie*.

VIEILLARD AMOUREUX (le), Comédie en un Acte, en vers de quatre pieds, par Mademoifelle *Pafcal*, non repréfentée, imprimée en 1664, *in-12* : Vaudeville fur une aventure arrivée à Lyon, où cette Piece fut jouée & imprimée.

VIEILLARD COURU (le), ou *les différents Caracteres des Femmes*, Comédie en cinq Actes, en profe, par *Vifé*, repréfentée le 24 Mars 1696 ; elle n'eut que trois repréfentations, non imprimée : froide, ennuyeufe. Un Commiffaire, fous le nom de *Farfadet*, eft le fujet de ce Vaudeville trop froid pour avoir eu de la réuffite : auffi la Piece ne réuffit pas.

VIEILLARDS AMOUREUX, par *Chevalier*. Voyez *Barbons amoureux*.

VIEILLARDS RAJEUNIS (les), Comédie en un Acte, en vers, par un Anonyme, jouée le 9 Novembre 1743, avec le *Quiproquo*; elle n'eut qu'une repréfentation.

VINCENT (le Martyre de Saint), Tragédie de *Gaillardon*, donnée en 1617, imprimée en 1618, *in-8°*, tirée de la *Vie des Saints* : bonne pour être jouée dans les Colleges ou dans des Couvents.

VINDICATIF GÉNÉREUX (le) , par *Deftouches*. Voyez *Amour ufé*.

VINDICATIF (le), Drame en cinq Actes, en vers libres, par M. *Dudoyer*, mis au Théatre le 10 Juillet 1774; il eut dix repréfentations, & en méritoit davantage ; imprimé dans la même année, *in-8°.* de 78 pages, Paris, *Delalain*. On en defire la reprife.

VINGT ET UN (le), Comédie en un Acte, en profe, par le fieur *Lamery*, Comédien, mife au Théatre de Lyon, en 1768, imprimée dans la même Ville, *in-12*. Ce Vaudeville eut du fuccès, parce que ce Jeu étoit alors à la mode; il n'en méritoit cependant aucun.

VIRGINIE (la), Tragi-Comédie de J. *Mairet*, donnée en 1628, imprimée en 1635, *in-4°* : froide & ennuyeufe ; c'étoit cependant celle pour laquelle l'Auteur avoit le plus de prédilection.

VIRGINIE ROMAINE (la) , Tragédie, par *le Clerc*, jouée en 1645, imprimée dans la même année, *in-4°* : même fujet que *l'Injuftice punie*, de *Duteil*, mais ici plus paffablement traité. Le Rôle d'*Appius* eft le meilleur de la Piece.

VIRGINIE, Tragédie de *Campiftron*, mife au Théatre le 12 Février 1683, imprimée dans la même année, *in-12*. C'eft la premiere Piece de l'Auteur ; elle eft tirée de l'*Hiftoire Romaine*. Elle eft affez bien conduite, foiblement verfifiée, le dénouement peu vraifemblable.

VISAGES (les trois), Comédie en un

Acte, en vers, de *Villiers*, représentée en 1665, imprimée dans la même année, *in*-12. Elle est rare & fort peu connue.

Visionnaire (le sage), Tragi-Comédie, par *J. B. D. G.*, donnée en 1647, imprimée dans la même année, *in*-4° : très-foible, elle a cependant été réimprimée en 1659, *in*-12.

Visionnaires (les), Comédie en cinq Actes, en vers, de *Desmarets*, mise au Théatre en 1637, imprimée dans la même année, *in*-4° : réguliere & très-bonne pour le temps. Elle eut un si grand succès, & tant de réputation, qu'on l'appelloit l'*inimitable Comédie*. C'est la premiere Piece où l'on ait commencé à jouer les ridicules. A sa reprise, on s'en lassa ; les Comédiens en tenterent une reprise en 1719, mais on la trouva trop antique, & il n'y vint personne à la seconde représentation.

Visite différée (la), Comédie en cinq Actes, en vers, de *Jean Claveret*, donnée en 1636. Je n'ai point trouvé cette Piece imprimée.

Visites du Jour dr l'An (les), Comédie en un Acte, en vers, de *Vadé*, jouée le 3 Janvier 1749, non imprimée. Le ton déplut dès les premieres Scenes, & la Piece étoit tombée avant qu'elle fût achevée.

Ulisse, Tragédie de *Champ-Repus*, représentée en 1600, imprimée dans la même année, *in*-12, tirée de l'*Odyssée d'Homere*. Elle comprend le retour d'*Ulisse* en Itaque, & la maniere dont ce Héros y punit les Amants de sa femme : passable pour le temps, mais le Rôle de *Pénélope* est trop naïf.

Ulisse (les Travaux d') , par *Durval.* Voyez *Travaux d'Uliſſe.*

Ulisse dans l'Isle de Circé , ou *Euritloche foudroyé* , Tragi-Comédie de l'Abbé *Boyer*, donnée le 27 Décembre 1648 , ſur le Théatre des Machines du Marais, imprimée en 1650, *in*-4° : mal faite & très-foiblement ver-ſifiée. On attribue encore dans les Catalogues une Tragédie d'*Uliſſe* à *la Selle* , ſous l'année 1691, mais on n'en a aucune certitude.

Ulisse dans l'Isle de Circé , Tra-gédie de l'Abbé *Pélegrin*, miſe au Théatre le 29 Décembre 1706 , imprimée en 1707, *in*-12; elle eut treize repréſentations. Elle n'eſt pas bien verſifiée , mais elle a dans pluſieurs Scenes de beaux endroits.

Une Nuit de Paris , Comédie en un Acte, en proſe, par un Anonyme , imprimée à Bruxelles , où elle fut jouée par les Comé-diens de cette Ville, en 1740, *in*-8°.

Union d'Amour et de Chasteté (l'), Paſtorale en cinq Actes, en vers, par *Albin Gauthier*, Avranchois, non repréſentée, impri-mée en 1606, *in*-12 : ſinguliere, mais mauvaiſe. L'Auteur étoit Apothicaire d'Avranches, où il paſſoit pour bel-eſprit.

Volontaire (le), Comédie en un Acte , en vers, de *Roſimont* , repréſentée le 6 Mars 1676 , imprimée dans la même année, *in*-12 ; elle n'eut que cinq repréſentations : le comique en eſt bas & foible. On attribue à cet Auteur, outre ſes Pieces connues, les ſui-vantes : *les Retirés du Marais* , *les Femmes ver-tueuſes* , & *l'Embarras de Godard* ; cependant il n'eſt pas douteux que les deux dernieres ne ſoient de *Viſé*.

Vononés, Tragédie, repréſentée le 8 Janvier 1701. Tout ce qu'on ſait de plus par les regiſtres du Théatre François, c'eſt qu'elle eſt de *Belin*, qu'elle fut jouée quatre fois, & qu'elle ne fut point imprimée.

Vorcester, ou *la Vengeance raiſonnée*, Tragi-Comédie en un Aćte, en vers, par un Anonyme, non repréſentée, imprimée en 1748, *in*-8°. L'Auteur convient dans ſa Préface que ſa Piece eſt vuide d'aćtion; il ajoute qu'on ne doit l'enviſager que comme un eſſai moral ſur le génie anglois.

Uranie, Tragédie-Paſtorale, de *Bridard*, jouée en 1631, imprimée dans la même année, *in*-8°. Dans l'*Avis au Lećteur*, l'Auteur ſe loue lui-même, en marquant le plus grand mépris pour tous ceux qui oſent critiquer ſa Piece.

Urgande, Tragédie en trois Aćtes, en proſe, de *Louvan* le jeune, repréſentée devant le Roi, à Saint-Germain-en-Laye, le 25 Janvier 1679, imprimée dans la même année, *in*-4°. Cette Piece fut entremêlée d'entrées de Ballets, de machines, de décorations & de beaucoup de changements de Théatre.

Urnes vivantes (les), ou *les Amours de Phelibon & de Polibelle*, Tragi-Comédie en quatre Aćtes, dont chacun porte un titre différent, par *Boiſſin de Gaillardon*. Cette Piece eſt ſinguliérement dialoguée, & n'a point de dénouement.

Ursule (ſainte), Tragédie, par *la Ville*,

donnée à la Visitation, en 1658, imprimée en 1659, *in*-4°.

U s u r i e r (l'), Comédie en cinq Actes, en prose, de *Visé*, mise au Théatre le 13 Février 1685, non imprimée. Elle fut jouée alternativement pendant ses neuf représentations avec la Tragédie d'*Andronic*, alors dans sa nouveauté, mais dont le succès fut bien différent. Voyez le *Mercure* de Janvier 1685, page 333, & Février, même année, pages 319 & 323.

U s u r i e r G e n t i l h o m m e (l'), Comédie en un Acte, en prose, par *Legrand*, représentée le 11 Septembre 1713, imprimée en 1731, *in*-12. Elle est plaisante, mais l'intrigue en est commune, & le dénouement mal imaginé ; elle eut cependant vingt-sept représentations : restée au Théatre, où elle paroît toujours amusante.

X´E R

X e r c è s, Tragédie de *Crébillon*, représentée le 7 Février 1714, imprimée en 1749, *in*-12. L'Auteur la retira après la premiere représentation, quoiqu'il s'en fallût du tout qu'elle eût été mal reçue : on y reconnoît à chaque page la coupe & le trait d'un grand Maître ; elle n'a été mise sous Presse qu'après la Tragédie de *Catilina*, du même Auteur.

X e r c è s, Tragédie, par le Jésuite *Vionnet*, mise au Théatre de son College de Lyon, en 1750, imprimée dans la même année, *in*-12.

Y E U

Y E U

YEUX DE PHILIS CHANGÉS EN ASTRES (les),
Paſtorale en trois Actes, en vers, de *Bourſault*,
repréſentée en 1665, imprimée dans la même
année, *in-12*, tirée du Poëme de l'Abbé
de Cerſſy, intitulé *la Métamorphoſe des Yeux de
Philis changés en Aſtres*, qui étoit fort à la
mode alors. On trouve dans la Préface de
Bourſault l'hiſtorique de cette Piece qui eſt bien
foible, mais fort correctement écrite.

Z A I

ZAÏDE (Dom Ramire &), Tragédie de
la Chazelle, attribuée fauſſement à *Marivaux*,
miſe au Théâtre le 24 Janvier 1728, non imprimée. Elle tomba à la premiere repréſentation.

ZAÏDE, Tragédie de *la Chapelle*, jouée
à Paris, le 29 Janvier 1681, & à Saint-Germain-en-Laye, devant le Roi, le 12 Février
ſuivant : Piece de l'invention de l'Auteur. Quoiqu'elle ait des défauts, elle n'eſt pas ſans mérite ; la Scene de *Zaïde*, ſous le nom de *Zu-
lemer*, reçut à la Cour & à la Ville beaucoup
d'applaudiſſements.

ZAÏRE, Tragédie de *Voltaire*, donnée le
13 Août 1732, imprimée dans la même année,
in-8°. Elle eut dix repréſentations juſqu'au 15
Septembre, & à ſa repriſe, le 12 Novembre,
juſqu'au 11 Février 1733, elle en eut encore
vingt, formant en tout trente. Elle eſt reſtée au

Tome I. Ii

Théatre, où elle a toujours le même fuccès. Le Rôle de *Zaïre* dans fa nouveauté fut le triomphe de feu Mademoifelle *Gauffin :* elle a été traduite en Anglois, & repréfentée à Londres avec la plus brillante réuffite.

ZARÈS, Tragédie de M. *Paliffot*, jouée le 3 Juin 1751. L'Auteur la retira après la troifieme repréfentation ; il fe plaint dans fa Préface, que les Comédiens ont joué une autre Piece que la fienne ; elle a été imprimée dans la même année, *in*-12.

ZARUCMA, Tragédie de M. *Cordier*, repréfentée le 27 Mars 1762, non imprimée ; l'Auteur, trop modefte, la retira après la troifieme repréfentation : elle en auroit eu à coup fûr un plus grand nombre.

ZÉLIDE, Comédie en un Acte, en vers libres, de M. *Renout*, repréfentée le Jeudi 26 Juin 1755. L'Auteur la retira, après la neuvieme repréfentation : c'eft une Féerie à l'imitation de celles qui ont réuffi au Théatre. Il fe trouve dans cette Piece des Scenes très-bien faites, auxquelles on rendra encore plus de juftice à fa reprife.

ZÉLINDE, ou *la veritable Critique de l'Ecole des Femmes*, ou *la Critique de la Critique*, Comédie en un Acte, en profe, de *Vifé*, jouée en fociété, imprimée en 1663, *in*-12: elle eft foible, l'intrigue ufée, & cependant plaifante.

ZÉLISCA, Comédie-Ballet en trois Actes, en vers, entremêlée d'Intermedes, Mufique de *Géliotte*, par *Lanoue*; commandée exprès pour être jouée devant le Roi; repréfentée à Verfailles, les 3 & 10 Mars 1746 : fujet de Féerie qui fut applaudi , & qui le méritoit.

ZELMIRE, Tragédie par de *Belloy*, donnée le 6 Mai 1762 ; elle eut beaucoup de fuccès pendant quatorze repréfentations : reftée au Théatre. La derniere reprife eft du Mercredi 20 Avril 1779 , fuivie de la troifieme repréfentation de l'*Amour François* , Piece alors nouvelle.

ZÉLONIDE, *Princeffe de Sparte*, Tragédie de l'Abbé *Geneft* , repréfentée le 4 Février 1682 , imprimée dans la même année, *in-12* : intéreffante., mais mal conduite ; elle eut cependant dix-fept repréfentations.

ZÉNÉIDE, Comédie en un Acte, en vers libres, de *Cahuzac*, mife au Théatre le 13 Mai 1743, imprimée en 1744, *in-8°* : Piece d'un genre fingulier, qui réuffit & qui fit un vrai plaifir pendant quatorze repréfentations ; feu Mademoifelle *Gauffin* y joua à ravir : reftée au Théatre.

ZÉNOBIE, Tragédie en profe, par l'Abbé *Daubignac*, repréfentée en 1645 , imprimée en 1647, *in-4°* ; traitée dans les reglès les plus exactes de l'Art, mais froide & ennuyèufe : auffi n'eut-elle aucun fuccès.

ZÉNOBIE, *Reine d'Arménie* , Tragédie en profe , de *Montauban* , donnée en 1650 , imprimée en 1653, *in-12* : très-foible , tous les perfonnages vicieux. *Crébillon* a traité le même fujet , fous le titre de *Rhadamifte & Zénobie* , mais avec bien plus d'art & d'une maniere bien fupérieure.

ZÉNOBIE, *Reine de Palmire*, Tragédie

I i ij

de *Magnon*, jouée le 10 Décembre 1659, imprimée en 1660, *in-12*; elle eft tirée de la précédente de *Daubignac*, en profe & mife en vers avec quelques changements : elle eft fort médiocre & n'eut aucun fuccès, quoiqu'elle fût rendue par les meilleurs Acteurs & Actrices de la Troupe de *Moliere*. Outre les Pieces connues de *Magnon*, *Maupoint* lui attribue encore une Tragi - Comédie intitulée *les Amants indif-crets.*

ZÉNOBIE, Tragédie d'un Anonyme, donnée en 1693 : elle eut cinq repréfentations, & n'a pas été imprimée; elle n'eft connue que par les regiftres du Théatre François; on y apprend qu'elle eft de l'Abbé *Boyer* : on y trouve qu'en 1696, il préfenta aux Comédiens une Piece, fous le titre de *Zénobie*, qui fut acceptée, & puis refufée. Ne pourroit-on pas penfer qu'ayant gardé l'anonyme lorfqu'il fit jouer cette Piece, comme cela lui arrivoit fouvent, il l'avoit retouchée, dans l'efpérance qu'elle feroit jouée, & qu'il ne feroit pas re-connu? Ce qui eft certain, c'eft qu'une Piece de ce titre fut donnée dans une maifon de qualité, au mois de Septembre 1673, & qu'elle fut imprimée dans la même année, *in-4°* : je l'ai vue dans le Cabinet de feu M. *de Bombarde*, mais fans nom d'Auteur.

ZÉPHIRE ET FLORE, Paftorale en un Acte, en vers, de *Baillere*, jouée par les Comédiens de Rouen, en 1754, imprimée dans la même Ville, *in-8°*.

ZERBIN ET D'ISABELLE, *Princeffe fugitive* (les Amours de), *où il eft remarqué*

*les périls & grandes fortunes paſſés par ledit Zerbin,
en cherchant ſon Iſabelle par le monde, & comme
il eſt délivré de la mort par Roland :* c'eſt le titre.
Cette Piece eſt ſans nom d'Auteur, & imprimée
à Troyes, en 1721, *in-8º*, d'après l'ancienne
édition.

ZOANTROPIE (la), ou *Vie de l'Homme,
Morale embellie de feintes appropriées au ſujet.*
(A la France), c'eſt le titre. *François Auffray*
eſt l'Auteur de cette Piece; on ignore ſi elle a
été repréſentée ; imprimée en 1614, *in-8º*.
Voyez *Vie de l'Homme.*

ZORAÏDE, Tragédie par M. *le Franc.*
Cette Piece n'a été ni repréſentée, ni même
imprimée, & ne le ſera jamais. Ceux qui la
connoiſſent, aſſurent que les Amateurs & le
Public connoiſſeur y perdent beaucoup. Les
Comédiens à qui elle fut lue, n'en diront ſûrement pas la raiſon.

ZULICA, Tragédie par M. *Dorat,* miſe
au Théatre le 7 Janvier 1760; retirée après la
premiere repréſentation, pour y faire des corrections ; continuée le 12 : elle eut ſept repréſentations & beaucoup de ſuccès. Voyez *Pierre-
le-Grand.*

ZULIME, Tragédie de *Voltaire,* miſe au
Théatre ſans être annoncée, le 8 Juin 1740 ;
l'Auteur la retira après la premiere repréſentation, pour y faire des corrections ; les trois
premiers Actes furent fort applaudis, on trouva à deſirer dans les deux derniers : c'eſt ce
qui fit que l'Auteur ne voulut pas que la Piece
fût continuée. Elle fut repriſe le 29 Décembre
1761, & elle eut encore neuf repréſentations.

Elle a reparu depuis au Théatre avec encore plus de réuffite.

ZUMA, Tragédie, par M. *Lefevre*, repréfentée le 22 Janvier 1777; elle fut applaudie pendant feize repréfentations : elle eft reftée au Théatre, où beaucoup d'Amateurs attendent fa reprife avec impatience; le 22 Mai de la même année, elle fut reprife avec fuccès.

OBSERVATION.

L'ON fera fans doute furpris que cet Ouvrage intitulé : l'*Abrégé de l'Hiftoire du Théatre François*, préfente, au lieu de l'Hiftorique par lequel il femble qu'on auroit dû commencer, trois Dictionnaires, dans le premier & dans le fecond volume ; la raifon en eft fimple; le premier befoin des perfonnes qui vont habituellement au Spectacle eft, avant de s'y rendre, d'être inftruites de ce qui a rapport aux Pieces qui doivent y être repréfentées : en jetant les yeux fur le premier Tome, ils apprendront, au coup-d'œil, le temps de leurs premieres repréfentations, combien elles en ont eues, les noms de leurs Auteurs; & en cas que leur curiofité les intéreffe au point d'être inftruites plus particuliérement de ce qui concerne ceux qui les ont mifes au Théatre, elles en feront inftruites dans le Dictionnaire des Auteurs, qui en rend compte; il en eft de même pour ce qui a rapport aux anciennes Pieces remifes au Théatre, & à leurs Auteurs; & comme pour ce qui a rapport aux

Acteurs & aux Actrices, tant anciens que modernes ; il ne reste rien à desirer sur ces connoissances, par les soins qu'on a pris pour qu'on en soit parfaitement instruit.

A l'égard du motif qui a fait placer l'Historique du Théatre dans le troisieme Tome, il est simple : se trouvant terminé en 1780, il n'est pas douteux qu'il ne soit continué avant une nouvelle édition de cet Ouvrage ; en conséquence il convenoit que ce Tome fût la suite du précédent, pour ne point interrompre l'ordre chronologique de l'*Abrégé*, qui place les faits dans les années où ils sont arrivés.

ŒUVRES

DE M. LE CHEVALIER DE MOUHY,

De l'Académie des Sciences & Belles - Lettres de Dijon, ancien Officier de Cavalerie, Pensionnaire du Roi.

LA Paysanne parvenue, 12 part.
Les Mémoires du Marquis de Fieux, 4 part.
La Vie de Chimene de Spinelli, 4 part.
Les Mémoires du Marquis de Bénavidès, 7 part.
La Mouche, *ou* Bigand, 6 part.
Mémoires de Madame de Villenemours, 1 tom.
Lamekis, *ou* les Ayentures extraordinaires d'un Egyptien, 4 part.
Les Lettres du Commandeur, avec les Réponses, 3 vol.
Le Mérite vengé, 1 tom.
L'Amante Anonyme, 4 part. non achevée.
Le Financier, 1 tom.

Les Mémoires de Mademoiselle de Saint-Ange, 2 tom.
Les Délices du Sentiment, 6 tom.
Les mille & un Contes, 8 vol.
Pâris, *ou* le Mentor à la mode, 3 part. non achevé.
Nouveaux Motifs de Conversion, à l'usage des gens du monde, 1 vol.
Lettres d'un Génois, 1 part.
Les Mémoires Posthumes du Comte D. B., 4 part.
Mémoires d'une Fille de qualité, qui ne s'est pas retirée du monde, 4 tom.
Le Masque de fer, *ou* les Aventures du Pere & du Fils, 15 part.
Le Papillon, *ou* Lettres Parisiennes, 4 vol.
Les Tablettes Dramatiques, 1 vol.
Le Répertoire des Pieces restées au Théatre, 1 vol.
Les Dangers du Spectacle, *ou* les Mémoires du Duc de ***, non encore imprimés, 8 part.
Abrégé de l'Histoire du Théatre François, en 3 tom. prêt à paroître.

Fin du premier Tome.

APPROBATION.

J'ai lu, par ordre de Monseigneur le Garde des Sceaux, un Manuscrit ayant pour titre : *Abrégé de l'Histoire du Théatre Fran-çois* : c'est l'Ouvrage le plus complet que nous ayons eu encore sur cette matiere ; & je n'y ai rien trouvé qui m'ait paru devoir en empêcher l'impression. Fait à Paris, ce 22 Février 1780.

DE SAUVIGNY.